A História é uma das disciplinas do saber a que melhor se associam os impulsos do imaginário: o passado revivido como recriação dos factos, e também como fonte de deleite, de sortilégio e, quantas vezes, de horror. A colecção «A História como Romance» tentará delinear, no enredo das suas propostas, um conjunto de títulos fiel ao rigor dos acontecimentos históricos, escritos numa linguagem que evoque o fascínio que o passado sempre exerce em todos nós.

1. *Rainhas Trágicas*, Juliette Benzoni
2. *Papas Perversos*, Russel Chamberlin
3. *A Longa Viagem de Gracia Mendes*, Marianna Birnbaum
4. *A Expedição da Invencível Armada*, David Howarth
5. *Princesas Incas*, Stuart Stirling
6. *Heréticos*, Anna Foa
7. *Senhores da Noite*, Juliette Benzoni
8. *Maria Antonieta*, Claude Dufresne
9. *Tragédias Imperiais*, Juliette Benzoni
10. *1776*, David McCullough

1776
HISTÓRIA DOS HOMENS QUE LUTARAM NA GUERRA PELA INDEPENDÊNCIA DOS ESTADOS UNIDOS

TÍTULO ORIGINAL
1776

Copyright da tradução em Língua Portuguesa © 2008 por Edições 70
Copyright © 2005 by David McCullough

Todos os direitos reservados
Publicado através de acordo celebrado com o editor original, Simon & Schuster, Inc.

TRADUÇÃO
Sofia Morais / CEQO

REVISÃO
Luís Abel Ferreira

DESIGN DA CAPA
FBA

ILUSTRAÇÃO DE CAPA
The Death of General Mercer at the Battle of Princeton, John Trumbull (1777)
© Corbis/VMI

DEPÓSITO LEGAL N° 280990/08

PAGINAÇÃO, IMPRESSÃO E ACABAMENTO
Pentaedro
para
EDIÇÕES 70, LDA.
Agosto de 2008

ISBN: 978-972-44-1453-9

Direitos reservados para todos os países de língua portuguesa por
EDIÇÕES 70, Lda.

EDIÇÕES 70, Lda.
Rua Luciano Cordeiro 123, 1° esq,
1069-157 Lisboa, Portugal
Telfs. 213 190 240, Fax. 213 190 249
e-mail. geral@edicoes70.pt

www.edicoes70.pt

Esta obra está protegida pela lei. Não pode ser reproduzida, no todo
ou em parte, qualquer que seja o modo utilizado, incluindo fotocópia
e xerocópia, sem prévia autorização do Editor. Qualquer transgressão
à lei dos Direitos de Autor será passível de procedimento judicial.

DAVID McCULLOUGH

1776
HISTÓRIA DOS HOMENS QUE LUTARAM
NA GUERRA PELA INDEPENDÊNCIA
DOS ESTADOS UNIDOS

70

Para Rosalee Barnes McCullough

Perseverança e coragem fazem maravilhas em qualquer época.
General George Washington

Parte I

O Cerco

A reflexão sobre a minha situação e a de este exército traz-me muitas inquietações, enquanto todos à minha volta estão adormecidos. Poucas pessoas conhecem a situação difícil que vivemos.
General George Washington
14 de Janeiro de 1776

Capítulo 1

Dever do Soberano

> *God save Great George our King,*
> *Long live our noble King,*
> *God save the King!*
> *Send him victorious,*
> *Happy and glorious,*
> *Long to reign o'er us;*
> *God save the King!*

Na tarde de quinta-feira, 26 de Outubro de 1775, Sua Alteza Real Jorge III, Rei de Inglaterra, percorreu, em esplendor real, o caminho entre o Palácio de Saint James e o Palácio de Westminster, para aí proceder à abertura do Parlamento sobre o cada vez mais inquietante assunto da guerra na América.

O dia estava fresco, mas o céu claro e o sol resplandecente (uma raridade em Londres) alegravam tudo, e o brilho da cavalaria real, adornada e elegante, atingia o limiar da perfeição. Numa época que havia proporcionado a Inglaterra canções patrióticas tão vibrantes como «*God Save the King*» e «*Rule Britannia*», numa nação que adorava o ritual e o cerimonial aparatoso, era um quadro que não poderia ser melhor.

1776

Haviam aparecido cerca de 60 000 (¹) pessoas, alinhadas em todo o percurso, no Parque de Saint James. Em Westminster, as pessoas acumulavam-se, compactamente, muitos desde essa manhã, esperando um vislumbre do Rei ou de alguns dos homens notáveis do Parlamento. O aglomerado era tal que os mais atrasados tiveram dificuldade em ver o que quer que fosse.

Um dos muitos americanos, na altura em Londres, um lealista de Massachusetts, de seu nome Samuel Curwen, considerou que a «multidão» (²) à porta da Câmara dos Lordes era demasiado insuportável e regressou à sua hospedaria. Era a sua segunda tentativa falhada para ver o Rei. Na primeira vez, Sua Majestade havia passado numa liteira, perto de Saint James, porém, lia um jornal tão perto da sua cara que apenas se via uma mão, «a mão mais branca que os meus olhos já tinham alguma vez visto, exibindo um grande anel com um diamante cor-de-rosa» (³), relembrou o lealista Curwen.

O cortejo do rei (⁴) partiu de Saint James às duas horas, e continuou em ritmo de passeio. Por tradição, granadeiros a cavalo, com espadas desembainhadas, cavalgavam à frente, para abrirem caminho, seguidos por coches reluzentes, transportando a nobreza, e depois um tropel da Guarda Real Montada, a Guarda Pessoal do Rei, com uniforme vermelho e dourado, e uma fileira de homens a pé, vestidos igualmente com a mesma indumentária. Finalmente, vinha o Rei, no seu colossal coche dourado puxado por oito magníficos cavalos (hanoverianos), um único postilhão cavalgando o dianteiro do lado esquerdo, e seis homens a pé, ao lado.

Os ingleses sabiam que nenhum mortal na terra se deslocava com tanta elegância como o seu Rei. Com mais de sete metros de comprimento e cerca de quatro de altura, o coche real (⁵) pesava quase quatro toneladas, o suficiente para fazer o chão tremer, quando passava. Jorge III havia-o mandado construir uns anos antes, insistindo para que fosse «soberbo» (⁶). Três querubins dourados no topo – símbolos da Inglaterra, Escócia e Irlanda – seguravam bem alto uma coroa dourada, enquanto por cima das rodas, bastante raiadas à frente e atrás, predominavam deuses marinhos dourados, lembrando, formidavelmente, que a Grã-Bretanha dominava os mares. Os painéis das portas exibiam cenas alegóricas, celebrando a herança da nação, e as janelas atingiam o tamanho suficiente para proporcionar uma ampla visão do soberano coroado no interior.

Dever do Soberano

Era como se a própria grandeza, riqueza e peso do Império Britânico desfilassem – um Império que agora incluía o Canadá, que se estendia desde o litoral de Massachusetts e da Virgínia, até para além do Mississípi, das Caraíbas até às costas de Bengala. Londres, com uma população de quase um milhão de pessoas ([7]), constituía a maior cidade da Europa e era por muitos considerada a capital do mundo.

*

Jorge III tinha 22 anos quando, em 1760, sucedeu ao trono. Porém, permanecia um homem de gostos humildes e de poucas pretensões. Gostava de comida simples ([8]), bebia pouco e somente vinho. Resistindo à moda, recusava-se a usar peruca. O facto de o palácio de Saint James se ter tornado um pouco deselegante não o preocupava. Gostava dele assim. Socialmente pouco hábil ([9]) nas reuniões da Corte – muitos consideravam-no desconcertantemente entediante –, preferia os passeios pelas suas quintas ([10]) em Windsor, vestido com roupas de campo. Num vincado contraste com o estilo da sociedade e da Corte, onde as amantes e as infidelidades, além de aceites como fazendo parte da vida, eram frequentemente exibidas, o Rei permanecia continuamente fiel à sua muito simples rainha, a princesa alemã Charlotte Sophia de Mecklenburg-Strelitz, com quem nessa altura tinha já dez filhos (mais tarde acabariam por ser quinze). De acordo com os intriguistas, os maiores prazeres do Jorge agricultor passavam por uma perna de cabrito e pela sua simples e insignificante esposa.

Porém, tal não era, de facto, justo. O Rei não correspondia ao homem pouco atractivo e imbecil que os críticos afiançavam nessa altura e mesmo mais tarde. Alto e bastante elegante, com olhos azuis-claros e uma expressão geralmente alegre, Jorge III sentia um amor genuíno pela música e tocava tanto violino como piano (o seu compositor favorito era Handel ([11]) mas também adorava a música de Bach e, em 1764, deleitara-se ouvindo o jovem Mozart tocar órgão). Amava a arquitectura ([12]) e esboçava desenhos de edifícios, de sua própria autoria, bastante belos. Com bom olho para a arte, cedo começara a reunir a sua própria colecção, que, nessa altura, incluía trabalhos do pintor italiano contemporâneo Canaletto, assim como aguarelas e desenhos de mestres mais antigos, como Poussin e Rafael. Coleccionava avidamente livros, ao ponto de ter reunido uma das bibliotecas mais admiráveis do mundo. Adorava relógios, modelos de barcos, interessava-se bastante por assuntos práticos e pela astronomia, e chegara a fundar a Real Academia das Artes.

Tinha, igualmente, um dom para que as pessoas se sentissem à vontade. Samuel Johnson, considerado nessa época o árbito de todas as coisas do espírito, e um não menos fácil juiz dos homens, reagiu calorosamente à «despretensiosa boa natureza»[13] de Jorge III. Conhecera e conversara com o soberano pela primeira vez aquando da sua visita à biblioteca do Rei, tendo, posteriormente, comentado ao bibliotecário, «Meu Senhor, podem dizer o que quiserem do Rei, mas é o mais admirável cavalheiro que já conheci»[14].

Histórias de que teria sido lento a aprender e que com 11 anos ainda não sabia ler não tinham qualquer fundamento. O estranho comportamento – a chamada «loucura» do Rei Jorge III – pela qual viria a ser, durante muito tempo, relembrado, apareceria apenas mais tarde, mais de 20 anos depois, e em vez de uma doença mental tratava-se, antes, de porfíria[15], uma doença hereditária diagnosticada apenas no século XX.

Ainda jovem, com 37 anos, e ainda muito empenhado, após 15 anos no trono, poderia ser notavelmente obstinado, e com frequência imprevidente. Porém, era um patriota sincero e incessantemente ciente das suas obrigações. «Jorge, sê Rei»[16], dissera-lhe a mãe. Quando a crise na América piorou e a oposição do Parlamento se tornou mais veemente, viu claramente que tinha de desempenhar o papel do Rei-patriota.

Nunca fora soldado. Nunca havia estado na América, tal como nunca havia pisado solo escocês ou irlandês. Contudo, sabia, com absoluta certeza, o que tinha de ser feito. Confiaria na Divina Providência e no seu alto sentido de dever. A América tem de ser obrigada a obedecer.

«Não tenho dúvidas[17], mas a nação, em geral, vê a conduta da América à sua verdadeira luz», escrevera ao seu primeiro-ministro, Lorde North, «e tenho a certeza de que qualquer outra conduta, que não a obediência à força, seria ruinosa e [...] por isso, nenhuma consideração me pode fazer desviar do actual caminho, que acredito ser meu dever seguir».

Na Câmara dos Lordes, em Março de 1775, quando interrogado sobre as hipóteses da Grã-Bretanha vir a ganhar uma guerra na América, Lorde Sandwich, Primeiro-Lorde do Almirantado, ficou incrédulo. «Supondo que as colónias abundam em homens, o que é que isso significa?»([18]), perguntou. «São homens ignorantes, indisciplinados e cobardes». E Lorde Sandwich não era, nem por sombras, o único a ter essa opinião. O general James Grant, um membro da Câmara dos Comuns, vangloriara-se de que, com 5000 soldados regulares britânicos, poderia marchar de uma ponta à outra do continente americano, uma afirmação que fora bastante citada.

No entanto, num surpreendente contraste, muitos dos mais poderosos oradores no Parlamento, como o extravagante presidente da câmara de Londres, John Wilkes, e o líder intelectual *Whig*, Edmund Burke, expressaram um fervoroso apoio e admiração pelos Americanos. A 22 de Março, na Câmara dos Comuns, Burke proferira, no seu sotaque irlandês, um dos discursos mais longos e brilhantes da sua carreira, pedindo a conciliação com a América([19]).

No entanto, apesar de tudo, nem conservadores (*Tory*) nem liberais (*Whig*) negaram a supremacia do Parlamento para determinar o que era melhor para a América. E até Edmund Burke neste seu célebre discurso se havia referido, repetidamente, às «nossas» colónias.

Convencido de que o seu exército, em Boston, era insuficiente, o Rei havia enviado reforços e três dos seus melhores e principais generais: William Howe, John Burgoyne e Henry Clinton. Howe, um membro do Parlamento, e um liberal, já havia dito aos seus eleitores de Nottingham que, se a guerra rebentasse na América, e lhe fosse oferecido um posto, recusaria. Mas agora o dever chamava. «Ordenaram-me e não pude recusar sem incorrer na odiosa negligência de servir o meu país quando em dificuldades»([20]), explicou. Howe, que prestara serviço na América durante a Guerra dos Sete Anos – ou a Guerra Franco-Indígena, como era conhecida na América – estava convencido de que os «insurrectos» eram numericamente escassos comparativamente aos leais à Coroa.

A guerra começara a 19 de Abril, com o primeiro derramamento de sangue em Lexington e Concord, perto de Boston, depois, ferozmente, a 17 de Junho, em Breed's Hill e Bunker Hill (o combate de Junho ficou, de um modo geral, conhecido como a Batalha de Bunker Hill, em ambos os lados do Atlântico). As tropas britânicas permaneceram cercadas, em Boston, e estavam a ficar sem comida e sem provisões. A 3 de Julho, o general George Washington, da Virgínia, assumira o comando([21]) da «populaça»([22]) americana.

1776

Com quase 4900 quilómetros de oceano a separar a Grã-Bretanha das suas colónias americanas, os relatos de tais acontecimentos levavam um mês, ou mais, a chegar a Londres. Quando as primeiras notícias, relativamente a Lexington e Concord, chegaram, no final de Maio, o Parlamento já havia começado as suas longas férias de Verão, com os membros a partirem de Londres para as propriedades na província.

O resultado de Bunker Hill, do qual se tomou conhecimento na última semana de Julho, apenas veio fortalecer a resolução do Rei. «Temos de persistir»[23], disse a Lorde North. «Sei que estou a cumprir o meu dever e por isso não poderei nunca recuar.»

O sempre obsequioso North sugeriu que, face à situação na América, esta poderia deixar de ser vista como uma revolta e passar a ser encarada como uma «guerra estrangeira»[24], e que, deste modo, poderiam ser empregues «todos os meios».

A 26 de Julho, no n.º 10 da Downing Street, e numa reunião apressada, o Conselho de Ministros decidiu, sem demora, enviar 2000 reforços para Boston e manter um exército de pelo menos 20 000 regulares na América, na Primavera seguinte.

Bunker Hill foi proclamada como uma vitória britânica, o que, tecnicamente, aconteceu. Porém, na realidade, as forças de Sua Majestade, lideradas pelo general Howe, haviam sofrido mais de 1000 baixas[25], num massacre terrível, antes de avançarem no terreno. Tal como se comentara, mordazmente, em Londres e Boston, mais algumas vitórias como estas significariam, certamente, a ruína para os vitoriosos.

No final do Verão, um navio britânico, proveniente de Boston, atracou em Plymouth, com 170 oficiais e soldados, doentes e feridos, que, na sua maioria, haviam lutado em Bunker Hill e «todos em grande sofrimento», tal como fora descrito num expressivo registo publicado:

> Alguns dos homens vieram a terra, numa altura em que tais coisas nunca antes haviam sido vistas: uns sem pernas e outros sem braços; as roupas pendiam nos seus corpos como roupões largos, muitos caíam doentes e famintos. A bordo estavam cerca de 60 mulheres e crianças, viúvas e filhos de homens mortos. Algumas destas exibiam, igualmente, um espectáculo chocante; e a própria embarcação, embora bastante grande, tornava-se quase intolerável devido ao odor proveniente dos doentes e feridos[26].

Dever do Soberano

A miséria das tropas, ainda sitiadas em Boston, e dos americanos leais ao Rei que, temendo pelas suas vidas, haviam abandonado tudo para procurar refúgio na cidade, era igualmente descrita em cartas publicadas nos jornais de Londres, ou em correspondência para amigos e parentes, residentes em Londres. No *General Evening Post*, um soldado retratou a cena em Boston apenas como «tristeza, doença e morte» [27]. Outro, cuja carta surgiu no *Morning Chronicle and Advertiser*, descreveu estar «quase perdido, por precisar de provisões frescas […]» [28], acrescentando: «Estamos completamente cercados […] como pássaros numa gaiola.»

John Singleton Copley, o pintor de retratos americano, que, no ano anterior, deixara Boston para ir viver em Londres, leu numa carta do seu meio-irmão Henry Pelham:

> É inconcebível a angústia e ruína que esta terrível disputa causou a esta cidade e aos seus habitantes. Quase todas as lojas e armazéns estão fechados. Não há negócios de espécie alguma […] Estou, tal como o povo, muito infeliz e o pouco que juntei está para sempre perdido. As roupas que visto e alguns dólares que trago no bolso são já a única propriedade que tenho [29].

*

Apesar da guerra, ou mais provavelmente por causa dela, o Rei permaneceu, de uma forma geral, popular no país e podia contar com apoiantes leais no Parlamento. A filosofia política, o patriotismo e o sentido de dever, comparáveis aos do Rei, estavam fortemente presentes em ambas as câmaras, tal como os apoios financeiros e o dinheiro público de que podiam dispor. E se não fossem suficientes, sempre havia o suborno directo, que se tornara o padrão num sistema nitidamente mercenário, não da sua autoria, mas que imediatamente empregou para conseguir o que desejava.

De facto, o suborno, o favoritismo e a corrupção tornavam-se desmedidos numa grande variedade de formas, não apenas na política, mas em todos os níveis da sociedade. O clero e célebres críticos da época, como Jonathan Swift e Tobias Smollett, tinham-no há muito tornado num assunto favorito. Londres, dizia Smollett, era «a sala de visita do demónio» [30]. Samuel Curwen, o lealista de Salem, via devassidão e «condescendência com o vício»[31] para onde quer que olhasse, «dos redutos mais baixos aos encontros mais elegantes e caros dos nobres e do mundo bem sucedido». Sentindo algumas saudades de casa, Curwen agradeceu a Deus pelo facto de, na Nova Inglaterra, ainda não ser bem assim.

Para grande parte da imprensa e da oposição, no Parlamento, a guerra americana e a forma como se lidava com ela não poderia ter sido pior. O *Evening Post*, o mais partidário nas suas denúncias, caracterizava a guerra como sendo «anti-natural, inconstitucional, desnecessária, injusta, perigosa, arriscada e desvantajosa»[32]. A *St. James's Chronicle* escrevera, desdenhosamente, sobre «um rei louco, obstinado e impiedoso». *Crisis*, um recente e fervoroso jornal, atacou «todos os adornos pomposos da realeza»[33] e a vilania do rei.

«Em nome de Deus, o que fazeis vós em Inglaterra? Esqueceram-se de nós?»[34], perguntou um oficial britânico, numa carta de Boston, publicada em Londres no *Morning Chronicle*. Desejava que todas as «pessoas violentas», que haviam defendido medidas mais vigorosas na América, pudessem ser enviadas, para que o pudessem sentir na própria pele. O seu vigor arrefeceria rapidamente. «Que Deus nos envie paz e uma boa lareira, na Velha Inglaterra».

Entretanto, o Rei chamara, novamente, o general Thomas Gage[35], o seu comandante das forças em Boston, e no seu lugar colocara o destemido William Howe. Quando, em Setembro, um emissário do Congresso Continental em Filadélfia, Richard Penn, chegou a Londres, com uma «Petição de Paz» na mão, expressando lealdade para com a Coroa e requerendo, na realidade, que o Rei encontrasse uma forma de reconciliação, Jorge III recusou qualquer envolvimento nesse sentido.

Em privado, Lorde North começara, silenciosamente, negociações com vários príncipes alemães do Hesse e de Brunswick para contratar tropas mercenárias. E numa nota confidencial, de 15 de Outubro, o Rei reafirmou ao primeiro-ministro que todos os meios para «afligir a América»[36] teriam a sua aprovação.

Na fresca e ensolarada tarde de 26 de Outubro, Jorge III ia a caminho da abertura do Parlamento e a sua popularidade nunca parecera tão alta. A oposição à guerra, como todos sabiam, estava mais forte e mais vociferante em Londres do que em qualquer outra parte do país. No entanto, aqui se reuniam as maiores multidões[37] de sempre desde que ascendera ao trono. Para além disso, encontravam-se animados, tal como afirmara o *London Public Advertiser*. A sua «aparência transmitia paz e bom humor»([38]); havia poucas «vaias», o Rei podia sentir-se seguro relativamente «ao afecto do seu povo».

*

Um troar de canhão saudou a chegada de Sua Majestade a Westminster e depois de executadas as tradicionais formalidades de boas vindas, o Rei assumiu o seu lugar no trono, no topo da Câmara dos Lordes, ladeado pelos seus pares que exibiam os seus trajes cor de carmim. Os membros da Câmara dos Comuns, para os quais não havia lugares, permaneciam atrás, de pé.

Todos compreendiam a magnitude do momento. Como esperado, o discurso do Rei seria um dos mais importantes de sempre proferido por um monarca inglês.

Era dono de uma bela voz, bem projectada. «A actual situação da América e o meu permanente desejo de adquirir o vosso conselho, concordância e assistência em todas as ocasiões importantes, fizeram com que vos reunisse assim cedo»([39]). Declarara que a América estava em revolta aberta e denunciara como traidores aqueles que, por «grave falsidade», se esforçaram para irritar o seu povo na América. Esta era uma «conspiração desesperada». Haviam sempre professado a sua lealdade para com a sua pátria «e as mais fortes afirmações de lealdade para comigo», mas agora preparavam-se para a rebelião.

Recrutaram tropas e estão a reunir uma força naval. Apoderaram-se das receitas públicas e atribuíram a si próprios poderes legislativo, executivo e judicial, que já exerciam da forma mais arbitrária [...] E embora muitos destes infelizes pudessem ainda ter mantido a sua lealdade [...] a torrente de violência fora suficientemente forte para obrigar à submissão, até uma força adequada aparecer para os apoiar.

Tal como o Parlamento, ele próprio agira até essa altura num espí rito de moderação, dissera, e estava «ansioso por evitar, se tivesse sido possível, o derramamento de sangue dos meus súbditos e as calamidades que são inerentes a um estado de guerra»([40]). Esperava que o seu povo, na América, visse a luz e afirmou «que ser um súbdito da

Grã-Bretanha, com todas as suas consequências, é ser o membro mais livre de qualquer sociedade civil no mundo actual».

Depois veio um novo ataque, baseado em pareceres recebidos do seu comandante, em Boston. Não poderá haver mais ilusões acerca da verdadeira intenção dos que enganam o infeliz povo da América. «A guerra revoltosa [...] é, manifestamente, levada a cabo com o propósito de estabelecer um Império independente.»

> Não preciso de me alongar muito sobre os nefastos efeitos do sucesso de tal plano. O assunto é demasiadamente importante, o espírito da nação britânica demasiadamente elevado, os recursos com que Deus a abençoou são demasiadamente numerosos para desistir de tantas terras que colonizou com grande diligência, tratou com tanto carinho, encorajou com muitas vantagens comerciais, protegeu e defendeu às custas de muito sangue e riquezas.

Uma vez que a atitude claramente mais inteligente seria «colocar um rápido fim» a tais desordens, aumentava as suas forças navais e terrestres. Para além disso, estava feliz por informar o Parlamento que recebera «ofertas amigáveis de assistência estrangeira».

«Quando a infeliz e iludida multidão, contra quem esta força será dirigida, se aperceber do seu erro, estarei preparado para receber todos os enganados com afecto e piedade»[41], prometera, e como prova das suas boa intenções daria autoridade a «certas pessoas» para concederem perdões «imediatos» na América, apesar de nada mais ter dito acerca disto.

Em resumo, Jorge III, monarca do Império, declarara a América em estado de insurreição. Confirmara que empregava forças terrestres e navais – assim como mercenários estrangeiros anónimos – suficientes para colocar um ponto final na revolta e denunciara os líderes da revolta, pois encaravam a independência americana como o seu verdadeiro objectivo, algo que esses mesmos líderes ainda não haviam declarado abertamente.

«Entre as muitas severas e inevitáveis consequências desta revolta», disse no final, «a que, manifestamente, mais me afecta é o extraordinário fardo que acarretará para os meus fiéis súbditos».

A comparência de Sua Majestade, perante o Parlamento, durara apenas 20 minutos, findos os quais, como relatado, voltara para o Palácio de Saint James, «tão tranquilamente como tinha vindo»[42].

Dever do Soberano

*

Os membros da Câmara dos Comuns saíram em fila directamente para a sua câmara e o debate sobre o discurso do Rei começara «vivo e aceso», em ambas as câmaras, e a oposição direccionava o caso para uma conciliação, com bastante perseverança.

Na Câmara dos Lordes, as expressões de apoio eram animadas, embora comparativamente breves. O Rei fora elogiado pela sua resolução de manter os interesses e honra do reino e pelo seu poder de decisão. «Apoiaremos sua majestade com as nossas vidas e riqueza»([43]), jurou o Visconde Townsend.

Os que se opunham tinham mais a dizer e falaram por vezes, com acentuada emoção. As medidas recomendadas pelo trono, avisou o Marquês de Rockingham, eram «grandes, encerrando as mais portentosas e devastadoras consequências»([44]). O contratar de tropas estrangeiras era um «expediente alarmante e perigoso». Ainda mais deplorável era a probabilidade do «derrame de sangue britânico por mãos britânicas». Qualquer intenção de conquistar a América seria «imprudente e ultrajante»([45]), disse o Conde de Coventry. O governo «já não era de confiança»([46]), disse Lorde Lyttleton, amargamente.

«Porque é que as colónias são acusadas de planear a independência?»([47]), o Conde de Shelburne exigiu saber. «Quem é que ousa formular uma reivindicação (o que é que lhe devo chamar, meus Lordes?), contrária aos factos, contrária às evidências? [...] É de sua intenção, com este soar contínuo de independência aos ouvidos dos Americanos, levá-los até ela?»

Quando a luz da tarde se começara a extinguir, ficando a sala pouco iluminada, acenderam-se os candelabros.

A única surpresa, com a continuação do debate, foi um discurso veemente do Duque de Grafton, Augustus Henry Fitzroy, antigo primeiro-ministro, que ainda não se opuscra ao governo. Até esse momento, dissera, havia concordado porque acreditava que quanto mais sólido fosse o governo nas relações com os americanos mais os assuntos poderiam ser «harmonizados de forma amigável»([48]). No entanto, havia sido enganado, iludido. Admitindo a sua ignorância sobre o verdadeiro estado da situação na América – e deduzindo que este facto não constituía uma desvantagem invulgar no Parlamento – propôs, ousadamente, a revogação de qualquer acto relativo à América desde a inflamável Lei do Selo de 1765.

1776

Esta, atrevo-me a afirmar, será a resposta para todos os fins; e só ela alcançará qualquer propósito válido, sem cenas de ruína e destruição, nas quais não posso pensar sem um extremo pesar e horror.

O Conde de Dartmouth, Secretário de Estado para as Colónias, estava surpreendido. Como é que um lorde nobre poderia condenar as políticas do governo, ou retirar apoio, sem pelo menos lhes proporcionar um julgamento justo?

*

Foi nos comuns que ocorreu o mais longo e turbulento conflito. Dos cerca de 20 que se levantaram para falar, poucos se detiveram. Ataques ao Rei, a Lorde North, ao Ministério do Exterior em geral e por vezes entre eles próprios, aqueceram o debate ao ponto de fervura. Houve troca de insultos que se inflamariam por muito tempo, em estilo bombástico e bastante hiperbólico, bem como momentos em que a eloquência fora usada com um extraordinário efeito dramático, mesmo para os Comuns.

O Parlamento era como uma peça teatral envolvente, ainda que o seu efeito, tal como o do teatro, fosse sempre entendido como tal. Pois, essencialmente, foi também bem entendido e profundamente sentido o facto de a câmara histórica servir, uma vez mais, de cenário para a história, onde estavam em jogo assuntos de supremas consequências bem como o destino de nações.

O fervor das opiniões opostas foi imediatamente evidente no momento em que o jovem John Dyke Acland, de Devonshire, declarou o empático apoio ao discurso do Rei. É verdade que a tarefa de «reduzir a América a uma obediência justa»[49] não deveria ser menosprezada, dissera, mas quando «os interesses de um grande povo» estão em jogo, «as dificuldades têm de ser vencidas, não devemos recuar perante elas».

Acland, um voluntarioso jovem oficial do exército, estava preparado para servir na América (e serviria), e o que disse produziu uma força invulgar, se não mesmo uma perfeita validação histórica. «Reúnam a força, os recursos, e, acima de tudo, o espírito da nação britânica que quando elevado não conhece oposição.»

Deixem-me lembrar-vos daquelas extensas e bem sucedidas guerras que este país levou a cabo antes do continente americano ser conhecido. Deixem-me chamar a vossa atenção para o período em que vós defendestes este mesmo povo dos ataques da nação mais poderosa e valente da Europa [França] na altura em que os vossos exércitos ditaram as regras e as vossas armadas velejaram triunfantes, em todas as costas. Devem dizer-nos então que este povo [os americanos], cuja grandeza é o trabalho das nossas mãos e cuja insolência vem das nossas divisões, confundiu a brandura deste país com a sua fraqueza e a relutância em punir por uma sede de poder para vingar os direitos violados dos súbditos britânicos – devem dizer-nos que tal povo pode resistir aos poderosos esforços desta nação? ([50])

Na altura em que os candelabros se acendiam na Câmara, John Wilkes, Presidente da Câmara de Londres, defensor do povo, e o homem mais despretensioso do Parlamento, levantou-se para ser ouvido e para que não restassem dúvidas de que era John Wilkes.
«Eu falo, Senhor, como um firme amigo da Inglaterra e da América mas ainda mais da liberdade universal e dos direitos de toda a humanidade. Acredito que nenhum dos súbditos deste vasto Império alguma vez se submeterá à escravidão.» Nunca a Inglaterra se envolvera numa contenda de tal importância para os seus mais cruciais interesses e possessões, disse Wilkes.

Lutamos pela subjugação, pela submissão incondicional de um país infinitamente mais extenso do que o nosso, cuja riqueza, força natural e população aumentam todos os dias. Se não formos bem sucedidos [...] seremos considerados como seu inimigo mais implacável, seguir-se-á uma separação eterna e a grandeza do Império Britânico perecerá([51]).

A guerra, com «os nossos irmãos» na América, foi «injusta [...] fatal e devastadora para o nosso país», declarou.
Já não se colocava a questão dos americanos lutarem, afirmou o *tory* Adam Ferguson, mas poderia alguém duvidar da força da Grã-Bretanha para os «subjugar» ([52])? E isto, disse, tem de ser feito rápida e decididamente, como um acto de humanidade. Meias me-

didas não servem. Meias medidas podem levar aos horrores da guerra civil.

Em resposta, George Johnstone, uma figura audaz que servira, em tempos, na qualidade de governador da Florida ocidental, fez um dos discursos mais longos e veementes da noite, exclamando, «Todas as políticas maquiavélicas devem ser justificadas ao povo americano.»

> Os homens deverão ser conduzidos para esta sombria tarefa ludibriados. Deverão ser atraídos por fases até não poderem recuar [...] estamos a quebrar todas as máximas sagradas dos nossos antepassados e a soar o alarme a todos os homens sábios do continente americano de que todos os seus direitos dependem do desejo de homens com notória corrupção e que os vêem como um inimigo, não tendo qualquer interesse pela sua prosperidade[53].

Johnstone congratulara o povo da Nova Inglaterra pela sua coragem e firmeza. Havia uma grande diferença, disse, entre o oficial, ou soldado inglês que se limitava a cumprir o seu dever, e o exército da Nova Inglaterra, em que cada homem pensava no que mais poderia fazer. Quem amasse «o glorioso espírito de liberdade»[54] não poderia ser motivado pelo espectáculo de Bunker Hill, onde «um conjunto de camponeses descompassados» enfrentara, de forma tão corajosa, o «destemido Howe» que liderava as melhores tropas de elite do mundo. «Quem é que pode rejeitar todas as dúvidas sobre a justiça de uma causa que inspira tal rectidão de consciência?»

Alexander Wedderburn, o Procurador-Geral, minimizou a ideia de estar a substituir o Rei e pediu a conquista, em toda a linha, da América. «Então porque hesitamos?», perguntara.

> Porque é que um partido insignificante, inconsistente nas suas próprias políticas e sempre hostil a todos os governos excepto ao seu, tenta obstruir as nossas medidas e bloquear o progresso? Vamos é secundar a indignada voz da nação que pressiona o Soberano de todas as formas, gritando por medidas vigorosas [...]. Meu Senhor, estamos surdos há demasiado tempo. Temos demonstrado demasiada paciência e uma extensa resignação [...]. As nossas ameaças têm de seguir em frente. A América tem que ser conquistada[55].

Dever do Soberano

Com o terminar da noite, Lorde North, o robusto e recurvado primeiro-ministro, permaneceu notoriamente silencioso no seu lugar dianteiro, os seus grandes olhos míopes e as gordas bochechas davam-lhe um ar de trompetista cego[56], tal como disse o perspicaz Horace Walpole. North era muito apreciado – moderado, delicado e inteligente. Fizera a sua carreira nos Comuns e, com os seus modos afáveis, tinha adquirido poucos, se é que alguns, inimigos entre os seus opositores políticos. Quando atacado, não se ofendia. Podia ser um orador marcadamente persuasivo, embora fosse igualmente capaz, quando necessário, de permanecer em silêncio e até de dormitar um pouco[57].

Com os seus anos de experiência, North havia também aprendido a contar votos com antecedência, e, naquele momento, sabia, tal como quase todos os presentes, que a clara maioria dos Comuns, assim como grande parte do povo, apoiava o Rei.

Talvez o momento mais revelador de toda a acesa sessão tenha ocorrido por volta da meia-noite, quando outro oficial do exército, mais velho do que John Dyke Acland, se levantara para falar. O coronel Isaac Barré era um veterano da Guerra Franco-Indígena, que regressara da Batalha do Quebeque extremamente desfigurado. Fora atingido na cabeça por uma bala de mosquete, que lhe cegara um olho e lhe deixara o rosto retorcido expressando um sorriso permanente. Mais ainda, fora Isaac Barré, num anterior discurso em defesa dos americanos, que lhes chamara, em primeiro lugar, de «Filhos da Liberdade»[58], tendo esta expressão perdurado no tempo.

Perdera um olho, o coronel relembrou aos seus ouvintes, mas o bom «olho militar»[59] que lhe restava não o enganava. A única forma de evitar «esta tempestade americana» era encontrar uma conciliação o mais rapidamente possível.

*

Edmund Burke e o jovem Charles James Fox preencheram as horas seguintes. Burke, no seu estilo habitual, demorou o seu tempo. Quase tudo o que disse, já outros o haviam dito antes, porém, não viu mal algum na repetição, nem sentiu qualquer necessidade de se apressar. Discursou durante quase duas horas[60], tendo grande parte do seu discurso sido dedicada à miséria das forças britânicas, confinadas em Boston por aqueles que se dizia pertencerem à populaça indisciplinada.

1776

Desta vez, não houve tiradas sonantes por parte de Burke, não havia muito para os jornais citarem. Não queria, provavelmente, sobrepor-se a Fox, o seu protegido, que discursaria a seguir e que, com 26 anos, era já uma estrela política fulgurante.

Nascido com posição e fortuna, Fox era um peralta ousado, um «*dandy*» ([61]) bem vestido que, por vezes, aparecia com sapatos de saltos altos, cada um de sua cor, e passava as noites alegremente a beber ou a esbanjar a fortuna do pai no jogo, nos melhores clubes de Londres. Mas os seus dons intelectuais e oratórios eram os melhores. Falava sempre espontaneamente, sem notas ou texto preparado. Comentava-se que Fox tão depressa redigiria o seu discurso como pagaria uma conta antes de esta lhe ser cobrada.

Atacou imediatamente e com um estilo seco, apelidando Lorde North de «piloto imprudente» ([62]), que tinha levado a nação a um terrível impasse. Se Edmund Burke não deixou uma linha memorável sobre a discussão dessa noite, Fox tinha-o imediatamente feito:

> Lorde Chatham, o Rei da Prússia, não, Alexandre, *o Grande* nunca ganhou mais numa campanha do que o que perdeu o nobre lorde – perdeu todo um continente.

Estava na altura de uma mudança no governo, tempo de novas políticas. Os actuais ministros eram inimigos da liberdade.

> Não posso concordar com as consequências sangrentas de uma contenda tão absurda, sobre um assunto tão absurdo, conduzida da forma mais absurda alguma vez registada ou observada na história e da qual é provável que apenas venhamos a obter pobreza, desgraça, derrota e ruína. ([63])

Quando Fox terminou, North ocupou o seu lugar e, calmamente, informou que não desejava permanecer ([64]) um único dia que fosse em funções num local onde era considerado inactivo, desatento, ou irreflectido.

North não era um homem apaixonado pela guerra. Não tinha nem o olhar, nem o temperamento de um líder de guerra. Em privado, não tinha sequer a certeza se seria possível vencer os americanos e preocupava-se com os custos. Escrevera ao general Burgoyne que «Teria

Dever do Soberano

abandonado a contenda[65] se não estivesse intimamente convencido, na minha própria consciência, de que a nossa causa é justa e importante». Jorge III confiava nele, chamava-lhe «a minha tábua de salvação»[66] que, de facto, era; e era esse o papel de North, o de justificar e defender o Rei, as políticas de administração e as decisões perante os Comuns.

Neste momento, afirmou, a intenção era a de enviar uma poderosa força naval e terrestre pelo Atlântico. Mas juntamente com estas forças também iriam «ofertas de clemência para uma submissão adequada»[67]. A «submissão adequada», teria ainda de ser estabelecida e não revelou quem receberia tais ofertas. No entanto, o tempo mostraria que o verdadeiro propósito de tais gestos de paz seria acelerar a rendição da América.

«Isto mostrará que agimos com sinceridade, que estamos preparados para punir mas que também estamos preparados para perdoar. Estes são, na minha opinião, os meios mais viáveis para alcançar uma reconciliação honrada.»

Com esta afirmação o debate terminou.

Na Câmara dos Lordes[68], onde os trabalhos haviam terminado à meia-noite, a oposição ao discurso do Rei e a toda a guerra na América fora vencida por uma votação de mais de dois para um, 69 para 29.

Na Câmara dos Comuns[69], apesar dos discursos pouco fervorosos, a oposição fora vencida por uma margem ainda maior, 278 para 108.

Eram quatro da manhã quando a votação nos Comuns terminou.

*

Um dos membros da Câmara dos Comuns que evitara falar e que ficara extremamente satisfeito com o resultado fora o culto e educado Edward Gibbon. Apoiante de Lorde North, Gibbon nunca falou de qualquer assunto. Porém, em correspondência privada, da sua casa de Londres, assegurara aos amigos que «alguma [coisa] seria feita» [70] relativamente à América. O poder do Império seria «exercido ao máximo», escrevera. «Papistas irlandeses, hanoverianos, canadianos, índios, etc. terão todos utilidade, de várias formas».

Gibbon, que na altura dava os retoques finais ao primeiro volume da sua obra-prima, *History of the Decline and Fall of the Roman Empire*

29

1776

[*História do Declínio e Queda do Império Romano*], sentia agora mais confiança sobre o decorrer da história no seu tempo. «A *conquista* da América é uma *grande obra*»([71]), escreveu.

Pouco depois, no início de Novembro, o Rei Jorge III nomeou um novo Secretário para as colónias americanas, Lorde George Germain, uma escolha que deixou poucas dúvidas, se ainda restavam algumas, de que também o Rei considerava a conquista da América um trabalho sério, com o qual estava seriamente envolvido.

Germain deveria substituir o Conde de Dartmouth, cuja atitude, relativamente à guerra, parecia, por vezes, de pouco empenho. Era um homem de 60 anos, alto, extremamente sério, orgulhoso e inteligente, fisicamente impressionante e notavelmente diferente do Rei e de Lorde North, era um soldado. Servira na Guerra dos Sete Anos, na Alemanha, com boa reputação até ter estado na Batalha de Minden, altura em que durante um ataque a cavalo fora acusado de falta de prontidão na execução de ordens. Não fora acusado de cobardia, como apontavam os seus críticos. Num tribunal militar, realizado por sua insistência, apenas fora considerado culpado por desobediência. Porém, a sua carreira militar terminou quando o conselho o declarou inapto para o serviço.

Nos anos que se seguiram, desempenhara o papel de político diligentemente, ganhando uma óptima reputação como administrador. No seu novo papel, dirigira as principais operações da guerra sendo-lhe exigida firmeza. Para muitos parecia o homólogo perfeito do prestável e tímido North.

Não sentia qualquer simpatia pelos «revoltosos desordeiros» da América. O que era preciso, dissera Germain, era um «golpe decisivo»([72]). O Rei tinha-o em alta consideração.

Capítulo 2

Populaça Armada

> *Sua Excelência, o General Washington, é já entre nós unanimemente admirado. A alegria era visível em todos os semblantes.*
> General Nathanael Greene

I

A qui estamos no confronto(¹) – escreveu o jovem brigadeiro general de Rhode Island, apreciando a cena em Boston, nos últimos dias de Outubro de 1775.

Gostaria que tivéssemos uma grande provisão de pólvora, que pudéssemos incomodar o inimigo sempre que aparecesse [...] não obstante esse desejo, somos obrigados a permanecer espectadores inactivos, pois não podemos chegar até eles e eles estão determinados a não chegar até nós.

Com 33 anos, Nathanael Greene era o mais jovem oficial general do que era considerado ser o exército americano e, por critério convencional, constituía uma opção pouco provável para tal responsabilidade.

1776

Fora soldado, a tempo inteiro, durante seis meses. Ao contrário dos outros generais americanos, nunca servira em campanha, nunca havia posto os pés num campo de batalha. Trabalhava numa fundição. O que sabia de guerra e de comando militar vinha sobretudo dos livros.

Para além disso, era um *quaker* e embora dono de um físico robusto, um acidente ocorrido durante a infância deixara-o com a perna direita rígida e a coxear. Sofria, igualmente, de ataques ocasionais de asma ([2]).

No entanto, Nathanael Greene não era um homem vulgar. Possuía uma mente rápida e inquiridora, com uma capacidade de resolução pouco comum. Era extremamente trabalhador, franco, de boa natureza e um líder nato. O seu compromisso com a Gloriosa Causa da América, tal como era conhecida, era total. E se a sua juventude era óbvia, a Causa Gloriosa era, de facto, a causa de um homem jovem. O comandante das forças do exército, George Washington, tinha apenas 43 anos. John Hancock, o Presidente do Congresso Continental, tinha 39, John Adams tinha 40, Thomas Jefferson 32, era ainda mais novo do que o jovem general de Rhode Island. Naquele tempo, muitos eram colocados em posições aparentemente superiores à sua experiência ou capacidade e Washington considerara, desde logo, Nathanael Greene como um homem «de confiança».

Nascera e fora criado no Condado de Kent, em Rhode Island, numa quinta ([3]) perto do Ancoradouro de Potowomut, junto à vila de Warwick, aproximadamente 100 quilómetros a sul de Boston. Era o terceiro de oito filhos de um notável e laborioso *quaker*, também conhecido por Nathanael e, de todos os filhos, era aquele com quem o pai mais contava para dar continuidade aos interesses da família. Isto incluía a quinta e a casa, um armazém geral, um moinho, uma serração, uma chalupa de cabotagem e a fundição Greene, todos, como se dizia, «em constante e lucrativa operação» ([4]). Esta última, a iniciativa mais próspera, que produzia âncoras e correntes, empregava dezenas de homens e era um dos negócios mais importantes na colónia. Deste modo, os Greene tornaram-se pessoas de recursos substanciais. O facto de o patriarca ter uma liteira era encarado como prova definitiva da prosperidade da família.

Uma vez que a educação não figurava, proeminentemente, nos ideais de *quaker* do pai, o jovem Nathanael usufruiu de pouca instrução. «O meu pai era um homem de grande piedade» ([5]), explicou. «Tinha um excelente discernimento e regia-se pela sua conduta de humanidade e abundante benevolência. Porém, a sua mente era ofuscada por preconceitos contra o estilo literário.» Nathanael fora posto, juntamente com os irmãos, a trabalhar muito novo, primeiro na quinta, depois nos moinhos e na fundição. Com o tempo, determinado a aprender sozinho, começara a ler tudo o que podia, orientado e encorajado por várias figuras eruditas, incluindo o sacerdote Ezra Stiles, de Rhode Island, um dos homens mais sábios desse tempo e que mais tarde se tornaria reitor da Universidade de Yale.

Nathanael lera Cesár e Horácio na tradução inglesa, Swift, Pope e o *Essay Concerning Human Understanding* [*Ensaio sobre o Entendimento Humano*], de Locke[6]. Em visitas a Newport e Boston, começara a comprar livros e construiu a sua própria biblioteca. Relembrando a sua juventude, um dos seus irmãos descreveria Nathanael, durante as pausas no tumulto da fundição, sentado perto do grande martinete, com um volume encadernado a couro, de Euclides[7], na mão, a estudar calmamente.

«Lamento a falta de uma educação liberal. Sinto uma névoa de ignorância em meu redor»[8], escrevera a um amigo com as mesmas opiniões. Descobriu que gostava de se expressar no papel e que tinha uma tendência para, nessa correspondência, filosofar interminavelmente sobre o significado da vida. No entanto, com tudo isto, nenhuma ideia de vida ou ocupação, além do que conhecemos, lhe passara pela cabeça até à ameaça do conflito com a Grã-Bretanha.

A descrição que dele se guardava nas gerações da família correspondia à de um jovem «animado, vigoroso e atencioso»[9] que, tal como o pai, adorava «piadas ou histórias divertidas», fazia imitações[10] cómicas de personagens de *Tristram Shandy* e apreciava a companhia de jovens damas, enquanto estas, segundo o que se dizia, «nunca se sentiam sozinhas onde ele estava». Um dia, acusado pelo seu par de dançar de forma rígida, devido à sua perna aleijada, Nathanael respondeu: «É verdade, mas como vê, danço com firmeza.»[11] Entendia-se que os seus defeitos passavam por um certo «temperamento nervoso» e susceptibilidade, devido à saúde delicada, impetuosidade e grande sensibilidade às críticas.

Em adulto, era uma figura entroncada, com cerca de 1,70 metros de altura, atraente, com braços e ombros dignos de um fundidor, embora uma inoculação de varíola o tivesse deixado com uma mancha escura no olho direito[12]. A testa larga e a boca grande e «decidida» eram consideradas as suas melhores características, embora um soldado, enviado para entregar uma mensagem ao general, se lembrasse dos seus «admiráveis olhos azuis, que [o] surpreenderam de tal forma que mal consegui[ra] entregar a [sua] mensagem».

Em 1770, quando ainda estava na casa dos 20, o pai pô-lo à frente de outra fundição familiar, na vila vizinha de Coventry, perto do rio Pawtuxet. Nathanael construiu a sua casa numa colina ali perto. Depois da morte do pai, nesse mesmo ano, ficou responsável por todos os negócios. Em 1774, quando conheceu e casou com a galanteadora Katherine Littlefield, 14 anos mais nova, foi considerado um «homem extremamente admirável».

Foi, igualmente, nessa altura que, com a ameaça da guerra, orientara a sua mente para «a arte militar». Tendo vastos meios para comprar os livros de que precisasse, adquiriu uma variedade de dispendiosos tratados militares, que poucos poderiam comprar. Foi numa fase em que se acreditava não haver razão para não se aprender o que quer que fosse necessário – aprender, virtualmente, qualquer coisa – através do estudo minucioso de livros, constituindo ele o perfeito exemplo de tal crença. Determinado a ser um «*quaker* lutador», tornou-se tão entendido em tácticas, ciência militar e liderança como muitos homens nas colónias.

«A primeira de todas as qualidade [de um general] é a coragem»[13], leu em *Memórias da Arte da Guerra*, do marechal Maurice de Saxe, um dos comandantes excepcionais da época. «Sem esta, as outras têm pouco valor, uma vez que não podem ser usadas. A segunda é a inteligência, que deve ser forte e fértil em recursos. A terceira é a saúde».

Desempenhara um papel de liderança na organização de uma unidade de milícia, os Guardas de Kent, para mais tarde lhe dizerem que devido à sua perna não poderia ser um oficial. Ser-lhe declarado, publicamente, que o modo como coxeava – ou «mancava»[14] – seria uma «mácula» na companhia foi, como escrevera, a pior «mortificação» que jamais tinha recebido.

Se não era aceite como oficial, serviria, de boa vontade, nas fileiras. Com um mosquete inglês ao ombro, que comprara em Boston a um desertor inglês, marchara como soldado raso, em exercícios militares, numa companhia durante oito meses, até se tornar óbvio que, para um homem com tais conhecimentos e capacidades, o melhor seria esquecer que coxeava.

Foi-lhe concedido, quase da noite para o dia, o comando total dos regimentos de Rhode Island. Não é transparente a forma exacta como tal aconteceu. Um dos seus admiradores e mentores mais fortes era Samuel Ward, de Rhode Island, um delegado do Congresso Continental, que também era tio da esposa de Nathanael, Catherine, e que terá, presumivelmente, utilizado a sua influência. Porém, o facto de Nathanael ter marchado com tanto prazer nas fileiras apenas o favoreceu grandemente entre os colegas voluntários, quando chegou a altura de escolher um comandante.

O general Greene estava em Boston, desde o início de Maio de 1775, na chefia do que se chamava o Exército de Observação de Rhode Island, ao qual se dedicava de alma e coração, dormindo, por vezes, apenas algumas horas por noite. Até então, ninguém tinha razões para se queixar da sua juventude ou falta de experiência. O que quer que lhe faltasse, em conhecimento ou experiência, tentava compensar com «precaução e diligência»([15]), confidenciaria mais tarde a John Adams.

Como comandante do «Exército de Observação»([16]), acampado na cidadela americana de Prospect Hill, tentava abranger tudo, observar e avaliar a situação da forma mais realista possível. Enquanto o exército americano controlava a área à volta de Boston, os britânicos, solidamente fortificados na cidade, e em Bunker Hill, controlavam o mar e podiam, assim, fornecer as suas tropas e enviar reforços (apenas semanas antes, em Setembro, haviam chegado reforços de cinco regimentos). A tarefa em mãos parecia, por isso, suficientemente clara: confinar os homens do Rei a Boston, suspender o fornecimento de provisões e evitar que saíssem para conseguirem o que um dos seus generais, Burgoyne, chamava de «espaço de manobra».

Se a luta acontecesse, o exército americano quase não tinha artilharia nem pólvora, no entanto, para Greene, a maior fraqueza e preocupação era o contínuo estado de desordem do próprio exército. Quando escrevera ao seu amigo Samuel Ward, no Congresso Continental, a perspectiva era profundamente perturbante, «tendo em conta a inexperiência([17]) e indisciplina das tropas, em geral, e os preparativos de guerra que decorrem em Inglaterra».

*

No início do cerco não havia qualquer exército americano. Mesmo agora não havia bandeira, nem uniforme. Apesar de em alguns documentos oficiais houvesse registo de um «exército continental», não havia um acordo claro em relação ao nome a utilizar. No início, era referido como o «exército da Nova Inglaterra» ou o «exército de Boston». O Congresso Continental nomeara George Washington para liderar «o exército das Colónias Unidas»[18], porém, em correspondência com o general, o Presidente do Congresso John Hancock referiu-se apenas às «tropas sob o seu comando»[19]. Washington, nas suas ordens formais, chamava-lhes «Tropas das Províncias Unidas da América do Norte». Em privado, descrevia-as como a «matéria-prima»[20] de um exército.

Para os britânicos e lealistas que se haviam refugiado em Boston eram apenas os «revoltosos», ou «as pessoas do campo», indignos das palavras «americano», ou «exército». O general John Burgoyne, desdenhosamente, alcunhara-os de «parada ridícula», ou uma «populaça armada»[21].

Em Abril, quando saiu o primeiro pedido de ajuda, depois de Lexington e Concord, a milícia e as tropas voluntárias das outras colónias da Nova Inglaterra haviam chegado aos milhares para juntarem forças aos regimentos de Massachusetts – 1500 de Rhode Island[22], liderados por Nathanael Greene, e 5000 de Connecticut, sob o comando de Israel Putnam. O regimento de New Hampshire de John Stark, com 1000 homens, marchara sob neve e chuva, «molhado e sujo»[23], «pela lama e lodo»[24], sem comida nem tendas, 120 quilómetros em três dias e meio. Os regimentos de Massachusetts, de longe os mais fortes das tropas provinciais, eram, provavelmente, mais de 10 000.

Em Junho, um exército da Nova Inglaterra, desordenado, espontâneo e enérgico, como nunca fora antes visto, reunira-se em Boston. Informaram Washington, que chegara na primeira semana de Julho, que tinha 20 000 homens, mas que ninguém tinha a certeza. Nenhuma contagem fora feita, até ao momento em que ele a determinou como objectivo prioritário. De facto, havia 16 000, entre os quais menos de 14 000 estavam aptos para o serviço. Mais de 1500 estavam doentes, outros 1500 ausentes.

Num exército regular, tal contagem poderia ter sido alcançada numa questão de horas, afirmou Washington de modo reprovador. No entanto, devido ao estado em que se encontravam as coisas, demorara oito dias. Acreditava-se que a força total do inimigo somava 11000 homens. Na realidade, havia talvez 7000 homens do Rei, em Boston ou aproximadamente metade desse número sob o comando de Washington.

Populaça Armada

Numa comunicação formal, do Congresso Provincial de Massachusetts, Washington fora avisado para não esperar «regularidade e disciplina»([25]) entre os homens. A juventude do exército tinha pouca, ou nenhuma, experiência de vida militar. Nem sequer tinham «absoluta necessidade de limpeza»([26]). Além disso, Washington descobriu que eram, decididamente, homens de um tipo diferente do que esperava e não ficou nada satisfeito.

A disposição do terreno, em Boston, diferia, igualmente, de toda a experiência militar do general. Em termos simples, ao desenhar o seu próprio mapa rudimentar([27]), o cenário era de três penínsulas irregulares na ponta do Porto de Boston, com a península de Boston no meio, a de Charlestown (e Bunker Hill) a norte e Dorchester a sul. No entanto, como Boston se encontrava ligado ao continente apenas por uma estrada estreita com 800 metros, ou istmo, era mais como uma ilha do que uma península. E assim, barricando o Istmo, fora relativamente simples manter os britânicos «engarrafados» em Boston, tal como os britânicos haviam construído as suas próprias barricadas no Istmo para evitar que os americanos entrassem.

Os britânicos ainda controlavam Charlestown, que estava, na sua maioria, em ruínas, e Bunker Hill, a sua cidadela que constituía uma vantagem formidável. Nenhum dos lados se movera ainda para fortificar o ainda maior terreno da península de Dorchester, com vista para o porto.

Com as suas numerosas colinas verdejantes, descendo em direcção à água azul, era uma parte particularmente bonita e especialmente no Verão. Washington considerava-o um «local deveras encantador»([28]), lamentando que fosse um palco de guerra. Um oficial britânico descrevera-o como o «local com o verde mais fascinante alguma vez visto»([29]), que encanta os olhos que o contemplam». Esboços de paisagens dos planaltos de Charlestown, feitos por um dos engenheiros britânicos, o capitão Archibald Robertson, mostram quantos amplos campos e prados a céu aberto existiam, quão modesta era a linha do horizonte de Boston e as torres das igrejas assemelhando-se às de uma vila do campo. Talvez fossem esboços de Arcádia.

Se fosse possível ter uma visão de gaivota, poder-se-ia ver todo o exército americano e as suas fortificações, espalhados num grande arco, de cerca de 16 quilómetros, rodeando o interior de Boston, do rio Mystic a nordeste, até Roxbury a sul, com os soldados britânicos acampados nas encostas de Boston Common e defesas preparadas para a acção no Istmo, dentro da cidade e em Bunker Hill. Um majestoso farol erguia-se no cimo de Beacon Hill e no centro da cidade impunha-se Province House, o quartel-general do comando britânico, que podia ser imediatamente identificável pela sua cúpula octogonal e distinto catavento dourado de um índio com arco e flecha.

No porto de Long Wharf estavam ancorados os navios britânicos – e três eram navios de guerra para a linha da frente, com 50 armas, ou mais – enquanto mais à direita da península de Dorchester, na estreita entrada para o Inner Harbor, em Castle Island, se podia encontrar o velho forte do Castelo William, também ocupado pelos britânicos.

A principal concentração de tropas americanas situava-se em Prospect Hill, a norte. Outros estavam acampados, a alguns quilómetros de distância para o interior, na pequena e bela cidade universitária de Cambridge, no rio Charles, e perto do Istmo, em Roxbury, onde a torre branca do local de culto de Roxbury, se elevava no topo de mais uma proeminente colina. Em Cambridge, as tropas estavam acampadas, principalmente, em Common, apesar da maior parte da cidade e dos edifícios de tijolo da Universidade de Harvard terem sido tomados.

A precisar de mais do que o seu rudimentar esboço do terreno, Washington nomeara um talentoso jovem de 19 anos, o tenente John Trumbull ([30]), filho do governador de Connecticut, para fazer uma série de mapas e desenhos. Para um esboço das defesas britânicas no Istmo, o jovem Trumbull havia rastejado, por entre ervas altas até à linha do inimigo.

Por seu lado, os britânicos haviam contratado um cartógrafo experiente, o tenente Richard Williams, que, com a ajuda de uma pequena equipa, moveu a rota e as cadeias de cobre do seu agrimensor de um ponto de vantagem para outro, tirando e registando cuidadosas anotações. O resultado foi um mapa admiravelmente delineado e pintado à mão, mostrando «a Verdadeira Situação do Exército de Sua Majestade e também a dos Revoltosos» ([31]). Todas as fortificações estavam, claramente, marcadas, todos os pontos de referência meticulosamente indicados, incluindo «Mount Whoredom» ([32]), o bairro de prostituição de Boston. O tenente Williams ficara horrorizado ao encontrar uma prostituição tão evidente no que era, supostamente, o centro do Puritanismo – «Talvez não haja cidade deste tamanho que consiga criar mais prostitutas do que esta»(³³), escreveu no seu diário – e a precisão exigia que também este facto figurasse no mapa.

O facto de comandar um cerco não era o menor dos problemas de Washington, no entanto, em todo o seu exército não havia um engenheiro especializado para desenhar e inspeccionar a construção das defesas. Mesmo assim, ordenou a construção de defesas maiores e mais fortes e o trabalho avançou. «Milhares trabalham todos os dias»(³⁴), escreveu o Reverendo William Emerson, de Concord, depois de visitar as linhas. «É surpreendente o trabalho que foi feito [...] é incrível.»(³⁵) Foi o Reverendo Emerson que declarou, na manhã de 19 de Abril, quando os regimentos britânicos avançaram em Concord, «Vamos defender a nossa terra(³⁶). Se morrermos, então que morramos aqui!»

Com telescópios de Prospect Hill e de outros pontos de vantagem, o exército manteve vigia constante sobre os regulares de Boston, tal como os regulares mantiveram vigia sobre o exército («Parecia ser o principal emprego de ambos os exércitos, olharem um para o outro com pequenos telescópios»(³⁷), escreveu o eminente lealista Peter Oliver, antigo chefe de justiça da província.)

Washington conhecia pouco de Boston. Apenas lá havia estado uma vez, e por pouco tempo, há 20 anos, quando era um jovem coronel da Virgínia, com esperança de progredir no exército regular. E apesar de cada lado enviar os seus espiões, colocava particular ênfase na «informação» desde o início e estava disposto a pagar por isso. De facto, a primeira grande soma que entrou no seu livro de contas foi 333,33 dólares(³⁸), uma grande quantidade de dinheiro para um homem anónimo «ir a Boston [...] com o propósito de transmitir informação sobre os movimentos e desígnios do inimigo».

O medo de que os britânicos estivessem a preparar um ataque estava sempre presente. «Quase não nos deitamos ou levantamos, na expectativa de que a noite, ou o dia tragam algum acontecimento importante»(³⁹), escreveu um dos colaboradores de Washington.

Foi na primeira semana de Agosto, no final do seu primeiro mês como comandante, que Washington descobrira que as coisas estavam bem piores do que pensava. Um relatório sobre a provisão de pólvora, em geral, revelava um total de pouco mais de 4000 quilos e não se esperava que a situação melhorasse rapidamente. Produzia-se pouca pólvora nas colónias. As provisões que existiam provinham, principalmente, de carregamentos clandestinos, da Europa para Nova Iorque e

1776

Filadélfia, através da ilha holandesa de Santo Eustáquio, nas Caraíbas. De momento, havia apenas pólvora suficiente para nove disparos por homem. De acordo com um registo, Washington ficou tão chocado com o relatório que não proferiu uma única palavra durante meia hora.

*

Os acampamentos americanos dispersos tinham poucas semelhanças com a habitual presença militar. Tendas e abrigos estavam remendados, sobretudo com misturas do que quer que se encontrasse. Cada um era um «retrato do temperamento e gosto da pessoa que aí acampava», escrevera o sacerdote Emerson.

Alguns são feitos de tábuas, outros de lona e alguns parcialmente de uma e parcialmente de outra. Outros são feitos de pedra e turfa e há os que são feitos de tijolos ou ainda de ramos. Alguns eram feitos à pressa, como se não houvesse outra alternativa – mera necessidade – outros eram, curiosamente, feitos com portas e janelas.[40]

Uma excepção notável era o acampamento de Nathanael Greene, de Rhode Island. Lá, «tendas adequadas» foram dispostas de forma alinhada, como «o acampamento regular do inimigo [...] tudo ao mais perfeito gosto inglês»[41], registou Emerson, de forma aprovadora. No seu todo, porém, considerou «a grande variedade» dos acampamentos muito pitoresca.

Outros eram consideravelmente menos atraentes. Os bêbedos eram vistos em festins e ouvia-se linguagem indecorosa, horrível para muitos, mesmo entre os próprios soldados. «Predomina a perversidade»[42], declarou o tenente Joseph Hodgkins de Ipswich, Massachusetts.

Veterano de Bunker Hill, com o ofício de sapateiro[43], Hodgkins, de 32 anos, era um homem, como muitos, que já tivera muitos problemas e dor na sua vida. A sua primeira mulher e quatro dos seus cinco filhos haviam todos morrido de doença, antes de a guerra começar. Tratava-se de um pai e marido dedicado ao filho que sobreviveu, à sua segunda mulher, Sarah Perkins, e às duas crianças nascidas deste segundo casamento. Muito preocupado com o seu bem-estar, e reconhecendo a preocupação que ela tinha para com ele, escrevia a Sarah sempre que podia. Mas por agora, como lhe dissera, não tinha tempo para ser «meticuloso»[44] com detalhes.

Um médico militar de um navio britânico, que aproveitava os privilégios da sua profissão para visitar alguns dos campos rebeldes, descrevera ruas apinhadas com carroças e atrelados, transportando, na sua maioria, provisões, embora também tivesse notado desmedidas quantidades de rum – «pois sem o rum da Nova Inglaterra[45], o seu exército não se poderia manter unido». Calculava que os revoltosos consumiam, cada um, uma garrafa por dia.

A julgar pelo diário de um oficial das tropas de Connecticut, em Roxbury, o tenente Jabez Fitch, que apreciava uma bebida quando convivia, havia muito mais para beber do que simples rum. «Bebi um grogue»[46], registava no final de um dia, depois de uma paragem numa taberna próxima; «o gin, com limão e açúcar, desceu-me lindamente»[47], lê-se noutra entrada. «De manhã fui para o posto de vigia como habitualmente [...] depois para a tenda do tenente Brewster para beber o *brandy* de cereja do primeiro alferes Perkins, voltei e tomei o pequeno--almoço [...]»[48]. Ele encharcava-se em vinho e brandy com limão e açúcar e, numa diligência «à cidade de Cambridge»[49], depois de uma paragem para tomar «um *flip*» (uma potente mistura doce de licor, cerveja e açúcar), seguiu para outra taberna, Punch Bowl, «onde havia música e dança à discrição [...] regressando a casa um pouco antes de o dia nascer».

O tenente Fitch era um de um número de veteranos da Guerra Franco-Indígena, um homem pacato de Norwich, Connecticut, agricultor e pai de oito filhos. Gostava de servir como soldado e tinha tanta certeza que o seu filho de 14 anos também gostaria, que o levou com ele. O tenente Fitch, um antigo membro dos Filhos da Liberdade, fora um dos primeiros a responder à chamada de reforços para Boston. Pouco parecia incomodá-lo, embora reprovasse soldados «sujos como porcos»[50]. Passava muito do seu tempo livre a escrever no seu diário, para a sua esposa. O som dos cartuchos britânicos, no céu, era como o de um bando de gansos, escreveu, e «animou mais os espíritos dos nossos do que mil litros de rum da Nova Inglaterra»[51].

Apesar da falta de munições, tendas e uniformes, o exército era bem alimentado. Produtos frescos em abundância e a preços baixos chegavam, quotidianamente, aos acampamentos durante todo o Verão e início do Outono. Os homens podiam contar com carne ou peixe, quase todos os dias. Jabez Fitch escreveu que se deleitara com ovos frescos, amêijoas, maçãs, pêssegos e melancias, um pequeno-almoço «muito bom»[52] de «pão quente e boa manteiga do campo, com uma boa tigela de café», «um jantar substancial de porco e couve»[53]. Até então ninguém se queixava da falta de comida.

Houvera bastantes doenças desde o início, «febre tifóide» mortal, que se tornou pior com o passar do Verão. Mães ansiosas e viúvas das cidades vizinhas e do campo vinham tratar dos doentes e dos que estavam à beira da morte. «O teu irmão Elihu está perigosamente doente, com uma disenteria [...] desespera-se pela sua vida»[54], escreveu Abigail Adams, perto de Braintree, ao seu marido John, em Filadélfia. «A tua mãe está com ele em grande angústia». O capitão Elihu Adams, um agricultor com mulher e três filhos, era um, entre várias centenas, que morrera de doença.

«Febre tifóide»[55], ou «febre pútrida», eram termos usados para os sofrimentos altamente infecciosos e mortais de disenteria, tifo e febre tifóide, cujas causas eram desconhecidas, ou apenas parcialmente compreendidas. A disenteria fora a maldição dos exércitos desde tempos remotos, como fora registado por Heródoto. O tifo, caracterizado por febres altas, fortes dores de cabeça e delírio, era transmitido por piolhos e pulgas, que constituíam uma praga entre o exército (um soldado referiu ter visto um cadáver de tal forma coberto de piolhos[56], que se pensou que estes teriam morto o homem). A febre tifóide, também caracterizada por uma febre violenta, erupção cutânea vermelha, vómitos, diarreia e dores abdominais agonizantes, era causada pelo bacilo *Salmonella typhosa*, em comida ou água contaminadas, frequentemente resultado da insuficiente separação entre a água dos esgotos e a água potável.

E não eram apenas as tropas que sofriam de febre tifóide. Muitos dos que os vinham tratar estavam doentes, ou levavam a doença para casa, e assim devastavam uma cidade da Nova Inglaterra atrás de outra. Dos paroquianos de uma única igreja em Danbury, Connecticut[57], mais de cem viriam a morrer de febre tifóide, em Novembro.

Considerara-se que a assassina seria a «imundice contagiosa»[58]. A limpeza de pessoas e utensílios de cozinha, água limpa, carne e produtos não deteriorados eram vistos como essenciais para prolongar a saúde do exército e isto estava entre as principais razões da constante insistência de disciplina e ordem, especialmente com tantos milhares acampados em companhias tão próximas.

As latrinas a céu aberto constituíam o pior de todos os cenários, havendo, igualmente, tal como fora registado num livro de serviço, uma «grande negligência das pessoas em consertarem o indispensável» (59). Em vez disso, evacuavam «perniciosamente excrementos pelo acampamento». O odor de muitos acampamentos era extremamente pútrido.

Os homens da Nova Inglaterra eram igualmente adversos à lavagem das suas próprias roupas, considerando-a um trabalho do sexo feminino. Os britânicos incluíam mulheres no seu exército – esposas e outras conhecidas como seguidoras de acampamentos, algumas das quais prostitutas – que lavavam as roupas, embora as naturais da Nova Inglaterra não fossem assim.

As tropas estavam animadas, porém, tinham ainda de aceitar a necessidade de ordem e obediência. Muitos tinham-se voluntariado na condição de eleger os seus próprios oficiais, e estes, por sua vez, cedendo ao ócio, ou, para alimentarem a sua popularidade, deixavam os soldados das fileiras fazer o que queriam. Muitos oficiais não faziam ideia do que deveriam fazer. «Os oficiais, na generalidade» (60), lembrou John Trumbull, «[eram] tão ignorantes relativamente à vida militar como as tropas».

Washington colocara em vigor novas regras e regulamentos, insistindo na disciplina, e demarcou a sua presença ao controlar as defesas a cavalo quase todos os dias. «Novos lordes, novas leis» (61), observou o Pastor Emerson. «As novas leis de Sua Excelência são lidas aos respectivos regimentos, todas as manhãs, depois das orações. Neste momento, está a surgir uma administração mais rígida».

Aqueles que quebravam as regras eram sujeitos a severas punições, ou à desgraça. Eram açoitados, obrigados a montar o «cavalo de Tróia» (62), ou expulsos do acampamento. Um homem fora chicoteado por «provocar distúrbios à hora do culto público», outro por desertar. Um recebera vinte «vergastadas», por atacar um oficial, e um outro trinta, por amaldiçoar outro. No entanto, a mudança era exasperadamente demorada.

Mais mordaz do que qualquer outra descrição proveniente de uma testemunha, fora a fornecida por um jovem, que desde novo vivia na Nova Inglaterra, de inclinações lealistas, de nome Benjamin Thompson. Este, depois de lhe ter sido recusada uma comissão, por parte de Washington, servira no exército britânico. Mais tarde, estabelecera-se na Europa, adoptara o nome de Conde de Rumford e, por último, tornara-se num dos proeminentes homens da ciência da época. O exército de Washington,

1776

escrevera Thompson, era «o mais desgraçadamente vestido e o grupo de mortais mais sujo que alguma vez se viu, denegrindo ao máximo o nome dos soldados [...]. Preferiam deixar as suas roupas apodrecerem no seu corpo do que as lavarem com as suas próprias mãos»[63]. Thompson atribuíra todas as «doenças pútridas, malignas e infecciosas», as quais haviam causado o enorme número de baixas, a este «horripilante modo de vida».

Apesar do seu preconceito lealista, o retrato de Thompson, era, em larga medida, verdadeiro. Os comandantes britânicos, como Burgoyne e Percy, não deveriam de ter sido culpados por repudiar o exército de Washington, considerando-o como «camponeses», «desmazelados», ou «populaça armada». À excepção dos soldados de Rhode Island, de Greene e de algumas unidades de Connecticut, assemelhavam-se mais a agricultores do que a soldados.

Que muitos apresentassem uma figura imunda, era perfeitamente compreensível, dado que a grande maioria, quando não participava em exercícios militares, ocupavam os dias escavando valas, movendo rochas e erigindo grandes montes de terra defensivos. A uma determinada altura, no início do cerco, havia 4000 homens a trabalhar, apenas em Prospect Hill. Tratava-se de um trabalho árduo e sujo, não havendo alternativas ou meios para se tomar banho ou usufruir de luxos como mudar de roupa.

Poucos possuíam o que se considerava ser um uniforme. Os oficiais de campo confundiam-se com as tropas que lideravam. A grande maioria dos soldados não procediam à higiene pessoal, faziam, raras vezes, a barba e vestiam-se com uma desconcertante variedade de tudo aquilo que haviam conseguido reunir antes da penosa caminhada para a guerra (diz-se que uma mulher, de Connecticut, «equipou»[64] cinco filhos e onze netos). Usavam casacos e camisas pesados e grosseiros, muitas vezes em farrapos, devido ao uso constante, calções de todas as cores e estados, sapatos de couro de vaca e mocassins e, na cabeça, velhos chapéus de feltro de abas largas, gastos pelo tempo e manchados de suor, chapéus de pêlo de castor, chapéus de palha de agricultores ou lenços às riscas colocados como os dos marinheiros. O tricórnio, um chapéu mais adornado, que seria, muito provavelmente, usado por um oficial ou homens de elevado estatuto, tal como capelões e médicos. Apenas se descobria, uma vez por outra, um velho casaco de regimento, que fora deixado esquecido pela Guerra Franco-Indígena.

Populaça Armada

As armas que tinham eram «tão variadas como os seus trajes», especialmente mosquetes e espingardas (na realidade, caçadeiras), e parecia que quanto mais velhas as armas, maior o orgulho do dono nelas. A mais comum, e de longe a mais importante, era a espingarda de pederneira: de tiro único, calibre leve, carregada pela boca, disparava um cartucho de chumbo com cerca de 30 gramas, podendo causar danos terríveis. O mosquete médio media 1,5 metros e pesava cerca de 4,5 quilos. Embora não fosse especialmente preciso, podia ser preparado, carregado, disparado, rapidamente recarregado e novamente disparado. Um homem de mosquete com habilidade conseguia três ou quatro disparos por minuto, ou um tiro de 15 em 15 segundos.

O problema é que muitos dos homens, habituados, desde a infância, a disparar armas, usavam-nas em qualquer situação e sempre que quisessem – por exemplo, para atear fogueiras, ou atingir gansos selvagens.

Para que os oficiais se pudessem distinguir dos que estavam nas fileiras, Washington ordenou que os seus principais generais usassem fitas roxas ao peito e os brigadeiros fitas cor-de-rosa. Os oficiais de campo deveriam ser identificados através de fitas, de cores diferentes, nos seus chapéus. Os sargentos deveriam colocar um pedaço de tecido vermelho no ombro direito. O próprio Washington optou por usar[65] uma fita azul clara ao peito, entre o casaco e o colete. Porém, nunca houvera qualquer problema em identificá-lo: envergava um impecável uniforme, tinha um ar de supremacia, dando a impressão de estar sempre numa parada.

O dia em que iniciara, oficialmente, o comando em Cambridge, a 3 de Julho, fora marcado pela adequada fanfarra militar, «com enorme grandeza»[66], e tal como o tenente Hodgkins, o sapateiro de Ipswich, registara, «120 tamborileiros, o mesmo número de tocadores de pífaro a tocar à volta da parada». Um jovem médico, James Thacher, recentemente chegado de Barnstable e designado para o hospital do exército, em Cambridge, descrevera como vira o comandante das forças pela primeira vez:

> Sua Excelência estava a cavalo, na companhia de vários cavalheiros militares. Não era difícil distingui-lo de todos os outros. A sua aparência pessoal é, verdadeiramente, nobre e majestosa, sendo alto e bem proporcionado. Vestia um casaco azul com o forro da gola

colorido em couro, uma magnífica dragona em cada ombro, calças também em couro, uma pequena e distinta espada e uma fita preta no seu chapéu [67].

A grande maioria do exército era composta por agricultores e artesãos bastante dotados: sapateiros, albardeiros, carpinteiros, pessoas que concertavam rodas, ferreiros, tanoeiros, alfaiates e fabricantes de velas de navio. O regimento do coronel John Glover, de Marblehead, que viria a desempenhar o papel mais importante de todos, incluía quase somente marinheiros e pescadores.

Tratava-se de um exército de homens habituado ao trabalho árduo, o que era muito comum. Estavam familiarizados com a adversidade e a trabalhar sob condições climáticas adversas. Engenhosos, e habilidosos com as ferramentas, sabiam conduzir uma junta de bois, «levantar com esforço» um cepo, fazer, rapidamente, um nó adequado, ou ainda concertar um par de sapatos. A maior parte conhecia, por experiência, as privações e adversidades da vida. Preparar-se para o pior era algo que estava em segundo plano. Raro era o homem que nunca havia visto ninguém morrer.

Não restam dúvidas de que havia um número razoável de homens sem ofício. Eram vagabundos, marginais de taberna, alguns pertencentes à ralé da sociedade. No entanto, em geral, eram bons e sólidos cidadãos, – as «pessoas mais valiosas que alguma vez marcharam, sem ponta de harmonia» [68], como se viria a dizer – homens casados com famílias que dependiam deles e com quem tentavam manter contacto sempre que podiam.

Era o primeiro exército americano, e um exército de todos, incluindo homens de distintos quadrantes, tamanhos, aparências, cores e nacionalidades, linguagem e condição física. A muitos faltavam dentes ou dedos, com pústulas de varíola ou cicatrizes de guerras passadas, e todo o tipo de adversidades da vida e labuta do século XVIII. Alguns ainda nem eram homens, mas rapazes de face suave, com 15 anos, ou menos.

Um dos mais velhos, e de longe, o mais popular, era o general Israel Putnam, um herói da Batalha de Bunker Hill que, com 57 anos, era afectuosamente conhecido como o «Velho Put» [69]. Rude, «atarracado», «todo ele ossos e músculos», duro, com ondulantes anéis de cabelo grisalho e a cabeça semelhante a uma bala de canhão, era um agricultor de Pomfret, em Connecticut, que sobrevivera a aflições arrepiantes: lutou contra os franceses e os índios, ultrapassou um naufrágio, ou ainda um confronto com uma loba no seu covil, supondo que se tratam de histórias reais. O Velho Put expressava-se, igualmente, com um ligeiro cecear e mal sabia escrever o seu nome. Porém, como já fora referido, este homem nada temia.

No outro extremo estava o pequeno Israel Trask, de dez anos. Tal como o filho do tenente Jabez Fitch, Israel fora voluntário com o pai, o tenente Jonathan Trask, de Marblehead, e servira de mensageiro e ajudante do cozinheiro.

John Greenwood, que integrava os mais de 500 tocadores de pífaro e trombeteiros do exército, tinha 16 anos, embora pequeno para a sua idade, e parecia mais jovem. Nascido e criado em Boston, crescera com «os problemas»([70]) sempre próximo de casa. Um jovem aprendiz, que vivia consigo, acabara por fazer parte dos mortos no massacre de Boston. Fascinado pelo som dos pífaros e tambores, dos regulares que ocupavam a cidade, John havia adquirido «um velho pífaro partido»([71]), no qual, depois de cobrir a racha com massa, aprendera a tocar várias melodias, antes de ser enviado para viver com um tio em Falmouth (Portland), Maine. Em Maio de 1775, ouvindo as notícias de Lexington e Concord, partira a pé com pouco mais do que as roupas que vestia, o seu pífaro sobressaindo de um bolso da frente. Completamente sozinho partiu a pé para Boston, somando cerca de 250 quilómetros pelos ainda ermos desabitados que constituíam grande parte do caminho. Parando em tabernas de beira de estrada, onde as tropas se reuniam, tirava o pífaro e tocava «uma melodia ou duas», como viria a relembrar mais tarde.

> Costumavam perguntar-me de onde vinha e para onde ia e quando lhes dizia que ia lutar pelo meu país, ficavam admirados pelo facto de um menino sozinho ter tanta coragem. Assim, com a ajuda do meu pífaro vivi, de certo modo, no que habitualmente se chama alojamento gratuito, durante quase todo o caminho([72]).

Depois de chegar aos acampamentos do exército, tinha urgência em alistar-se, com a promessa de 8 dólares por mês. Mais tarde, ao passar por Cambridge, soubera da violenta batalha em Bunker Hill. Homens feridos eram deixados em locais públicos. «O terror e a confusão reinavam por toda a parte» (⁷³). O rapaz começou a correr pela estrada que se estendia até à batalha, repleta de atrelados que passavam com mais baixas e homens feridos lutando para voltar a Cambridge, a pé. Aterrorizado, desejou nunca se ter alistado. «Conseguia, sem dúvida, sentir o meu cabelo em pé». Nessa altura, viu um soldado sozinho a descer a rua.

> [...] um homem negro, ferido na parte de trás do pescoço, passou por mim, com o colarinho aberto vestindo apenas uma camisa e umas calças, vi bem a ferida e o sangue a correr pelas suas costas. Perguntei-lhe se doía muito, pois não parecia incomodá-lo. Respondeu que não, que só precisava de uma compressa e que queria regressar. A partir dessa altura, comecei a sentir uma coragem de soldado e, depois disso, o medo não mais me afectou durante toda a guerra (⁷⁴).

Em resposta às preocupações no Congresso, sobre a quantidade de pessoas que, de facto, no exército eram velhos e rapazes, assim como negros e índios, o general William Hearth relatou:

> Há, nos regimentos de Massachusetts, alguns jovens e velhos, e em alguns regimentos, negros. Este facto também se verifica nos regimentos das outras colónias. Rhode Island possui vários negros e índios. Os regimentos de New Hampshire não têm tantos (⁷⁵).

O general John Thomas, que comandava as tropas de Massachusetts, em Roxbury, também respondeu:

> Nos regimentos de Roxbury, os soldados rasos são iguais a qualquer um de onde já servi na última guerra, há poucos velhos e, nas fileiras, poucos rapazes. Os nossos tocadores de pífaro são, muitos deles, rapazes. Temos alguns negros, mas considero-os, em termos de serviço, iguais aos outros homens, no que se refere à fadiga e acção; muitos deles demonstraram ser corajosos (⁷⁶).

Como muitos sulistas, Washington não queria negros no exército e, em breve, emitiria ordens para que nem «negros, nem rapazes incapazes de segurar armas, ou velhos» (⁷⁷) se deveriam alistar. Contudo, no final do ano, com a necessidade de novos recrutas e com numerosos negros livres que queriam servir, mudaria de ideias, e, numa importante ordem, autorizou o seu alistamento.

Embora não tenham restado desenhos, ou pinturas contemporâneas de soldados individuais, uma ideia clara relativamente ao seu aspecto emerge das descrições nos avisos afixados sobre os desertores[78]. Um George Reynolds, de Rhode Island, por exemplo, tinha 1,75 metros de altura, com 17 anos, e «inclinava a sua cabeça para o ombro direito». Thomas Williams era um imigrante – «um velho homem do campo» – que falava «bom inglês» e tinha «uma névoa no olho esquerdo». David Relph, um «indivíduo insolente», usava um casaco branco, jaqueta, calções e camisa amarrotada, quando foi visto pela última vez.

> Desertara do regimento do coronel Brewer e da companhia do capitão Harvey [dizia uma notícia no *Gazette* de Essex, Connecticut], Simeon Smith de Greenfield, um indivíduo magro, marceneiro, com cerca de 1,60 metros de altura, vestia um casaco azul e colete preto, um botão de metal no seu chapéu, cabelo preto comprido, olhos pretos, voz de estilo hermafrodita, sendo o masculino mais predominante. Da mesma forma, Mathias Smith, um indivíduo baixo e esperto, albardeiro, cabelo grisalho, com um olhar jovial, consegue dizer, «Eu juro! Eu juro!» E por entre as suas palavras insinuavam-se espertezas; tinha um casaco verde e um velho sobretudo vermelho; é um verdadeiro jogador, embora tenha um olhar sério; da mesma forma, John Daby, um indivíduo de ombros altos, sapateiro, arrasta as palavras, e em vez de «confortável» diz «confável». Tinha um casaco verde, calças finas de couro, pernas magras, perdera alguns dos seus dentes incisivos[79].

Por cada desertor real havia meia dúzia de outros que insistiam em passear por quase todos os pretextos: para ir apanhar amêijoas, talvez, ou desapareceriam durante várias semanas para visitarem as mulheres e os filhos, ajudarem nas colheitas em casa, ou trabalharem no seu ofício, em troca do muito necessário «dinheiro árduo». Por vezes pediam uma licença; com a mesma frequência levantavam-se e saíam, apenas para voltarem dispersos para o acampamento, quando lhes convinha. Não que não fossem talhados para serem soldados, ou que, dentro de si, não o quisessem. Faltara-lhes apenas alguma experiência com outras pessoas

1776

a dizerem-lhes o que fazer durante 24 horas por dia. Tendo-se voluntariado para lutar, não percebiam o sentido de tanta agitação sobre regras e regulamentos.

*

O Verão já ia a meio, quando as primeiras tropas de fora da Nova Inglaterra começaram a surgir, companhias de carabineiros da Pensilvânia, Maryland e Virgínia, «homens robustos, muitos deles com mais de 1,80 metros de altura» ([80]), reparou o Dr. James Thacher, que era, por sua vez, baixo e franzino.

Uma companhia da Virgínia, liderada pelo capitão Daniel Morgan, havia marchado pelo «caminho mais curto» ([81]) para Boston, cobrindo quase 1000 quilómetros em três semanas, ou uma média de 46 quilómetros por dia, no pico do Verão.

A maior parte eram homens rudes, de descendência escoceso--irlandesa, usavam camisas de caçador compridas com franjas, «camisas com folhos» de linho artesanal, com cores que variavam do castanho--claro, não tingido, e cinzento, a tons de castanho e mesmo preto, atadas à cintura com cintos que suportavam machados de guerra. Numa revista, demonstraram que, com as suas carabinas de canos longos, armas usadas em locais longínquos feitas na Pensilvânia e desconhecidas na Nova Inglaterra, conseguiam atingir um marco com 18 centímetros de diâmetro a uma distância de cerca de 230 metros, ao passo que o mosquete vulgar requeria uma distância de cerca de 90 metros. Eram as «estrias» – sulcos em espiral dentro do cano longo – que aumentavam a precisão e começaram a disparar às sentinelas britânicas com um efeito mortal, até os britânicos perceberem e começarem a manter as suas cabeças baixas ou a fugir do seu alcance.

Embora bem-vindos, no início, os carabineiros rapidamente provaram ser mais indiferentes à disciplina do que os da Nova Inglaterra, e eram de tal forma embirrantes que Washington começara a desejar ([82]) que estes nunca tivessem vindo.

O trabalho nas defesas continuou de forma regular e as tropas continuavam a trabalhar, arduamente, com picaretas e pás, sob toda e qualquer condição climática, por vezes trabalhando durante a noite, quando o calor do dia era demasiadamente severo. Era um trabalho brutal e interminável, porém eles eram extraordinariamente competentes — muito mais do que os seus homólogos britânicos. À medida que o tamanho e alcance das defesas aumentavam, centenas de visitantes vinham verificar, com os seus próprios olhos. As estradas estavam apinhadas de espectadores para os quais as muralhas gigantes constituíam um trabalho admirável. Àquela escala, nunca nada havia sido construído pelas mãos dos nascidos na Nova Inglaterra — barricadas baixas, «em muitos locais [83] com cinco metros de espessura», valas «largas e profundas», «realmente as suas fortificações pareciam resultar de um trabalho de sete anos».

De vez em quando, os destacamentos de trabalho eram atingidos a tiro. Da mesma forma, as sentinelas britânicas e americanas também sofriam tiroteios. A 2 de Agosto, o tenente Samuel Bixby, de Connecticut, registou no seu diário o seguinte: «Hoje, um dos carabineiros do gen[eral] Washington foi morto por regulares e, depois, pendurado! Pelo pescoço!»

> Os seus camaradas, vendo isto, ficaram muito enfurecidos e pediram, imediatamente, uma licença ao gen[eral] para descerem e fazerem o que lhes apetecesse. Os carabineiros marcharam prontamente e começaram as operações. Os regulares dispararam contra eles, de todas as direcções, com canhões fixos e giratórios, mas os carabineiros esconderam-se e mantiveram as armas apontadas durante todo o dia. Muitos dos regulares caíram, mas os carabineiros perderam apenas um homem [84].

De ambos os lados montavam raides nocturnos e esporádicos nas linhas do inimigo, ou lançavam investidas para capturarem palha e gado dos portos das ilhas vizinhas. Na noite de 30 de Agosto, os britânicos surgiram, de surpresa, no Istmo, pegaram fogo a uma taberna e retiraram-se para as suas defesas. Na mesma noite, 300 americanos atacaram Lighthouse Island, mataram vários inimigos, e fizeram 23 prisioneiros, com a perda de um soldado americano.

A noite era a altura escolhida para as «travessuras» [85] relembrara John Greenwood, o tocador de pífaro, «uma vez que os britânicos estavam, constantemente, a enviar bombas, por vezes, duas a seis de uma vez que podiam ser vistas no céu, assemelhando-se a estrelas cadentes no horizonte». Durante a aurora, alguns bombardeamentos duravam horas, os britânicos não tinham, claramente, falta de pólvora. Durante um violento bombardeamento, vindo dos trabalhos britânicos, em Bunker Hill, um carabineiro perdeu a perna e o sacristão Augustus Mumford, pertencente à companhia de Nathanael Greene (os Guardas de Kent), ficou sem cabeça.

Mumford fora a primeira baixa de guerra de Rhode Island, e o horror da sua morte transformou Nathanael Greene como nada ainda o fizera mudar desde o início do cerco. À sua esposa «Caty», que estava grávida do primeiro filho, Greene registara que desejava que ela pudesse ser poupada de tais notícias e de quaisquer receios relativamente à sua própria segurança.

Os desertores britânicos continuavam a atravessar as linhas, frequentemente à noite e sozinhos, embora, por vezes, estivessem três ou quatro juntos. Esfomeados e descontentes, vinham de Boston e dos navios britânicos no porto, e quase sempre com algumas notícias ou descrições dos seus trabalhos árduos, informações que se espalhavam, rapidamente, pelos campos, no dia seguinte. Numa noite, um britânico da cavalaria ligeira, sozinho, a nado, atravessou as águas com o seu cavalo. Noutra noite, 15 homens desertaram dos navios do porto.

Mais tarde, os dias continuariam sem incidentes, um dia após o outro. Um oficial de uma companhia de carabineiros da Pensilvânia escreveu sobre o facto de nada haver para fazer, apenas apanhar mirtilos e jogar críquete. «Nada digno de registo [...]. Nada de grande importância [...]. Tudo sossegado»[86], anotou o tenente Bixby de Connecticut. Do outro lado, um diarista britânico, monotonamente, ecoava o mesmo refrão, escrevendo «Nada de extraordinário [...] nada de extraordinário»[87], dia após dia. Washington continuava à espera que os britânicos avançassem e não conseguia compreender porque adiavam o ataque, já que desejavam tanto o fim da rebelião.

Próximo do final do Verão, com as crescentes baixas por doença, deserção e ausências por ambos os motivos, o seu exército estava em grave declínio. Os espíritos sofriam. O fervor patriótico responsável pelo envio de milhares de pessoas, que corriam para o palco de guerra, no final de Abril e Maio, já não se verificava.

Não se tratava apenas do facto de o exército estar a decrescer; deveria desaparecer por completo numa questão de meses, as tropas haviam assinado para servirem somente até ao final do ano. Os alistamentos de Connecticut acabariam ainda antes.

Populaça Armada

Em geral, corria a expectativa de que o aparecimento de uma força armada, como a reunida fora de Boston, faria com que os britânicos reconsiderassem e procurassem um ajuste. Fora antecipada uma pequena campanha, realizada por quase todos, incluindo Washington, que dissera à sua esposa que estaria em casa no Outono.

Havia, no entanto, poucas tendas, falta de cobertores e roupas e ninguém se esquecera de que o Inverno estava à porta. Os agricultores e os soldados conheciam o clima. Este poderia ser o factor determinante entre o fracasso e o sucesso, o grande teste para estabelecer quem ficaria no poder.

Na realidade, a situação era pior do que pensavam e ninguém o compreendeu tão claramente como Washington. Encarar as coisas como eram e não como gostaria que fossem, constituía uma das suas maiores qualidades.

Sabia que havia pouco dinheiro disponível, e compreendia, como ninguém, as dificuldades em se lidar com o Congresso. Sabia o quão era essencial para o futuro sucesso do exército quebrar as diferenças regionais e preconceitos entre as tropas. Contudo, lutava simultaneamente com o seu próprio desprezo pelos naturais da Nova Inglaterra. Escrevendo a Lund Washington, primo e gestor de negócios em Monte Vernon, insurgiu-se contra os ianques como «demasiadamente sujos e maldosos»[88], não eram nada como havia esperado. Sentia apenas desprezo por «essas pessoas»[89], confidenciou numa carta ao congressista Richard Henry Lee, outro companheiro da Virgínia. O coração do problema era o facto de haver «um inqualificável nível de estupidez na classe baixa deste povo que, acredita, prevalece em demasia entre os oficiais [...] que, por sua vez, pertencem quase à mesma estirpe dos soldados rasos». Tudo o que esses oficiais desejavam era «atrair a simpatia dos homens» e, assim, serem reeleitos.

Considerava ainda que, se fosse adequadamente liderado, o exército lutaria sem sombra de dúvida. E numa carta para o general Philip Schuyler, que estava no comando, em Albany, Washington insistiu – possivelmente para reunir apoios para a sua própria resolução – que nunca deveriam perder de vista «o bem que representava a nossa causa»[90]. As dificuldades não eram intransponíveis. «Perseverança e ânimo fazem maravilhas em qualquer época.»

II

Assim que chegou a Cambridge, Washington recebeu a casa do presidente de Harvard, Samuel Langdon, para sua residência. Porém, considerando-a deveras apertada para as suas necessidades e as dos seus colaboradores (a sua «família» militar), o general mudou-se, alguns dias mais tarde, para uma das maiores e mais elegantes casas da cidade, uma mansão georgiana([91]) de ripas cinzentas, a 800 metros da universidade, em King's Highway. Com três andares e uma vista desafogada para o rio Charles, pertencia a um abastado lealista, John Vassall, que, temendo pela sua vida e pela da sua família, abandonou o local, deixando belas mobílias e todo o recheio, para procurar refúgio em Boston. Para Washington, que tinha uma predilecção por arquitectura sóbria, e por vistas para o rio, a casa adequava-se na perfeição, e serviria como quartel-general do seu comando durante o cerco, com o seu escritório estabelecido numa sala de visitas, afastada da entrada principal.

A casa transformou-se num centro de actividades, com pessoas a entrar e a sair constantemente. Era aí que Washington conferenciava com os oficiais de posto mais elevado, reunia os seus conselhos de guerra e, com a ajuda de colaboradores, tratava de inúmeros problemas de organização, emitia ordens e lidava com a correspondência – trabalho burocrático sem fim, cartas para o Congresso, apelos aos governadores dos Estados da Nova Inglaterra e a legislatura de Massachusetts. Era aí que também recebia, ou entretinha os dignitários locais, os políticos e as suas esposas, sempre de forma elegante, como era do seu agrado, fazendo parte do papel que acreditava ter de desempenhar. E tal como tudo o que estava relacionado com esse papel – o uniforme, a casa, os cavalos e equipamento, o traje militar e a manutenção do pessoal – as aparências eram, também, de extrema importância: um líder tinha de ter boa apresentação e representar o seu papel.

A julgar pelas contas domésticas([92]), a hospitalidade de Virgínia estava mais do que à altura da sua reputação em Cambridge. As compras incluíam grande quantidade de carne de vaca, cabrito, porco assado, patos bravos, gansos, tartaruga e uma grande variedade de peixe fresco, do qual Washington gostava muito; ameixas, pêssegos, barris de cidra, garrafões de *brandy* e rum e centenas de limas, sendo estas eficazes na prevenção do escorbuto. Uma entrada registara o pagamento a um homem, de nome Simon Lovett, «por transportar um carregamento de licor de Beverly».

O pessoal doméstico incluía o administrador, dois cozinheiros (entre os quais um francês), a empregada de cozinha, a lavadeira, e outros oito, que incluíam vários escravos, cujos deveres não eram especificados, e o alfaiate pessoal para o comandante, Giles Alexander. O criado particular de Washington, um escravo negro chamado William («Billy») Lee ([93]), era o seu companheiro habitual. Cavalgando com Washington, nas suas rondas pelas defesas, Billy Lee tornou-se numa figura familiar, com um grande telescópio numa caixa de couro ao ombro.

Aparentemente para todos, Sua Excelência estava na primavera da vida. Um homem corpulento, com uma presença de comando, tinha 1,90 metros e pesava, talvez, 90 quilos. O seu cabelo era ruivo acastanhado, os seus olhos de um azul acinzentado e a ponta do nariz proeminente, invulgarmente larga. A sua face, queimada pelo sol, apresentava-se quase sem rugas, embora com sardas e algumas cicatrizes de varíola. Viam-se alguns «dentes defeituosos» quando sorria.

Comportava-se como um soldado e cavalgava como o perfeito cavalheiro de Virgínia. Tinha o olhar e porte de um homem habituado ao respeito e a ser obedecido. Não era austero nem se vislumbrava qualquer ponta de arrogância. «Amável» e «modesto» eram palavras usadas, frequentemente, para o descrever e apresentava uma suavidade nos olhos que as pessoas comentavam. No entanto, comportava-se de um modo distante, que o afastava, ou o colocava acima dos outros.

«Sejam afáveis [...] mas não demasiadamente familiares», advertia os seus oficiais, «para que não sofram com a falta do tão necessário respeito para apoiar um adequado comando» ([94]).

Era uma filosofia desconhecida para a maioria dos ianques, que não consideravam inapropriado o facto de um capitão fazer a barba a um dos seus solados, ou o facto de o grosseiro general Putnam estar na fila para a ração, juntamente com todos os outros. Não era fácil para Putnam, nem para os outros oficiais mais velhos modificar os seus modos. Numa ocasião, supervisionando o trabalho das defesas, a cavalo, Putnam parou para pedir a um soldado que retirasse uma grande rocha do caminho, para o parapeito. «Meu Senhor, sou um cabo» ([95]), protestou o soldado. «Oh, peço desculpa», disse o general, que desmontou e atirou, ele próprio, a rocha, para delícia de todos os presentes.

1776

O médico e patriota de Filadélfia, Benjamin Rush, um admirador fiel, reparou que Washington «tem tanta dignidade militar na sua conduta, que qualquer pessoa o distinguiria, no meio de 10 000 pessoas, de um soldado. Qualquer rei, na Europa, pareceria um *valet de chambre* (criado particular) ao seu lado»[96].

Um delegado do Congresso Continental, de Connecticut, Eliphalet Dyer, que se juntara, com todo o prazer, à decisão unânime de tornar Washington o comandante das forças, não o considerava um indivíduo «estouvado»[97]. John Adams, que colocou o nome de Washington na nomeação para o comando, descreveu-o, numa carta para a sua esposa Abigail, como afável e corajoso. «Esta nomeação» escreveu Adams, «terá um grande efeito no cimentar e assegurar da união destas colónias»[98] e profetizou que Washington poderia tornar-se «numa das personagens mais importantes no mundo»[99]. Depois de conhecer o general pela primeira vez, enquanto convidada numa das ocasiões sociais em Cambridge, Abigail escreveu, dizendo ao seu marido que ele não dissera o suficiente[100].

O efeito que Washington exercia sobre as tropas e os jovens oficiais era impressionante. «A alegria era visível em todos os semblantes»[101], de acordo com Nathanael Greene, «e era como se o espírito de conquista soprasse, suavemente, por todo o exército».

> Espero que sejamos ensinados a seguir o seu exemplo e a optar pelo amor à liberdade, nesta altura de perigo público, em detrimento de todos os prazeres suaves da vida doméstica e apoiar-nos a nós próprios, principalmente com força de espírito através dos perigos e privações inerentes a um estado de guerra.

Joseph Reed era um jovem com um grande maxilar e um olhar algo trocista, um encantador advogado de Filadélfia, formado em Londres, que fora escolhido para formar parte de uma escolta honorária, quando Washington partiu de Filadélfia para o seu novo comando. Reed desejara ir apenas até Nova Iorque, mas ganhou tal admiração pelo general que continuou até Cambridge, para se tornar seu secretário, apesar de não ter aprovisionado a esposa e os três filhos pequenos, descurando, ainda a sua prática de direito. Como Reed explicou, Washington «dirigira-se a mim em tais termos, que me senti ligado, por todos os laços de dever e honra, para aquiescer ao seu pedido de o ajudar pelo mar das tormentas»[102].

Populaça Armada

Poucos forneceriam uma descrição mais sucinta da influência particular de Washington sobre os homens.

*

«Nascido em Tidewater, Virginia, a 11 de Fevereiro de 1732 (pelo calendário Juliano), George Washington era o bisneto de John Washington, que, por sua vez, emigrara de Northampton, Inglaterra, em 1657. O pai, Augustine Washington, era um plantador de tabaco também conhecido pela sua «nobre aparência e proporções viris» [103]. A mãe, Mary Ball, ficara viúva quando Washington tinha 11 anos. Devido aos parcos recursos da família, não teve uma educação superior – apenas sete ou oito anos de escola, com um tutor privado, sem instrução em latim, grego, ou direito, como tinham tantos proeminentes virginianos – e, tal como os que lhe eram chegados sabiam, tinha plena consciência disto.

Com um esforço permanente, aprendera a escrever com uma mão forte e clara e a expressar-se no papel com força e clareza. Aprendera a dançar – os virginianos adoravam dançar, e ele não era excepção, – aprendendo, ainda, a comportar-se na elaborada sociedade política da altura, com modos apurados e requinte (das *110 Rules of Civility and Decent Behavior in Company and Conversation*, que copiara laboriosamente enquanto jovem, a Regra n.º 1 dizia: «Toda a acção feita em companhia deve sê-lo com algum sinal de respeito para com os presentes») [104]. Apreciava festas e, particularmente, a companhia de jovens atraentes. Como viria a ser notado por oficiais britânicos «gostava do seu copo, raparigas e jogos de cartas» [105], embora o jogo nunca se tenha tornado a obsessão que era para muitos dos seus colegas do lado britânico.

A experiência fora a grande escola de Washington. Com 16 anos saíra de casa para seguir o seu caminho no mundo como aprendiz de agrimensor, numa expedição pelo deserto oeste da Virgínia, sobre as Montanhas de Blue Ridge e, ao longo dos anos, foi permanecendo mais tempo do que qualquer outra pessoa, à excepção de alguns residentes de Tidewater, nas regiões do interior, para lá de Blue Ridge. Para além disso, a prospecção revelou-se bastante proveitosa.

Em 1753, com 20 anos, fora enviado, pelo governador da Virgínia, para o remoto oeste da Pensilvânia, para desafiar as pretensões francesas pelo vale do rio Allegheny. A publicação do diário da sua aventura, *The Journal of Major George Washington*, tornara a sua coragem e destreza conhecidas em todas as colónias da Europa. Um ano mais tarde, no seu primeiro comando, a inexperiência e uma infeliz decisão levara ao seu famoso encontro com as tropas francesas e índias, em Great Meadows, no mesmo remoto local do oeste da Pensilvânia – o pequeno e sangrento incidente nas florestas do interior e a primeira derrota de Washington, que desencadeou o conflito que, por sua vez, acabaria por envolver grande parte do mundo.

«Ouvi o silvo das balas; e acreditem, há algo de fascinante no som»[106], escrevera numa carta, mais tarde impressa no *London Magazine*, que poderia ser encarada como fanfarronice de uma juventude imatura. Porém, tal como viria a descobrir, era uma das raras pessoas que, sob fogo, não tinha medo.

Como oficial de província, lutando com o exército britânico durante a derrota do general Edward Braddock, no ocidente da Pensilvânia, mostrara uma notável coragem sob fogo e uma vincada capacidade de liderança. Enquanto jovem oficial, parecera, por vezes, flagrante e indesejavelmente ambicioso, mas havia há muito ultrapassado essa faceta. Em 1759, com o seu desejo de uma comissão real rejeitado, «retirou-se» com 27 anos para a actividade de plantador da Virgínia e, nesses mesmos anos, casou com Martha Dandridge Custis, de Williamsburg, uma viúva atraente, extremamente abastada, com dois filhos, a quem se dedicou completamente. As crianças, John Parke Custis e Patsy, eram tratadas como se fossem seus filhos. De facto, uma das piores tragédias da vida de Washington fora a morte de Patsy, com sete anos, resultado de um ataque epiléptico, em 1773.

Como outros plantadores de Tidewater, Washington levou uma vida muito parecida com a da aristocracia inglesa. De descendência inglesa, assemelhava-se no modo de vestir, comportamento e passatempos favoritos com os cavalheiros ingleses do campo, tanto quanto era possível para um americano da altura. O seu elegante coche verde, com os seus acessórios em bronze e revestimento de couro, fora construído, sob encomenda, em Inglaterra, de acordo com as suas especificações. Encomendava as suas roupas de Inglaterra, escolhia somente as mais finas lãs inglesas e linhos e últimas modas. Usava botas e sapatos ingleses e chinelos de couro marroquinos, todos feitos por encomenda para si, em Londres. Os livros, nas suas prateleiras, incluindo os tratados militares, eram publicados em Londres. Os próprios vidros das janelas([107]), através das quais via os seus domínios, eram importados de Inglaterra.

Um ano antes de assumir o comando, em Cambridge, Washington começara uma ambiciosa ampliação da sua casa na Virgínia, em Monte Vernon, que, quando terminada, ficaria com o dobro do tamanho. Estava a acrescentar uma biblioteca e a construir uma sala de jantar de dois andares, ou sala de banquetes, destinada para receber grande grupos. Era um construtor por natureza. Tinha uma paixão por arquitectura e desenho paisagístico, e o Monte Vernon era uma criação sua, havendo tudo sido elaborado de acordo com as suas ideias e planeamento. Poucas pessoas compreenderiam como tal era importante para si e o prazer que daí retirava.

Tinha uma constante aversão pela desordem e preocupava-se extremamente com todos os detalhes – o papel de parede, a cor da tinta, os adornos do tecto – e insistia na perfeição. Odiava estar afastado do projecto. Mesmo à distância, em Cambridge, com a mente carregada, preocupava-se com o facto de as coisas não estarem a ser tratadas como ele queria em Monte Vernon, e enchia páginas de instruções para o seu gestor, Lund Washington.

> Gostaria que apressasse Lanphire e Sears [os carpinteiros] com a chaminé da sala de jantar (a ser executada tal como fora mencionado numa das minhas últimas cartas), pois quero ter essa parte da casa terminada quando regressar. Gostaria que tivesse feito a extremidade da nova cozinha próxima do jardim, assim como a cozinha velha, com tábuas rústicas; no entanto, uma vez que não está, quero os cantos feitos como na nossa nova igreja [...] O que fez no poço? Já está murado? Tem as contas do pintor?([108])

Secundada apenas pela sua paixão pela agricultura e pela arquitectura paisagística, estava o amor pelo teatro, que uma vez mais era uma característica dos virginianos. Tinha visto a sua primeira produção teatral com 19 anos, numa viagem com o seu irmão mais velho a Barbados. Fora a primeira e única vez que Washington havia estado fora da costa americana, no local onde foi «fortemente atacado»([109]) por varíola. Mais tarde, em Williamsburg, enquanto membro da legislatura da Virgínia, ia regularmente ao teatro. Durante uma visita a Annapolis, lembra-se de ter ido à «peça» quatro vezes, em cinco noites. Em Nova Iorque, mais tarde, foi ao teatro sete vezes e viu a sua primeira produção de *Hamlet*.

Porém, de todas as produções teatrais que viu, foi *Catão*([110]), a peça mais popular na altura, do autor inglês Joseph Addison, que Washington gostou mais. Recordava ou citava, frequentemente, uma fala em particular, no seu agora papel de comandante responsável: «Os mortais não podem comandar o sucesso, mas faremos mais, Sempronius, merecemo-lo».

Embora Washington fosse muitas vezes indicado como o homem mais rico da América, não estaria, na realidade, nos dez mais ricos. Apesar disso era muito abastado, em grande parte devido ao seu casamento com Martha Custis. A sua riqueza estava nas terras ([111]), mais de 22 000 hectares, incluindo cerca de 3000 hectares em Monte Vernon, outros 1600 em Dismal Swamp, na Virgínia e adquirira quase todos para especulação. Para além disso, era dono de mais de 100 escravos, outra medida de grande riqueza que tornava possível o seu estilo de vida.

Num popular romance da altura, *The Expedition of Humphrey Clinker* [*A Expedição de Humphrey Clinker*], Tobias Smollet escreveu que para se chegar a ser um cavalheiro do campo era-se «obrigado a ter cavalos, cães de caça, coches, um número adequado de criados e manter uma mesa elegante para receber os vizinhos» ([112]). Poderia ter sido uma descrição da vida no Monte Vernon, com a diferença de que os criados eram escravos negros.

Na aristocracia da Virgínia, que participara em caçadas à raposa com uma exuberância tão vincada como a que se observava nas propriedades rurais da Inglaterra, Washington destacava-se. Thomas Jefferson considerava-o «o melhor cavaleiro da sua idade» ([113]). Washington era conhecido pelas suas caçadas que duravam até sete horas seguidas, cavalgando o mais próximo possível dos cães, «saltando vedações e sendo extremamente rápido», ficando até ao final, para estar presente na matança. Esta era considerada não apenas uma medida do seu amor pela caça e da sua excepcional resistência física, como também da sua implacável determinação.

Billy Lee, o criado particular, cavalgava com ele como o vento, segundo a opinião geral, e não menos corajosamente do que o seu amo.

«Encontrei uma raposa na ilha do Sr. Phil Alexander, que se perdeu depois de uma caçada de sete horas», registou Washington no seu diário, no final de um dia de Inverno de 1772, mas não desistiu, tal como fora demonstrado na entrada do dia seguinte: «Encontrei novamente uma raposa no mesmo sítio, que foi morta ao fim de seis horas»[114].

Um escritor desportivo inglês, de uma época mais tardia, descreveria a caçada à raposa como «a imagem da guerra sem a sua culpa e com apenas metade do perigo»[115]. Em alguns anos, de acordo com os registos do próprio Washington, os dias dedicados à caça da raposa chegaram a atingir mês. Manteve o registo preciso do tempo exacto que durava uma caçada, ao minuto. Mais uma vez, era um homem que amava a precisão em tudo.

Contavam-se histórias de feitos extraordinários de força – como, o facto de Washington ter atirado uma pedra do leito de um ribeiro para o topo da famosa Ponte Natural, na Virgínia, a uma altura de 70 metros. O artista de Filadélfia, Charles Willson Peale, que estivera no Monte Vernon, como convidado, em 1772, enquanto pintava o retrato de Washington, descrevera a forma como ele e vários outros jovens estavam no relvado a atirar barras de ferro por mero desporto, quando Washington apareceu e, sem se preocupar em despir o casaco, esperou a sua vez e atirou-a «longe, muito mais longe do nosso limite máximo»[116].

A riqueza e modo de vida de Washington, bem como a sua compleição física e a forma como cavalgava, eram de enorme importância para um grande número dos homens que liderava e para muitos no Congresso. O sentimento era de que se ele, George Washington, que tanto tinha, quisesse arriscar «o seu todo», embora com probabilidades assustadoras, não poderiam duvidar. O facto de servir sem receber era considerado por todos como prova da genuinidade do seu compromisso.

Havia, certamente, alguns nas fileiras e entre a população local que gostavam pouco dos plantadores da Virgínia e dos seus ares arrogantes, ou que viam uma atordoante incongruência na causa da liberdade levada a cabo por um mestre de escravos.

Outro assunto de registo era o facto de Washington se ter retirado da vida militar durante 15 anos, ao longo dos quais nem sequer treinara numa companhia de milícia. A sua única experiência fora na guerra, nas florestas do interior – um tipo de guerra muito diferente, e especialmente na campanha de Braddock de 1755, que fora um desastre. Não era, de forma alguma, um comandante experiente. Nunca tinha comandado um exército em batalha, nunca antes havia comandado nada maior do que um regimento. E nunca tinha dirigido um cerco.

Washington tinha consciência das suas limitações. Na aceitação formal do seu novo comando, a 16 de Junho de 1775, de pé, no seu lugar no Congresso, dirigiu-se a John Hancock:

> Estou verdadeiramente sensibilizado pela grande honra que me dão com esta nomeação. No entanto, sinto uma grande angústia pela percepção de que as minhas capacidades e experiência militar podem não estar à altura da vasta e importante confiança. Contudo, se o Congresso desejar, encetarei o importantíssimo dever e exercerei todos os poderes que possuo ao seu serviço para apoiar a gloriosa Causa[117].

Sabia que podia não ter sucesso e avisara o Congresso de forma justa:

> Contudo, caso ocorra algum acontecimento infeliz, desfavorável para a minha reputação, peço que seja recordado, por todos os cavalheiros na sala, que neste dia declarei, com a máxima sinceridade, que não me considero à altura do comando com que [me] honram.

À sua esposa Martha escreveu que «longe de procurar esta nomeação, usei todos os esforços ao meu alcance para a evitar, não apenas pela minha relutância de te deixar e à família, mas pela percepção de constituir uma confiança demasiadamente grande para a minha capacidade [...] foi uma espécie de destino que me colocou neste serviço [...]»[118].

No entanto, apresentara-se no Congresso no seu esplêndido uniforme militar azul e de couro, assinalando, visivelmente, uma prontidão para assumir o comando. Se considerasse a responsabilidade demasiadamente grande para a sua capacidade, era porque tinha uma ideia realista da imensidão dessa mesma responsabilidade. Tal confiança, de liderar uma força de agricultores e de comerciantes indisciplinados pobremente armados, contra os mais bem treinados, melhor equipados e a mais formidável força militar na terra – e, logo, com bastante cavalaria – superava, na realidade, as capacidades de qualquer homem.

Contudo, sabia também que alguém tinha de assumir o comando, e por mais irreais que fossem as tarefas e as probabilidades, sabia que era mais adequado do que qualquer outro que o Congresso tivesse em mente.

O Congresso tinha feito, indubitavelmente, a opção correcta e de maneira nenhuma por razões políticas. Como virginiano, Washington representava a mais rica e populosa das 13 colónias. O próprio tivera anos de experiência política na legislatura da Virgínia e como membro do Congresso Continental. Era como um deles que os membros do Congresso o conheciam melhor e o respeitavam, não como general. Conhecia os meandros da política e os políticos facciosos. Percebia como o sistema funcionava. Em todos os adiamentos e frustrações, não obstante os severos testes de paciência que sofreria ao lidar com eles e com o sistema, nunca esquecera que o Congresso tinha o derradeiro poder, que ele, o comandante das forças, era o servidor de cerca de 56 delegados que, na longínqua Filadélfia, ao contrário do Parlamento, se reuniam em segredo.

III

Nos primeiros dias de Setembro, Washington começou a delinear os planos para duas movimentações arrojadas. Decidiu levar a guerra para o Canadá, executando um surpreendente ataque sobre os britânicos no Quebeque. Mil homens das fileiras, desejosos de acção, ofereceram-se, imediatamente. Liderado por um agressivo coronel de Connecticut, de seu nome Benedict Arnold, deveriam avançar para o Quebeque pelo deserto do Maine, tomando uma estrada a nordeste para o rio Kennebec. Concebida à pressa, esta «secreta expedição»([119]) baseou-se num fraco conhecimento do terreno, embora em pequenas unidades os homens começassem a marchar para Newburyport, a norte de Boston, de onde navegariam com corveta e escuna, para a foz do Kennebec.

Sentia que podia destacar 1000 soldados desta forma, informou Washington o Congresso, uma vez que concluíra, a partir de informações adquiridas por espiões e desertores britânicos, que o inimigo em Boston não tinha intenção de lançar um ataque até reunir reforços.

O seu segundo plano era terminar a espera e atacar em Boston, o que se compreendia que tal poderia significar a destruição da cidade. As defesas britânicas eram formidáveis. De facto, as defesas de ambos os lados haviam sido reforçadas, ao ponto de muitos acreditarem que nenhum exército se atreveria a atacar o outro. Na realidade, um cerco por definição, necessitava de uma grande capacidade para permanecer intocável e de paciência. No entanto, a paciência e a espera não eram uma forma de ganhar a guerra, nem se coadunava com a natureza de Washington.

«O estado inactivo em que estamos é extremamente desagradável»([120]) confidenciara ao seu irmão John. Queria um «final veloz»([121]), lutar e acabar com tudo. «Nenhum perigo deve ser considerado quando colocado em confronto com a magnitude da causa»([122]), declarara, anteriormente, numa carta para o governador de Rhode Island.

De acordo com as instruções do Congresso, não deveria tomar nenhuma medida de consequência até consultar o seu conselho de guerra, tendo, assim, sido marcada uma reunião para a manhã de 11 de Setembro, no sentido de «saber»([123]), disse ele aos seus generais, «se nos

Populaça Armada

vossos julgamentos, não podemos executar um ataque bem sucedido às tropas em Boston, com barcos».

A 10 de Setembro, rebentou a rebelião entre os carabineiros da Pensilvânia, depois dos piores arruaceiros terem sido confinados à casa do guarda. Apesar de o motim ter sido, imediatamente, terminado pelo general Greene e por um grande destacamento de tropas de Rhode Island, contribuíra apenas para aumentar o sentido da separação de um exército, ficando Washington visivelmente abalado.

O conselho de guerra reuniu-se no seu escritório, como marcado, na manhã seguinte – três generais principais, incluindo o venerável Israel Putnam e quatro brigadeiros. Eram todos da Nova Inglaterra excepto um, o major-general Charles Lee, que era o segundo na linha de comando de Washington e o único soldado profissional presente. Um antigo oficial britânico e veterano da Guerra Franco-Indígena, Lee, tal como Washington, lutara na malfadada campanha de Braddock, e, posteriormente, estabelecera-se na Virgínia. Era um homem magro, com ar velho, nariz longo e curvado e uma face escura e ossuda. De modos e forma de falar rudes, não tinha a dignidade de Washington. Mesmo de uniforme, parecia sempre desleixado.

Lee poderia ter sido uma personagem retirada de um conto inglês, tais eram as suas excentricidades e o seu animado passado. Fora casado com uma mulher índia, filha de um chefe Seneca [124]. Servira, corajosamente, com o exército britânico em Espanha, enquanto ajudante de campo do Rei da Polónia. Tal como Frederico *O Grande*, exibira um extravagante espectáculo sobre o seu amor por cães, mantendo dois ou três com ele durante a maior parte do tempo. Um sacerdote de New Hampshire, Jeremy Belknap, depois de jantar com o general, em Cambridge, considerou-o «um estranho génio [...] bastante desleixado, desprezivelmente profano e grande admirador de cães, sendo, um deles, oriundo da Pomerânia e, se o visse na floresta, tê-lo-ia confundido com um urso» [125].

Lee era também auto-confiante, muito dogmático, taciturno e com mau génio (o seu nome índio era Água em Ebulição) [126], e era considerado, por muitos, como tendo a mais brilhante mente militar de todos os generais, uma visão que partilhava abertamente. Washington considerava-o «o primeiro oficial, em conhecimento militar e experiência de todo o exército» [127], e fora a pedido específico de Washington que o Congresso havia colocado Lee como segundo na linha de comando.

1776

Quaisquer que fossem as opiniões de Lee relativamente a Washington, mantinha-as para si próprio, excepto para afirmar que considerava a designação «Excelência» perfeitamente absurda.

Em visível contraste com Lee, estava o major-general Artemus Ward, um agricultor de Massachusetts de postura pesada e ar devoto, proprietário de armazéns justiceiro da paz e veterano da Guerra Franco-Indígena, que liderara o comando global do cerco de Boston, antes da chegada de Washington. Ward era considerado «um bom homem, um homem metódico da Nova Inglaterra»[128], embora trivial. Em privado, o general Lee tratava-o por «chefe gordo da velha igreja»[129], sem «qualquer conhecimento de assuntos militares». Contudo, embora não espectacular, Ward era competente, sério e tinha bom senso, como o tempo viria a revelar.

Washington nomeara Lee para comandar a ala esquerda do exército, Putnam o centro, enquanto Ward era responsável pela ala direita, que incluía Dorchester. Logo a 9 de Julho, no primeiro conselho de guerra de Washington, havia sido proposto que o exército se apoderasse de Dorchester Heights, no entanto, a ideia fora unanimemente rejeitada. Porém, Ward recusara-se a esquecer o assunto. Quando em Agosto recomendou, novamente, que se fizesse um esforço para fortificar Hights uma vez mais, nada fora feito.

Os brigadeiros, agora presentes, eram: John Thomas e William Heath, de Massachusetts, John Sullivan de New Hampshire, Joseph Spencer de Connecticut e Nathanael Greene. Thomas era médico, tinha à volta de 50 anos, era alto e reservado. Heath, um homem bem mais novo, era um agricultor de Roxbury, da quinta geração, com 38 anos, que se descreveria, afavelmente, numa autobiografia, como «de estatura média, tez clara, muito corpulento e careca»[130]. Sullivan, um advogado e político, na casa dos 40, servira com Washington no Congresso Continental e Spencer, mais velho do que Israel Putnam (as suas tropas tratavam-no por «avozinha»), quase que não desempenhava qualquer papel.

Destes homens da Nova Inglaterra, todos cidadãos-soldados Washington deduzira, rapidamente, que Thomas, Sullivan e Greene constituíam o melhor que tinha. Thomas era, a nível físico, o mais imponente, e servira na Guerra Franco-Indígena. Anteriormente, com o seu orgulho ferido devido ao facto de o menos experiente Heath ter tido prioridade sobre ele, Thomas falara de demissão, até receber um apelo urgente por parte de Washington, no qual, parafraseando uma fala da sua peça favorita, *Catão*, referira que na causa em que se empenhavam, «certamente todos os postos, nos quais um homem servia o país, deveriam ser considerados honrados»[131].

O seu conselho reuniu-se, Washington expôs o caso de um ataque totalmente anfíbio a Boston, enviando tropas pelo banco de areia da Back Bay, em barcos de fundo raso, suficientemente grandes para que cada um transportasse 50 homens. Relembrou os generais daquilo que estes já sabiam: que o Inverno aproximava-se e as tropas não tinham caserna nem lenha; que os homens, já desejosos de regressarem a casa, tornavam-se difíceis de se manterem dedicados ao dever, porque sofriam a «severidade do Inverno do norte»[132]. Quando os alistamentos cessassem, a dissolução de um exército, antes de outro se reunir, poderia ser sinónimo de ruína. A pólvora ainda estava em falta, porém havia ainda alguma disponível, suficiente para montar um ataque. Evidentemente que «o risco, a perda de homens nesta tentativa e as prováveis consequências da falha»[133] também tinham que ser consideradas.

Discutia-se estes e outros pontos, incluindo as defesas do inimigo, acordando-se, unanimemente e por fim, não atacar «pelo menos neste momento».

Fora uma decisão sensata. O «risco» era demasiadamente grande e a possibilidade de uma falha desastrosa era demasiadamente real. As baixas poderiam ter sido horrendas. A menos que apanhassem a maré exactamente no ponto, os homens, nos barcos, poderiam ficar encalhados nos bancos de areia, a 90 metros, ou mais, do solo seco e forçados a lutar com a imundice pelo joelho e sob fogo implacável. A chacina poderia ter sido tão terrível como a dos britânicos em Bunker Hill.

De facto, tal ataque impetuoso aos seus trabalhos era exactamente o que os generais britânicos estavam à espera, certos de que se os americanos fossem tão imprudentes, seria o fim da rebelião.

Ao reprimir Washington, o conselho provara o seu valor. «Pelo menos no momento», a discrição era, verdadeiramente, a melhor parte da valentia.

Washington aceitara a decisão, embora o trabalho nos barcos de fundo raso continuasse e, numa longa carta a John Hancock, expôs o caso de um «golpe decisivo»[134], acrescentando: «não posso dizer que o deixei completamente de parte». Sentiu que, no Congresso, muitos estavam tão impacientes como ele relativamente ao impasse. «O estado de inactividade em que este exército se tem mantido durante algum tempo não corresponde, de forma alguma, aos meus desejos de, com um golpe decisivo, aliviar o meu país da pesada despesa, criada pela sua própria subsistência».

Tal como Washington relembrara, igualmente, a Hancock – e, por conseguinte, o Congresso – o seu cofre de guerra estava vazio. O facto de as tropas nada terem recebido, durante semanas, não contribuía para o ânimo, nem aliviava as dificuldades em casa. «O tesoureiro não tem um único dólar na mão».

Pelo menos, o dinheiro vinha a caminho. A 29 de Setembro, 500 000 dólares em notas continentais, de Filadélfia, foram entregues no quartel-general, em Cambridge, e em poucos dias, milhares de tropas estavam, finalmente, a receber algum pagamento. «Envio-te 11 dólares»[135], escreveu o tenente Joseph Hodgkins à sua esposa Sarah, a 6 de Outubro. O seu pagamento mensal era de 13 dólares.

*

Quando lhes perguntaram pelo que lutavam, os militares – oficiais e homens nas fileiras – teriam dito, até então, que era pela defesa do país e pelas liberdades a que tinham direito enquanto homens ingleses livres. Foi para «defender os nossos direitos comuns»[136], a razão pela qual partimos para a guerra, dissera Nathanael Greene à sua esposa. Os soldados regulares britânicos, os odiados soldados ingleses, eram os «invasores» e tinham de ser repelidos. «Somos soldados que se dedicam às armas e não à invasão de outros países, temos como objectivo a defesa do nosso país, não para satisfação dos nossos próprios interesses, mas para segurança pública»[137], escrevera Greene, noutra carta, a Samuel Ward. Escrevendo ao general Thomas, Washington revelara que o objectivo não era «nem glória ou expansão de território, mas a defesa de tudo o que é amado e valioso na vida»[138].

A independência não fora mencionada. Nem a independência estivera presente nas mentes daqueles que lutaram em Bunker Hill, ou nos pensamentos de Washington quando assumira o comando do exército. No percurso de Filadélfia para Cambridge, fora bastante específico quando assegurara, ao Congresso Provincial de Nova Iorque: «todos os meu esforços e os dos meus dignos colegas estender-se-ão, da mesma forma, até ao restabelecimento da paz e harmonia, entre a pátria mãe e as colónias» ([139]).

Porém, ultimamente, falava-se cada vez mais de independência. O Reverendo Belknap concluiu, das suas visitas aos campos, que a independência se «tornara-se no ponto favorito do exército» ([140]). Desejava-se, fortemente, uma «declaração de independência», escrevera Nathanael Greene, um dos primeiros a afirmá-lo por escrito. «Seria tão difícil no início como no fim».

*

No final de Setembro, a descoberta de que o médico militar geral do exército e chefe do hospital em Cambridge, Dr. Benjamin Church ([141]), era um espião, o primeiro traidor americano e provocou a agitação total. Church fora um dos dignitários locais que escoltara Washington a Cambridge, no dia da sua chegada. Considerava-se que era tão proeminente e digno de confiança como qualquer outro da divisão territorial, era membro do Congresso Provincial, poeta, autor, colega de John Hancock em Harvard e um sincero patriota. No entanto, sempre se correspondera, secretamente, com os britânicos em criptografia, sendo pago por eles.

A sua traição havia sido descoberta um pouco por acaso. Uma carta misteriosa, em código, transportada por uma mulher moralmente duvidosa, fora parar às mãos de um amigo de Nathanael Greene, que lhe entregara a missiva, tendo-a este último, por sua vez, entregado directamente a Washington. No momento em que a mulher fora apanhada, confessou que fizera companhia a Church e afirmou que a carta era dele. A carta foi decifrada e Church descoberto. O exército, ou, na realidade, toda a Nova Inglaterra e o Congresso em Filadélfia ficaram chocados. Quem poderia adivinhar quantos homens semelhantes a Church haveria? Este, que fora julgado, condenado e preso, continuara a insistir na sua inocência. Enviado para o exílio, num navio em direcção às Índias ocidentais, desapareceu no mar. Somente mais tarde é que viriam a surgir mais dados que provavam a sua culpa.

1776

*

A 18 de Outubro, numa fria, húmida e escura quarta-feira, uma comissão do Congresso, composta por três homens, incluindo Benjamin Franklin, reuniu-se junto de um lume crepitante, no gabinete de trabalho de Washington para, após longas deliberações discutidas com o comandante e os seus generais, concluir que, se um ataque a Boston fosse sinónimo de destruição da cidade, não a poderiam aprovar.

Numa reunião do conselho de guerra decidiu-se, mais uma vez, contra, já que os riscos eram demasiadamente grandes, «dadas as circunstâncias», como afirmara o brigadeiro-general Horatio Gates, que não estivera presente na reunião anterior. Tal como Charles Lee, Gates era um antigo oficial britânico experiente.

«Por estes lados as coisas continuam na mesma situação»[142], escreveu James Warren, presidente da Assembleia de Massachusetts. «Olhamos para as linhas deles e eles vêem as nossas [...] Querem coragem para nos atacarem e nós queremos pólvora para atacá-los e, por isso, não existe qualquer ataque de nenhum dos lados».

A 24 de Outubro, um mensageiro a cavalo, vindo de Maine, trouxera informações de que os navios britânicos haviam atacado e queimado a indefesa cidade de Falmouth. Os habitantes da vila haviam sido avisados com antecedência, e, por isso, ninguém fora morto, embora, com o Inverno à porta, toda a população tivesse ficado desalojada. O ataque fora publicamente censurado como uma atrocidade, «prova dos desígnios diabólicos»[143] da administração em Londres, como dissera Washington.

Simultaneamente, Washington sofrera mais um revés quando o seu brilhante e agora indispensável secretário, Joseph Reed, decidira que já não podia adiar mais um regresso a Filadélfia para tratar dos seus assuntos e cuidar da sua família. «Bem sabe a importância que tem para mim [...] calcula, por isso, o quanto desejo o seu regresso»[144], diria Washington ao ausente Reed, numa de muitas cartas. «Sinto muitíssimo a sua falta[145]; e se uma declaração expressa disto for necessária, para apressar o seu regresso, faço-o sinceramente», escrevera noutro dia.

John Adams, que conhecera Reed em Filadélfia, descrevera-o como «muito sensato»[146], «amável», «carinhoso» até, e Washington sentia o mesmo. Para Reed e para poucos mais, assinava as suas cartas não com

Populaça Armada

o habitual «O Seu Obediente Criado», mas com «O Seu Afectuoso e Obediente Criado».

Os dias estavam a tornar-se «frios e ventosos» ([147]), recordou o ainda resignado tenente Jabez Fitch. A construção das casernas começara. Washington autorizou uma encomenda de mais de 36 000 metros cúbicos de lenha. Com a disenteria epidémica a varrer as cidades afastadas, o Dr. Thacher preocupou-se com o número de soldados doentes nos campos e a entupir o hospital. A acrescentar às misérias da vida no acampamento, os agricultores locais cobravam preços cada vez mais altos.

Washington irritava-se com tal ausência de patriotismo, o seu desagrado pelos naturais da Nova Inglaterra intensificava-se dia após dia. No entanto, a fé que a população local e que os seus líderes depositavam nele permanecia elevada. Compreendiam as adversidades que enfrentava e dependiam dele, bem como o Congresso e os patriotas, por todo o lado. Tal como James Warren escrevera a John Adams, «É com certeza o melhor homem de todos os tempos, para o lugar em que está e com a importância que tem» ([148]).

Adams, um homem bastante sensível às diferenças entre os naturais da Nova Inglaterra e os da Virgínia, ao sentir, em primeira-mão no Congresso, a dúvida que muitos das províncias do centro e sul sentiam pelos naturais da Nova Inglaterra, ficara seriamente preocupado com os danos que tais opiniões e preconceitos poderiam provocar na Causa, caso se descontrolassem.

> Os cavalheiros, noutras colónias, têm grandes plantações de escravos e [...] estão acostumados, habituados a elevadas considerações de si próprios e à distinção entre eles e a plebe que somos [...]. Temo as consequenciais desta desigualdade de carácter que, sem uma extrema precaução de ambos os lados, um auto-controlo ponderado e uma condescendência prudente para uns com os outros, serão certamente fatais. ([149])

Nathanael Greene teve a certeza de que Washington apenas precisava de tempo para «se habituar ao génio» ([150]) das tropas da Nova Inglaterra. Entretanto, Washington aumentou a responsabilidade de Greene, assim como a de outro impressionante jovem da Nova Inglaterra, Henry Knox ([151]), a quem atribuiu uma das mais difíceis e cruciais missões da guerra.

71

1776

Era difícil não reparar no coronel Henry Knox. Com 1,83 metros, bastante corpulento, pesava talvez 113 quilos. Era dono de uma voz expansiva, era social, jovial, mentalmente ágil e deveras enérgico – «muito gordo, mas muito activo»[152] – e tudo isto com 25 anos de idade.

«Nascido na cidade» de Boston, numa pequena casa na Sea Street, em frente ao porto, era o sétimo de dez filhos[153] de Mary Campbell e William Knox, presbiterianos escoceso-irlandeses. Quando o pai, um capitão de navio mercante, desapareceu nas Índias Ocidentais, Henry, com nove anos, foi trabalhar para ajudar e apoiar a mãe e, assim como Nathanael Greene, era quase inteiramente autodidacta. Tornou-se vendedor de livros, acabando por abrir a sua própria livraria em Londres, na Cornhill Street, oferecendo «uma grande e bastante elegante variedade»[154] dos últimos livros e revistas de Londres. Nas notícias que colocava no *Boston Gazette*, o nome Henry Knox aparecia sempre maior do que o nome da loja.

Embora não especialmente próspera, a loja tornara-se «num grande recurso para os oficiais britânicos e damas do partido conservador», «num salão matinal, muito na moda» e o seu grande e genial proprietário tornou-se num dos jovens da cidade mais conhecidos. John Adams, um frequente patrono, relembra Knox, era um jovem «de maneiras agradáveis, mente inquiridora e talentosa»[155]. Outro patrono era Nathanael Greene[156], que partilhava não apenas o amor de Knox pelos livros, como também o interesse pela «arte militar»[157] e foi assim, nas vésperas da guerra, que se iniciou uma importante amizade.

Knox lia tudo o que podia sobre artilharia e tácticas, e, uma vez que Greene se juntara aos Guardas de Kent, de Rhode Island, Knox juntara-se ao novo Corpo Granadeiro de Boston, desfrutando de tudo o que isso implicava, incluindo a comida e a bebida.

Mais ou menos pela mesma altura, Knox sofreu um acidente que, tal como o joelho rígido de Greene, poderia ter impossibilitado o seu serviço como oficial. Numa expedição de caça de aves[158], na ilha de Noddle, no porto, a sua caçadeira explodiu, destruindo o terceiro e quatro dedos da sua mão esquerda. A partir daí, em público, mantinha a mão embrulhada num lenço.

Para complicar ainda mais a sua vida, Knox juntara-se à causa patriótica e apaixonara-se pela filha de um proeminente conservador. Ela era também uma cliente habitual da livraria, e como ele, uma jovem sociável e roliça, de nome Lucy Flucker[159], cujo pai, Thomas Flucker, era o secretário real da província. Tratava-a por «Meu encanto»(160) e nem a sua mão estropiada, nem a sua política desencorajaram o seu ardor. Apesar das objecções da família, casaram-se. Quando o pai de Lucy, num esforço para dar ao seu genro uma respeitabilidade acrescida, lhe arranjou uma comissão no exército britânico, Knox declinou.

Nos tensos dias que se seguiram ao derramamento de sangue, em Lexington e Concord, o jovem casal reuniu o pouco que podia transportar e saiu de Boston, disfarçado. Lucy não voltaria a ver a mãe ou o pai, que acabariam por navegar para Inglaterra.

Depois de ter instalado Lucy em segurança, em Worcester, Knox apresentou-se ao serviço junto do general Artemus Ward, que o nomeou para planear e construir fortificações. «Estou ansioso por vê-la, e nada me impediria, à excepção da agradável esperança de ser capaz de fazer algum serviço pelo meu devoto e aflito país»(161), escrevera-lhe.

Washington conheceu Knox enquanto inspeccionava as defesas, em Roxbury, a 5 de Julho, apenas três dias depois de ter iniciado o comando do exército, e aparentemente ficou impressionado. Por sua vez, Knox acreditava que Washington tinha tudo o que se esperaria de um comandante. «O general Washington preenche o seu lugar com grande facilidade e dignidade e distribui alegria à sua volta»(162), escreveu Knox. Foi chamado para comparecer no quartel-general e, mais tarde, recebeu, assim como Nathanael Greene, um convite para jantar com o general e os seus convidados em várias ocasiões.

Fora Henry Knox o primeiro a sugerir a ideia de ir buscar a artilharia ao longínquo forte Ticonderoga, no lago Champlain, uma incumbência tão grande e tão repleta de dificuldades, que muitos pensaram ser impossível.

No início de Maio, a captura do forte Ticonderoga aos britânicos, executada por Ethan Allen, Benedict Arnold e alguns dos *Rapazes da Montanha Verde*, fora uma notícia sensacional, embora o forte e a artilharia recuperada tivessem sido deixados para trás. Quando Knox disse a Washington que acreditava poder recuperar e transportar as armas, por terra, para Boston, Washington concordou de imediato, encarregando, de seguida o jovem oficial da expedição.

Tal como quase todos os demais, Washington gostava da companhia de Knox. Reconhecera, provavelmente, algo de si próprio no jovem confiante auto-didacta, de grande estatura e bons modos, que perdera o pai quando ainda menino, fizera tudo sozinho, e que estava extremamente preparado para levar a cabo uma tarefa tão difícil e de tão graves consequências.

Tal esquema, planeado por um jovem oficial na casa dos 20, sem qualquer experiência, transmitido tão directamente ao comandante supremo, seriamente considerado e executado com conformidade, marcou, igualmente, uma diferença significativa entre o exército civil dos americanos e o dos britânicos. Num exército em que quase todos eram principiantes nas funções de um soldado e de uma guerra, as ideias de praticamente todos mereciam ser ouvidas.

A 16 de Novembro, Knox colocara-se a caminho, acompanhado pelo seu irmão de 19 anos, William, com autoridade para gastar até 1000 dólares. «Não tenhas medo»[163], escrevera a Lucy. «Não há combate na [nomeação]. Estou apenas a tratar de negócios».

*

Com os dias a tornarem-se mais pequenos e frios, bandos de gansos selvagens multiplicavam-se de tal forma no céu que foram afixadas ordens para evitar que os homens disparassem sobre eles e desperdiçassem a preciosa pólvora. «Qualquer oficial que permanecer como espectador inactivo a um tal desperdício injustificado de pólvora e não tentar, ao máximo, eliminar o mal, poderá contar com uma queixa»[164], declarou Nathanael Greene.

Era tão grande a necessidade de conservar a pólvora, que o disparo de salvas, um ritual de campo, fora dispensado. Foram entregues lanças às tropas, para serem usadas na eventualidade de um ataque britânico.

> Todos os coronéis, ou oficiais comandantes de um regimento, [lê-se noutra das ordens de Greene] nomeiam 30 homens que estão activos, corajosos e resolutos para usarem as lanças na defesa das linhas, em vez de armas[165].

A 21 de Novembro, caíra a primeira neve e, nos dias seguintes, era óbvio que o Inverno viera para ficar, com ventos tão cortantes como os de Janeiro e com ainda mais neve. A angústia, em Boston, era relatada como sendo extrema. Os britânicos cortavam árvores e demoliam casas velhas para arranjarem lenha. Fornecer a cidade sitiada, por mar, tornara-se progressivamente difícil, devido às tempestades de Inverno e aos corsários americanos. O fornecimento de alimentos era desesperadamente diminuto. Dizia-se que as tropas do Rei estavam de tal modo esfomeadas que muitos estavam prontos para desertarem à primeira hipótese. Alguns homens do exército britânico diziam, abertamente, que se houvesse outra acção, e pudessem «escapar por entre o fumo», escolheriam «o lado mais fácil da situação». Os homens, nas fileiras, morriam de escorbuto. E pior, a varíola devastava [166].

Entretanto, os desertores do lado americano diziam aos britânicos que o exército de Washington estava cansado e não era pago, que as roupas eram poucas para se manterem quentes, e que a maior parte dos homens ansiavam por regressar a casa.

A história memorável de um incidente, que por esta altura ocorrera, poderá ou não ser fidedigna, mas retrata, vividamente, o nível de tensão existente entre as tropas e a raiva e exasperação reprimidas por parte do próprio Washington. Ouvira-se contar, anos mais tarde, por Israel Trask, o rapaz de dez anos que se alistara com o pai, e a quem Washington lhe parecia quase sobrenatural.

Iniciara-se uma batalha de bolas de neve em Harvard Yard, entre 50 ou mais carabineiros das florestas do interior da Virgínia e o mesmo número de marinheiros do regimento de Marblehead. A luta tornara-se, rapidamente, violenta, com «mordidelas e arranhadelas de um lado e atropelos do outro, com tamanha fúria que só a mais mortífera inimizade poderia criar», segundo Trask. Centenas de outros correram para a cena. Pouco depois, mais de 1000 homens se juntaram numa rixa violenta. Nesse momento, chegou Washington:

> Vi-o apenas com o seu criado de cor, ambos a cavalo [relembrou Trask]. Com um pulo de veado, saltara da sua sela, atirara as rédeas da sua montada para as mãos do seu criado e correra para o ponto mais aguerrido da escaramuça. Com um gancho de ferro agarrara dois carabineiros altos, musculosos, atléticos e com ar selvagem pela garganta, mantendo-os à distância de um braço, abanava-os e falavam com eles, em alternância [167].

Vendo isto, os outros fugiram «o mais rápido que conseguiram, em todas as direcções da cena de conflito». De acordo com a memória de Trask, todo o conflito, desde o início até ao fim, durara, no máximo, 15 minutos, acabando ali o assunto.

1776

A 25 de Novembro, os britânicos enviaram vários navios, abarrotados com os pobres, esfarrapados, de Boston, cerca de 300 homens, mulheres e crianças, pela Black Bay, deixando-os na costa, perto de Cambridge, para os revoltosos tratarem deles.

Constituíam uma visão agonizante. Muitos estavam doentes e à beira da more, «todos nas mais miseráveis e lastimáveis condições»[168], escrevera Washington. De acordo com uma explicação, o general Howe estava a criar espaço, em Boston, para os reforços prestes a chegar a qualquer altura. Porém, também se dizia que vários doentes haviam sido enviados «com [o] intuito de espalhar a varíola pelo país e pelo acampamento»[169], uma acusação na qual Washington se recusara a acreditar. Contudo, quando outras 150 pessoas desesperadas foram enviadas de Boston, pelo facto de a varíola não diminuir de intensidade, Washington descrevera a doença como uma «arma de defesa que estão a usar contra nós»[170].

Quase todos os seus esforços e os dos oficiais seniores estavam agora concentrados na tentativa de manter o exército reunido. As tropas de Connecticut, cujos alistamentos deveriam cessar a 9 de Dezembro, estavam a contar os dias até poderem regressar a casa. Parece que nada os faria mudar de ideias.

Surgira, no *New England Chronicle,* uma estimulante convocatória para renovar a devoção à causa da liberdade, o apelo mais forte e eloquente aos homens nas fileiras, «os guardiães da América», que alguma vez fora visto impresso, e que fora simplesmente assinado como «A Freeman» [Um homem livre]! Não somente celebrava a Causa Gloriosa, como também falava de tréguas com os britânicos, que iriam cedo acontecer, e de um futuro «grandioso com tudo de bom e em grande escala», no qual os americanos decidiriam a sua própria salvação.

> Os seus esforços pela causa da liberdade, orientados pela sabedoria e animados pelo zelo e coragem, ganharam o amor e confiança dos vossos gratos compatriotas; e eles olham para vós, que são veteranos experientes, e acreditam que ainda serão os guardiães da América. Como tenho a honra de ser um americano e um de entre os milhões que são livres, que são defendidos pelo seu valor, pago o tributo de agradecimento e expresso a minha gratidão, pedindo-lhe que continue no seu honroso e importante posto. Não duvido que a América encontrará, sempre, suficientes filhos preparados para

recorrerem ao seu modelo e apoiar a sua liberdade; porém, o tempo prova que os soldados experientes são mais capazes de executar os deveres do acampamento e melhor qualificados para enfrentarem o inimigo do que qualquer outros; e, logo, todos os que amam a América desejarão que todos os cavalheiros que compõem o actual exército possam continuar ao serviço do seu país até se estabelecer a «Liberdade, a Paz e a Segurança». Apesar das vossas preocupações particulares necessitarem de assistência em casa, a voz do vosso país falará mais alto, e é doloroso para mentes heróicas deixarem o campo quando existe o apelo da liberdade e quando a voz de milhões de feridos gritam «Às armas! Às armas!» Nunca uma causa foi tão importante, ou gloriosa, como aquela em que estão empenhados; não apenas as vossas esposas, filhos e o futuro longínquo, como também a natureza humana em conjunto e toda a humanidade, estão em jogo, pois, se a tirania prevalecer neste grande país, podemos esperar que a liberdade expire por todo o mundo. Por isso, a glória e a felicidade humanas podem agora depender mais dos vossos esforços do que jamais dependeram. Aquele que é soldado na defesa de tal causa não precisa de título; o seu posto é de honra e, embora não sendo um imperador, deve no entanto usar uma coroa – de glória – e abençoada seja a sua memória!

A barbaridade selvagem e brutal dos nossos inimigos, ao queimar Falmouth, é uma demonstração total de que não existe a mais pequena réstia de virtude, sabedoria, ou humanidade no tribunal britânico; e que estão completamente determinados, com fogo e espada, a massacrar e destruir, reduzir à mendicidade e escravizar todo o povo americano. Por isso, esperamos em breve quebrar todo o tipo de ligação com a Grã-Bretanha, e formar uma Grande República das Colónias Unidas Americanas, que vão, com a bênção dos céus, determinar em breve a nossa salvação e perpetuar as liberdades, aumentar a riqueza, o poder e a glória deste mundo ocidental.

Apesar das muitas dificuldades que temos que enfrentar e da raiva dos nossos cruéis inimigos, temos uma perspectiva gloriosa perante nós, grande com tudo de bom e vasto. Quanto mais entrarmos no campo da independência, mais as nossas perspectivas se expandirão e animarão, e uma completa República completará em breve a nossa alegria([171]).

Mas os realistamentos eram alarmantemente escassos. De 11 regimentos, ou quase 10 000 homens, menos de um milhar concordara em ficar. Alguns estímulos, para além do amor pelo país, têm de aparecer, para que os homens tenham vontade de servir, aconselhara Washington o Congresso. O pagamento adiantado, em alguns meses, às tropas poderia ajudar, escreveu, contudo, mais uma vez, não tinha dinheiro disponível. No final de Novembro, registara que somente 2540 homens do seu exército se haviam realistado. «A nossa situação é verdadeiramente alarmante, e disto o general Howe está bem informado [...]. Sem dúvida que, quando reunir reforços, fará uso da informação» ([172]).

Washington era um homem de um autodomínio excepcional, quase excessivo, e que raramente se entregara ao desencorajamento ou desespero. Contudo, na privacidade da sua correspondência com Joseph Reed, começara a revelar o quão se sentiria desanimado e amargurado se a verdade viesse à tona. Nunca antes vira «tal escassez de espírito público e de vontade de virtude» ([173]), como entre os soldados ianques, confiara numa carta a Reed, a 28 de Novembro. «Estas pessoas» ainda estavam muito além da sua compreensão. Um «espírito sujo e mercenário impregna o todo», escrevera. «Se tivesse previsto aquilo por que passei e ainda passo, nenhuma compensação me teria levado, nem por sombras, a aceitar este comando». Durante seis longos meses, não houve praticamente qualquer sinal de boas notícias, nenhum acontecimento marcante para levantar o espírito do exército, nenhum sinal que sugerisse que melhores dias viriam.

No dia seguinte, surpreendentemente, chegaram «boas novas» ([174]). Um corsário, a escuna *Lee*, sob o comando do capitão John Manley, capturara um navio inimigo de fornecimento, o brigue *Nancy*, ao largo do Cabo Ann, a norte de Boston. O navio estava carregado com tesouros militares – um fornecimento de material de guerra tal, que o Congresso nada iria fornecer durante os meses seguintes, e incluía 2500 bancadas de armas, canhões, morteiros, pederneiras, algumas 40 toneladas de chumbo e 2000 baionetas – quase tudo o que era necessário, excepto a pólvora.

A *Lee* era uma das primeiras de várias escunas armadas que Washington havia enviado para pilhar os navios inimigos. Fora um primeiro triunfo para a sua nova «marinha» e John Manley um primeiro herói. Fora um «momento de auxílio divino, pois, certamente, nunca nada acontecera de forma mais oportuna»([175]), escrevera Washington, imediatamente, a Joseph Reed.

*

Com o fim dos realistamentos a aproximar-se, a preocupação tornara-se extrema. «O nosso povo está enfeitiçado para regressar»([176]), escrevera o tenente Hodgkins à sua esposa Sarah. «Espero ter, juntamente com os habitantes da minha cidade, virtude suficiente para ficarmos durante o Inverno, como voluntários, antes de deixarmos as linhas sem homens. Pois tudo está em jogo para nós, e se não nos esforçarmos nesta Causa Gloriosa, tudo estará perdido»([177]).

«Quero que regresses a casa para nos ver»([178]), escreveu ela «Espero por ti quase todos os dias, mas não me permito ter fé em nada, pois julgo que não há nada em que possa ter fé, apenas problemas e decepções».

«Quero muito ver-te»([179]), disse noutras cartas, avisando-o de que se não «alterasse» a sua ideia de ficar com o exército, seria «uma enorme decepção que não suportaria»([180]).

As tropas foram chamadas, repetidamente, para a formação, com o fim de os oficiais e capelões lhes falarem. Um soldado de Connecticut, que decidira que nada o impediria de regressar a casa, descrevera a forma como o seu regimento fora chamado vezes sem conta para ouvir discursos. «Ordenavam-nos que fizéssemos um quadrado vazio»([181]), escrevera Simeon Lyman no seu diário, «e o general Lee veio e disse as primeiras palavras: "Homens, não sei o que vos chamar; [vós] sois as piores das criaturas", e falou, amaldiçoou e praguejou contra nós [...] e os nossos tenentes imploraram-nos que ficássemos». Porém, para Simeon Lyman, tal como para quase todo o regimento, 9 de Dezembro era o último dia como soldado. No domingo, 10 de Dezembro, escrevera:

De manhã, ordenaram-nos que fizéssemos a parada à porta do general, foi feita a chamada, fomos dispensados e dirigimo-nos ao tenente que nos deu uma bebida e depois marchámos([182]).

O general Lee ficou de pé e observou, encontrando apenas encorajamento na reacção das tropas que ficaram:

1776

Alguns dos homens de Connecticut, que tinham saudades de casa, não se convenceram a ficar, o que significa, no dialecto da Nova Inglaterra, que já não podiam servir mais e, consequentemente, marcharam de armas e bagagens. Porém, ao passar pelas linhas dos regimentos, foram tão horrendamente vaiados com gemidos, lamentações e insultos, que acredito que antes prefeririam ver as tias, as avós e mesmo as amadas, a quem nos dias anteriores se sentiam tão apegados, [estarem] na própria casa do diabo[183].

Washington implorou ao Congresso e aos governos de província para que enviassem mais homens com urgência. E novos recrutas continuaram a chegar, embora a conta-gotas.

Ainda não havia notícias da expedição ao Quebeque e nem uma palavra por parte do coronel Knox. Quando o general Schuyler, na Albany, escrevera para lamentar as suas aflições, Washington respondeu, «Deixai-me perguntar-vos, senhor, quando é a altura dos corajosos homens se manifestarem na causa da liberdade e do seu país, se não é esta?»[184]. Compreendeu os problemas que Schuyler, porém afirmou: «temos que lhes resistir e tirar o melhor partido dos homens tal como eles são já que não podemos tê-los como queremos».

*

No início do Outono, Washington escreveu à sua esposa Martha para lhe dizer que gostaria de ter a sua companhia em Cambridge, se não achasse ser muito tarde, nessa altura, para tal viagem. Cerca de 970 quilómetros em estradas terríveis, de coche, poderia ser uma tortura, mesmo com bom tempo, especialmente para alguém pouco habituado a viajar, independentemente da sua riqueza ou estatuto.

A 11 de Dezembro, depois de mais de um mês na estrada, Martha Washington chegou, acompanhada pelo seu filho John Custis, pela sua esposa Eleanor, por George Lewis, sobrinho de Washington, e por Elizabeth Gates, a esposa inglesa do general Gates. A Joseph Reed, que cuidara das mulheres dos generais, durante a sua estada em Filadélfia, exprimira a ideia, depois de as ver a caminho, de que «não eram um mau negócio [...] num país onde a lenha é escassa»[185].

Sarah Mifflin, esposa do coronel Thomas Mifflin, um jovem ajudante de campo, também chegou. O elegante coronel pertencia a uma das famílias mais proeminentes de Filadélfia, e, com a sua bela esposa, muito elegante, dava um toque de encanto ao círculo de Washington, enquanto Elizabeth Gates causava sensação andando por Cambridge, num traje de equitação masculino.

Martha Washington, que nunca estivera tão longe de casa, ou no meio da guerra, escrevera, a uma amiga na Virgínia, que o estrondo dos canhões parecia apenas surpreendê-la a ela. «Confesso que estremeço de cada vez que ouço o som de uma arma [...]. Para mim, que nunca vi nada relacionado com guerra, os preparativos são, de facto, terríveis. No entanto, esforço-me por guardar os meus medos para mim própria da melhor forma que consigo»[186].

Entretanto, depois de muito debate, o Congresso em Filadélfia enviou uma directiva a Washington para destruir as forças inimigas em Boston, «nem que a cidade tenha de ser queimada»[187]. John Hancock, cuja mansão construída em pedra, em Beacon Hill, com vista para Common, constituía um dos destacados cenários do horizonte, discursara, «de todo coração», a favor da medida.

Os trabalhos nas fortificações continuaram sem quebras de ritmo e, apesar dos ventos gélidos e da neve, o trabalho evoluiu. Washington continuava a avançar com as linhas cada vez para mais próximo do inimigo. Um bastião completamente novo, em Cobble Hill, abaixo de Prospect Hill, e, num total de cerca de 800 metros mais perto de Boston, fora descrito no *Providence Gazette* como «a mais perfeita peça de fortificação que o exército americano jamais construíra durante a actual campanha»[188].

*

A 24 de Dezembro, uma tempestade varreu toda a província. Nos arredores de Boston, as temperaturas baixaram para 20 graus negativos e a neve atingira cerca de 30 centímetros. No dia de Natal, uma segunda-feira, ainda estava um frio cruel, embora um dia claro, e as tropas continuaram, como habitualmente, a sua rotina.

A 30 de Dezembro, vários navios britânicos chegaram ao porto, trazendo, presumivelmente, reforços. «Este é o último dia de serviço dos antigos soldados alistados»[189], escreveu o deveras angustiado Nathanael Greene ao congressista Samuel Ward, no dia seguinte, 31 de Dezembro. «Reinam, apenas, a confusão e a desordem».

Sofremos, prodigiosamente, pela necessidade de alimentos. Muitos regimentos foram obrigados a comer as suas provisões cruas, pela escassez de lume para cozinhar e, apesar de termos queimado todas as vedações e cortado todas as árvores num raio de 1,5 quilómetros, o nosso sofrimento tem sido inconcebível [...]. Nunca estivemos tão fracos como deveremos estar amanhã.

No dia de Ano Novo, segunda-feira, 1 de Janeiro de 1776, as primeiras cópias do discurso do Rei Jorge III, na abertura do Parlamento, em Outubro último, foram enviadas para as linhas em Boston[190]. Chegaram com os navios de Londres.

A reacção entre o exército foi de raiva e indignação. O discurso fora queimado em público pelos soldados e produzira um efeito atordoante por todo o lado, quando a informação do seu conteúdo se espalhou rapidamente. As acusações de rebelião traidora, a ominosa referência a «ajuda estrangeira», acabaram, seguramente, com qualquer esperança de reconciliação, ou de uma guerra mais curta. Marcou um ponto de viragem tão claro como o advento do novo ano.

«Considerámos os nossos desejos, em vez da nossa razão, na satisfação de uma ideia de compromisso»[191], escreveu Nathanael Greene noutra fervorosa carta, a Samuel Ward, em Filadélfia.

Os desígnios celestes condenaram aquele vacilante Império Britânico à irreparável ruína e, graças a Deus, uma vez que a Providência assim o determinou, a América tem que levantar um Império de longa duração, apoiado sobre os grandes pilares da Verdade, Liberdade e Religião, encorajado pelos sorrisos da Justiça e defendido pelos seus filhos patrióticos [...]. Permitam-me, então, recomendar, com toda a sinceridade do meu ser, sempre preparado para se sacrificar pela causa do meu país, uma Declaração de Independência e chamar o mundo e o grandioso Deus que o governa para testemunhar a sua necessidade, adequação e rectidão.

O efeito do discurso do Rei, em Washington, fora profundo. Se mais nada pudesse «satisfazer um tirano e o seu ministério diabólico»[192], escrevera a Joseph Reed, «estaríamos determinados a acabar com todas as nossas ligações com um Estado tão injusto e artificial.

Dir-lhes-ia isto não sob disfarce, mas em palavras tão claras como o sol no seu brilho meridional».

Entretanto, nesse dia de Ano Novo, começara a enorme rendição do exército, com a chegada dos novos regimentos e a partida dos antigos «às centenas e aos milhares [...] em grande oposição ao inimigo»[193], tal como notara o general Heath.

No entanto, um número substancial de militares que havia estado nas frentes de combate acabaria por permanecer, incluindo muitos dos homens que haviam servido desde Bunker Hill, como Samuel Webb, de Connecticut, e o jovem John Greenwood, o tocador de pífaro. Joseph Hodgkins ficaria também, apesar de tanto ele como a sua esposa sentirem muito a falta um do outro. O mesmo se pode dizer do artista John Trumbull e do Dr. James Thacher. Muitos, como o tenente Jabez Fitch, de Connecticut, iriam para casa, mas alistar-se-iam, novamente um pouco mais tarde, no novo ano. É impossível determinar quantos do «velho exército» continuariam a lutar, embora rondassem, provavelmente, os 9000.

No quartel-general de Cambridge, Washington declarara, nas suas ordens gerais para o dia de Ano Novo, o início de um «novo exército, que sobre todos os pontos de vista é, totalmente, continental»[194]. E assim o exército, apesar de ser, ainda, 90% um exército da Nova Inglaterra, tinha um nome, o Exército Continental.

Salientara a esperança de que «a importância da grande Causa em que estamos envolvidos será profundamente gravada na mente de cada homem». Tudo que era «querido e valioso para os homens livres» estava em jogo, disse, apelando ao seu patriotismo para recuperar o ânimo e a dedicação, mas expressando também exactamente o que sentia.

Com o estrondo de uma salva de 13 peças de artilharia, içara uma nova bandeira[195] em honra do nascimento do novo exército – uma bandeira com 13 riscas vermelhas e brancas, com as cores britânicas (as cruzes de São Jorge e de Santo André) representadas no canto superior. Quando os britânicos, em Boston, a viram ao vento, desde Prospect Hill, confundiram-na, inicialmente, com uma bandeira de rendição.

Capítulo 3

Dorchester Heights

> *Não temos o mínimo receio de um ataque a este local,*
> *seja de surpresa ou de outra forma.*
> General William Howe

I

Que Dorchester Heights poderia decidir todo o resultado em Boston, fora, desde o início, evidente para os britânicos. O seu plano inicial, acordado a 15 de Junho, fora o de se apoderarem do terreno elevado das penínsulas de Charlestown e Dorchester. Contudo, os revoltosos haviam feito o seu «ataque-surpresa» na primeira, escavando durante a noite em Bunker Hill, e ocorrera o derramamento de sangue de 17 de Junho para os demover. Na manhã que se seguiu à batalha, num conselho de guerra na Province House, quartel-general do comandante Thomas Gage, o major-general Henry Clinton propusera deslocarem-se imediatamente para Dorchester. A opinião de Clinton sobre a posse das zonas elevadas era a de que a mesma seria «absolutamente necessária para a segurança de Boston»(¹). «[Aquelas zonas] permitem, directamente, as nossas comunicações marítimas, e podem mais seriamente atacar o porto de Boston do que o de Charlestown», justificara mais tarde, acrescentando que esperava liderar o ataque. «Previ o resultado, e, formalmente, considerei na época que se as tropas do Rei fossem alguma vez empurradas de Boston, seria por baterias revoltosas, levantadas nessas elevações».

Contudo, enquanto Gage mantivera Bunker Hill fortemente armado com canhões e provido com quinhentas tropas, nada fizera em relação a Dorchester. E nem o general Howe, depois de iniciar o comando, após o regresso de Gage a casa, em Outubro. De facto, os americanos também nada fizeram. Dorchester Heights permanecia uma espécie de terra alta de ninguém e varrida pelo vento. Nenhum dos lados negligenciava a sua importância estratégica, embora nenhum deles se atrevesse a apoderar-se dela e a fortificá-la.

Entre os lealistas, em Boston, que tinham contacto mais próximo com o comando britânico, era do conhecimento geral que Dorchester constituía a chave de ouro e, geralmente, questionavam a razão pela qual nada se fazia. «Fora frequentemente desejado»([2]), escrevera Justice Peter Oliver, um dos lealistas mais destacados, «que dessem atenção adequada a esta colina; e fora mencionado, repetidamente, que era de extrema necessidade assegurar tal posição; no entanto, as respostas eram geralmente de que não havia perigo, e que se devia desejar que os revoltosos tomassem posse dela, uma vez que poderiam ser despejados».

De maior e mais imediato interesse para o comando britânico era a perspectiva de abandonar totalmente Boston, de fazer as malas e partir. O modo como as coisas estavam não propiciava, claramente, o lançamento de uma operação ofensiva nesse local. Gage reforçara, em correspondência com o governo, em Londres, que Nova Iorque se deveria tornar a «sede de guerra», e Howe e os outros partilhavam da mesma opinião.

O brigadeiro-general James Grant dissera, meses antes, que Boston deveria ser abandonada enquanto era tempo. «Não podemos permanecer neste local durante o Inverno, uma vez que a nossa situação irá piorar, e a dos revoltosos melhorar de dia para dia»([3]), insistira Grant, numa longa carta, de Boston, para Edward Harvey, general-ajudante do exército britânico em Londres, a 11 de Agosto.

Grant, um escocês bastante gordo, altamente dogmático, que servira na Guerra Franco-Indígena, tinha uma opinião extremamente fraca

Dorchester Heights

relativamente aos americanos (fora ele quem se vangloriara ao Parlamento de que com 5000 homens marcharia de uma ponta à outra do continente americano). O único passo que fazia sentido, escreveu, seria incendiar Boston e partir para Nova Iorque. Para além disso, queria conceder liberdade à frota para incendiar todas as principais cidades ao longo da costa da Nova Inglaterra. «Brandura está fora de questão»([4]).

Os atrasos nas comunicações pelo oceano eram tais que, quando o general Howe recebeu ordens de Londres para «abandonar Boston antes do Inverno» e «retirar as tropas para Nova Iorque»([5]), era já tarde demais – o Inverno tinha chegado. Além disso, havia muito poucos navios disponíveis para transportar o exército e as centenas de lealistas, com os quais Howe estava muito preocupado, sabendo qual poderia ser o seu destino se fossem deixados para trás.

Não vendo uma alternativa razoável, Howe esperou pela Primavera, altura em que poderia partir em condições preferíveis. Não esperava haver problemas por parte dos americanos. «Não temos o mínimo receio de um ataque a este local, seja de surpresa ou de outra forma»([6]), assegurou aos seus superiores em Londres, realçando ainda este ponto numa reunião com os seus oficiais a 3 de Dezembro. Não obstante, considerando a possibilidade de os revoltosos fazerem alguma movimentação em Dorchester, Howe afirma: «Teremos de lutar contra eles com todas as nossas forças»([7]).

Diferentemente do homem que comandava o exército circundante da cidade, o comandante britânico não estava ansioso por acção. Pelo contrário, William Howe tinha pouco desejo de apressar as coisas. Além disso, os soldados profissionais reconheciam que o Inverno não constituía a estação ideal para servir em campanha. Assim, o exército britânico estabeleceu-se em Boston, durante um longo Inverno, providenciando os seus confortos da melhor forma que podia mediante as circunstâncias.

A notável excepção era o major-general John Burgoyne, «Cavalheiro Johnny»([8]), um oficial de ar distinto e dramaturgo ocasional, que acrescentara um agradável tom à vida social dos oficiais britânicos e à das suas esposas. Impaciente com a «inactividade», como dizia, e ambicioso por um comando seu, Burgoyne navegara para Inglaterra no início de Dezembro.

1776

*

O Inverno na América era um teste a que os soldados britânicos nunca se haviam de habituar, da mesma forma que não se conseguiram habituar ao incessante clamor dos sapos nas noites de Primavera, nem aos mosquitos americanos, ou à ausência de cerveja decente. Os gélidos ventos de Inverno e os violentos nevões na área da baía infligiam provações indiscriminadamente em ambos os exércitos, embora para os homens do Rei, que não estavam habituados a tal clima, o castigo fosse insuportável. Um jovem nobre irlandês, o capitão Francis Lorde Rawdon, escrevera sobre o sofrimento dos seus homens, acampados em Bunker Hill, no início de Dezembro, dizendo que as suas tendas estão «tão despedaçadas»([9]), que seria melhor dormirem a céu aberto – «e ouvimos, com alguma inveja, conversas sobre alguns pequenos bailes e concertos que os nossos irmãos tiveram em Boston»([10]). Os soldados congelavam até à morte quando estavam de guarda. Mesmo quando as tropas se mudaram para abrigos de Inverno, algumas semanas mais tarde, manterem-se quentes parecia uma tarefa impossível.

O mar aberto permanecia o único corredor salva-vidas para combustível e alimentos para a cidade, não obstante a rigidez das tempestades no norte do Atlântico e os corsários americanos a operarem ao largo em número cada vez maior, pelo que passavam cada vez menos navios de provisões («os revoltosos têm a insolência de equipar os corsários»([11]), escrevera um oficial britânico indignado, protegido no seu abrigo, embora soubesse que viria o dia em que «daremos aos canalhas um ataque vigoroso e colocaremos um ponto final no seu negócio»).

O almirante britânico Samuel Graves, cuja responsabilidade era patrulhar a costa contra os corsários, descrevera as tempestades no mar, entre o Cabo Ann e o Cabo Cod, como fenómenos que desafiavam o mais resoluto dos homens.

> Este tipo de tempestade é tão severo que nem se pode olhar para ela, e a neve, congelando assim que cai, anula todas as resistências – pois as roldanas ficam obstruídas, os equipamentos incrustados, as cordas e velas congeladas e todo o navio rapidamente se tornara numa bola de gelo [...] De facto, se o rigor dos Invernos for de tal forma grande que a sentinela em terra é, frequentemente, en-

contrada fatalmente congelada no seu posto, mesmo sendo substituída de meia em meia hora, o leitor poderá ter uma ideia do que um marinheiro de serviço, especialmente em pequenos barcos, tem de sofrer([12]).

Com a lenha a ser vendida a cerca de 5,55 dólares por metro cúbico, em Boston derrubavam-se cada vez mais árvores, incluindo o velho ulmeiro na esquina da Essex Street e da Orange Street, conhecido como a Árvore da Liberdade, que rendeu 50 metros cúbicos. Demolira-se cerca de 100 ou mais casas. Velhos celeiros, molhes e navios abandonados foram cortados em bocados, bem como quase tudo o que poderia arder. Sob ordens do general Howe, a igreja do velho Norte foi demolida para fazer lenha.

Apenas uma pequena parte da antiga população pacífica de Boston permanecera, pois milhares haviam, há muito, fugido da cidade. Contudo, outros, lealistas, haviam lá procurado refúgio, sendo estes bastante distintos, embora não necessariamente mais numerosos do que os habitantes que haviam escolhido ficar, na esperança de protegerem os seus bens, ou porque eram demasiado pobres, ou incapazes de enveredarem por outras alternativas. Alguns, tal como os membros do conselho nacional da cidade, haviam sido proibidos de partir. Ao todo, havia agora 4000 civis sob cerco, pelo menos metade dos quais eram mulheres e crianças e também estes sofriam com carências de todos os tipos, assim como o exército dos soldados britânicos, os mais pobres sofrendo, inevitavelmente, em maior escala.

Os alimentos continuavam a ser extremamente escassos e dispendiosos. O jovem Lorde Rawdon descrevera as suas tropas famintas como semelhantes a esqueletos. Mesmo os pedaços inferiores de carne de cavalo tinham preços elevados. Para colocar um ponto final aos crescentes casos de pilhagens executados pelas tropas, Howe introduzira castigos mais severos, mesmo para o padrão do exército britânico. De facto, o novo ano de 1776 começara, em Boston, com a lamentação pública de um soldado e da sua esposa, que haviam sido apanhados com bens roubados.

No entanto, para os oficiais britânicos – a «aristocracia do exército britânico»([13]), como Washington lhes chamava – a vida não era totalmente desagradável. Haviam-se apoderado da antiga igreja do Sul como picadeiro – que era odiosa para eles, porque as reuniões da cidade haviam sido aí realizadas (os bancos da igreja foram arrancados[14], havia estrume espalhado pelo chão e, de acordo com o diário do diácono Timothy Newell, um banco, particularmente bonito, esculpido à mão, fora levado para servir como comedouro para os porcos). Os entretenimentos nocturnos eram numerosos. «Temos peças, assembleias e bailes, e vivemos como se estivéssemos num local de abundância»[15], escreveu um oficial. «No meio destes horrores de guerra, esforçamo-nos, ao máximo, para os esquecermos»[16], explicara a esposa de outro oficial, numa carta a uma amiga em casa.

Escrevendo, mais uma vez, ao general Harvey, James Grant disse: «Temos de ultrapassar um Inverno desagradável da melhor forma que conseguirmos. Faço tudo o que está ao meu alcance para manter a máquina em funcionamento – tenho todas as hierarquias de oficiais ao jantar, dou-lhes bom vinho, rimo-nos dos ianques, e expomo-los ao ridículo quando aparece uma oportunidade»[17].

Uma vez que Boston não tinha teatro, Faneuil Hall, sagrado para os patriotas de Boston como o «berço da liberdade», fora convertido, a desejo do general Howe, num «teatro muito elegante»[18], para produções amadoras de Shakespeare, e peças originais, com oficiais e lealistas protegidos a participar. Sally Flucker, por exemplo, a irmã da esposa de Henry Knox, Lucy Flucker, teve um papel principal numa produção de *The Maid of the Oaks* [*A Rapariga dos Carvalhos*], uma sátira do general Burgoyne.

Na noite de 8 de Janeiro, oficiais de uniforme e as suas esposas, encheram Faneuil Hall para o que se esperava ser o acontecimento da época: a representação de uma farsa musical, que se dizia também ter sido escrita por Burgoyne. Intitulada *The Blockade*[19] [*O Bloqueio*], começara com um início jocoso logo que a cortina se levantara. Uma figura ridícula, que se supunha ser George Washington, entrara e tropeçara no palco. Usava uma peruca demasiadamente grande e arrastava uma espada enferrujada. Ao mesmo tempo, pela baía, os soldados de Connecticut, liderados pelo major Thomas Knowlton, lançaram um ataque-surpresa em Charlestown, e os britânicos responderam com um fulminante ataque de canhão. Com o estrondo das armas, que a audiência em Faneuil Hall pensou fazer parte do espectáculo, outra cómica figura, um sargento ianque em traje de agricultor, apressou-se a subir ao palco para dizer que os revoltosos estavam «em Charlestown, com unhas e dentes». A audiência explodiu com risos e «batia palmas, prodigiosamente», certos de que também isto fazia parte do divertimento.

No entanto, rapidamente descobrindo o seu erro [escrevera uma testemunha] seguira-se uma cena geral de confusão. Apressaram-se, imediatamente, a sair da casa para os seus postos de alerta, alguns saltando por cima da orquestra, esmagando as rabecas. Em suma, todos fizeram a sua retirada o mais rapidamente possível – os actores (que eram todos oficiais) pedindo água para tirarem a pintura e fuligem das caras, as mulheres a desmaiar, etc. (20)

Segundo as informações, fora o próprio general Howe que gritara, «Participem! Participem!» (21)

O comandante britânico era um homem pacato e afável, que nunca se negaria a apreciar os prazeres da vida. Quando podia, desfrutava publicamente, e durante o Inverno, dos jantares elegantes, dos serões prolongados na mesa de faraó e, manifestamente, na companhia de uma impressionante jovem, sobre a qual muito se falava. A senhora, que viria a ser conhecida como a Cleópatra de Billy Howe (22), era Elizabeth Lloyd Loring, a esposa de Joshua Loring, Júnior, um membro de uma proeminente família lealista, que Howe contratara para dirigir o serviço de intendência dos prisioneiros revoltosos. Nas palavras de um cronista de guerra, lealista contemporâneo, «Joshua tinha uma linda mulher. O general [...] gostava dela. Joshua não tinha objecções. Este manuseava o dinheiro, o general apreciava a senhora» (23).

William Howe era um soldado profissional, desde o tempo que tinha terminado a escola em Eton, e com a idade de 17 anos recebeu uma comissão nos Light Dragoons, do Duque de Cumberland. Dois irmãos mais velhos tinham também escolhido a carreira militar, e haviam-se distinguido. O mais velho, George Augustus Lorde Howe, lutara e morrera na América, na Guerra Franco-Indígena, sendo relembrado, na Nova Inglaterra, como um dos oficiais britânicos mais corajosos e estimados da altura. O outro irmão, Richard – almirante Lorde Howe – começara a sua carreira na Marinha Britânica, aos 14 anos. Tal como William, era membro do Parlamento e muito admirado pelo Rei.

Os irmãos Howe pertenciam a uma das mais eminentes famílias de Inglaterra. Eram ricos, talentosos e extremamente bem relacionados.

1776

Dizia-se que a mãe, ainda com poder na sociedade de Londres, era filha ilegítima do Rei Jorge I. Ambos os homens eram liberais fiéis e tinham uma semelhança evidente, um olhar obscuro, algo sombrio, com olhos escuros, pálpebras pesadas e uma compleição morena. Mas o general era o mais alto, com cerca de 1,85 metros, era o mais pesado e um homem de poucas palavras. No Parlamento, raramente falava. Para Horace Walpole, Billy Howe era «um daqueles corajosos e silenciosos irmãos, era sensato, embora tão calado que ninguém sabia se o era, ou não»[24]. Não era evidente qual o real sentimento do general pela guerra na América, dado os seus anteriores comentários sobre não ter qualquer desejo de nela servir.

A capacidade e coragem de William Howe eram inquestionáveis. Como um jovem heróico coronel tenente, na Guerra Franco-Indígena, liderara um destacamento de infantaria ligeira, sobre as íngremes represas do Quebeque, à primeira luz do dia, para preparar caminho para o exército do general James Wolfe derrotar os franceses sob Montcalm, em Plains of Abraham. Wolfe chamara William Howe, o melhor oficial ao serviço do Rei. Em Bunker Hill, assegurando às suas tropas que não lhes pediria «para darem nem mais um passo do que aquele que eu próprio dou»[25], havia marchado na linha da frente. Quando os homens ficaram para trás, depois da chacina do primeiro assalto, levara-os, uma vez mais, a subir a colina. Depois de um ofuscante disparo, durante o terceiro assalto, fora o único homem da linha da frente ainda de pé.

Apesar de toda a sua coragem de novato, no calor e tumulto da guerra, Billy Howe podia ser, nos intervalos entre as acções, lento, protelador, negligente ao preparar a acção, mais interessado em confortos e prazeres.

Que fora surpreendido pelo terrível custo da vitória britânica em Bunker Hill, não havia dúvida. «O sucesso custa muito caro»[26], escrevera ao seu irmão almirante. Ainda assim, era um soldado, um estratega dotado e um lutador. Gostava de dizer às suas tropas, «Não tenho a menor dúvida de que se comportarão como ingleses e bons soldados»[27], e não esperava menos de si próprio. Seria sempre um bom soldado, sempre que posto à prova. Falava com seriedade, e, aos 45 anos, aproximadamente a mesma idade de George Washington, tinha mais experiência do que este, uma folha de serviços bem mais impressionante e tinha um treino melhor, tropas bem equipadas e navios da Marinha Britânica ancorados no porto.

Tinha, ainda, a pretensiosa vantagem de ter oficiais subordinados experientes, todos profissionais, muitos dos quais com uma capacidade evidente. Quando, na Primavera anterior, Howe, Clinton e Burgoyne haviam partido de Inglaterra, de barco, para a guerra na América, representavam, de facto, a fina-flor dos oficiais do Rei. Eram todos homens de coragem provada e comprometidos com o dever. Tal como Howe, Clinton e Burgoyne estavam bem relacionados, eram aristocratas bastante experientes e, como generais principais, estavam no início do auge das suas carreiras. Clinton, o segundo em comando de Howe, era o menos impressionante a nível físico, um homem baixo, gordo e pálido, que podia ser tímido e petulante. Tinha, porém, uma inteligência militar perspicaz e a vantagem de conhecer os americanos desde os tempos de infância. Crescera em Nova Iorque, onde o pai, o almirante George Clinton, servira como governador, entre 1741 e 1751.

Entre os de mais baixa posição, um exemplo excepcional era John Montresor, um oficial de engenheiros cujos anos de serviço e experiência ridicularizavam a simples ideia de alguém, como Nathanael Greene, poder ser major general. Também Montresor servira na Guerra Franco-Indígena, na campanha de Braddock, e no cerco de Wolfe, no Quebeque. Em 1760, com 24 anos, levara uma expedição, por terra, do Quebeque à Nova Inglaterra e, no final da guerra, trabalhara nas fortificações de Boston a Detroit e a Nova Iorque, onde comprara uma ilha, a Ilha de Montresor, no rio East. Era engenhoso, enérgico, provavelmente o melhor engenheiro no exército britânico, e com uma experiência inigualável na América.

Era, contudo, verdade que Howe e Clinton não gostavam um do outro, que não trabalhavam bem juntos, e que John Montresor, não sendo um aristocrata, ainda era, quase aos 40, apenas um capitão. Se a desesperada necessidade americana de líderes fizera depositar confiança nos jovens, como Nathanael Greene, para posições superiores à sua experiência, o sistema militar britânico, onde as comissões eram compradas, e era dada preferência aos aristocratas, negava a muitos homens de capacidade funções que deveriam ter tido. Se o capitão John Montresor tivesse sido um major principal, o resultado da luta poderia ter sido bem diferente.

Para além disso, as fontes de informação de Howe eram lamentáveis, virtualmente não existentes. Embora os revoltosos estivessem muito perto, o comandante britânico não sabia quase nada sobre as suas verdadeiras situações, sobre as suas linhas perigosamente finas e sobre a sua falta de pólvora. Bunker Hill ensinara Howe a não subestimar o seu adversário. No entanto, não tinha dúvidas de que a «actual aparência desfavorável das coisas» poderia ser rapidamente rectificada. Tudo o que era necessário era um «exército adequado» [28] composto por 20 000.

Em meados de Janeiro, sob ordens de Londres, o general Clinton e uma pequena frota navegaram para sul, para ver por que vantagem se poderia ganhar nas Carolinas, reduzindo, assim, a força britânica em Boston, em cerca de 1500 homens. E, por muito feliz que Howe possa ter ficado por ver Clinton partir, este servirá, pelo menos, como antídoto da «inactividade» de Howe.

De modo estranho, Howe parece não ter tido qualquer interesse no homem que liderava o exército alinhado contra ele. Em tudo o que ele e outros, do comando britânico, escreveram de forma oficial e privada na altura, George Washington era raras vezes mencionado, excepto de passagem. Não havia qualquer aparente consideração sobre o tipo de homem que era, qual seria o seu estado de espírito, as suas forças e fraquezas. Ou ainda, o que poderia estar a preparar, dada a actividade dos seus pensamentos. Talvez fosse indiferença, ou a medida de um enorme sentido de superioridade. Por outro lado, Washington estava constantemente a tentar desvendar as intenções de Howe, o seu próximo movimento. Era invulgar o facto de o comandante das forças britânicas, conhecido como um jogador inveterado, não desse, aparentemente, qualquer importância à forma como o seu oponente americano poderia fazer a sua jogada.

*

A 14 de Janeiro, duas semanas depois do Ano Novo, George Washington escrevera uma das cartas mais desoladoras e desesperantes da sua vida. Sofrera noites de insónias na grande casa, próxima de Charles. «A reflexão sobre a minha situação e a deste exército cria muitas horas difíceis, enquanto todos à minha volta estão entregues ao sono» [29], disse ao ausente Joseph Reed. «Poucas pessoas sabem as aflições por que passamos».

Enchendo página atrás de página, enumerara os mesmos problemas e angústias que comunicara, persistentemente, ao Congresso durante tanto tempo, e que relataria, uma vez mais, a John Hancock, nesse mesmo dia. Havia muito pouca pólvora e ainda nenhum dinheiro (o dinheiro era útil nos assuntos correntes da vida, mas na guerra era imprescindível, Washington relembraria ao abastado Hancock). Tantos soldados, que haviam desistido e regressado a casa, tinham, desobedecendo às ordens, levado consigo mosquetes que não eram seus; o fornecimento de armas estava esgotado ao ponto de não ser suficiente para os novos recrutas. «Não temos, neste momento, 100 armas nos armazéns, entre todas as que foram retiradas do navio prémio [o capturado navio britânico, de provisões, *Nancy*]» ([30]), escrevera a Reed. No papel, o seu exército atingia entre 8000 a 10 000 homens. Na realidade, apenas metade desse número estava apto para o serviço.

Convencera-se de que era pelo facto de não ter sido capaz de atacar Boston que as coisas haviam chegado a tal impasse. A mudança de um exército para outro, a meio do Inverno e com o inimigo tão perto, era um feito inigualável «nas páginas da história». Considerava quase milagroso o facto de os britânicos estarem tão «cegos» em relação ao que se passava e à verdadeira situação.

Estava abatido e sentia pena de si próprio. Se soubesse no que se ia meter, dissera a Reed, nunca teria aceitado o comando.

> Pensei muitas vezes como teria sido muito mais feliz se, em vez de aceitar um comando sob tais circunstâncias, tivesse colocado o meu mosquete ao ombro e entrado nas fileiras; se pudesse ter justificado a medida para a posteridade, e a minha própria consciência; ou se me tivesse retirado para o campo e tivesse vivido numa cabana. Se for capaz de me elevar a estas e a muitas outras dificuldades que se podem enumerar, deverei acreditar, religiosamente, que a mão da Providência está aqui, para cegar os olhos dos nossos inimigos; pois se ficarmos bem durante este mês, terá de ser por falta de conhecimento das desvantagens dos nossos esforços.
> Se tivesse previsto as dificuldades que recaíram sobre nós, se soubesse que tal negligência se teria revelado sobre os velhos soldados ao serviço, nem todos os generais à face a terra me teriam convencido da conveniência de adiar um ataque a Boston. ([31])

A somar às suas preocupações – e isto não dissera a Reed – Washington soubera, por «informações incontestáveis» ([32]), que os britânicos estavam a equipar navios no porto para embarcar tropas, achando que, dada a estação do ano, estavam a dirigiram-se para sul e, sem dúvida, para Nova Iorque. Os generais Lee e Greene estavam convencidos de que Nova Iorque seria de tão «vasta importância» ([33]) para o inimigo que não se poderia perder tempo na sua defesa. Os lealistas eram numerosos, em Nova Iorque; o seu apoio à Coroa era já forte. «Se a tendência dos sentimentos se virar contra nós naquela província», avisara Nathanael Greene, «será uma punhalada fatal na força e união das colónias». Na opinião de Greene havia somente duas escolhas disponíveis: defender Nova Iorque, ou queimá-la. O general Lee propôs a Washington que ele próprio fosse, imediatamente, enviado a Nova Iorque para tratar das defesas.

Embora concordando que o tempo era da maior importância, Washington sabia que era necessária a aprovação do congresso, e que não deveria haver divergências sobre o facto de a sua autoridade se estender para além do teatro imediato de guerra. Tal como ele próprio diria, não gostava de «esticar» ([34]) os seus poderes, e era exactamente esta sensatez e respeito pelas ramificações políticas do seu comando que o tornavam um general político tão eficaz.

Felizmente, conseguiu obter uma opinião imediata de John Adams, que gozava de uma breve licença do Congresso, em casa, em Braintree. Adams assegurara, formalmente, ao comandante das forças numa carta escrita a 6 de Janeiro e entregue em Cambridge nesse mesmo dia, de que não havia qualquer dúvida sobre a importância de Nova Iorque. Esta era «uma espécie de chave de ouro para todo o continente» ([35]), escrevera Adams. «Nenhum esforço deve ser poupado para a proteger». Em relação à autoridade de Washington, Adams deu-lhe, corajosamente, aprovação total e inequívoca para agir em Nova Iorque, ou noutro qualquer local e nunca mais se falara no assunto.

«A sua comissão constitui-o comandante "de todas as forças [...] e tem poder e autoridade total para agir como considerar adequado, em prol do bem e prosperidade do serviço"».

Assim, a 8 de Janeiro, Washington enviara o general Lee para Nova Iorque, para colocar a cidade ([36]) «na melhor posição de defesa».

Em Janeiro, não havia degelo a leste de Massachussets nesse ano, o que significava um contínuo sofrimento para os soldados, sem roupas de Inverno, soldados «débeis» e fatalmente doentes. Contudo, com

Dorchester Heights

temperaturas de quase sete graus negativos, ou ainda menos, crescia, dia após dia, a probabilidade da Back Bay congelar, bem como a possibilidade de um ataque a Boston, através do gelo.

A 16 de Janeiro, dois dias depois da sua desoladora carta a Reed, Washington convocara um conselho de guerra com os generais Ward, Putnam, Heath, Spencer, Sullivan, Greene e Gates presentes, bem como James Warren, chefe da Assembleia de Massachusetts e John Adams. Washington falara da «indispensável necessidade de fazer um ataque arrojado» ([37]) em Boston. O conselho ouvira, depois concordara que um «ataque vigoroso» deveria ser feito, mas apenas quando se tornasse «praticável».

No dia seguinte, dia 17 de Janeiro, já tarde e bem depois de escurecer, um mensageiro chegou ao quartel-general de Washington entregando as piores notícias da guerra até aquele dia. Tratava-se de uma carta do general Schuyler, em Albany. O exército que Washington enviara pelo deserto do Maine para atacar o Quebeque sob o comando de Benedict Arnold fora derrotado. Arnold estava gravemente ferido. O general Richard Montgomery que, com 300 homens, se juntara à investida, atacando de Montreal, fora morto. Era necessária ajuda, com urgência. Quantos outros haviam sido condenados à morte, ou feridos no Quebeque, e quantos haviam sido feitos prisioneiros, ainda ninguém sabia.

Washington, tal como escrevera em privado, sentira muitas vezes que os olhos de todo o continente ([38]) estavam postos nele, «fixos com ansiosa expectativa».

Quando o conselho de guerra se reuniu, novamente, bem cedo na manhã seguinte, concluiu-se, relutantemente, que dado o «presente estado de fragilidade» ([39]) do exército, não poderiam ser dispensadas quaisquer tropas para o Quebeque.

A nesga de esperança de que tanto necessitavam viera com a confirmação de Schuyler, a 18 de Janeiro, de que as armas de Ticonderoga estavam a caminho. Assim foi, pois o coronel Knox, que havia cavalgado à frente, chegara a Cambridge, mais tarde, nesse mesmo dia.

*

Knox estivera fora durante quase dois meses e tinha cumprido todas as expectativas, apesar das más estradas de floresta, lagos congelados,

1776

tempestades de neve e vento, desertos de montanha e contratempos sem fim que teriam, por diversas vezes, derrubado espíritos mais fracos. Tivera sucesso com a sua ideia arrojada e virtualmente impossível, exactamente no momento certo, justificando inteiramente a confiança que Washington depositara nele. A história da expedição viria a ser contada e recontada no exército durante semanas, bem como nos anos seguintes.

Partindo de Cambridge a cavalo, a 16 de Novembro, Knox e o seu irmão William foram, primeiro, a Nova Iorque, onde fizeram preparativos para fornecimentos militares a serem enviados para Boston, apressando-se para norte, pelo vale do Hudson, por vezes fazendo 64 quilómetros por dia.

Chegaram ao forte Ticonderoga a 5 de Dezembro. Construído pelos franceses no início da Guerra Franco-Indígena, em 1755, o forte de pedra calcária fora tomado pelos britânicos em 1759, e depois pelos americanos, em Maio de 1775. Ficava na ponta sul do Lago Champlain, onde este se encontra com a ponta norte do Lago George.

As armas que Knox([40]) fora buscar eram, na sua maior parte, francesas – morteiros, canhões de 12 e 18 libras (isto é, armas que disparavam balas de canhão de 12 e 18 libras), e um gigante de liga de cobre e zinco, de 24 libras. Nem todos estavam em condições de serem usados. Depois de os inspeccionar, Knox seleccionara 50 morteiros e canhões. Três dos morteiros pesavam, cada um, uma tonelada, e o canhão, de 24 libras, pesava mais de 2000 quilos. Crê-se que o total do lote atingia, pelo menos, 54 000 quilos.

O plano era transportar as armas por barco, pelo Lago George, que ainda não estava completamente gelado. Na ponta sul do lago começaria o longo trajecto por terra, para o sul, até Albany, antes de se virar para este, em direcção a Boston, pelas montanhas de Berkshire. A distância a percorrer era de quase 500 quilómetros. Knox planeava arrastar as armas com trenós gigantes, estando a contar com neve. Porém, até essa altura, apenas uma leve camada cobria o solo.

Com a ajuda de soldados locais e homens contratados, pôs-se imediatamente a trabalhar. Apenas o trabalho mover as armas do forte, para o local de desembarque do barco, provou ser uma tremenda tarefa. A passagem pelo Lago George, com cerca de 60 quilómetros, demorara oito dias. Três barcos, com a sua enorme carga, partiram, a 9 de Dezembro, usufruindo, na primeira hora, de um vento favorável. Depois, a progressão continuou mas com «extrema dificuldade»(41). De facto, das entradas escritas à pressa e ilegíveis, no diário de Knox, aquela primeira hora no lago parece ter sido a única hora da jornada que não trouxe «dificuldades extremas».

Um dos barcos, uma barcaça, embateu numa rocha e afundou-se, embora estivesse suficientemente perto para ser resgatada, remendada e colocada a flutuar novamente. Knox registara os dias em que remaram contra implacáveis ventos contrários – quatro horas a «remar com força excessiva» num dia, e noutro estivemos seis horas a «remar com força excessiva»(42). Em alguns locais, os barcos tiveram que cortar o gelo. O irmão de Knox, William, escreveu, no final do dia 14 de Dezembro, que «lutaram todo o caminho contra o vento [...] Que Deus nos envie um vento favorável»(43). As noites em terra eram cruelmente frias.

«Não é fácil imaginar as dificuldades por que passámos»(44), escrevera Knox a Washington, no final da viagem, no lago, numa carta de 17 de Dezembro, que chegaria a Cambridge mais ou menos na mesma altura que ele.

Na sua jornada em direcção ao norte, para Ticonderoga, Knox conseguira reunir, ou construir, pesados trenós, 42 no total, para estarem disponíveis no forte George, na ponta sul do Lago com o mesmo nome, cerca de 56 quilómetros a sul de Ticonderoga («Peço-lhe, seriamente, que não poupe esforços, nem as despesas necessárias para os obter»(45), dissera a um oficial local). Com os trenós e 70 parelhas de bois, estava agora pronto para prosseguir. «Confiando que [...] teremos uma boa queda de neve [...]. Espero em 16 ou 17 dias ser capaz de apresentar, a sua Excelência, um nobre comboio de artilharia»(46).

À sua esposa, Knox dissera que a parte mais difícil havia terminado e especulara: «Não deixaremos um rasto pequeno pelo campo, com o nosso canhão»(47).

Além de não cair neve, começara um «degelo cruel»(48), interrompendo o progresso durante vários dias. O percurso na direcção sul para Albany, exigia quatro travessias do rio Hudson. Uma vez que o gelo no rio era tão fino, a pesada caravana poderia ficar, de forma inútil, no forte George, esperando por uma alteração do estado do tempo. Quando tal mudança climatérica se manifestou, finalmente, trouxe uma tempestade de neve e vento. Caíram 90 centímetros de neve, no início do dia de Natal. Determinado a continuar sozinho para Albany,

1776

Knox quase morrera congelado, debatendo-se com a neve, a pé, até encontrar cavalos e um trenó para o transportar o resto da viagem.

O «precioso comboio» acabou por partir de forte George. «A nossa cavalgada era bastante imponente»[49], relembrara John Becker, que, com 12 anos, havia acompanhado o pai, um dos condutores da expedição. Continuaram lentamente, trabalhando sob neve intensa, passando pela cidade de Saratoga, seguindo depois para Albany, onde Knox se ocupou a fazer buracos no gelado rio Hudson, para fortalecer o gelo (a ideia era fazer com que a água subisse pelos buracos, se espalhasse pela superfície do gelo e congelasse, tornando, gradualmente, o gelo mais espesso).

No dia de Ano Novo, o tempo aqueceu novamente. Desperdiçava-se tempo precioso, escreveu a Lucy. «O degelo tem sido tão grave que receio as consequências, pois sem neve a minha tão importante carga não poderá continuar.»[50]

Porém, a temperatura baixou novamente. A 7 de Janeiro, o general Schuyler escreveu a Washington, do seu quartel-general, em Albany, o seguinte: «Esta manhã tive a satisfação de ver a primeira divisão de trenós com canhões, a atravessar o rio.»[51]

Moveram-se com precaução sobre o gelo, e durante várias horas parecia que os buracos de Knox tinham obtido o resultado pretendido. Quase uma dúzia de trenós havia atravessado sem contratempos, até que, de repente, um dos canhões maiores, de 18 libras, quebrara o gelo e afundara-se, não longe de terra, deixando um buraco no gelo de pouco mais de quatro metros de diâmetro. Destemido, Knox começara, imediatamente, a resgatar o canhão do fundo do rio, perdendo um dia inteiro nos trabalhos, sendo, por fim, bem sucedido, tal como registou, «devido à ajuda [do] bom povo de Albany»[52].

A 9 de Janeiro, a expedição prosseguiu da costa leste do Hudson, para percorrer ainda mais 160 quilómetros. A neve, nas montanhas de Berkshire, era espessa, exactamente como seria necessário, mas as montanhas, íngremes e difíceis, divididas pelos profundos e estreitos vales, constituíam um desafio formidável. Knox, sem qualquer experiência prévia de tal terreno, anotara que haviam subido picos «dos quais quase poderíamos ver todos os reinos da terra»[53].

«Pareceu-me quase um milagre, que as pessoas, com fardos pesados, consigam subir e descer tais colinas»[54], lê-se noutra das entradas do seu diário.

Para abrandar a descida dos trenós, carregados, por colinas íngremes como telhados, cordas para servir de guias eram amarradas a árvores. Colocavam-se ramos e correntes debaixo dos troncos que rolavam pela encosta. Quando alguns dos seus condutores, por causa dos riscos que corriam, se recusaram a continuar, Knox passou três horas a argumentar e implorar até que, finalmente, concordaram em prosseguir viagem.

Notícias sobre o avanço da procissão corriam à frente dos trenós, e, como Knox imaginara, as pessoas começaram a aparecer, ao longo do caminho, para verem, por elas próprias, a procissão de armas de Ticonderoga.

«Aqui, o nosso armamento suscitava uma grande curiosidade», escrevera John Becker, a propósito da recepção na cidade de Westfield. «Descobrimos que muito poucos, mesmo entre os habitantes mais velhos, alguma vez tenham visto um canhão.» Becker, com 12 anos, nunca vivera tal excitação.

> Fomos os grandes beneficiados desta curiosidade, pois enquanto observavam as nossas armas, discutíamos, com igual prazer, as qualidades da sua cidra e uísque. Estes eram, generosamente, trazidos em grande abundância[55].

Em Springfield, para apressar o ritmo, Knox mudou de bois para cavalos, e na parte final da jornada, o número de curiosos crescia a olhos vistos.

A paragem chegara, finalmente, a cerca de 32 quilómetros a oeste de Boston, em Framingham. As armas foram descarregadas, e entretanto Knox acelerara o ritmo para Cambridge.

O «nobre comboio»[56] de Knox chegara intacto. Nem uma arma se tinha perdido. Centenas de homens haviam tomado parte, e o seu trabalho e resistência haviam sido excepcionais. Mas fora a ousadia e determinação do próprio Knox que, acima de tudo, tiveram maior importância. O livreiro, de 25 anos, de Boston, havia provado ser um líder de capacidades notáveis, não só um homem de ideias empreendedoras, mas com a resistência para as executar. Washington colocou-o, imediatamente, no comando da artilharia.

Para aqueles que cavalgaram de Cambridge para Framingham para ver as armas, era evidente que o impasse em Boston estava prestes a mudar, dramaticamente.

II

Havia uma perceptível aceleração da actividade, na grande casa cinzenta que servia como quartel-general. O ritmo da correspondência do comandante, o número de mensageiros e oficiais de uniforme que chegavam e partiam, davam provas de algo em perspectiva. «O meu serviço aumenta muito rapidamente [...] com grandes alterações»([57]), escrevera Washington a Joseph Reed, sem fornecer detalhes. A ajuda de Reed era, mais do que nunca, preciosa. «É absolutamente necessário [...] ter pessoas que possam pensar por mim, assim como executar ordens».

A força do exército ainda era frágil, a situação tão grave, Washington segredou, que fora «obrigado a usar a arte de o ocultar»([58]), mesmo dos seus próprios oficiais.

Que estava prestes a entrar em acção, poderia facilmente ser lido nas entrelinhas desta e doutra correspondência, que seguia nas bolsas dos velozes mensageiros. Os acampamentos estavam animados com rumores e especulação. «Observa-se grande actividade e animação entre os nossos oficiais e soldados, que manifestam um ansioso desejo de ter um confronto com o inimigo»([59]), escreveu o sempre perspicaz Dr. James Thacher, que previu um «ataque geral à cidade de Boston, ou a elevação de fortificações nos Heights, em Dorchester, ou ambos».

O frio intenso continuava. A 27 de Janeiro, a temperatura desceu para 15 graus negativos; a mais baixa, a 28 de Janeiro, foi de 17º negativos, depois 16º, a 30 de Janeiro. No entanto, embora estivesse tanto frio, continuava a não haver uma «ponte de gelo» razoável para transportar um exército. Certas manhãs, Washington ia para a baía saltar sobre o gelo, para testar a sua força.

Fizera um reconhecimento pessoal dos acessos a Dorchester, aparentemente, mesmo até às alturas, acompanhado por vários dos seus oficiais, incluindo Henry Knox. De acordo com um registo, possivelmente falso, Washington e os outros haviam deixado os seus cavalos, e prosseguiam a pé quando, de repente, dois oficiais britânicos([60]) a galope, os puseram a «correr de um lado para o outro, para se salvarem».

Uma semana mais tarde, um destacamento de assalto atravessou o gelo, para Dorchester, e queimou várias casas rurais.

Dorchester Heights

A 16 de Fevereiro, Washington convocou o seu conselho de guerra, para o que esperava ser o acordo unânime de que havia chegado a altura de atacar. Um «golpe, bem direccionado, nesta conjuntura crítica, pode pôr um ponto final na guerra»[61], argumentou.

«Talvez uma questão tão importante nunca tivesse sido levantada num conselho de guerra»[62], escrevera o general Gates sobre a reunião; e qualquer que tenha sido a «arte» exercida por Washington para ocultar a verdade aos seus oficiais, relativamente à força do exército, havia, de facto, pouco que Gates e os outros reunidos na sala não soubessem. Durante semanas, o expansivo Israel Putnam havia lamentado a necessidade de pólvora. O Velho Put não cederia, escrevera a um dos colaboradores de Washington. «Continua duro como sempre, a gritar por pólvora – "pólvora – sim deuses, dêem-nos pólvora!"»[63]

Distinto, pela sua ausência, fora Nathanael Greene, que fora acometido de icterícia. Estava «tão amarelo como o açafrão»[64], e «tão fraco que mal podia andar pelo quarto», escrevera ao seu irmão, a quem também opinara sobre o ataque proposto. O próprio pensamento enchia-o de pavor. Um ataque a uma cidade provida de guarnição, com tropas regulares, poderia ter consequências horríveis, escrevera Greene, «horrível se acontecesse, e ainda mais horrível se falhasse»[65].

O conselho de guerra marcara a quarta vez que Washington pedia aprovação para um ataque a Boston, e de novo, sabiamente, os generais disseram não. Muito provavelmente, a derrota esmagadora no Quebeque reforçara a visão de que qualquer ataque a uma posição tão fortemente defendida não pagaria o terrível risco.

Havia, contudo, acordo para outro plano. Em vez de atacar o inimigo, onde este estava bem fortificado, iriam atraí-lo para que ele os atacasse, como havia sido feito em Bunker Hill. Dos relatos de espiões e desertores britânicos, já se sabia que Howe havia jurado «partir» se alguma vez os americanos tentassem ocupar Dorchester. Assim, resolveram começar os preparativos, «com a intenção de atrair o inimigo».

Washington estava desanimado com a decisão de não atacar. «Olhai! Embora tenhamos esperado, todo o ano, por este acontecimento favorável, a iniciativa fora considerada como sendo extremamente perigosa!»[66], escrevera a Joseph Reed. Porém, talvez estivesse errado, admitiu dignamente. «Talvez o tédio da minha situação me tenha levado a tentar mais do que pode ser garantido pela prudência».

1776

E assim foi. O assunto estava «agora no fim, e estou a preparar-me para tomar posição em Dorchester»[67]. Daqui em diante, não me deterei.

*

Os preparativos eram elaborados em larga escala e o próprio Washington envolvera-se no esforço, exigindo que nenhuma hora fosse perdida. Os relatos com informação de que os britânicos pretendiam evacuar Boston à primeira oportunidade não o desencorajaram.

Duas colinas gémeas abrangiam a península de Dorchester, e a distância destes cumes às linhas britânicas mais próximas, no Istmo de Boston, era de cerca de 2,5 quilómetros, bem ao alcance de um canhão de 12 ou 18 libras. A distância de Long Wharf, à qual a maior parte da frota britânica se detivera, era maior, cerca de 3 quilómetros, também dentro de alcance, embora no limite.

O plano era ocupar Heights numa única noite, antes de os britânicos perceberem o que estava a acontecer, tal como havia sido feito em Bunker Hill. Contudo, desta vez, tinham as armas de Ticonderoga para usarem no local, e Dorchester Heights era, consideravelmente, mais íngreme do que Bunker Hill, a uma elevação de mais de 30 metros, quase o dobro da altura. Ainda mais relevante era o facto de o solo gelado no topo ser «impenetrável como uma rocha»[68], segundo as palavras de Washington, o que significava que abrir valas e erguer barricadas baixas, da forma habitual, seria impossível, pelo menos numa noite, e sem barulho.

A solução era um esquema altamente sofisticado, em que as fortificações[69] seriam fabricadas noutro local escondido, depois, com um grande número de mão-de-obra e bois, levadas em conjunto com o pesado canhão para Dorchester Heights, onde tudo teria de estar no lugar e preparado para acção, antes de amanhecer. Um engenhoso tenente, que havia dirigido os trabalhos nas fortificações em Roxbury, Rufus Putnam – agricultor e agrimensor em épocas normais e primo de Israel Putnam –, havia sugerido a ideia, depois de ver um termo não familiar num texto de artilharia, *Muller's Field Engineer* [*Engenheiro de Campo de Muller*], de um professor britânico chamado John Muller. Putnam levara o seu plano ao seu oficial superior, o coronel Richard Gridley e a Henry Knox. Por sua vez, os três haviam estado

Dorchester Heights

com Washington e rapidamente centenas de homens estavam a trabalhar, construindo lustres, grandes caixilhos de madeira, que podiam ser enchidos com «rolos de palha»([70]) (fardos), ou feixes de ramos e paus.

Washington queria igualmente barris cheios de terra, dispostos em linha, em frente às barricadas, para darem a ideia de força, e, mais importante, de forma a estarem prontos para rebolar pelos íngremes declives, sobre o inimigo que avançava. Tinha «em alta conta([71]) a defesa que pode ser executada com barris», disse a Artemus Ward, realçando que os aros deveriam estar bem fixos, para que os barris não se partissem em bocados.

Para afastar o inimigo e abafar o barulho dos trabalhos dos destacamentos, Washington planeara preceder a operação com fogo de barragem nocturno, de artilharia, de Roxbury, Cobble Hill e Lechmere Point, onde várias das armas de Ticonderoga haviam sido, recentemente, colocadas em posição.

Tão crítica e perigosa, como qualquer parte da operação, seria atravessar o baixo passadiço, da península de Dorchester, que ficava bem à vista das linhas britânicas, no Istmo de Boston, a menos de 1,5 quilómetros. Para ocultar todos os movimentos sobre o passadiço, deveria ser colocada uma barreira prolongada de fardos de palha.

Cerca de 3000 homens, sob o general Thomas, participariam na fortificação de Heights. Outros 4000 esperavam, em Cambridge, por um ataque anfíbio em Boston, quando os britânicos lançassem o seu assalto em Heights – anfíbio, porque o clima temperado regressara, e a água corria, novamente, na baía. O general Putnam assegurava o comando geral do ataque de Boston. Os generais Greene e Sullivan liderariam a travessia. No rio Charles, em Cambridge, 60 chatas estavam preparadas.

Para fortalecer o exército, ao máximo, foram chamados 2000 da milícia de Massachusetts, enquanto os detalhes dos trabalhos eram despachados para reunir vagões, carroças e 800 bois. No hospital do exército, em Cambridge, milhares de ligaduras e camas adicionais estavam a ser preparadas. Avisos no *Boston Gazette* (publicado em Watertown, desde o início do cerco) solicitavam enfermeiras voluntárias.

Em vários quilómetros, à volta de Boston, todos pareciam conhecer alguém, ou alguém que conhecia alguém, que estava a par do que iria acontecer. Eram feitas apostas sobre o que aconteceria e quando. Nas cidades dos arredores, a tensão e o medo cresciam a cada dia.

1776

«Crê-se que, em breve, algo acontecerá por aí» [72], escreveu Sarah Hodgkins, de Ipswich, ao seu marido Joseph.

«Os preparativos aumentam, e algo é diariamente esperado, que será terrível» [73], escrevera Abigail Adams à sua «Querida Amiga», que havia regressado a Filadélfia. «Estou num contínuo estado de ansiedade, e expectativa [...] neste [último] mês tem-se dito "amanhã", e "amanhã", mas quando é o pavoroso amanhã, não sei» [74].

Tal como havia feito anteriormente e com frequência na sua vida, Washington aliviava a tensão da espera colocando a sua correspondência em dia. Escrevera, mais uma vez, a Joseph Reed, e a uma jovem poetisa negra, Phillis Wheatley, na altura a viver em Providence, que por sua vez lhe havia enviado um poema, escrito em sua honra: «Continue grande chefe, com a virtude a vosso lado / Que todas as vossas acções sejam guiadas pelos deuses» [75].

O país ainda não tinha poetas e Washington não era conhecido por se interessar por poesia, nem por meditar. No entanto, sendo um soldado e um plantador – um mestre de escravos – apesar de tudo o que aborrecia seriamente a sua mente, arranjava agora tempo para lhe escrever, com a sua própria pena.

«Agradeço-lhe muito sinceramente por ter, de forma tão elegante, reparado em mim» [76], Washington escreveu, «e por muito que não mereça tal louvor e panegírico, o estilo e forma exibem uma prova impressionante dos seus grandes dotes poéticos». Se ela alguma vez viesse a Cambridge, ficaria «feliz por ver uma pessoa tão favorecida pelas musas».

Numa carta a um amigo da Virgínia, Washington escrevera, quase levianamente, que se preparava para «se pegar» [77] com os soldados britânicos.

*

A data havia sido determinada. O ataque a Dorchester começaria depois de escurecer, a 4 de Março, e terminaria na primeira aurora da manhã de 5 de Março, dia do aniversário do Massacre de Boston.

Quantas centenas, talvez milhares, compreendiam o que se revelava, com algum pormenor, ninguém calculava. No entanto, o sucesso dependia do segredo. Para que este fosse mantido, Washington ordenara a interrupção de todas as comunicações com Boston. Os generais

Dorchester Heights

Heath e Sullivan inspeccionaram, pessoalmente, as linhas, para verificarem a vigilância dos guardas de serviço. Se, por acaso, o inimigo soubesse o que estava a acontecer e avançasse primeiro para ocupar Heights, alguns regimentos estariam prontos para marchar, a qualquer momento.

Um dos observadores mais próximos da situação, em Boston, o lealista Peter Oliver, escreveria mais tarde que não havia a mínima suspeita do que os revoltosos preparavam. Mas, de acordo com o diário de um dos oficiais britânicos, alguns descobriram, a 29 de Fevereiro, por desertores e um espião, mencionado apenas como «Junius» [78], que os revoltosos tencionavam «bombardear a cidade a partir de Dorchester». Contudo, os avisos não foram levados como sérios.

Washington dera ordens às tropas, evidenciando o grau de seriedade da situação, e o que se esperava deles:

Uma vez que se aproxima, rapidamente, o momento em que todos os homens esperam ser chamados à acção, é imperativo preparar o espírito, assim como tudo o que for necessário para esse efeito. Trata-se de uma causa nobre, na qual estamos envolvidos, é a causa da virtude e da humanidade, toda a vantagem temporal, conforto e a nossa posteridade dependem do vigor dos nossos esforços [...]. Mas não é errado as tropas saberem que, se algum homem em acção pensar em fugir ao dever, esconder-se, ou recuar face ao inimigo, sem ordens do seu oficial comandante, será imediatamente abatido, como exemplo de cobardia. [79]

No sábado, 2 de Março, ao final do dia, Washington escrevera, apressadamente, a Artemus Ward, que tudo deveria estar em posição e preparado, como planeado, na segunda-feira à noite, dia 4 de Março. Depois de dobrar e selar a nota, rabiscara no verso, «Lembre-se dos barris» [80].

*

O bombardeamento de Boston começou à meia-noite de sábado, e continuou, com intervalos, até de manhã. Os britânicos responderam, imediatamente, com um bombardeamento mais pesado e mais barulhento. «A casa estremece [...] com o barulho dos canhões» [81],

1776

escreveu Abigail Adams, na sua casa, a 16 quilómetros de distância. «Não vou dormir esta noite».

Poucos danos houve. Era quase só barulho, tal como Washington desejava, e a noite teria sido considerada um sucesso completo, excepto pelo facto de três grandes morteiros terem rebentado aparentemente em consequência da inexperiência de Henry Knox e dos seus artilheiros.

No domingo à noite, os disparos continuaram, e mais uma vez os britânicos responderam num crescendo total. Na terceira e crucial noite, segunda-feira, dia 4 de Março, o barulho das armas de ambos os lados tornara-se, de longe, mais atroz.

O capitão britânico, Charles Stuart, descrevera as linhas de fogo que preenchiam o céu. Mas, tal como também relembrara, «Os habitantes estavam numa situação terrível, particularmente as mulheres, que eram várias vezes obrigadas a sair das suas casas sob tiros, e choravam, implorando protecção»([82]). Observando, a partir das linhas americanas, o tenente Samuel Webb escrevera, «Os nossos cartuchos rasavam as casas, e os gritos das pobres mulheres e crianças chegam, frequentemente, aos nossos ouvidos»([83]).

Ao primeiro barulho das armas, o general Thomas e 2000 homens começaram a atravessar o passadiço de Dorchester, movendo-se rápida e silenciosamente, protegidos do olhar dos inimigos pela longa barreira de fardos de palha. Uma guarda avançada composta por 800 homens, um «destacamento de cobertura»([84]) feito, em grande parte, por carabineiros, avançou primeiro, para se espalhar pelas costas de Dorchester, caso os britânicos fizessem tentativas de reconhecimento, durante a noite. O destacamento principal de trabalho, com 1200 homens, seguira logo depois, e, nessa altura, vieram centenas de carroças e vagões pesados, carregados de lustres, faxinas, fardos de palha, barris e o mais importante de tudo, as armas de Ticonderoga.

«Toda a procissão se movera em silêncio solene, e com perfeita ordem e regularidade, enquanto o barulho contínuo dos canhões servia para atrair a atenção e distrair o inimigo»([85]), escrevera o Dr. Thacher, que, atravessando o passadiço com as tropas, reparara, com gratidão, «no vasto número de grandes fardos([86]) de palha enrolada, dispostos em linha, próximo do inimigo [...] ao qual estaríamos bastante expostos enquanto passávamos».

Dorchester Heights

O avanço pelas encostas íngremes e de chão liso era extremamente difícil, no entanto, vários conjuntos de bois e carroças fizeram três e quatro viagens.

A noite estava, inesperadamente, agradável – de facto, estava extremamente, bela com a lua cheia – condições ideais para o trabalho – como se a mão do Todo-Poderoso dirigisse tudo, ideia da qual o Reverendo William Gordon, tal como muitos outros, não tinham dúvida. «De um total de 365 dias, não poderia ter sido escolhida uma noite melhor para trabalhar»[87], escrevera. «Estava nublado, em [Heights], de forma que os nossos soldados não poderiam ser vistos, apesar de estar uma noite de claro luar, sobre as colinas».

Em Cambridge, no Common iluminado pela lua, os generais Greene e Sullivan desfilaram com 4000 soldados, em frente aos edifícios da universidade, preparados para avançarem em direcção ao rio, e com os barcos de fundo raso, na eventualidade de um sinal do campanário da igreja de Roxbury.

Mais tarde, ao relatar os acontecimentos da noite[88], o general Thomas diria que, às dez horas, as fortificações em Heights ficaram, suficientemente, preparadas para defesa contra pequenas armas e metralhas. Fora, também, por volta das dez horas que o tenente-coronel britânico, Sir John Campbell, relatara ao brigadeiro-general Francis Smith que «os revoltosos estavam a fazer trabalhos em Dorchester Heights». Eram notícias que pediam acção imediata. Mas Smith, um veterano corpulento, lento nos movimentos e no pensamento, com 30 anos de serviço, decidira ignorá-las; e, a partir daí, o trabalho continuara, sem que fosse notado por qualquer outro oficial, ou soldado britânico de guarda, ou ainda por qualquer dos lealistas de Boston, que serviam com olhos e ouvidos atentos aos britânicos.

Em Heights, os homens trabalhavam árdua e firmemente, com picaretas e pás, quebrando o solo congelado para a terra e pedras encherem os lustres e barris. Às três da manhã, chegara uma força de substituição com 3000 homens, e cinco regimentos adicionais de carabineiros ocuparam posições perto da costa. À primeira ténue luz da aurora tudo estava preparado com, pelo menos, 20 canhões em posição.

Era uma façanha, absolutamente, fenomenal. O general Heath não estava, propriamente, a exagerar quando escrevera, «Talvez nunca se tenha feito tanto trabalho num espaço de tempo tão curto»[89].

1776

Ao romper do dia, os comandantes britânicos, olhando para Heights, mal conseguiam acreditar no que viam. A tão esperada e importante surpresa era total. Diz-se que o general Howe exclamara: «Meu Deus, estes indivíduos trabalharam mais numa noite, do que poderia obrigar o meu exército a fazer em três meses.» [90]

O oficial britânico de engenharia, Archibald Robertson, calculara que, para colocar tudo no lugar, tal como os revoltosos haviam feito – «uma noite de trabalho impressionante» [91] – devem ter sido necessários pelo menos 15 000 a 20 000 homens. Howe, no seu relato oficial, seria mais comedido, e colocaria o número em 14 000 [92].

Mais tarde, nessa Primavera, um dos jornais de Londres publicaria excertos de uma carta atribuída a um anónimo «oficial de distinção, em Boston»:

5 de Março. Acredito que este será um dia tão importante para o Império Britânico como qualquer outro dos nossos anais. Suportámos, na noite passada, um bombardeamento muito intenso, que danificou várias casas e matou alguns homens. Esta manhã, ao raiar do dia, descobrimos dois redutos nas colinas de Dorchester Point e duas fortificações, mais pequenas, nos seus flancos. Todos foram construídos durante a noite, com uma rapidez igual à do génio pertencente à maravilhosa lâmpada de Aladino. A partir destas colinas comandam toda a cidade, por isso, temos de os retirar do seu posto ou desertar do local. [93]

*

O choque da descoberta lançara os britânicos numa «consternação extrema» [94]. A sua resposta imediata, um terrível bombardeamento de duas horas, não teve qualquer efeito, pois as suas armas não podiam ser suficientemente elevadas para atingirem um alvo tão alto. Entretanto, do seu navio principal, o almirante Molyneux Shuldham (que substituíram o almirante Graves) enviou uma mensagem urgente e inequívoca a William Howe: nenhum navio podia permanecer no porto, excepto se os revoltosos fossem afastados da sua posição.

Os navios não estavam, directamente, «sob as armas», em Heights, como alguns relatórios mais tarde deram a entender. A tal distância, de cerca de três quilómetros, um tiro certeiro seria um tiro de sorte.

Dorchester Heights

Contudo, os navios ainda continuavam, teoricamente, na mira, e sabia-se que os tiros de sorte aconteciam.

Howe já não poderia perder tempo. Com os seus generais reunidos na Province House, a meio da manhã, tomou a sua decisão: atacaria, como havia prometido que fazia – e como o seu orgulho e honra lhe exigiam. Não tinha intenção de ficar em Boston, mas agora isso estava fora de questão. Sendo quem era, não podia aceitar a perspectiva de ser excedido pelo inimigo da ralé, apesar da carnificina que resultara do ataque a Bunker Hill ser do seu conhecimento, assim como de qualquer outro homem.

Cerca de 2000 soldados receberam ordens para prosseguir, de navio, pelo porto para Castle Island, de onde, pelo anoitecer, o ataque a Dorchester seria executado.

O capitão Archibald Robertson considerara que o plano tinha alguma falta de ousadia e afirmara-o a outros. Escrevendo no seu diário, durante o decorrer do dia, chamou-lhe «o passo mais sério que alguma vez um exército, daquela força, e em tal situação, havia tomado, tendo em conta o estado das fortificações dos revoltosos e o número de homens armados, que parecem possuir»[95]. O destino de toda a cidade estava em jogo, «já para não mencionar o destino da América». Eram estes os seus sentimentos, declarara, e listou o nome dos oficiais com quem havia falado, com a esperança de que convencessem Howe a mudar de ideias, e embarcar de Boston o mais rápido possível. Porém, começando por volta do meio-dia, os grandes transportes, carregados com tropas, começaram a seguir de Long Wharf.

Anos mais tarde, relembrando a manhã de 5 de Março, em Dorchester Heights, John Trumbull escreveria, «Vimos, distintamente, os preparativos que o inimigo estava a fazer para nos expulsar. Toda a zona virada para a água estava à nossa vista e vimos o embarque das tropas dos vários molhes [...] Estávamos animados, bem preparados para recebermos o ameaçado ataque»[96].

O Dr. Thacher, relatando os acontecimentos, no seu registo diário, enquanto se desenrolava aquele «ansioso» dia em Heights, escrevera sobre a multidão de espectadores que cobria as colinas próximas, que esperavam para ver uma batalha de sangue.

Algures no decurso do dia (não se conhece a hora exacta), Washington chegara para verificar as defesas e o panorama em baixo. «Sua Excelência, o general Washington está presente, animando e encorajando os soldados», relembrara Thacher, «e eles retribuem, manifestando a sua alegria e expressando um caloroso desejo da aproximação do inimigo».

Cada homem sabe o seu lugar, e está decidido a executar o seu dever [...]. As nossas barricadas baixas estão reforçadas e, entre os meios de defesa, há um grande número de barris, cheios de pedras e areia, alinhados à frente das nossas fortificações, que serão colocados em movimento para rebolarem pela colina abaixo e quebrarem as fileiras e pernas dos atacantes enquanto avançam. Estes são os preparativos do sangue e chacina! Meu Deus! Se a Vossa Providência determinar que milhares dos nossos camaradas sejam, neste dia, chacinados, que a Vossa ira se acalme, e em misericórdia concedei que essa vitória esteja ao lado do nosso país sofredor e a sangrar [97].

De acordo com o Reverendo William Gordon, Washington apelou aos que estavam ao alcance da sua voz: «Lembrem-se que é dia 5 de Março e vinguem a morte dos vossos irmãos» [98]. Aqueles que não estavam suficientemente perto para ouvirem, perguntaram imediatamente o que o general dissera e logo lhes foi dito. E assim se procedeu, de uns para outros, entre as tropas, facto que acrescentava combustível fresco ao fogo militar, antes do incêndio».

Descrevendo as tropas, erguidas em Cambridge, que esperavam a ordem para atacar, o próprio Washington disse, «nunca vi os ânimos tão elevados» [99].

Era quase meio-dia quando o primeiro transporte de tropas britânicas seguiu para Castle Island e continuou pelo porto, com crescente dificuldade, lutando com ventos contrários. No início da tarde, o que havia sido um dia anormalmente quente e agradável, mudara dramaticamente. O vento havia virado para sudeste, soprando «muito frio» [100]. Então, como previsto nos cálculos, os elementos assumiram o controlo.

Ao anoitecer, levantou-se uma tempestade, saraiva juntamente com neve e granizo. À meia-noite, «o vento soprava quase como um furacão». Janelas quebradas, vedações arrancadas. Dois dos transportes, em direcção a Castle Island, foram atirados para terra. O tenente americano, Isaac Bangs, que estava entre os que congelavam nos seus postos, no terreno elevado de Dorchester, chamou-lhe a pior tempestade «a que alguma vez estivera sujeito»([101]). Claramente, não haveria nenhum ataque britânico nessa noite.

Na manhã seguinte, os ventos continuaram a soprar com fúria. A neve e o granizo haviam mudado para chuva violenta. O general Heath concluíu que «o bondoso Céu»([102]) se interpusera para intervir. Assim parecia a muitos, de ambos os lados, quando, nessa manhã, Howe cancelou o ataque e deu ordens para se prepararem para retirar para Boston.

Possivelmente, não foi apenas a tempestade que fiz com que Howe mudasse de ideias. De acordo com o capitão Robertson, as suas súplicas para cancelar o ataque e a influência dos outros oficiais, a quem havia exposto o seu caso, e de John Montresor em particular, haviam produzido o efeito desejado mesmo antes de a tempestade chegar na sua plena força. Segundo o que Robertson escreveu nas linhas finais da entrada no seu diário, parecia que a tempestade proporcionava, apenas, uma saída fácil a Howe.

São agora oito horas da noite. Fomos para o quartel-general às sete. Depois de esperar algum tempo, o capitão Montresor desceu [e] disse-me que se havia reunido com o conselho, e tinha aconselhado a realizar, na totalidade, [o embarque], que o Lorde [general Hugh] Percy e outros o haviam secundado, e que o general disse que era esse o seu sentimento desde o início, mas pensava na honra das tropas envolvidas. Por isso foi, imediatamente, decidido embarcar tudo([103]).

De forma curiosa, Isaac Bangs, no seu relato do dia, perguntara-se se a intenção da toda a expedição britânica a Castle Island não teria sido «mais do que um desfile»([104]), e se a tempestade não teria sido uma «boa desculpa». Contudo, na opinião do general James Grant, nunca houve dúvida do desejo de Howe atacar. «De facto, discutimos o assunto várias vezes, e tínhamos acordado que, se os revoltosos avançassem para a sua direita [para Dorchester], teríamos que os afastar dessa posição, ou abandonar Boston»([105]). De acordo com Grant, tudo havia sido preparado, e o plano para atacar fora «imediatamente formado, bem como os redutos a serem tomados de assalto pelas tropas em coluna, [e] não carregar, pois podiam estar sob absoluta necessidade de fazer uso das suas baionetas».

Howe, no seu relatório oficial, disse: «Determinei um ataque imediato, com toda a força que podia transportar»[106]. Acrescentou ainda: «O ardor das tropas deu-me coragem para esta iniciativa perigosa», e esta poderia ser a explicação, embora um americano que vira as tropas britânicas à espera, no molhe, para embarcarem, tenha comentado que, «em geral, pareciam pálidos e abatidos, e disseram uns para os outros que tal viria a tornar-se noutro Bunker Hill, ou pior».

Howe não referira, no seu relatório oficial, o conselho de guerra reunido às sete horas ou se tinha segundas intenções. Os ventos «contrários»[107], da tarde de 5 de Março, a tempestade que se seguira nessa noite e o «contínuo tempo turbulento, no dia e na noite seguintes», foram os factores decisivos, escrevera Howe, dando ao inimigo mais tempo para melhorar as suas defesas em Heights. «Teria tido pouco sucesso ao atacá-los, dadas as desvantagens que teria que enfrentar; esta foi a razão pela qual considerei mais aconselhável preparar a evacuação para a cidade.»

III

Dos que estavam em Boston, ninguém esqueceria os dias que se seguiram. Em menos de 48 horas, a supostamente invulnerável segurança da cidade havia-se dissolvido. O exército de Howe e a frota ancorada estavam em perigo de ser destruídos, em qualquer altura. A sobrevivência da própria cidade estava em jogo.

Em consultas e despachos para Londres, o general havia, repetidamente, afirmado a sua confiança de que os revoltosos não se movimentariam. Agora, ele e os seus vaidosos militares regulares haviam sido ultrapassados pela «populaça armada», que tanto haviam menosprezado e desdenhado. Em vez da vitória, enfrentaram a humilhação de uma retirada desonrosa.

«Nunca as tropas [estiveram] numa situação tão vergonhosa», escreveu outro oficial. «Tenho pena do general Howe, de todo o coração» ([108]).

Quase desde o momento, em que Howe fez o seu anúncio, na manhã de 6 de Março, ordenando à frota e ao exército para se prepararem para partir, Boston tornou-se palco de um grande frenesim. «Apenas pressa e confusão, todas as pessoas a lutarem para sair deste lugar» ([109]), escreveu um mercador americano, John Rowe.

O diácono Timothy Newell, que, como John Rowe, era um patriota americano, havia sido proibido, como membro do conselho municipal da cidade, de deixar Boston. «Neste dia», escreveu a 6 de Março, «há uma grande aflição, e ansiedade entre os refugiados e associados [lealistas] [...] Abençoados por Deus, a nossa redenção está perto» ([110]).

Howe, que não havia recebido quaisquer ordens – nenhuma comunicação de qualquer tipo – de Londres, desde Outubro, não tinha um plano de longo prazo para uma retirada de grande magnitude, ou qualquer experiência passada comparável, em que se basear. «Disse ao general Howe», escrevera James Grant, «que passei por muitas situações críticas, embora nunca tenha estado numa situação tão espinhosa, mas temos que olhar para a frente e continuar» ([111]).

A questão não era apenas o facto de haver milhares de tropas e provisões militares para transportar, mas as centenas de mulheres e crianças que estavam com o exército. Mais ainda, Howe queria levar todos os lealistas que quisessem ir.

1776

O cuidado necessário com as mulheres, doentes e feridos precisava de toda a assistência que podia ser dada [escrevera alguém]. Não era como o desmontar de um acampamento, onde cada homem conhece o seu dever. Era como partir do seu país, com as suas esposas, criados, mobílias e todos os seus transtornos [112].

Parecia que todos tinham as suas próprias necessidades desesperadas, ou pedidos especiais urgentes, alguém ou algo de que se queixar, alguém ou algo a culpar pela sua situação difícil.

Havia um número suficiente de transportes e outros navios disponíveis, contudo, todos estes tinham de ser abastecidos com provisões e água. Tinham de ser colocados a bordo equipamentos de todos os tipos. Entretanto, havia muito pouco para comer. As incessantes tempestades no mar haviam impedido quase todos os navios de fornecimento de sequer se aproximarem da costa. Quando uma única corveta, proveniente das Índias Ocidentais, conseguira chegar ao porto, soube-se que mais de 70 transportes de comida, «navios de reabastecimento» e de armazenagem, que haviam sido desviados da sua rota naquele Inverno, estavam ancorados e a ser reparados em Antigua. De acordo com alguns rumores, a comida em Boston não era suficiente para três semanas.

Os ventos fortes continuavam a soprar, agitando o porto, e as armas dos revoltosos permaneciam silenciosas. Mas enquanto estes continham o seu fogo, podiam ser vistos, em plena vista, em Dorchester Heights, reforçando firmemente a sua posição.

Tudo continuava comparativamente calmo na sexta-feira, 8 de Março, quando o diácono Newell e três outros membros do conselho municipal atravessaram as linhas no Istmo, sob uma bandeira branca, transportando um papel não assinado, declarando que o general Howe «não tinha intenção de destruir a cidade, excepto se as tropas, sob o seu comando, fossem atacadas durante o embarque» [113]. Embora claramente dirigida a Washington, esta declaração não lhe estava endereçada e por isso não lhe fora dada resposta. Todavia, a palavra fora transmitida – se pudessem partir pacificamente, os britânicos poupar1am a cidade.

Então, na noite de 9 de Março, quando os revoltosos foram vistos em movimentações em Nook's Hill, em Dorchester, um ponto elevado a apenas 400 metros das linhas britânicas, no Istmo, Howe ordenou um terrível bombardeamento durante toda a noite. «Tal fogo nunca fora antes ouvido na Nova Inglaterra» [114], escreveu Isaac Bangs. Quatro homens foram mortos com uma única bala. Mas esse fora o único dano provocado. No dia seguinte, os homens na colina reuniram setecentas balas de canhão, que haviam sido disparadas contra eles.

Na cidade, a agitação e a confusão estavam cada vez piores. O «catártico»([115]) era drástico, como o lealista Peter Oliver observara. Barris de açúcar e sal, barris de farinha para os quais não havia lugar nos navios, eram despejados no porto, juntamente com mobílias destruídas, vagões, carrinhos de mão e até o elegante coche do comandante. Canhões, para os quais não havia espaço, eram inutilizados e deixados no porto.

Os americanos, observando à distância de uma dúzia de colinas e promontórios situados à volta da cidade, podiam ver, tal como Washington registara, estradas cheias, com «grandes movimentações e confusão entre as tropas, noite e dia [...] levando canhões, artilharia e outros bens para os molhes, com a maior das precipitações»([116]). Washington estava convencido de que Howe se preparava para partir para Nova Iorque.

*

O alerta e a ansiedade, entre os lealistas, eram extremos. Tinham de partir, mas ninguém sabia quantos eram, se haveria espaço para todos, ou para onde iam. Só na manhã de 10 de Março lhes foi dito que podiam começar a subir a bordo. Não havia tempo para deliberações. Virtualmente, tudo o que possuíam teria de ser deixado para trás.

Aqueles que já eram refugiados – e que haviam abandonado, anteriormente, Cambridge, Roxbury, ou Milton, crendo na presumível segurança de Boston – sabiam o que era abandonar tudo e ficarem dependentes da caridade. Agora, também os habitantes de Boston enfrentavam a perspectiva de renunciar aos eternos laços e aos seus pertences acumulados – de facto, à sua terra natal e a todo um modo de vida.

«Não é fácil descrever a aflição e confusão dos habitantes, nesta ocasião. Apenas tive seis ou sete horas de preparação para esta medida, sendo obrigado a embarcar nesse mesmo dia»([117]), escrevera o Reverendo Henry Caner.

Como pároco da Capela King, a primeira igreja anglicana em Boston, o reverendo Caner era o sacerdote líder da Igreja de Inglaterra,

1776

em Massachusetts e uma figura muito respeitada por todas as classes. Fora pároco durante quase 30 anos e vivia sozinho numa pequena casa de madeira, perto da Capela, na esquina da School Street e da Tremont Street. No seu relatório de «bens deixados na minha casa, em Boston, a 10 de Março de 1776»[118], listou, entre outros artigos: «um belo relógio», duas mesas de mogno, chávenas de chá e pires, «uma sumptuosa secretária de mogno esculpida e estante [com] portas de vidro», imagens do Rei e da Rainha «sob vidro, com elegantes molduras», um par de cães de chaminé, em latão, «um admirável cravo», mil livros, um celeiro e «acessórios», uma vaca e uma vitela.

A grande maioria dos lealistas nunca vivera noutro local, nem jamais esperara fazê-lo. Estavam desiludidos, desorientados e bastante ressentidos. Na sua lealdade para com o Rei e regras de direito, viam-se como os verdadeiros americanos patriotas. Não haviam tomado qualquer partido na revolução – «o horrendo crime da rebelião»[119]; chamou-lhe Justice Oliver – e haviam confiado, de forma realista, na riqueza e poder da nação britânica para os proteger e colocar um ponto final imediato no que, aos seus olhos, se transformara em oclocracia.

Um mercador de Boston, chamado Theophilus Lillie, que tinha uma loja em Middle Street, especializada em tecidos e géneros alimentícios ingleses, havia expressado a sua opinião, por escrito, sobre o resultado do ataque da multidão aos soldados britânicos, no Massacre de Boston.

> No todo, não posso deixar de dizer – apesar de nunca ter entrado nos mistérios da governação, tendo-me dedicado à minha loja e ao meu negócio – que sempre me pareceu estranho que as pessoas que combatem tanto pela liberdade civil e religiosa estejam tão prontas para privarem outros da sua liberdade natural...
> Se um grupo de sujeitos particulares pode, em qualquer altura, punir outro grupo de sujeitos particulares quando quer, é um tipo de governação da qual nunca ouvi falar; e de acordo com a minha pobre noção de governo, esta é uma das principais coisas que deve evitar[120].

O Dr. Sylvester Gardiner, um dos homens mais conhecidos na cidade, escreveria ao seu genro:

Descobri que não conseguiria ficar em Boston, e confiar num grupo de revoltosos sem lei, cujas acções desgraçaram a natureza humana; que trataram todos os súbditos leais do Rei, que caíram nas suas mãos, com grande crueldade, e por nenhum outro crime que não a sua lealdade para com o melhor dos reis, e uma submissão pacífica à melhor governação, constituída na terra. Não acredito que alguma vez tenha existido um povo, em nenhuma época, ou parte do mundo, com tanta liberdade como o povo da América teve, sob a moderada e tolerante governação (Deus a abençoe) da Inglaterra; e nunca houve um povo sob um pior estado de tirania, do que aquele em que estamos no presente [121].

Disse-se que a frota se dirigia a Halifax, na Nova Escócia, mas ninguém tinha a certeza. E quem sabe, em qualquer eventualidade, quais as misérias que os esperavam no mar?

Muitos, que queriam, desesperadamente, escapar, tinham «famílias que estavam relutantes em separar». Muitos que escolheram ficar fizeram-no sabendo que podiam esperar «maus-tratos», às mãos dos revoltosos.

Notáveis, entre aqueles que começaram a encher os molhes, e que esperavam a sua vez para entrarem nos navios, a 10 de Março, e nos dias que se seguiram, eram muitos que em tempos haviam figurado, proeminentemente, no governo da província, e na sua vida profissional e comercial. Havia líderes eclesiásticos, como Henry Caner, juristas como Peter Oliver, médicos, professores e comerciantes de sucesso. O mais idoso, Nathaniel Perkins, era o médico mais conhecido de Boston. John Lovell era reitor da Escola de Latim, de Boston. O advogado James Putnam, de Worcester, havia sido o mentor de John Adams, em direito. Foster Hutchinson, jurista e comerciante, era irmão do anterior governador de Massachusetts, Thomas Hutchinson. O general Timothy Ruggles, um veterano da Guerra Franco-Indígena, era um proprietário abastado e um verdadeiro conservador, que havia sido colocado no comando de três companhias de Associados Americanos Leais, como eram conhecidos, que haviam ajudado a patrulhar as ruas, durante o cerco. John Murray e Harrison Gray eram comerciantes prósperos.

Cerca de 20, ou mais, eram licenciados de Harvard, e muitos eram da quarta, ou quinta geração de americanos que detinham alguns dos nomes mais antigos da província, tal como Coffin e Chandler. Benjamin Faneuil, que partia com uma família de três, era o sobrinho do abastado Peter Faneuil, cujas acções de beneficência, muitas em Boston, haviam incluído Faneuil Hall.

Estas eram pessoas abastadas e de posição, entre os elementos conservadores de Massachusetts, pessoas distintas, em geral, assim como ligadas ao poder. Mas, sendo proeminentes, não eram a maioria dos que partiam com a frota. Por último, 1100 lealistas embarcaram nos navios, e a maior parte eram de todas as profissões – comerciantes, párocos, funcionários de comércio, artesãos e comerciantes, e as suas famílias. De acordo com um estudo, 382 chefes de família eram agricultores, mecânicos e comerciantes comuns. William MacAlpine, tipógrafo e encadernador, declarou como seu «primeiro e principal, objectivo levar a sua esposa, em segurança, para a Escócia»[122].

Entre as mulheres listadas como chefes de família estava Hannah Flucker, a mãe da esposa de Henry Knox, Lucy, com uma família de seis (Thomas Flucker, o pai de Lucy, parece ter partido antes). Margaret Draper[123], que se juntou ao êxodo com uma família de cinco, havia continuado a publicar o jornal lealista *Massachusetts Gazette and Boston Newsletter*, depois da morte do seu marido, em 1774. Era o único jornal disponível, em Boston, durante o cerco.

Também listada estava Dorcas Griffith, que geria uma conhecida loja de bebidas, à beira-mar, e era conhecida como a «rejeitada» amante[124] de John Hancock.

Joshua Loring, Junior, era também um dos que partia, juntamente com os prisioneiros revoltosos, dos quais estava encarregue. Mas a sua bela esposa, Elizabeth, não estava listada, sugerindo que pode ter tido uma acomodação mais confortável, a bordo do navio-almirante, *Chatham*, com o general Howe.

Grande parte da multidão era mais idosa – o reverendo Caner e o Dr. Perkins já estavam na casa dos 70 – e muitos mais eram crianças, ou jovens. William Hill, um padeiro que havia fornecido o pão para as tropas britânicas, embarcara com uma família de dezassete.

A acomodação, nos transportes cheios de gente e noutros navios, era muito más. Foster Hutchinson e a sua grande família foram colocados em alojamentos de terceira classe. O abastado Benjamin Hallowell dera por si a partilhar uma cabine com outros 36, «homens, mulheres e crianças, pais, mestres e amantes, obrigados a condições

Dorchester Heights

miseráveis, juntos, no chão, não havendo beliches»([125]), até deixarem o porto.

Considerando a situação, o governador real de New Hampshire, John Wentworth, contratou uma escuna para partir com a frota e levou 50 pessoas a bordo.

Nos dias que se seguiram, os navios com lealistas começaram a descer do porto, com a maré, até à King's Road, abaixo de Castle Island, para ancorarem fora do alcance dos canhões revoltosos e darem espaço para outros navios atracarem nos molhes. E ali se sentaram os exilados, balançando ao sabor da maré, dia após dia.

*

A 10 de Março, Howe emitiu uma proclamação, ordenando aos habitantes para se desfazerem de todos os atoalhados e bens de algodão que poderiam ser de algum uso para o inimigo e nomeou um homem, de seu nome Crean Brush, de uma corporação lealista, para verificar se a ordem era cumprida.

> Senhor, [diz a comissão oficial de Brush]: Sei que há grandes quantidades de bens, na cidade de Boston, que, se na posse dos revoltosos, lhes poderá proporcionar a continuação da guerra. Assim, ordenei a todos os habitantes lealistas que eliminem, a partir de agora, tais bens, e todos aqueles que não o fizerem ou não os entreguem ao seu cuidado, serão considerados cúmplices dos revoltosos; assim, autorizo-o e peço-lhe que mantenha, na sua posse, todos esses bens, que correspondam a esta descrição, e a dar certificados aos proprietários em como os receberam para uso e os entregarão à ordem dos mesmos, salvo em caso de acidentes inevitáveis. Deverá, igualmente, investigar se tais bens foram escondidos em lojas e tomar posse de todos eles([126]).

Com efeito, Brush (relembrado mais tarde como «um pretensioso conservador de Nova Iorque»)([127]) fora autorizado a apropriar-se do que quisesse, em troca de certificados sem valor. E assim que ele e os seus homens começaram a pilhar a cidade, bandos com machados, soldados bêbedos e marinheiros enfureceram-se nas ruas, destruindo casas abertas e lojas, à sua vontade. «Nunca houve tal destruição([128]), nem atrocidades cometidas antes deste dia», escrevera o mercador John Rowe. Numa visita ao molhe e ao armazém de Rowe, Brush e os seus homens saíram esbaforidamente com bens no valor de mais de 2000 libras.

«Soldados e marinheiros a pilhar»[129], escreveu o diácono Newell, a 13 de Março. «O mesmo que anteriormente», recordou no dia seguinte.

A 15 de Março, Newell e os outros membros do conselho municipal foram convocados para a Province House, e foi-lhes dito que o exército embarcaria nesse dia, e que todos os cidadãos que ficavam deveriam permanecer nas suas casas. Howe avisara que, se houvesse interferência com as tropas do Rei, queimaria a cidade. Mas o vento mostrara-se «desfavorável» para a partida.

Só no sábado, 17 de Março, dia de São Patrício, é que o vento melhorou, tornando-se favorável.

As tropas começaram a sair às quatro da manhã, mais de 8000 soldados ingleses, marchando nas escuras e estreitas ruas de Boston, como se estivessem numa parada. O sol nasceu por volta das sete horas, e os navios aglomerados, nos molhes, começaram a levantar velas. Às nove horas já todos navegavam.

«Bom tempo e vento agradável»[130], escreveu o major Stephen Kemble, um lealista que servia com os britânicos. «O dia mais agradável do mundo»[131], escreveu um exuberante Archibald Robertson.

Era um espectáculo que, até aquela manhã, apenas poderia ser imaginado. Cento e vinte navios estavam de partida, com mais de 11 000 pessoas a bordo – 8906 soldados do Rei, 667 mulheres e 553 crianças, e à espera no porto, estavam 1100 lealistas.

«Durante a manhã», escreveu James Thacher, «apreciámos a indescritível sensação de contemplar toda a sua frota navegar, transportando, das nossas costas, a terrível praga da guerra»[132]. As pessoas, na costa, festejavam, com os olhos em lágrimas. «Certamente é a acção do Senhor, e é maravilhoso aos nossos olhos»[133], registou Abigail Adams.

Contudo, depois, toda a frota ancorara na King's Road e, com a chegada do navio-almirante, *Chatham*, todos os navios de guerra dispararam uma estrondosa salva de 21 tiros, e todas as 50 armas do *Chatham* responderam da mesma forma – um ensurdecedor relembrar do poder real.

Dorchester Heights

*

Os primeiros regozijos das tropas americanas, haviam sido ouvidos às nove da manhã, quando os homens, em Prospect Hill e Dorchester Heights viram claramente o que estava a acontecer. Imediatamente, rapazes vieram a correr pelo Istmo de Boston, para transmitirem a notícia de que os «soldados britânicos» haviam finalmente partido.

Intrigado pelo facto de as tropas britânicas parecerem estar a estabelecer mão-de-obra nas fortificações de Bunker Hill, mesmo quando a frota continuava o seu caminho, o general Sullivan montou o seu cavalo e galopou, lentamente, para ver mais de perto, verificando, afinal, de que se tratavam de espantalhos colocados pelas tropas britânicas que se colocavam em fuga.

Ao início da tarde, quando as primeiras tropas de Roxbury – 500 homens, que já haviam tido varíola, e eram, por isso, imunes – atravessaram o Istmo e marcharam para Boston, a tocar tambor, com bandeiras a esvoaçar e liderados por Artemus Ward, a cavalo.

Por direito, deveria ter sido Washington a fazer a entrada triunfal, mas num gesto caracteristicamente atencioso concedeu a honra a Ward, o «metódico homem da Nova Inglaterra» ([134]), que fora o seu antecessor como comandante, e o primeiro e mais persistente a favor da movimentação em Dorchester Heights – embora seja impossível apurar qual destas esteve na origem da decisão de Washington.

Washington ficou em Cambridge, onde assistiu à missa de domingo com o capelão do regimento de artilharia de Knox, o reverendo Abiel Leonard, de Connecticut, que escolheu, para o seu texto, o *Êxodo* 14,25: «Bloquearam as rodas dos seus carros, de tal modo que dificilmente conseguiam avançar. Então, os Egípcios disseram: – Fujamos diante de Israel, porque o Senhor combate a seu favor dele, contra os Egípcios.»

Washington cavalgou para Boston, no dia seguinte, segunda-feira, 18 de Março, e viu de perto e pela primeira vez o local, depois de o ter estudado através das lentes do seu telescópio, durante oito meses e meio e quase todos os dias, sob todos os aspectos e de todos os ângulos possíveis. Viera sem fanfarra. O seu objectivo, tal como relatara ao Congresso, era o de avaliar os danos provocados e de ver o que o inimigo deixou para trás.

A cidade, apesar de ter «sofrido bastante» ([135]), não estava tão em baixo como esperara, escrevera a John Hancock, «e tenho um prazer

1776

particular em poder informá-lo, senhor, de que não houvera danos de maior na sua casa». Outras casas requintadas foram bastante danificadas pelos britânicos, janelas partidas, mobílias destruídas ou roubadas, livros desfeitos. No entanto, na mansão de Hancock, em Beacon Hill, tudo estava em ordem, como também o general Sullivan atestou. Havia aqui uma certa ironia, uma vez que a casa fora ocupada e mantida pelo beligerante general James Grant, que desejara destruir todas as cidades, na costa da Nova Inglaterra. «Embora acredite», escrevera Sullivan, que «o bravo general usufruíra de alguns dos artigos, na adega, como se fossem seus» [136].

Os últimos esforços desesperados dos britânicos, para destruírem tudo o que pudesse ser usado pelos americanos, eram evidentes por toda a parte – canhões inutilizados, carroças e vagões de transporte de armas despedaçados. Os navios deixados para trás, à beira-rio, haviam sido afundados de forma propositada, e os seus mastros cortados. E como o Dr. Thacher observara, com preocupação, a varíola ainda «espreitava» [137], em várias partes da cidade.

Mas a surpresa, para Washington, fora a quantidade de coisas que não fora destruída, nem quebrada, apesar de todo o caos e pressa do inimigo, nos últimos dias. Um inventário dos bens britânicos, compilado por Thomas Mifflin, agora o intendente geral do exército, listou mais de 180 000 litros de trigo, no molhe de Hancock, cerca de 36 000 litros de feijão, dez toneladas de palha no celeiro da cidade e mais de 10 000 metros de tábuas boas, num dos armazéns de madeira. Os britânicos haviam deixado mais de 100 cavalos. De facto, havia quase tudo o necessário, à excepção de carne de vaca, pólvora e moeda. Washington estimara o valor total em cerca de 40 000 libras, mas depois de verificar melhor, esse número seria elevado para 50 000 libras.

A outra surpresa foi a força das defesas do inimigo. A cidade era «surpreendentemente forte [...] quase inconquistável, todas as avenidas fortificadas» [138], escrevera. Mas se isto o levou a pensar melhor no seu repetido desejo de enviar homens contra tais defesas, ou a prudência do seu conselho de guerra ao reprimi-lo, Washington manteve tais pensamentos para si próprio.

Assim como não havia mostrado sinais de desespero, quando as perspectivas pareciam desanimadoras, também agora não mostrava júbilo no que escrevera nem no seu comportamento exterior, ou comentários.

Dorchester Heights

A 20 de Março, Washington colocou Nathanael Greene, temporariamente, no comando da cidade, enquanto regressou a Cambridge, para se concentrar no seu próximo passo. Certo de que Howe tencionava ir para Nova Iorque, tinha já enviado cinco regimentos nessa direcção. No entanto, com a frota britânica ainda a pairar por baixo de Castle Island, não se atreveu a enviar mais, e preocupou-se, naquele momento, com a possibilidade de que a retirada de Howe constituísse apenas truque, e que este planeasse regressar a terra, algures perto de Braintree, e voltando para trás para flanquear Dorchester e Roxbury.

Na noite de 20 de Março, Boston e toda a costa sul foram sacudidas por uma tremenda explosão, quando os engenheiros britânicos Montresor e Robertson explodiram o Castelo William. Na manhã seguinte, sob um forte nevão, a frota de Howe descer mais um pouco, para ancorar na Nantasket Road, fora de Braintree.

Os que estavam a bordo dos navios estavam tão confusos sobre as intenções de Howe como ninguém. «Não sabemos para onde vamos, mas estamos muito aflitos»([139]), escrevera um lealista. Já estavam confinados ao porto há quase duas semanas. Um homem, torturado pelo desespero, atirou-se borda fora e afogou-se. Mas, para a maioria dos que estavam a bordo, qualquer destino seria bem-vindo, depois do que haviam passado. «Conhece a expressão, "Entre o inferno e Boston, venha o diabo e escolha"»([140]), escreveu um oficial, ao descrever o estado de espírito predominante.

Por fim, a 27 de Março, dez dias depois da evacuação de Boston, a frota navegava, novamente, e desta vez em direcção a alto mar. Quando vários lealistas se reuniram, na amurada de um dos navios, expressaram confiança que, em breve, regressariam em triunfo; um proeminente comerciante de Boston, George Erving, voltara-se, e dissera solenemente, «Senhores, nenhum de vós verá aquele local novamente»([141]), palavras relembradas durante muito tempo, pelo seu filho de cinco anos, que estava ao seu lado.

O mercador Erving tomara o partido dos lealistas, principalmente porque pensava que a rebelião falharia. Porém o sucesso do exército de Washington, em Boston, mudara a sua opinião, tal como a de muitos.

No final do dia, a frota havia desaparecido do horizonte, em direcção, não a Nova Iorque, mas a Halifax.

IV

Mensageiros velozes levaram as notícias a Providence e Newport, Hartford e New Haven, Nova Iorque, Filadélfia e a Maryland, Virgínia, as Carolinas e Geórgia, a mais de 1770 árduos quilómetros de Boston. Para todos os que acreditavam na causa americana, foram as primeiras empolgantes notícias da guerra.

«A alegria dos nossos amigos em Boston, ao verem as vitoriosas e valentes tropas do seu país entrarem na cidade quase nos calcanhares dos seus bárbaros opressores, fora inexplicavelmente grande» ([142]), relatara o *New Haven Journal*.

«Os britânicos», noticiou o *New York Constitutional Gazette*, «foram completamente desonrados» ([143]).

Homens livres com armas haviam triunfado, com todo o mundo a assistir, e o «admirável e adorado» Washington era considerado o herói do país, tal como os cidadãos de Filadélfia e os membros do Congresso leram no *Evening Post*, a 30 de Março:

> Desde sabedoria, firmeza, intrepidez e capacidades militares do nosso admirável e adorado general, sua Excelência, o Excelentíssimo George Washington, à assiduidade, habilidade, perícia e bravura dos nossos outros dignos generais e oficiais do exército; e à coragem e valentia dos soldados, deve ser atribuída, aos olhos de Deus, a glória e sucesso das nossas armas, por afastarem, de um dos mais fortes domínios da América, uma parte tão considerável do exército britânico ([144]).

O Congresso encomendou uma medalha em ouro, gravada em honra de Washington. «Os princípios desinteressados e patrióticos que o levaram ao campo, também o levaram à glória», lia-se numa carta formal de gratidão.

> As páginas, dos anais da América, registarão o seu nome num local de distinção, no templo da fama, que informará a posteridade, que sob as suas ordens, um grupo indisciplinado de lavradores, no decurso de alguns meses, se transformou em soldados ([145]).

Dorchester Heights

«Que acontecimento é este, para ser reconhecido na Europa?» escrevera Elbridge Gerry, da delegação do Congresso em Massachusetts. «Como se irão conciliar as pretensões do Parlamento com os factos?» O que era especialmente admirável era o facto de os britânicos terem sido afastados de Boston, por apenas «uma terça parte do poder da América» ([146]).

Passariam seis semanas até as notícias chegarem a Londres, a 6 de Maio, e uma tempestade de críticas e recriminações surgiu, então, no Parlamento, liderada pelos mesmos ardentes liberais, cujo poder real era o mesmo de antes. Na Câmara dos Comuns, o coronel Isaac Barre, Lorde Cavendish e Edmund Burke falaram, de forma dura, contra o governo, enquanto Lorde North e Lorde Germain defenderam a gestão da guerra.

Na Câmara dos Lordes, em defesa do gabinete, o Conde de Suffolk, explicou paciente e correctamente que abandonar Boston foi a política estabelecida, desde Outubro último.

«Chamem a esta transacção o que quiserem» ([147]), respondeu o Duque de Manchester, «mas o facto é que o exército, que foi enviado para dominar a província da Baía de Massachusetts, foi afastado da capital e o estandarte do exército provincial ondula ao vento, em triunfo, sobre as muralhas de Boston».

No quartel-general, em Cambridge, os membros do conselho municipal de Boston e uma delegação da legislatura de Massachusetts vieram oferecer a sua gratidão a Washington, por ter salvado a cidade «com tão pouco derrame de sangue humano» ([148]), e para o cobrir de louvores. Harvard, no espírito do momento, conferira um grau honorário ao homem que quase não havia tido qualquer educação formal.

Respondendo a tais tributos, Washington foi devidamente modesto e afável, embora, na realidade, significassem mais do que demonstrara. Ficou feliz por «ouvir, de vários quadrantes, que a minha reputação permanece limpa» ([149]), escreveu ao seu irmão, em privado. Esperou também que se lembrassem que nada do que tinha acontecido havia sido fácil, nem previsível.

> Mantivemos o nosso país contra o inimigo com [...] falta de pólvora, dissolvemos um exército e recrutámos outro, com tiros de mosquete de 22 regimentos, a fina-flor do exército britânico, quando a nossa força, se é que havia alguma, era inferior à deles, e

vencemo-los de uma forma surpreendente e rápida, num local do continente que, por natureza, era o mais reforçado e fortalecido, e ainda com custos elevados [150].

Tinha orgulho no papel que havia desempenhado e queria dizer algo sobre isso, pelo menos ao seu irmão, e sobre o comportamento dissimulado que foi obrigado a manter.

Acredito que posso, com grande verdade, afirmar que nenhum homem, talvez desde a primeira organização de exércitos, tenha alguma vez comandado um sob circunstâncias mais difíceis do que eu [...]. Muitas das minhas dificuldades e aflições eram de qualidade tão peculiar que, para as esconder do inimigo, fora, de facto, obrigado a escondê-las dos meus amigos, do meu próprio exército, sujeitando, assim, a minha conduta a interpretações desfavoráveis relativamente ao meu carácter [151].

Um ataque de Howe, em Dorchester Heights, foi o seu «maior desejo» [152], e «mal se podia conter a lamentar o desapontamento» que sentia. Tal como outros, atribuía a tempestade, de 5 de Março, à interveniente mão de Deus. Não «lamentava, nem se queixava de qualquer acto da Providência» [153], disse a Joseph Reed, pois «em grande medida» converteu-se à visão do poeta Alexander Pope de que «o que tiver de ser será».

Pelos lealistas, que haviam partido com o inimigo, apenas sentia desprezo. «Desgraçados infelizes! Mortais enganados!» [154], chamava-lhes. Soubera de alguns que se tinham suicidado e achava que era bom se mais fizessem o mesmo. «A este respeito não existe um grupo de seres mais miseráveis.» [155]

Mas também tinha pouco tempo para se debruçar sobre tais assuntos. «Tenho pressa para despachar uma brigada a seguir à outra, para Nova Iorque, e preparo-me para a minha partida» [156], informara Reed.

O cerco foi o admirável sucesso que tinha sido proclamado e o desempenho de Washington foi verdadeiramente excepcional. Tinha, na realidade, vencido Howe e os seus militares de carreira, apesar de armas, munições e abrigo insuficientes, doenças, oficiais inexperientes e da falta de disciplina, roupas e dinheiro. A sua paciência com o

Congresso foi exemplar, e, quando foi salvo, repetidamente, pelo conselho de guerra, da sua impetuosa determinação de ataque, e assim, de uma catástrofe dada como certa, aceitou o julgamento do conselho, sem qualquer irascibilidade, e sem procurar vantagens teatrais à custa dos outros.

Manteve a calma, a sua saúde e força, suportando duros trabalhos e preocupações que apenas alguns teriam aguentado. Tendo lutado contra a sua inflamada aversão pelos naturais da Nova Inglaterra, provou um perspicaz discernimento de carácter e capacidade, e depositou as suas esperanças em pessoas que não haviam sido colocados à prova, ianques nascidos e criados, como Greene e Knox. Sem este último não teria havido qualquer vitória em Dorchester Heights. Henry Knox em suma, havia salvo a situação. E, embora Nathanael Greene não tivesse desempenhado um papel tão determinante como Knox, as tropas sob o seu comando eram distinguidas como as mais disciplinadas do exército, e ele próprio salientou-se como o tenente ideal de Washington. Em Greene e em Knox, Washington havia encontrado os melhores homens possíveis, homens de capacidade e energia que, como ele, nunca perderiam de vista o conceito da guerra, acontecesse o que acontecesse. Igualmente muito importante era a devoção e lealdade que estes dois jovens oficiais nutriam por Washington.

Depois do «milagre» de Dorchester Heights, Washington nunca mais difamou os oriundos da Nova Inglaterra somente por estes serem naturais da região.

Não tinha ilusões relativamente à gravidade do que estava para vir. Nem muitos dos mais sábios do Congresso. John Hancock avisou Washington de que a humilhação a que os britânicos haviam sido sujeitos poderia torná-los num adversário ainda mais árduo.

Quais poderão ser as suas ideias é algo impossível de dizer, com algum grau de exactidão [escreveu Hancock]. Contudo, temos todas as razões para acreditar no pior, devido à raiva do desapontamento e vingança. Nem tenho quaisquer dúvidas de que usarão todos os seus poderes para nos infligir toda a espécie de calamidades[157].

Washington sentiu que grandes alterações políticas estavam em perspectiva, tal como confiara a Joseph Reed, numa das últimas cartas

1776

escritas a partir seu quartel-general, em Cambridge. Tal ideia era atribuída, em grande parte, ao panfleto *Common Sense* [*Senso Comum*], publicado no início do ano, cujo autor, Thomas Paine, era ainda desconhecido.

Meus compatriotas, sei pela sua forma de governo e ligação estável, até agora, com a realeza, que chegarão, relutantemente, à ideia de independência [escrevera Washington], mas o tempo e a perseguição fazem com que muitas coisas maravilhosas fiquem para trás, e em cartas privadas que recebi, ultimamente, da Virgínia, acredito que *Senso Comum* está a exercer uma mudança poderosa nas mentes de muitos homens[158].

Nunca o sol brilhou numa causa de maior valor», escreveu Paine. «Tudo o que é certo, ou razoável implora pela separação»[159].

*

Uns atrás dos outros, os regimentos partiam para Nova Iorque. Um exército que não se movera, sequer, durante quase um ano, estava em marcha, saindo pela primeira vez da Nova Inglaterra.

Os grandes bastiões, que rodeavam Boston, foram deixados em posição, mas permaneceu apenas uma pequena força, sob o general Ward, para manter guarda.

Para a maior parte dos homens, a perspectiva de entrar em movimento era muito bem encarada. O entusiasmo era maior do que nunca. Muitos concluíram que, afinal de contas, a vida de soldado não era tão simples como se dizia.

A maior parte dos que estavam nas fileiras, não fazia ideia para onde ia, mas estava feliz por ir. Um soldado, John Lapham, de Duxbury, escreveu aos seus «Honrados Pais», pedindo que lhe enviassem um par de sapatos, o mais rapidamente possível, «pois espero marchar em breve, mas para onde vamos não sei, nem posso dizer»[160].

Os generais Heath e Sullivan e as suas forças, haviam já partido. O general Greene, juntamente com cinco regimentos, seguiu no dia 1 de Abril. Três dias mais tarde, quinta-feira, 4 de Abril, Washington saiu de Cambridge, a cavalo.

Parte II

Verão Fatídico

O destino dos milhões que ainda não nasceram dependerá, agora, com o auxílio de Deus, da coragem e conduta deste exército.
George Washington
2 de Julho de 1776

Capítulo 4

As linhas estão traçadas

*Não me compreenderiam se decidisse marchar,
mas como estou embrenhado nesta gloriosa causa,
estou disposto a ir para onde me chamam.*
Tenente Joseph Hodgkins

I

Durante mais de duas semanas, o exército esteve em movimento, as suas longas e irregulares colunas passando pelo tranquilo interior do profundo Massachusetts, Rhode Island e Connecticut, onde os campos, a céu aberto, e as arborizadas colinas, de baixa altitude, desvendavam, timidamente, os primeiros sinais da Primavera.

Em muitos mercados de cidades e pequenas aldeias, em encruzilhadas, grupos de cidadãos locais saíam para festejarem e oferecerem comida e bebida, ou permaneciam nos portões e às entradas das casas, apreciando o espectáculo dos muitos compatriotas armados que marchavam, regimentos inteiros a passar durante horas, de uma só vez. Grandes exércitos, de todos os tipos, constituíam uma visão pouco habitual para os americanos. Nunca um exército desta envergadura fora alguma vez visto nas colónias.

E o exército continuava a marchar «com grande prontidão» (¹), segundo o general Heath, com oficiais vestidos com uniformes de patente superior, tal como Heath a cavalo, soldados mais vagarosos e comboios de vagões com bagagens pesadas, esforçando-se para manterem o passo. Pressa era a palavra do dia, todos os dias. Washington instruíra Nathanael Greene para «apressar a sua marcha» (²) para Nova Iorque. Henry Knox e a sua artilharia deveriam mover-se «o mais rapidamente possível» (³), pela «estrada mais directa». Washington referira-se, múltiplas vezes, à «extrema pressa» (⁴) que ele próprio tinha.

A 5 de Abril, dia em que o comandante desfilou em Providence, parecia que toda a Rhode Island viera para o ver. Dois dos regimentos de Greene serviram como escolta (apenas deveriam vir os que estavam «trajados com uniforme», todos «lavados, a cara e as mãos limpas, a barba feita, o cabelo penteado e empoado»). Num elegante banquete, oferecido pelos «cavalheiros da cidade», em Hackers Hall, festejou-se e brindou-se em honra de Washington, enquanto herói nacional. Mas, à primeira luz do dia seguinte, estava novamente a caminho, sem perder tempo.

John Greenwood, o tocador de pífaro, lembrar-se-ia de todos em movimento, «a grande velocidade» (⁵). Era habitual executar-se uma marcha de 8 a 10 quilómetros, antes do pequeno-almoço, e proceder-se a uma média de 25 a 30 quilómetros por dia, independentemente da humidade da estação e da imprevisibilidade do tempo, ou de quão miseráveis estavam as estradas, que, com a geada que ainda cobria o solo, poderiam estar escorregadias com lama, mesmo nos dias amenos.

Sempre que estava «tempo húmido» (⁶) e a «viagem era difícil», recordara um soldado, de nome Solomon Nash, que marchava com uma companhia de artilharia de Massachusetts, faziam apenas entre 15 e 22 quilómetros, movendo dez peças de campanha de latão.

O tenente Joseph Hodgkins escreveu à sua Sarah, após alguns dias na estrada, que, ao contrário do que pensara, não se incomodava nada em marchar.

> Estou desejoso de servir o meu país, da melhor forma e maneira que for capaz, e, como o nosso inimigo fugiu de nós, creio que devo segui-lo [...]. Não me compreenderiam se decidisse marchar, mas como estou embrenhado nesta gloriosa causa, estou disposto a ir onde me chamam (⁷).

As linhas estão traçadas

Prometera «marchar com boa disposição», e, manifestamente, o ânimo de todo o exército estava bastante elevado por estarem em movimento e pela calorosa recepção, ao longo da viagem.

«Estou bastante cansado de marchar»([8]), confessou, depois da travessia para Connecticut, «apesar de obtermos muito boa recepção [hospitalidade], em geral. As pessoas são muito boas para nós». Como a maioria dos homens de Massachusetts, Hodgkins nunca havia estado tão longe de casa.

A maior parte dos regimentos marchava apenas até Nova Londres. Daí devia prosseguir, por via marítima, para Long Island Sound, mantendo-se perto da costa de Connecticut, para evitar cruzadores inimigos. Todavia, como qualquer tipo de movimento, estava sempre sujeito à Natureza – e por água ainda mais – perdiam-se dias preciosos, à espera de ventos favoráveis. E ainda, correndo grandes riscos, os navios embarcavam à mercê do tempo. A 11 de Abril, Nathanael Greene e a sua brigada colocaram-se ao largo, numa ofuscante tempestade de neve. Quatro dias mais tarde, ainda sem notícias deles, Washington, que na altura estava em Nova Iorque, informou o Congresso que temia pelas suas vidas. Na verdade, Greene e os seus homens só chegaram a Nova Iorque a 17 de Abril.

Fossem quais fossem os meios que usavam para viajar, todos pareciam compreender o que os esperava. Encontrariam o inimigo no campo de batalha, pela primeira vez. Iam ao encontro de «infortúnios»([9]), como escrevera Hodgkins.

Ninguém sabia quantos britânicos haveria, no entanto apenas alguns se preocupavam com isso. Um novo e entusiasta recruta nas fileiras de Connecticut, um rapaz de lavoura, de seu nome Joseph Plumb Martin, recordaria: «Nunca pensei em números. Na minha opinião os americanos eram invencíveis»([10]).

Tal como outro soldado relembrara, era raro o homem da milícia([11]) que não se considerasse igual a dois ou três dos britânicos.

*

Avaliando a situação do seu novo quartel-general, no n.º 1 da Broadway, uma magnífica casa da cidade, mesmo atrás de Battery, na ponta mais a sul de Nova Iorque, Washington não tinha ilusões em relação às dificuldades que enfrentaria. Estava séria e realisticamente apreensivo com a magnitude da força do inimigo a caminho. Questionava-se quando os seus navios apareceriam; e como defender, sem força naval, uma cidade rodeada por rios navegáveis, de ambos os lados, e um porto de tamanho suficiente para acomodar a maior frota que se pode imaginar.

Nova Iorque era completamente diferente de Boston, tanto geográfica como estrategicamente, bem como de outras formas. Em Boston, Washington soubera exactamente onde se localizava o inimigo, quem era e o que precisava para o deter. Em Boston, os britânicos haviam estado, em grande parte, à sua mercê, especialmente depois da chegada do Inverno. Aqui, com o seu esmagador poder naval e absoluto controlo das águas, podiam atacar à sua vontade e de quase todas as direcções. A hora e o local da batalha seriam, inteiramente, da sua escolha, e era esta a preocupação que se sobrepunha a todas as outras.

O general Lee, depois de avaliar a situação, em Fevereiro, ficara extremamente indeciso. «O que fazer com a cidade? Confesso que estou confuso. Está de tal forma rodeada por profundas águas navegáveis, que quem quer que as domine, dominará também a cidade»([12]), resumiu, sucintamente, a situação.

Contudo, Washington não expressava tais apreensões. Diria, mais tarde, ao Congresso que não tinha dúvidas de que podia defender a cidade e ansiava fazê-lo. Nova Iorque tinha uma «grande importância»([13]), escreveu, porque o controle do seu porto poderia significar o controlo do rio Hudson, e assim, de todo o Hudson – o corredor norte do Lago Champlain para o Canadá, que, se cercado pelo inimigo, poderia isolar a Nova Inglaterra das outras colónias – na realidade, era exactamente essa a intenção britânica.

Porém, a decisão de resistir, em Nova Iorque, baseava-se mais no julgamento político de Washington do que em estratégia militar. O seu sentido político dizia-lhe que o Congresso e os patriotas de Nova Iorque esperavam que fossem feitos todos os esforços para defender a cidade. Menos do que isso, produziria efeitos políticos devastadores nas pessoas, em geral, e igualmente na causa americana, que Washington esperava, fervorosamente, que em breve se tornasse na causa da independência americana.

Se tivesse sido possível, teria discutido, no ano anterior, o assunto de Nova Iorque com membros do Congresso, antes de partir para assumir o comando em Cambridge. E a carta de John Adams, de 6 de

As linhas estão traçadas

Janeiro, descrevendo Nova Iorque como sendo «uma espécie de chave de ouro para todo o continente», e afirmando que «não deveriam ser poupados esforços para a proteger», era ambígua.

Ainda assim, o Congresso não emitiu qualquer directiva específica para defender a cidade. A decisão era, unicamente, de Washington e este prometeu, inequivocamente «esforçar-me ao máximo, para frustrar os desígnios do inimigo» [14].

Em Boston, onde os comparativamente poucos lealistas de Massachusetts haviam deixado o país, ou estavam retidos com os britânicos, nunca antes houvera uma ameaça séria de «adversários internos» [15], segundo a frase de Washington (o espião Benjamin Church revelou-se um caso anormal). Em Nova Iorque, a atmosfera era completamente diferente. A cidade permanecia dividida e tensa. O sentimento lealista, ou conservador, embora menos notável do que fora, encontrava-se difuso, e ia desde o militante ao descontente e aos hesitantes em declararem-se patriotas por uma variedade de razões, não constituindo as trocas comerciais ou o comércio as menos importantes.

Dois terços da propriedade, em Nova Iorque, pertenciam aos conservadores. No ano anterior, em 1775, mais de metade da Câmara de Comércio de Nova Iorque, admitia-se como lealista. Quando, num sábado do mês de Janeiro de 1776, o proeminente Reverendo John Rodgers proferira um fervoroso sermão, do púlpito da Igreja Presbiteriana, em Wall Street, exortando os jovens a serem corajosos e a lutarem pela causa do seu país, estava, ele próprio, a ser notavelmente corajoso por discursar tão abertamente. «Estamos envolvidos nas calamidades de uma guerra civil» [16], disse, e era isso que se sentia em Nova Iorque.

A cidade e Long Island forneceriam a Washington cinco regimentos até ao Verão e seriam liderados por oficiais com nomes proeminentes – Livingston, Fish, Roosevelt, Remsen e Cowenhoven, entre outros – mas a quantidade de lealistas ainda presentes na cidade era bastante considerável, e incluía homens e mulheres de todas as classes da sociedade.

Pelo rio East até Long Island, nas aldeias e ricas terras de cultivo distantes, onde a população ainda era, na sua maior parte, holandesa, os lealistas constituíam uma inegável maioria. Staten Island, situada ao fundo do porto, ou Upper Bay eram outro reduto lealista. Assim, uma potencial conspiração, sabotagem, ou resistência armada organizada era uma hipótese bem realista. No momento, grupos de lealistas armados escondiam-se nos pântanos de Long Island, esperando uma oportunidade para agir.

Durante meses, os navios de guerra britânicos, incluindo o *Asia*, com 64 canhões, ancorado na Upper Bay, foi uma presença notável, lembrando que a cidade estava, inteiramente, à sua mercê. Só no dia 8 de Abril, apenas uma semana antes da chegada de Washington, é que o *Asia* e a sua comitiva se retiraram para acessos exteriores, para o porto situado para além de Narrows, o corredor aquático entre Long Island e Staten Island. A bordo do navio do Rei, *Duchess of Gordon*, William Tryon, um experiente político-soldado que era o governador real de Nova Iorque, mantinha um quartel-general e acreditava-se que dirigia, secretamente, as operações lealistas.

Em Boston, Washington beneficiou, em grande escala, de um fornecimento constante de informações valiosas, vindas da cidade cercada, enquanto Howe pouco ou nada soube sobre as forças, ou intenções de Washington. Aqui, com tanta população ainda leal ao Rei, a situação era inversa.

O exército de Washington, da Nova Inglaterra, estava, certamente, intacto – exausto com sua marcha, como relatou ao Congresso, embora intacto e a postos. Para além disso, chegaram novos batalhões de Connecticut, Nova Jérsia e Pensilvânia, e ainda se esperavam mais de Maryland e Delaware. Eram todos urgentemente necessários, embora também intensificassem a ameaça de animosidade regional e de discórdia, facto que Washington temia que pudesse dividir o exército e o país. «Meu caro senhor, apenas podemos depender da protecção de uma generosa Providência e da união entre todos nós»[17], escrevera a John Adams, do seu quartel-general, na Broadway.

Mais ainda, sabia que a disciplina pouco havia melhorado, e entre as novas tropas muitos recrutas inexperientes e tão indisciplinados como os do Verão anterior. Alguns, elogiados como brilhantes exemplos de patriotismo, pareciam pouco apropriados para batalhas, tal como a unidade de Connecticut, que incluía, na generalidade, «homens envelhecidos».

> Quando foi enviada para Nova Iorque [de acordo com um relato], esta companhia foi a primeira a chegar ao local de encontro. Em número, eram 24; e o total das suas idades atingia um milhar. Eram todos homens casados e deixavam para trás 159 filhos e netos[18].

As linhas estão traçadas

O aspecto e as maneiras das tropas da Nova Inglaterra, pertencentes a Washington, não inspiravam, necessariamente, confiança aos de outras colónias. Na linguagem pomposa, de um jovem capitão da Pensilvânia, Alexander Graydon, «A aparência das coisas não provocava expectativas sanguinárias na mente do observador moderado»[19]. Para Graydon, que, quando escrevia, não se esforçava por esconder o seu sentido de superioridade, os ianques eram um grupo «miseravelmente constituído» e «pacífico»[20], que «não correspondia, completamente, às ideias que havíamos formado dos heróis de Lexington e Bunker Hill»[21]. A maior parte dos oficiais ainda não se distinguia dos seus homens. As boas maneiras pareciam totalmente ausentes.

Só com a chegada dos homens de Marblehead, sob o comando de coronel John Glover, é que o capitão Graydon vira algumas tropas da Nova Inglaterra que tinham a sua aprovação. «Mas, mesmo neste regimento»[22], notou, «havia uma quantidade de negros que, para pessoas não habituadas a tal associação, produzia um efeito desagradável e degradante».

Outra grande e importante diferença, entre Nova Iorque e a experiência em Boston era igualmente evidente: desta vez haveria poucas convocatórias para conselhos de guerra, para decidirem se lutariam ou não.

*

Washington chegou à cidade no dia 13 de Abril, sábado, por volta do meio-dia, sem cerimónias, e foi directamente para o quartel-general, na Broadway, para trabalhar. Alguns dias mais tarde, depois de Marta Washington chegar, instalaram-se numa residência de campo, uma bela propriedade com vista para o rio Hudson, a casa Abraham Mortier (mais tarde conhecida como Richmond Hill), a três quilómetros a norte, para além dos limites da cidade.

Porém, o n.º 1 na Broadway permanecia como base de operações do comandante. Também conhecida como a Mansão Kennedy, era um ponto de referência em Nova Iorque. Havia sido construída há uma geração, por um imigrante escocês, um especulador de terrenos de Nova Iorque bem sucedido, de seu nome Archibald Kennedy e tornara-se na casa de um filho, o capitão Archibald Kennedy da Marinha Real, até à sua recente partida para Inglaterra. A casa ficava de frente a Bowling

1776

Green e era considerada o auge da elegância, com uma grande escadaria, um salão para banquetes e uma sala de estar com 15 metros de comprimento. Um jardim nas traseiras estendia-se até à costa do Hudson, e, de uma cúpula e plataforma no telhado, a vista alcançava vários quilómetros de distância, em todas as direcções.

Tal como em Cambridge, Washington insistira em ter a sua «família» militar na residência com ele, ficando, assim, de serviço a qualquer hora.

Como não conhecia o terreno, Washington começara a inspeccionar as fortificações, anteriormente iniciadas pelo general Lee, trabalhos que haviam sido, subsequentemente, executados sob o comando do general William Alexander, de Nova Jérsia, mais conhecido como Lorde Stirling, depois de o Congresso ter enviado Lee para assumir a liderança na Califórnia do Sul. Lorde Stirling era um patriota rico, socialmente proeminente, muito activo e apreciador da bebida, que, com 58 anos tinha ar de comandante e reclamava o seu título como conde escocês, pela parte do pai. A pretensão era questionável, embora sincera da sua parte, e aceite, na generalidade, pelos seus companheiros oficiais e pelas tropas que liderava. Washington tinha boa impressão a seu respeito, e com razão.

Lee e Stirling haviam tido muito pouco tempo e muito poucos soldados para executarem o trabalho. Homens da cidade haviam sido colocados a trabalhar, incluindo um grande número de escravos, embora não fossem suficientes. «Serão necessários, pelo menos, 8000 homens para que este local tenha condições de defesa»[23], realçara Stirling.

Washington considerou que as defesas estavam apenas a meio, e mesmo com as tropas que tinha, sabia que eram necessárias mais. Enchendo as ruas da cidade, o exército parecia uma esmagadora multidão. Os próprios soldados estavam encorajados com os seus números. Mas apenas metade estavam aptos para o serviço e Washington estava bastante preocupado com o preço a pagar pelas doenças causadas pelo regresso do tempo quente e pela devassidão agora existente. Washington vira o suficiente de Nova Iorque, nas visitas anteriores, para não gostar e não confiar na cidade, considerando-a o local de maior pecado na América, uma opinião que era bastante comum.

Maior do que Boston, mas menor do que Filadélfia, Nova Iorque tinha uma população, em tempo de paz, de talvez 20 000 [24], agru-

As linhas estão traçadas

padas numa área com menos de 260 quilómetros quadrados, menos de um décimo da ilha de Manhattan – ou da ilha de Iorque, como era então conhecida – desde Battery à sua fronteira, a norte, no rio Harlem, atingia 17 quilómetros. Essa distante e maior extensão da cidade, a norte, conhecida como Outward, era um conjunto de florestas, cursos de água, charcos e grandes pedaços de terra rochosos, misturados com algumas pequenas quintas e grandes propriedades de campo, que se estendiam até à ponte de King's Bridge, onde uma estreita ponte de madeira, sobre o Harlem, fazia a ligação entre a ilha e o continente.

Era, habitualmente, uma cidade de comércio, construção de navios e trocas comerciais marítimas prósperas, com muito para ver e com muito de que falar. «Os habitantes caracterizam-se, na sua generalidade, pela sua vivacidade e alegria»([25]), escrevera um visitante. As mulheres eram «bonitas», recordava, e a opinião era também partilhada por outros novos habitantes da cidade. No entanto, acrescentara, «feria bastante os olhos europeus ver tantos escravos negros nas ruas».

A Broadway, recta e larga, era a grande via de comunicação, ladeada com árvores, belas casas e igrejas. A Queen Street, perto dos molhes concorridos do rio East, era o movimentado centro de negócios. City Hall ficava em Wall Street, ou «dentro» de Wall Street, como se dizia.

Em Novembro, Henry Knox, parando em Nova Iorque, pela primeira vez, no seu caminho para Ticonderoga, admirava as «ruas principais muito mais largas do que as nossas»([26]) e casas de tijolo «melhor construídas do que em Boston». No entanto, os nova-iorquinos constituíam outro assunto, como relatara à sua adorada Lucy:

> As pessoas – bem, as pessoas são magníficas: nas suas numerosas carruagens, nas elegantes mobílias das suas casas, no seu orgulho e na sua vaidade, que são inigualáveis, no seu carácter profano, que é intolerável, no desejo de princípios, que é prevalecente, e no seu conservadorismo, que é insuportável([27]).

Mas a cidade havia mudado bastante. Havia-se tornado num acampamento armado e milhares de pessoas – talvez um terço da população – fugira, receando que, em breve, se desencadeasse uma cena de uma terrível calamidade. Pensar-se-ia que «a cidade fora quase evacuada», escreveu um residente desanimado. O negócio estava parado.

1776

Um grande número de soldados estava aquartelado em edifícios vazios e em muitas das mais elegantes mansões («Oh, as casas de Nova Iorque, se pudessem ver os interiores!», afirmou outro desolado residente). O King's College, a oeste de Commons, um dos maiores e mais belos edifícios da cidade, havia sido transformado no hospital do exército, depois dos livros da biblioteca serem retirados, com receio de que os soldados os aproveitassem para produzir calor.

Para as tropas da Nova Inglaterra, um telhado, de qualquer tipo, sobre a cabeça era o máximo da luxúria, e Nova Iorque, por muito que estivesse mudada, era o centro das maravilhas. Joseph Hodgkins decidira, «Esta cidade de Iorque excede todos os locais que já vi»[28], embora achasse o custo de vida «excessivamente dispendioso»[29].

«Têm toda a simplicidade dos lavradores»[30], escrevera um nova-iorquino dos soldados ianques. E de acordo com um jornal local, o *New York Packet*, eram, inesperadamente, bem comportados, «o seu civismo para com os habitantes, era louvável»[31]. Participavam nas orações «à noite e de manhã, regularmente», os seus oficiais davam o exemplo, refere o jornal. «No dia do Senhor vão à missa duas vezes, e o seu comportamento, na casa do Senhor, é o que o local exige».

Mas um zeloso jovem presbiteriano, capelão das tropas de Nova Jérsia, e licenciado pela Universidade de Nova Jérsia, em Princeton, Philip Vickers Fithian, considerara o nível de devoção sincera, alarmantemente, abaixo das suas expectativas, e preocupara-se com as consequências que isso poderia acarretar para a causa americana, pois eram muitos, de todas as posições, que, habitualmente, invocavam o nome do Senhor em vão. «Mas ai de mim, a blasfémia abunda, todas as classes blasfemam»[32], constatara com tristeza.

O tenente Isaac Bangs, de Massachusetts, que no seu jornal daria um dos relatos mais completos dos eventos que viriam a acontecer, nessa Primavera e Verão, escrevera sobre as suas caminhadas pela cidade e do que vira, como os sistemas de distribuição de água e da nitidamente visível estátua equestre de Jorge III, que dominava Bowling Green, em frente do quartel-general de Washington. «O desenho era a imitação de um dos imperadores romanos»[33], escrevera Bangs. O Rei estava representado «com cerca do triplo do tamanho natural», e tanto o cavalo como o cavaleiro estavam «construídos com bom gosto, em chumbo dourado [e] ouro», e «elevados num pedestal de mármore branco», com quase cinco metros de altura.

Com 20, ou mais, igrejas[34] de diferentes denominações (algo desconhecido em Massachusetts), o tenente frequentava todas as que podia – uma igreja «inglesa» (provavelmente, a Igreja da Santíssima Trindade, na Broadway, que pertencia à Igreja Anglicana), uma assembleia Congregacional, uma igreja anglicana holandesa (talvez da Igreja Velha Holandesa, na Garden Street), onde apenas se falava holandês, e a única sinagoga da cidade, Shearith Israel, na Mill Street. Gostava mais da igreja holandesa, decidira, preferindo a manifesta devoção do padre, ao «cerimonial»[35] da igreja inglesa, embora não entendesse uma única palavra do sermão holandês. Num domingo posterior, fora, com um amigo, a uma reunião *quaker*[36], mas depois de se sentarem durante duas horas, durante as quais não fora dita uma palavra, dirigiram-se, alegremente, à taberna mais próxima.

Na sua forma conscienciosa, Bangs continuara a investigar o lado sombrio da cidade, que tanto preocupava o seu comandante, aventurando-se no bairro de nome Holy Ground (Solo Sagrado)[37], um bairro de lata tenebroso e zona de prostíbulos, a oeste de Commons, em que a maioria da área era propriedade da Igreja da Santíssima Trindade, facto que justifica o seu nome. De acordo com algumas estimativas, cerca de 500 prostitutas[38] ofereciam, aí, os seus serviços. A Robinson Street era especialmente conhecida pelas suas lojas de *gin* de má qualidade e bordéis. Quando ocorriam problemas depois de escurecer em Nova Iorque, eram quase sempre em Holy Ground.

Bangs, um licenciado de Harvard, com formação em medicina, havia iniciado a sua própria inspecção, por estar preocupado com a saúde dos seus homens – embora também por curiosidade, como viera a admitir – e ficara consternado com o que observara.

«Quando as visitei [as prostitutas], a princípio pensei que nada poderia ultrapassar a sua insolência e presunção, mas à medida que as ia conhecendo mais a fundo, o que se tornava mais evidente era a sua brutalidade»[39]. Como é que um homem poderia desejar uma «ligação íntima» com tais «criaturas» era algo que não conseguia compreender. No entanto, tal acontecia, da mesma forma, com oficiais e soldados, «até a fatal doença [sífilis] os apanhar».

A 22 de Abril, menos de uma semana depois do Exército Continental ter marchado para a cidade, todo o inferno emergira, em Holy Ground. Os corpos mutilados de dois soldados foram encontrados, escondidos, num prostíbulo. Uma das vítimas havia sido «castrada de uma forma bárbara»[40], como recorda Bangs. Numa retaliação furiosa, bandos de soldados irromperam, num tumulto, desfazendo, em pedaços, o edifício onde os homicídios haviam acontecido. Alguns dias mais tarde, os restos mortais de «uma velha prostituta»[41] foram descobertos, largados numa latrina, «tanto tempo depois de morta que esta estava podre», tal como Bangs também recordara.

Washington condenou todo este «comportamento desordeiro»[42]. Se voltasse a acontecer, os autores do crime seriam sujeitos a um castigo severo. Se resistissem à prisão, seriam «tratados como o comum inimigo», o que significava que seriam mortos a tiro, no local.

Ordenara um recolher obrigatório e avisara que qualquer soldado encontrado «ébrio com bebida»[43], seria punido. Mesmo assim, negócio era negócio e ninguém se deveria intrometer. William Tudor, de Boston, promotor de justiça de Washington, escrevera à sua noiva: «Todos os prazeres selvagens podem ser, tão facilmente, satisfeitos neste local, que o exército será mais desmoralizado aqui, num mês, do que em doze, em Cambridge».

As prostitutas, as meretrizes, «essas raposas, rameiras, bruxas velhas, histéricas»[44], como escrevera outro oficial, o coronel Loammi Baldwin, continuaram «o seu trabalho, que, por sua vez, se está a tornar muito lucrativo». Baldwin, um plantador de macieiras, de Massachusetts, era um dos oficiais enviados para Holy Ground, com patrulhas militares, com ordens para lidar apenas com soldados bêbedos, ou indisciplinados – «trabalho do inferno», como disse. Uma vez que quase nenhum soldado tinha uniforme, era quase impossível distinguir quem, entre os bêbedos e arruaceiros, eram soldados e os que não eram, nas escuras e sombrias ruas, iluminadas apenas por ténues lamparinas. Baldwin e a sua patrulha separaram «discussões entre homens e mulheres» que lutavam e praguejavam, «gritando "Assassínio!"», e «levavam-nos, à pressa, para a masmorra de Provost, às dúzias». Alguns eram punidos e outros «saíam inocentes – trabalho do inferno».

Entretanto, o exército estava a «adoecer»[45]. Surgira a varíola e vários soldados morreram. Rumores assustadores varreram a cidade, incluindo o de que os britânicos haviam regressado a Boston e tomado Dorchester Heights. Com mais más notícias do Canadá, o Congresso pedira a Washington que enviasse reforços. Quando, aproximadamente, 3000 homens, sob o comando do general Sullivan, partiram,

As linhas estão traçadas

de navio pelo Hudson acima, Washington informara o Congresso que tinha de ter, pelo menos, mais 10 000.

A instrução militar continuava nas ruas e em Commons. O trabalho nas defesas continuava, sob crescente e permanente pressão.

*

O general Lee, considerado um perito em defesa, havia concluído que, sem o comando do mar, Nova Iorque não poderia ser defendida. Mesmo assim, tal como dissera, poderia ser um campo de batalha «vantajoso»[46]. Se os britânicos estivessem determinados a tomar a cidade, poderiam ser obrigados a pagar bastante caro por isso.

Crucial para o plano de Lee, era a defesa da zona de Long Island, directamente do outro lado do rio East, e particularmente, as imponentes falésias do rio, perto da minúscula vila de Brooklyn, que também se escrevia Breucklyn, Brucklyn, Broucklyn, Brookland, ou Brookline, e que tinha apenas sete ou oito casas e uma velha igreja holandesa, que ficava no meio da Jamaica Road, a principal rua para o interior do cais do batelão de Brooklyn.

Do lado de Nova Iorque, a vila não estava ao alcance da visão, estava a cerca de um quilómetro atrás da «nobre falésia», parcialmente de madeira, conhecida como Columbia Heights ou Brooklyn Heights. Tudo o que se observava, a partir Nova Iorque, algo que Washington fazia frequentemente, era o lado íngreme da falésia, que se elevava por cima do rio, e que era, agora, coroada com o início do forte Stirling, e no lado direito, igualmente pela borda da falésia, a casa de campo de Philip Livingston, um importador abastado de Nova Iorque e delegado do Congresso Continental.

Quando acabado, o grande bastião quadrado do forte Stirling, guarnecido com oito canhões, deveria comandar o rio East e Nova Iorque, tal como Dorchester Heights comandava Boston e o seu porto. De Brooklyn Heights, via-se, em baixo, toda a Cidade de Nova Iorque, o porto, os rios e as longas e baixas colinas de Nova Jérsia. Era uma das mais esplêndidas paisagens que se podia vislumbrar em todo o litoral Atlântico.

O rio East, não um rio, mas um estuário de água salgada, com cerca de dois quilómetros de largura, era famoso pela dificuldade de aí se velejar, com correntes rápidas e contrárias e marés com quase dois metros de altura. Devido ao vento e às marés, o batelão que ia e vinha de Brooklyn (⁴⁷) tinha, muitas vezes, grandes dificuldades. Mesmo com três homens nos remos, atravessar o rio poderia demorar mais de uma hora.

O rio Hudson, ou North, era ainda maior, com mais de três quilómetros de largura e, por isso, tal como Lee sabia, era impossível de o manter encerrado ao inimigo. Porém, com baterias ao longo da costa de Nova Iorque, do rio Hudson, os britânicos poderiam pensar duas vezes antes colocar os seus valiosos navios em risco.

Washington concordou com as linhas gerais do plano incluindo o mais importante, a premissa de que uma defesa efectiva da cidade de Nova Iorque dependeria da defesa de Long Island. Se Nova Iorque constituía a chave de ouro do continente, logo, Long Island era a chave de ouro de Nova Iorque e a chave de ouro da defesa de Long Island era Brooklyn Heights. Lee escreveu a Washington que «se o inimigo se apoderasse de Nova Iorque, estando Long Island nas nossas mãos, seria quase impossível mantê-la» (⁴⁸).

Nova Iorque, ou Long Island, ou ambas, poderiam constituir uma armadilha, mas nenhum deles parece tê-lo, seriamente, considerado, ou pelo menos não o registaram.

Dada a importância de Long Island, Washington colocara o general Greene a comandá-la e na primeira semana de Maio, Greene, os seus homens e ainda uma companhia de carabineiros estavam acampados em Brooklyn. Em pouco tempo, havia vários milhares de tropas em Long Island – que pareciam muitos, mas eram menos de um terço dos que rodeavam Nova Iorque – e os seus esforços começaram a evidenciar-se. Tal como se diria, a experiência, em Boston, tornara-os «veteranos, pelo menos da espada» (⁴⁹).

Para acrescentar ao forte Stirling, mais três fortes estavam em construção, a leste, ou no outro lado da pequena vila de Brooklyn, estando estes destinados à defesa do forte Stirling e de Brooklyn Heights. Se os britânicos viessem a terra, pelas extensas praias a oeste, na proximidade da vila de Gravesend – como se esperava – e atacassem dos campos abertos para sul, esta linha de defesa controlaria a sua navegação pelo rio.

À esquerda situava-se o forte Putnam, em homenagem a Rufus Putnam, que havia marcado a maior parte das fortificações. A meio estava o forte Greene, em forma de estrela, guarnecido com seis canhões, que comandava a Jamaica Road. À direita estava o forte Box, em homenagem a um dos oficiais de Greene, o major Daniel Box.

Cada um destes bastiões seria rodeado por um extenso fosso e todos deveriam estar ligados por uma linha de entrincheiramento, atingindo 1,5 quilómetros, ou mais. Com centenas de lenhadores a trabalhar, as árvores eram cortadas para conceder amplitude total de visão ao disparo dos canhões e, ao longo de grande parte da linha, espetavam-se no chão estacas pontiagudas. Ainda mais para a direita, num ponto isolado, na Upper Bay, de nome Red Hook, uma quinta defesa estava a ser construída: o forte Defiance. Do forte Putnam, à esquerda, ao forte Defiance, à direita, estendiam-se quase cinco quilómetros.

Enquanto os dias iam ficando mais longos e quentes, o trabalho árduo continuava, com uma sólida determinação. Qualquer soldado que fosse apanhado a abandonar o trabalho, sem a devida licença, faria «serviço contínuo» [50] durante uma semana, avisara Greene. Um oficial de Rhode Island, o coronel Ezekiel Cornell tratava os homens como um rebanho e ficara conhecido como o «Velho Rabugento» [51].

O próprio Greene era incansável nos seus esforços. Nada escapava à sua atenção. Andava por todo o lado, a cavalo, supervisionando o trabalho, ou reconhecendo a configuração do terreno, familiarizando-se com toda a área, de Brooklyn a Gravesend, e particularmente o cume densamente arborizado, a cerca de três quilómetros para sul, conhecido como Heights of Gowan, que se estendia, como uma defesa natural, entre os fortes e as extensas planícies para sul.

Terraplanagens e plataformas para canhões estavam também em construção na pequena ilha do Governador, entre Heights e Red Hook, no caminho directo de entrada para o rio East. «Fizemos um bom trabalho» [52], constatara Washington, no início de Maio. «Erigimos uma grande e resistente fortificação na ilha do Governador [...]. O ponto abaixo (de nome Red Hook) tem uma pequena, embora extremamente forte bateria à barbeta [guarnecida] – estão a ser construídos vários novos trabalhos e, grande parte deles, quase prontos noutros locais».

As barricadas foram erigidas na própria cidade. Segundo um relatório de informação britânico, que subsistiu, «todas as ruas que ficavam defronte dos rios Norte e Este têm troncos de madeira atravessados, com três metros de grossura, cheios de terra, de forma a interceptar quaisquer tropas que tentem desembarcar» [53].

1776

Havia armas, ao longo das margens do Hudson, canhões pesados no velho forte George, perto de Battery, e mais na doca de Whitehall, no rio East.

Henry Knox estava orgulhoso por informar que 120 canhões estavam a postos, na cidade e em toda a sua volta e, desta vez, muitas munições estavam prontas. O único flagrante problema era a grande falta de artilheiros. Sabendo a quantidade de soldados, nas fileiras, que não tinham mosquetes, nem armas de qualquer tipo, Knox persuadira Washington a ceder, novamente, 500, ou 600 deles à artilharia. Se tinham ou não experiência, era algo indiferente, era preferível qualquer ser vivo do que nada.

Os trabalhos diários dos artilheiros eram dificilmente tão excitantes como os das tropas que escavavam valas e lançavam terraplanagens, e era, potencialmente, um trabalho bem mais perigoso, tal como sugere o diário do soldado de Massachusetts([54]), Solomon Nash.

> Segunda-feira, 13 de Maio [...]. Fui buscar um de 32 libras ao forte, e coloquei-o a este da grande bateria [...] empregue para reforçar os tiros.
> Quinta-feira, 16 de Maio [...]. Alguns de nós estão a [...] disparar o canhão com cargas duplas, para os experimentar, e todos estão bons, à excepção de dois. Um deles rachou na boca e o outro, na bateria principal, desfez-se em bocados. Um pedaço foi projectado a cerca de 180 metros, e caiu sobre uma casa [...] pelo telhado e por todos os andares, até ao último, o que danificou bastante a habitação, mas não magoou ninguém.
> Quarta-feira, 22 de Maio [...]. Ocupados a fazer cartuchos [...]
> Sexta-feira, 31 de Maio [...]. A maior parte do nosso regimento está a fazer cartuchos. Assim termina este mês.

No início de Junho, Knox e Greene cavalgaram juntos até à mais elevada ponta escarpada da ilha de Nova Iorque, para estudarem um cume rochoso, 70 metros acima do Hudson, o ponto mais alto da ilha, para o local de mais uma defesa principal. O trabalho começou, com brevidade, no que seria chamado Forte Washington, para evitar que a marinha britânica subisse o rio. Outro forte, que seria conhecido como Forte Constitution, fora também planeado, para o lado oposto do Hudson.

A amizade de Knox e Greene, que havia começado na livraria do primeiro, em Boston, continuara a crescer à medida que a importância dos dois oficias ia aumentando, no comando global, estando, quase sempre, de acordo em assuntos de grande importância. Na sua admiração e lealdade para com Washington, tinham apenas um coração e ambos haviam começado a ajudar Washington, nos seus assuntos com o Congresso.

Greene, numa carta que enfatizava a necessidade urgente de mais tropas, disse a John Adams, responsável pelo Ministério da Guerra, que, se o Congresso apoiasse os soldados feridos, ou mortos, aumentaria os alistamentos e «inspiraria os já alistados com tanta coragem, como qualquer outra medida que fosse tomada»[55]. Também escrevera, sobre o fraco ânimo entre os oficiais, cujo pagamento não era suficiente para liquidar nem sequer as despesas quotidianas. Os bons oficiais eram «a própria alma do exército»[56], escreveu Greene. O Congresso não deve ser excessivamente confiante. «O destino da guerra é muito incerto», avisou.

> Se este exército for derrotado, dois ou três dos generais líderes mortos e os nossos armazéns e lojas perdidos, não serei responsabilizado pelas consequências que tal golpe pode produzir na política americana[57].

A pedido de Adams, Knox forneceu uma lista de livros recomendados, sobre assuntos militares, e numa carta endereçada a Adams, a 16 de Maio, Knox expressou de forma veemente, a sua crença de que era altura para declarar a independência americana. Como Washington, Greene – e Adams – Knox desejava, há muito, uma separação da Grã-Bretanha e, quanto mais cedo fosse, melhor.

> A futura felicidade, ou miséria, de uma grande porção da raça humana está em jogo – e se fizermos uma escolha errada, nós seremos desprezados e nosso futuro comprometido. Escolha errada! Só pode haver uma escolha consistente com o carácter de um povo que possui o mínimo grau de razão. E essa é separar – separarmo-nos desse povo, que, com uma total dissolução de virtude, tem de ser nosso inimigo – um acontecimento pelo qual rezo, devotamente, para que ocorra em breve; e que seja o mais depressa possível[58].

1776

Como Martha Washington se havia juntado ao comandante das forças, em Nova Iorque, também Lucy Knox e Caty Greene viajaram, da Nova Inglaterra, para estarem com os seus maridos, cada jovem trazia um bebé, nascido nesse ano – a pequena Lucy Knox e George Washington Greene. Um convite, sem data, enviado das instalações de Greene, em Long Island, nessa Primavera, dizia: «O general Greene e esposa apresentam os seus cumprimentos ao coronel Knox e à sua esposa, e teriam muito gosto em ter a sua companhia para almoçar, amanhã, às duas horas» [59].

II

Durante dias de labuta nas defesas, ao longo de horas intermináveis dedicadas à rotina militar, problemas intermináveis de fornecimento e trabalho burocrático, bem como as inumeráveis preocupações diárias daqueles que tentavam continuar o pouco que restava da normal vida civil, o pensamento de que os britânicos poderiam aparecer em qualquer altura, raramente lhes saia da cabeça. Parecia que todos os soldados, todos os civis, estavam de olho no porto, à procura do primeiro sinal das velas britânicas. Todas as manhãs começavam com o pensamento de que esse poderia ser *o* dia.

Washington arranjara um sistema de sinal, colocado entre Long Island, Staten Island e Nova Iorque. A 18 de Maio, correu um rumor, a toda a velocidade, pela cidade, de que os britânicos haviam sido avistados, ao largo de Sandy Hook, na Lower Bay, e embora nada o provasse, a história continuou durante dias.

O número de sentinelas, nas plataformas de canhões, duplicou. A ordem de Washington referia que, «não poderiam permitir que ninguém [...] entrasse nas baterias, durante a noite»([60]). Nem pessoa alguma, à excepção de generais ou oficiais de campo do exército e oficiais e homens de artilharia que tenham realmente alguma coisa a fazer no local, pode entrar, mesmo durante o dia».

Seguiram-se mais ordens. Os soldados deviam «deitar-se sobre [dormir com] as suas armas e deviam conseguir preparar-se num minuto»([61]). Para praticar o uso das suas armas, cada um deveria disparar, pelo menos, duas descargas, e praticar movimentos rápidos, do seu acampamento para as trincheiras e fortificações, para se familiarizarem com o terreno, que teriam de cobrir, aquando do ataque.

De acordo com os seus próprios relatórios, Washington tinha 8880 homens à disposição, 6923 dos quais estavam aptos para o serviço. Recebeu, simultaneamente, informações fidedignas de que, pelo menos, 17 000 soldados alemães contratados estavam a caminho para servirem, sob o comando britânico, e que a força total do inimigo poderia atingir 30 000.

Quando Washington foi chamado a Filadélfia, para se aconselhar com o Congresso, foram feitos preparativos para que cavalos velozes estivessem preparados, em intervalos ao longo da estrada, para poder, se necessário, voltar para Nova Iorque, com «a máxima prontidão»[62]. Foi a primeira vez que Washington deixou o exército, desde que estava no comando. Assim que partiu, a 21 de Maio, deixando o general Putnam no comando, espalhou-se o rumor de que havia partido para Filadélfia, para se demitir do seu comando. Quando regressou, a 6 de Junho, depois de duas semanas de ausência, teve uma calorosa recepção, com ribombar de tambores e cinco regimentos na parada.

«Marchámos pela Broadway, à volta da estátua do Rei»[63], escreveu o tenente Bangs, com regozijo, como todo o exército, e uma vez mais, com a presença do comandante entre eles.

Havia mais notícias desoladoras do Canadá, incluindo informações de que o general John Thomas, que havia sido enviado para norte, com a expectativa de aí poder organizar as coisas, morrera de varíola.

O único desenvolvimento positivo, para Washington, foi o facto de, durante a sua estadia em Filadélfia, convenceu John Reed a juntar-se, novamente, ao exército, para servir como ajudante-general do exército – o seu chefe administrativo – com a categoria de coronel, no lugar do general Horatio Gates, que fora enviado pelo Congresso para poder ajudar no Canadá.

Reed voltara muito apreensivo. Questionava a sua aptidão para o trabalho – «Está tão fora das minhas capacidades»[64], dissera à sua esposa – e, em poucos dias, estava preparado para desistir, novamente. Porém, a fé que Washington tinha no dotado Reed, e a sua necessidade de um confidente, não eram menores do que outrora. Para Washington, o seu regresso era uma dádiva divina.

*

Subitamente, com o impacto de uma explosão, rebentaram na cidade notícias de uma conspiração lealista[65], para assassinar o comandante das forças. Prenderam uma dúzia de homens, incluindo o Presidente da Câmara de Nova Iorque, David Matthews, e dois soldados da Guarda Pessoal de Washington. O plano secreto era, alegadamente, matar Washington e os seus oficiais, assim que a frota britânica aparecesse.

Multidões de patriotas saíam às ruas, para perseguirem os lealistas. Os que eram apanhados, eram espancados, cobertos com alcatrão e penas, queimados com velas, ou obrigados a «montar a vedação»,

As linhas estão traçadas

o cruel castigo em que um homem era obrigado a sentar-se, de pernas abertas, numa vedação de arame farpado, suportada, aos ombros, por dois homens, com outros homens em cada ponta, agarrando com firmeza nas suas pernas para os manterem direitos, e as vítimas desfilavam assim pelas ruas.

«Querido Irmão», escrevera, aprovadoramente, um nova-iorquino, de seu nome Peter Elting, a 13 de Junho, «assistimos a grandes desfiles de conservadores nesta cidade, esta semana, particularmente ontem. Muitos deles foram tratados com brutalidade, sendo transportados pela cidade, em vedações, as suas roupas rasgadas nas costas e os seus corpos muito envoltos em pó»[66].

Um pastor local, de Morávia, Ewald Shewkirk, escrevendo no seu diário sobre tais «cenas muito infelizes e chocantes»[67], afirmou, também, que «alguns dos generais, e especialmente Putnam e as suas forças, fizeram o bastante para reprimirem o motim e dispersar a multidão».

Washington mudara o seu quartel-general para City Hall. Knox e a sua esposa mudaram-se para o n.º 1 da Broadway, enquanto Martha Washington permaneceu na casa Mortier, do outro lado da cidade – tudo isto, aparentemente, devido a preocupações com a segurança de Washington.

O que se soube da conspiração, no decorrer do tribunal militar dos dois soldados da Guarda Pessoal, foi menos sensacional do que havia sido relatado, porém, era ainda um assunto sério, mesmo que as provas não fossem convenientes. De acordo com os próprios acusados, o plano consistira em recrutar outros soldados para sabotarem as plataformas de canhões, «quando a frota chegasse», em troca de perdões reais e bónus financeiros («encorajamento com terrenos e casas»). Além do presidente da câmara, os que foram apanhados e presos incluíam dois médicos, um fabricante de calçado, um alfaiate, um fabricante de velas de navio e um antigo professor. Mas apenas um dos soldados foi condenado, um imigrante inglês, de seu nome Thomas Hickey, cuja defesa era de que se havia envolvido apenas «para enganar os conservadores e deles conseguir algum dinheiro».

Hickey foi enforcado perante uma enorme multidão, a 28 de Junho, um destino que a maioria, no exército, aprovara («Gostava que mais vinte tivessem o mesmo fim»[68], escrevera Joseph Hodgkins).

Nessa mesma noite, Washington soubera, pela primeira vez, que os britânicos haviam partido de Halifax para Nova Iorque, a 9 de Junho, o general Howe havia partido um pouco antes, na fragata *Greyhound*.

1776

A informação chegou por mensageiro urgente, do capitão de uma escuna que havia sido capturada pelo *Greyhound*, ao largo do Cabo Ann, depois recuperada por uma corveta armada americana.

Na manhã seguinte, sábado, dia 29 de Junho, oficiais com telescópios, no telhado do quartel-general de Washington, noutros pontos de vantagem da cidade e em Long Island, viram avisos a voar das colinas de Staten Island. Aparecera a primeira frota britânica.

Numa questão de horas, 45 navios haviam ancorado em Sandy Hook, na Lower Bay, a 16 quilómetros de Narrows. Para um carabineiro da Pensilvânia, perto do local, os seus mastros pareciam uma floresta de pinheiros desbastados. «Confesso que pensei que toda a Londres flutuava» [69].

*

Henry e Lucy Knox tomavam o pequeno-almoço, no n.º 1 na Broadway, quando viram a frota. Haviam-se habituado a desfrutar do pequeno-almoço junto de uma grande janela, ao estilo neoclássico do século XVI, no segundo andar, com uma vista panorâmica do porto. Mas, de repente, a manhã foi abalada, e Lucy Knox ficou num estado de profundo terror.

«É difícil imaginar a aflição e ansiedade que depois sentiu» [70], escreveria Knox ao seu irmão William. «A cidade num tumulto, os tiros de aviso a soar, as tropas a dirigirem-se para os seus postos, e tudo na [maior] azáfama. Não tenho liberdade para lhe dar atenção, pois o meu país fala mais alto».

Durante semanas, Knox havia desejado, ardentemente, que Lucy deixasse a cidade, para sua própria segurança e a da sua pequena filha. «Meu Deus, que eu não volte a sentir-me assim novamente! Era demais, mas descobri uma forma de disfarçar, pois ralhei com ela, com fúria, por não se ter ido embora antes» [71].

Ao pôr-do-sol, os navios do inimigo, ancorados na baía, somavam mais de 100.

Cavaleiros galopavam para Connecticut e Nova Jérsia, para espalharem a notícia e «apressar a milícia». Martha Washington despedira-se do seu marido, e saíra da cidade, de carruagem, a toda a velocidade, assim como Lucy Knox, Caty Greene e os seus filhos, juntamente com centenas de outros habitantes da cidade.

As linhas estão traçadas

«O grande ser, que vigia o coração dos filhos dos homens, sabe que te quero acima de tudo, e por essa razão, desejo que estejas a tal distância das terríveis cenas de guerra» [72], escrevera Knox a Lucy, depois desta ter chegado a Connecticut, e para que ninguém esquecesse tudo o que estava em jogo, relembrou-a de que «estamos a lutar pelo nosso país, talvez pela posteridade. Do sucesso desta campanha pode depender a felicidade, ou miséria de milhões».

Rapidamente, chegaram mais detalhes sobre a constituição da armada do inimigo. Os navios incluíam o *Centurion* e o *Chatham* com 50 canhões cada, o *Phoenix* com 40 canhões e o *Greyhound* com 30, com o general Howe a bordo, a somar ao *Asia,* com 64 canhões. Com o seu poder de fogo combinado, só estes cinco navios de guerra excediam todas as armas americanas agora em posição, na costa. Nathanael Greene informou Washington de que a frota total, de 120 navios, tinha «10 000 tropas, recebidas em Halifax, para além de algumas das Brigadas Escocesas que se haviam juntado à frota na passagem» [73]. E, como o tenente-coronel Samuel Webb, um dos colaboradores de Washington, verificou mais tarde, poderiam esperar-se mais 15 000 a 20 000, «por hora» [74], em mais navios, provenientes de Inglaterra, sob o comando do irmão do general Howe, o almirante Richard Lorde Howe.

Toda a cidade de Nova Iorque estava «abalada» [75], escrevera o Pastor Shewkirk. «De um lado, todos os que podiam faziam as malas e fugiam; do outro, os soldados do campo, das zonas vizinhas, apareciam de todos os lados».

Em Long Island, um dos oficiais de campo de Nathanael Greene, aproveitou a ocasião, para escrever uma nota ao seu filho, em casa, em Newburyport, Massachusetts. «Sou da opinião que não vamos ter mãos a medir» [76], escreveu o coronel Moses Little, um veterano de Bunker Hill.

*

Em Filadélfia, no mesmo dia do desembarque dos britânicos em Staten Island, a 2 de Julho de 1776, o Congresso Continental, numa decisão de grande importância, votou a «dissolução da ligação» com a Grã-Bretanha. As notícias chegaram a Nova Iorque, quatro dias mais tarde, a 6 de Julho, e começaram imediatamente celebrações espontâneas. «Todo o coro dos nossos oficiais [...] foram a um bar para demonstrarem a nossa alegria e pelas felizes novidades de Independência. Passámos alegremente a tarde»[77], relembrara Isaac Bangs.

Uma carta de John Hancock, para Washington, assim como o texto completo da Declaração, seguiram dois dias depois:

> Porque as nossas questões podem tomar um rumo mais favorável [escreveu Hancock], o Congresso julgou necessário dissolver a ligação entre a Grã-Bretanha e as colónias americanas e declará-las Estados livres e independentes; tal como perceberão pela Declaração anexada, que me pediram para transmitir e para vos pedir que a proclamem, na chefia do exército, da forma que considerarem mais adequada[78].

Muitos, como Henry Knox, depressa perceberam que, com o inimigo tão próximo, em grande aglomeração para lutar, e com a independência finalmente declarada pelo Congresso, a guerra havia entrado numa fase totalmente nova. As linhas estavam agora traçadas, como nunca haviam estado antes, os riscos muito mais elevados. «Os olhos de toda a América estão postos em nós», escrevera Knox. «Ao desempenharmos o nosso papel, o futuro irá abençoar-nos, ou maldizer-nos»[79].

Renunciando à sua fidelidade para com o Rei, os delegados de Filadélfia haviam cometido traição, e tomaram um caminho que não tinha volta atrás.

«Estamos mesmo no meio de uma revolução», escrevera John Adams, «a mais completa, inesperada e extraordinária de todas na história das nações»[80].

Num vibrante preâmbulo, esboçado por Thomas Jefferson, o documento declarava «evidente por si só», que «todos os homens são criados iguais», e que estavam dotados dos «inalienáveis» direitos de «vida, liberdade e busca da felicidade». E para este nobre fim, os delegados haviam penhorado as suas vidas, fortunas e a sua honra sagrada.

Claro que tal coragem e elevados ideais tinham poucas consequências, sendo a própria Declaração nada mais do que uma declaração sem sucesso militar, contra a mais formidável força na terra. John Dikinson, da Pensilvânia, um eminente membro do Congresso, que se opôs à Declaração, havia-lhe chamado «esquife feito de papel»[81]. E como

As linhas estão traçadas

Nathanael Greene avisara, nunca havia certezas sobre o destino da guerra.

Mas a partir deste ponto, os soldados cidadãos do exército de Washington, já não lutariam apenas pela defesa do seu país, ou pelas legítimas liberdades como ingleses nascidos livres, como haviam feito em Lexington, Concord, Bunker Hill e durante todo o cerco em Boston. Era agora, orgulhosamente, uma proclamação de guerra total, por uma América nova e independente e, assim, um novo dia de liberdade e igualdade.

Na sua casa, em Newport, o mentor de Nathanael Greene, o reverendo Ezra Stiles, escreveu no seu diário, quase incrédulo:

Assim, o Congresso fez um nó cego, que o Parlamento descobrirá que não pode nem cortar, nem desatar. As *treze colónias unidas* elevam-se agora, como uma *República Independente*, entre os reinos, estados e impérios na terra [...] E vivi para ver tal importante e surpreendente revolução?[82]

Com um golpe, o Congresso Continental tornou a Causa Gloriosa da América ainda mais gloriosa, para todo o mundo saber, e ainda para dar a todos os soldados cidadãos, nesta exigente conjuntura, algo ainda maior e mais envolvente, por que lutar. Washington viu-a como um «novo incentivo»[83], e na sua ideia, havia acontecido no momento certo.

Na terça-feira, dia 9 de Julho, às seis horas da tarde, sob as suas ordens, as várias brigadas, na cidade, marcharam para Commons e outros locais de parada, para ouvirem a Declaração, em voz alta.

O general espera que este importante acontecimento sirva, como um novo incentivo, para todos os oficiais e soldados agirem com fidelidade e coragem, [lia-se nas ordens], sabendo agora que a paz e segurança deste país dependem (sob Deus), unicamente, do sucesso das nossas armas: e que agora estão ao serviço de um Estado, que possui poder suficiente para recompensar o seu mérito e proporcionar-lhes as mais elevadas honras de um país livre[84].

Depois de concluída a leitura formal[85], uma grande multidão de soldados e habitantes da cidade, dando vivas e gritando, desceu da

1776

Broadway a Bowling Green, onde, com cordas e ferros, derrubara a estátua de chumbo dourado, de Jorge III no seu colossal cavalo. Na sua fúria, a multidão decepara a cabeça do soberano, quebrara-lhe o nariz, cortara os louros que a coroavam e colocara-a, ou o que dela restava, num espeto de ferro, à porta de uma taberna.

Muito do chumbo que restara da estátua seria, mais tarde, como relatado, derretido para balas, «para se enterrarem nos miolos dos nossos ferverosos adversários» [86].

*

Desde a Primavera de 1775, que os ânimos não estavam muito altos. Mas a exuberância do momento, ou quaisquer ideias de que grandes proclamações e o derrubar de monumentos simbólicos eram suficientes para mudar o curso da história foram rapidamente interrompidos, de uma forma dramática, três dias depois, a 12 de Julho. Num ataque-surpresa, os britânicos demonstraram, para quem quisesse ver, como os defensores de Nova Iorque ainda tinham de aprender; e a maior e mais ameaçadora verdade, a de que sem poder marítimo Nova Iorque era indefensável.

Estava um fantástico dia de Verão, com um vento vivo de sudoeste e condições ideais para navegar. Aproximadamente às três da tarde, os navios de Sua Majestade, *Phoenix* e *Rose*, na companhia de três navios auxiliares, soltaram as suas amarras em Staten Island e navegaram para o porto, com as velas totalmente içadas, movendo-se a bom ritmo, com o vento favorável e uma excelente maré cheia.

Em Nova Iorque, soaram tiros de aviso. Os soldados apressaram-se em todas as direcções, por ruas cheias de pessoas em pânico. O canhão, em Red Hook e na ilha do Governador, abriu fogo, e enquanto os navios passavam velozmente, pela baixa Manhattan, em direcção à foz do Hudson, os canhões, no velho forte George e outras baterias da costa abriam fogo. A comandar o fogo, do forte George, estava um capitão, de 19 anos, da artilharia de Nova Iorque, Alexander Hamilton, que havia deixado o King's College para servir pela Causa. Os navios responderam ao fogo. Balas de canhão batiam em casas e ressaltavam para as ruas, ainda repletas de gente. Washington escreveria sobre a extrema aflição que sentiu, com os agudos gritos e choros das mulheres e crianças que corriam para todos os lados; e com o espectáculo dos seus

As linhas estão traçadas

próprios homens, colocados à beira da água, boquiabertos, impotentes, tão aterrados – ou aterrorizados – que estavam, com a ferocidade do fogo de barragem, libertado pelos navios inimigos.

O soldado raso, Joseph Martin, o recruta de Connecticut, de 15 anos, relembrar-se-ia de apreciar uma «visão total de todo o ataque» ([87]). Foi a sua primeira experiência, com o «ruído» do fogo de canhão, e «achou que o som era musical, ou pelo menos grandioso».

Todas as baterias, ao longo do Hudson, dispararam até o fumo de canhão ficar intenso e pesado sobre a cidade e o ar exalar um odor desagradável a pólvora.

Os navios britânicos, mantendo-se perto da costa de Nova Jérsia, prosseguiam rapidamente, rio acima, desaparecendo, em breve, de vista. Pelas cinco e meia haviam transposto as explosões dos canhões do Forte Washington, e ao entardecer, estavam em segurança, ancorados a cerca de 48 quilómetros acima da cidade, na parte mais larga do Hudson, Tappan Zee, em Tarrytown, onde a sua missão consistia em cortar as provisões dos revoltosos e despertar os lealistas locais.

Os destacamentos americanos de canhões haviam disparado quase 200 tiros – mais de 150 só das baterias de Nova Iorque – e sem qualquer efeito aparente (de acordo com o diário de bordo do *Rose*, os americanos «desfizeram, a estibordo, a nossa enxárcia do traquete, a coroa da talha do traquete, o amantilho da proa, o estingue de vela do velacho, os braços da cervadeira e da gávea, e um tiro de 18 libras atingira a parte superior do nosso mastro do traquete, um pelo escaler, vários pelas velas e alguns no casco») ([88]). As armas de Knox haviam provado ser mais mortíferas para os seus próprios homens, do que para o adversário. Seis artilheiros americanos morreram, as únicas vítimas do dia, quando o seu canhão explodiu devido à sua própria inexperiência, excesso de confiança ou ainda, possivelmente, e como então foi dito, devido ao facto de muitos estarem bêbedos.

Nas suas ordens subsequentes, Washington mal conseguia esconder o seu descontentamento, pelo imperdoável comportamento exibido frente ao inimigo, e a vergonha que sentiu pelos oficiais que, em vez de estarem ao serviço, ficaram a olhar como labregos. Segundo o orgulhoso Washington, ele próprio e o exército haviam-se tornado alvos de escárnio.

Esta conduta, imprópria de um soldado, deve incomodar todos os bons oficiais e dar ao inimigo uma opinião *miserável* do exército, pois nada mostra melhor o bom e corajoso soldado, do que, em caso de alarme, este dirigir-se, fria e calmamente para o seu posto, e aí esperar as suas ordens; ao passo que uma fraca curiosidade, nestas alturas, faz com que um homem pareça miserável e desprezível [89].

Knox escreveu, em privado, que embora a perda dos seus seis homens tivesse sido um grande azar, consolava-se com a esperança de que a acção do dia tivesse ensinado, os restantes, a serem menos «impetuosos» [90] na próxima vez.

Mas havia uma lição bem mais geral e ameaçadora que havia a retirar do que acontecera. Com toda a certeza, se dois navios de guerra inimigos, com os seus navios auxiliares, podiam passar, tão rápida e prontamente pelo Hudson acima, sem sofrer danos graves por parte das baterias na costa então, da mesma forma poderiam dez ou vinte navios de guerra e transporte, ou ainda toda uma frota britânica desembarcar um exército de 10 000, ou mais pelo rio acima e poderiam cortar quaisquer hipóteses que Washington e as suas forças tivessem de escapar de Nova Iorque.

Para agravar a tormenta de Washington, o drama do dia acabara ao final da tarde, com o espectáculo do *Eagle*, ao Serviço de Sua Majestade, de 64 canhões, avançando, com firmeza, pela baía, com todas as lonas estiradas e a bandeira de São Jorge a esvoaçar na gávea do traquete do topo do mastro, o que significava que era o navio de guerra do almirante Lorde Howe e que, por isso, a frota de Inglaterra e as demais tropas não estariam longe. Em Nova Iorque, ao entardecer, o estrondo da saudação da Marinha Real, chegara, correndo pelas águas.

III

O ânimo, nas fileiras britânicas, nunca estivera tão alto. Depois das misérias do Inverno, em Boston, e dos desoladores meses de isolamento, em Halifax, seguindo-se semanas enfadonhas no mar, Staten Island, no Verão, parecia o paraíso.

«Estamos em acantonamentos muitos confortáveis, no meio de um povo leal e liberal, que nos apresenta [provisões] em abundância, e numa agradável variedade, todas as necessidades da vida, da maior parte das quais temos estado privados desde há muito tempo»(^{91}), escreveu um oficial britânico. «Estamos na mais bela ilha que a natureza poderia criar, ou a arte aperfeiçoar», declarara outro. «Aqui», relatara um terceiro, «experimentamos a maior luxúria, desde que começaram as hostilidades [...] carne fresca [...] ovos, manteiga, leite e legumes», e tudo em «termos razoáveis».

O capitão Archibald Robertson caminhou até às colinas próximas, com o seu estojo de pintura, para fazer esboços com aguarelas, como havia feito em Boston. Aqui a diferença residia na escala, bem maior, de tudo o que se estendia à sua frente – o movimento do extraordinário porto, limitado por Nova Iorque e Long Island, à distância, e a bem maior frota britânica, agora ancorada no meio do primeiro plano.

Os soldados britânicos consideraram-se bem nutridos e bem-vindos, em solo americano, de uma forma que nunca haviam sido – de facto, abertamente cumprimentados «com grande alegria». «Temos agora um bom fornecimento de provisões de sal»(^{92}), resumiu ainda outro oficial, «uma grande quantidade de rum, uma imensa quantidade de munições de todos os tipos, e o que é melhor de tudo, o mesmo povo que suspeitámos que se iria opor à nossa vinda, vem ter connosco em grande número». Dificilmente passava um dia sem que perturbados lealistas, ou desertores americanos aparecessem, repletos de histórias de angústia, muitos deles tendo atravessado, à noite, de barco, de Long Island para Nova Iorque.

Ambrose Serle, um jovem patriótico inglês e escritor fluente, que servira como secretário civil do almirante Howe, anotou, no seu registo diário, a forma como o seu coração se virara para os lealistas. «Atraía a simpatia ver as suas pobres faces magras»(^{93}), escrevera sobre os vários que haviam escapado de Long Island, «e ouvir as suas queixas de serem perseguidos como caça na floresta e pântanos, apenas porque não renunciaram à sua fidelidade ao Rei e afeição pelo seu país».

Para os desertores havia consideravelmente menos simpatia, e pouca ou nenhuma confiança. Não se «acreditava nestes pobres miseráveis iludidos»[94], escrevera o coronel Charles Stuart, resumindo o que a maior parte dos oficiais britânicos sentia. O general James Grant achava que não se podia confiar em nenhum americano, nem mesmo nos lealistas. Grant concluíu com as suas observações, que «os habitantes desta ilha odeiam o exército revoltoso, porque foram oprimidos por eles [...]. Mas por confissão e conversa com os nossos mais leais súbditos de Staten Island, estou bastante convicto da minha opinião, de que não temos um único amigo na América»[95].

Contudo, esta não era a opinião do mais astuto general Howe, que vira, imediatamente, nos lealistas, uma vantagem que lhe havia sido negada, em Boston. Howe informara Lorde Germain, a 7 de Julho: «Encontrei-me com o Governador Tryon, a bordo do navio, em Hook, e muitos cavalheiros, amigos firmes do governo que os assiste, de quem obtive o máximo de informações sobre o estado dos revoltosos»[96], dias depois do desembarque em Staten Island.

As notícias da Declaração de Independência serviram apenas para sublinhar «a vilania e loucura destas pessoas iludidas»[97], observou um Ambrose Serle ofendido. «Nunca foi elaborada, pela mão do homem, uma proclamação mais insolente[98], falsa e atroz».

Os soldados, nas fileiras de sua Majestade, falavam da «época de caça», que estava prestes a começar. Os seus oficiais perceberam, com alegria, que a ânsia da caça era mais forte do que nunca. Todos os revoltosos constituíam uma caça legal. «As tropas têm pouca consideração por eles», escrevera Serle, «e anseiam por uma oportunidade de vingar a causa dos seus compatriotas que tombaram em Bunker Hill»[99].

Lorde Rawdon, um veterano de Bunker Hill e do cerco de Boston, que se deleitava com o ódio que os seus homens sentiam pelos ianques, estava agora animado pelo número de soldados que eram julgados em tribunal militar, por violações, sendo esta uma prova perfeita, escreveu, da sua melhorada dieta e do lote «fogoso» que compunham.

> As ninfas loiras desta terra estão em prodigiosa aflição, pois a carne fresca que os nossos homens têm aqui tornou-os tão desordeiros como libidinosos. Uma rapariga não pode caminhar pelos arbustos

As linhas estão traçadas

para colher uma rosa, sem correr o mais iminente risco de ser violada, e estão tão pouco habituadas a estes vigorosos métodos que não os suportam com a adequada resignação, e como consequência, temos tribunais militares animados todos os dias(100).

No entanto, estes tribunais eram, por si só, prova de que tal conduta não era um assunto leviano para o comando britânico e, de facto, os que eram condenados enfrentavam um castigo bem mais severo do que era, habitualmente, atribuído ao exército americano.

Escrevendo, antes, ao Conde de Huntingdon, o elegante Lorde Rawdon havia expressado a esperança de «em breve termos acabado com estes miseráveis, pois sujamos as mãos lidando com eles. Não imagino que possam, de forma alguma, durar além desta campanha, se nos derem os meios necessários para continuarmos a guerra com vigor»(101). No momento, «os meios necessários» reunidos em quantidade de tal forma encorajadora, em Staten Island, antecipara, impacientemente, o momento em que os «ianques cantadores de salmos», como gostava de lhes chamar, se atravessariam no caminho dos recém-chegados da Escócia, armados com os mortíferos sabres.

Com telescópios, uma dúzia, ou mais de campos dos revoltosos podiam ser distintamente observados e o inimigo parecia «muito numeroso». Do que se podia saber dos lealistas e desertores, a força revoltosa, em Nova Iorque e em Long Island, era calculada, exageradamente, entre 30 000 e 35 000. Mas poucos, se alguns britânicos duvidavam que o conflito que se avizinhava pudesse ser fatal para o exército revoltoso, ou excessivamente sangrento.

Entre muitos oficiais, a preocupação principal era a de que os americanos poderiam não lutar. Como alguém escreveu, anonimamente, numa carta publicada no *Morning Chronicle*, de Londres, «O nosso único medo é que os revoltosos não escolham aventurar-se numa acção geral [...]. Se [...] estiverem determinados a agir apenas na defensiva [...] o nosso trabalho nunca será feito»(102).

Mesmo antes da bem sucedida exibição do *Phoenix* e do *Rose*, Hudson acima, havia sido assumido, por muitos oficiais britânicos, que o ataque a Nova Iorque seria feito a norte e, assim, o exército avançaria pela cidade, pela retaguarda indefesa, enquanto a Marinha Real lançava um pesado bombardeamento dos rios e do porto. Mas o general Howe falava pouco dos seus planos, excepto que a espera continuaria, até ter chegado a totalidade dos reforços. Também o general apreciava os relativos confortos de Staten Island, assim como a companhia da agradável Sra. Loring e claramente, não parecia ter pressa.

Até que ponto o seu irmão, o almirante, influenciaria, ou mesmo determinaria, a estratégia daqui em diante, era uma questão em aberto e importante, pois tanto o almirante como o general haviam sido nomeados, recentemente, pelo Rei, para servirem no papel, estranhamente ambíguo e potencialmente conflituoso, de comissários de paz.

O general era conhecido por querer uma «acção decisiva», como a forma mais certa de acabar com as coisas, rapidamente – esta era, também, a visão intransigente de George Lorde Germain, de quem recebia as suas ordens – e, ao contrário de alguns dos seus oficiais, tinha a certeza de que os americanos iriam lutar. Numa carta, escrita antes de partir de Hallifax para Nova Iorque, havia dito que estavam indiscutivelmente ansiosos por uma luta e que, «entusiasmados com a ideia de superioridade, depois da evacuação de Boston, poderiam ser, mais rapidamente, conduzidos a uma acção decisiva»[103] e que nada era «mais desejado, ou pretendido» do que utilizar os meios mais eficazes «para terminar esta dispendiosa guerra».

Se o almirante levava um ramo de oliveira ou uma espada não se sabia. Porém, a sua presença no *Eagle*, e a perspectiva de mais navios de guerra e de outros transportes a chegar produziam um enorme efeito. O almirante era um famoso combatente náutico e era considerado como sendo dos irmãos, o mais velho e menos condescendente – e com um tom ainda mais escuro e sombrio na sua expressão. – «Escuro Dick»[104], como lhe chamavam, carinhosamente, era considerado o mais sábio dos dois.

O facto de partilharem da mesma opinião, na maior parte dos assuntos militares e políticos, e se darem bem, parecia anular a fricção e ciúmes existentes entre a Marinha Real e o Exército, frequentemente endémica a tais operações conjuntas. Qualquer que fosse a estratégia escolhida, assumia-se que as forças marítimas e terrestres trabalhariam em estreita cooperação e harmonia.

*

No sábado, 13 de Julho, o general Howe e o seu Estado-maior, juntamente com o governador régio Tyron, jantaram com o almirante, no

As linhas estão traçadas

seu camarote, a bordo do *Eagle*. A discussão «orientou-se para assuntos militares, para o país e para os revoltosos»([105]) e durou pela noite dentro.

No dia seguinte, surgiu outro ataque-surpresa, quando Lorde Howe enviara um oficial, seleccionado do *Eagle*, o tenente Philip Brown, pela baía até Nova Iorque, sob uma bandeira de tréguas, levando uma carta dirigida([106]) ao «Excelentíssimo George Washington»([107]). Brown fora recebido por Joseph Reed, que, sob as ordens de Washington, se apressara para a beira-rio, acompanhado por Henry Knox e Samuel Webb.

«Tenho uma carta, meu senhor, de Lorde Howe para o senhor Washington», começara o tenente Brown.

«Meu senhor», respondera Reed, «não temos ninguém no nosso exército com essa denominação».

Quando Brown perguntara qual o título que o senhor Washington havia escolhido, Reed respondera, «O senhor conhece a posição do general Washington, no nosso exército».

«Sim, meu senhor, conhecemos», respondeu Brown. «Tenho a certeza de que Lorde Howe lamentará muito este assunto, uma vez que a carta é de carácter civil e não militar».

Lorde Howe também lamentou «muito por não ter vindo mais cedo», acrescentara Brown, sugerindo que o almirante lamentava não ter chegado a Nova Iorque antes da Declaração da Independência.

Brown regressara ao *Eagle*, para relatar a resposta dos americanos – «Tão elevada é a vaidade e a insolência destes homens!»([107]), irritou-se Ambrose Serle, no seu registo diário. Mas o almirante persistiu. Três dias mais tarde, Brown partira novamente, sob uma bandeira branca, a carta agora dirigida ao «Excelentíssimo George Washington, etc., etc.,». Mas fora, mais uma vez, rejeitada.

No dia seguinte, o almirante fez uma terceira tentativa, desta vez enviando um mensageiro diferente, um capitão de nome Nisbet Balfour, para perguntar se o general Washington receberia o ajudante-general do general Howe, o coronel James Paterson. Desta vez a resposta foi positiva.

Assim, exactamente ao meio-dia de sábado, 20 de Julho, o coronel Paterson chegou a Nova Iorque e foi escoltado, directamente, ao n.º 1 da Broadway, onde se encontrou, com a devida formalidade, com Washington, Reed, Knox e outros de serviço.

A guarda de Washington ficou em sentido, à entrada. Este, tal como Knox escreveu, estava «vestido com graciosidade e tinha uma aparência

1776

elegante» (¹⁰⁸), enquanto Paterson se comportava, de acordo com Reed, com «toda a educação e atenção» (¹⁰⁹).

Sentado à mesa, em frente a Washington, Paterson assegurara-lhe que Lorde Howe não queria «diminuir o respeito ou posição do general Washington». Tanto o Lorde, como o general Howe tinham a «pessoa e carácter» do general Washington «na mais elevada estima», dissera Paterson. Todavia, quando retirou do seu bolso a mesma carta – ainda dirigida ao «Excelentíssimo George Washington, etc., etc.». – e a colocou em cima da mesa, entre eles, Washington deixara-a ficar, recusando, claramente, tocar-lhe.

O uso de «etc., etc.,» implicava tudo que se deveria seguir, Paterson justificara. «De facto, assim é», disse Washington, «e nada». Uma carta dirigida a uma pessoa, numa posição de responsabilidade pública, deveria indicar esse posto, disse Washington, de outra forma pareceria mera correspondência. Não aceitaria tal carta.

Paterson falou da «bondade» e «benevolência» do Rei, que havia nomeado o Lorde e o general Howe, como comissários para «harmonizarem esta infeliz disputa». Tal como Reed escreveria, num relatório para o Congresso – um relatório publicado, pouco depois, no *Pennsylvania Journal* – Washington respondera, simplesmente, que não estava «investido com poderes para este assunto, por aqueles de quem derivava a sua autoridade e poder».

Compreendia, Washington continuou, que Lorde Howe viera de Londres com autoridade para apenas conceder perdões. Se assim era, viera para o local errado.

«Aqueles que não cometeram faltas não querem perdão», dissera Washington, com clareza. «Estamos apenas a defender o que consideramos ser os nossos incontestáveis direitos».

De acordo com Henry Knox, o oficial inglês ficara tão «surpreendido, como se estivesse perante algo sobrenatural» (¹¹⁰).

Paterson disse que lamentava que uma «adesão a formalidades» pudesse «obstruir negociações de grande importância e preocupação».

Terminada a reunião, tal como o próprio Paterson escreveria, o general «com acentuada atenção e civismo deixou-me sair».

Fora uma cena que os presentes na sala não esqueceriam tão depressa. Washington desempenhou o seu papel na perfeição. Não era suficiente que um líder se limitasse apenas à aparência; de acordo com as regras de Washington, deveria saber como agir, com sangue-frio e precisão. John Adams descreveria Washington, mais tarde, aprovadoramente, como um dos grandes actores da época [111].

Para Washington havia sido uma farsa obrigatória. Não tinha qualquer fé, nenhum tipo de confiança em qualquer proposta de paz dos britânicos, mesmo que adequadamente transmitidas. Havia concordado tomar parte em tal «entrevista» [112], compreende-se, em parte para mostrar aos britânicos – e aos seus colaboradores – que poderia fazer por fazer, como qualquer outro oficial e cavalheiro, mas mais importante, para enviar uma mensagem, sem qualquer ambiguidade, ao comando britânico. E nisto foi, inequivocamente, bem sucedido.

Como Lorde Howe informaria Lorde Germain, sobre a perspectiva de um compromisso aceitável para o Rei, a «entrevista [...] obrigou-me a alterar a minha contribuição para a realização de um propósito tão desejável».

*

Os navios britânicos continuam a chegar, as suas velas, a princípio minúsculos reflexos no horizonte a leste, depois crescendo, firmemente, tornando-se cada vez maiores, enquanto vinham por Narrows. Samuel Webb contou cinco navios a 25 de Julho, oito a 26 de Julho. A 29 de Julho chegaram mais vinte.

Iniciou-se uma seca, em pleno Verão; o calor era muito intenso. Tal como o Inverno de 1776 fora de extremo frio, também o Verão era de extremo calor. «Nenhuma aragem, e o termómetro a marcar quase 35 graus» [113], registara Ambrose Serle, a bordo do *Eagle*.

Henry Knox, escrevendo a Lucy, à sua secretária no n.º 1 da Broadway, disse que nunca havia trabalhado tanto, nem sentido de tal forma os efeitos do calor.

> Normalmente levanto-me com o sol, ou um pouco antes e, imediatamente, com parte do regimento, assisto às orações, canto um salmo, ou leio um capítulo [da Bíblia]. Despacho uma quantidade considerável de assuntos antes do pequeno-almoço. Daí até ao jantar, torro, sob um sol tão quente que pode estrelar ovos. De facto, minha querida Lucy, nunca sofri tanto de fadiga na minha vida [114].

1776

A 1 de Agosto, um aglomerado de 45 navios, transportando os generais Henry Clinton e Charles Cornwallis e cerca de 3000 soldados, foi avistado em Sandy Hook, acabado de regressar da Carolina do Sul e fazendo «uma aparição requintada» (115), aos olhos dos exultantes britânicos.

Para os americanos, os navios e o exército de Clinton eram tão inesperados, como «se tivessem caído das nuvens».

E mais navios continuavam a aparecer.

A 4 de Agosto, Nathanael Greene relatou que mais 21 haviam sido contados no horizonte, a frota completa de Lorde Howe. E, como para realçar a ambiguidade da missão do almirante, os navios de transporte, carregados com soldados, tinham nomes como *Good Intent* (Boa Intenção), *Friendship* (Amizade), *Amity's Admonition* (Aviso de Amigo) e *Father's Good Will* (Boa Vontade do Pai).

«Tivemos tantas chegadas tardias» (116), escreveu, quase estonteado, Ambrose Serle, «que os comandantes dos revoltosos, tanto quanto soubemos, dizem ao seu povo que enviamos navios durante a noite e que voltam, no decurso do dia seguinte, como manobra para os intimidar».

Joseph Reed, escrevendo a um amigo, disse que pelo menos 100 navios chegaram em dez dias e, mesmo assim, apenas parte das tropas «estrangeiras» (hessianos) (*), chegaram. Parece que Reed estava verdadeiramente intimidado. Pela primeira vez, expressou grandes receios sobre a sapiência de sequer tentar defender Nova Iorque contra tal força. «É apenas um ponto de honra, que nos mantém aqui» (117). Tinha uma estratégia diferente em mente.

«A minha opinião é» (118), escreveu, «de que devemos transformá-la numa guerra de guarnição militar, prolongar, adiar, evitar qualquer acção geral, ou mesmo qualquer acção, excepto se tivermos grandes vantagens». Da forma como as coisas estavam, não via qualquer vantagem. Não se sabe até que ponto pressionava o seu comandante com estas suas posições na altura. Mesmo o resoluto e optimista Henry Knox sofria as suas angústias privadas. «Encolho-me e estremeço com as potenciais consequências da nossa actual conduta – o peso absoluto, sem qualquer mitigação, do nosso próprio futuro, sobre os ombros do actual exército, um exército, tenho pena de dizer, [que] não é, suficien-

---

(*) Soldados mercenários provenientes do Principado de Hesse-Cassel, hoje uma região da Alemanha (*N. do R.*)

As linhas estão traçadas

temente numeroso para resistir aos formidáveis ataques que serão, provavelmente, realizados»([119]), disse ao seu irmão, numa carta datada de 5 de Agosto.

Washington continuou determinado a resistir, ainda convencido de que a cidade tinha de ser defendida.

A 12 de Agosto, o mar do outro lado de Narrows estava repleto com outra centena de navios, ou mais, que se aproximava de Nova Iorque, uma frota tão grande que demorou todo um dia para entrar no porto, a todo o vapor([120]), cores que voavam, armas que saudavam, marinheiros e soldados, nos navios e em terra, a festejarem até ficarem roucos.

Para além disso, mais 3000 soldados britânicos e mais de 8000 hessianos haviam chegado, depois de três árduos meses no mar.

Em Nova Iorque nunca se vira nada igual. Os telhados das casas estavam cobertos com «espectadores pasmados»; todos os molhes que ofereciam boa visão estavam obstruídos com pessoas. O total da armada britânica, agora ancorada num «extenso e denso aglomerado», perto de Staten Island, atingia quase 400 navios grandes e pequenos, 73 navios de guerra, incluindo oito cruzadores, cada um guarnecido com 50 canhões, ou mais. Tal como os oficiais britânicos relembravam, alegremente, uns aos outros, era a maior frota alguma vez vista em águas americanas. De facto, tratava-se da maior força expedicionária do século XVIII, a maior e mais poderosa força alguma vez enviada para a frente, da Grã-Bretanha, ou outra nação.

Porém, não era menos verdade que, por muito grandes que os navios fossem – e para os americanos, que nunca haviam visto nada igual, eram colossais – ainda podiam ter sido maiores. Mesmo o *Asia* e o *Eagle* eram pequenos, comparados com os outros navios da frota britânica. O navio *Victory*, ao Serviço de Sua Majestade, por exemplo, estava guarnecido, na totalidade, com 98 canhões. Preocupado com as dificuldades para desobstruir os bancos de areia, de Sandy Hook e transpor o rio East e o Hudson, o almirante Lorde Howe escolhera, sabiamente, a velocidade e navios manobráveis, em detrimento do tamanho e de um poder de disparo mais massivo.

Ainda assim, pela escala das coisas, nas colónias americanas de 1776, tratava-se de uma exibição de poderio militar que estava para além do imaginável. Ao todo, 32 000 soldados haviam desembarcado em Staten Island, uma força bem armada, bem equipada e treinada,

1776

mais numerosa do que toda a população de Nova Iorque, ou mesmo de Filadélfia que, por sua vez, tinha uma população de cerca de 30 000, sendo a maior cidade da América.

Joseph Reed, ao escrever à sua esposa, expressou o que muitos sentiam:

> Quando olho para baixo e vejo a prodigiosa frota que concentraram, os preparativos que fizeram, e, acredito, as grandes despesas em que incorreram, não consigo deixar de ficar surpreendido que um povo viaje quase 5000 quilómetros sob tais riscos, problemas e despesas, para assaltar, pilhar e destruir outro povo, somente porque este não estende a sua vida e fortuna aos seus pés [121].

*

Nos acampamentos de tendas que salpicavam Staten Island, os soldados britânicos festavam. Mas também assim era no lado americano, entre os veteranos da campanha de Boston, como Jabez Fitch, acampado em Nova Iorque, e Joseph Hodgkins, em Long Island, que não tinham dúvidas de que as tropas causariam uma boa impressão, independentemente do que acontecesse.

A sua confiança consolidava-se, em grande parte, com noções distorcidas da sua própria força. Era, efectivamente, verdade que o inimigo «chegava quase todos os dias», escrevera Hodgkins à sua esposa, e poderia totalizar cerca de 25 000. No entanto, ela não precisava de se preocupar, «pois, agora, temos 42 000 homens, e todos os dias chegam mais»[122]. Um jornal noticiava que o exército americano atingia 70 000.

Muitos dos recém-chegados tinham o aspecto que os soldados devem ter, envergando uniformes elegantes e bem armados, marchando para a cidade cheios de orgulho. Delaware, a colónia mais pequena, enviara o maior batalhão do exército, «os Azuis de Delaware»[123]. Tratava-se de uma força de 800 homens, com elegantes casacos azuis, debruados a vermelho, coletes brancos, calções de pele de gamo e meias brancas de lã, transportando belos mosquetes ingleses, «recentemente importados». O orgulhoso batalhão de Maryland, comandado pelo general William Smallwood, era composto por «homens de honra, de família e fortuna», e, se é que isso possa ser possível, estavam ainda

As linhas estão traçadas

melhor armados e mais deslumbrantes, em casacos escarlate, forrados com couro grosso. Os resistentes pescadores de Massachusetts, do coronel John Glover, apresentavam casacos curtos azuis, como os dos marinheiros, camisas brancas, calções e boinas brancos, enquanto o seu baixo, entroncado e ruivo comandante, tinha uma passamanaria prateada, de boa qualidade, no seu casaco de tecido, de primeira qualidade, transportando um par de pistolas de prata.

Todavia, enquanto o fluxo de reforços se tornava um espectáculo diário, as deserções aumentavam todos os dias, e alistar novos recrutas era cada vez mais difícil, em parte porque o Verão de 1776 constituía um ano abundante, nas quintas americanas, e os homens podiam, convenientemente, alegar que eram necessários em casa. «As suas queixas não têm fim», escreveu o coronel de um regimento de Connecticut.

Alguns têm dez, ou doze carregamentos de palha cortada e não há homens para os apanhar. Alguns têm uma grande quantidade de relva para cortar. Outros não acabaram de sachar o milho. Alguns, não todos, têm de lavrar a terra para semearem as sementes de Inverno. Alguns têm toda a família doente e não há ninguém para tratar deles[124].

No sufocante calor de Verão, em Nova Iorque e em Long Island, a febre tifóide tornou-se epidémica. Quando o tenente Hodgkins admitiu, à sua esposa Sarah, que «um grande número, dos nossos, está adoentado»[125], tal constituía apenas metade (Hodgkins estava extremamente preocupado com o seu filho mais novo, de dois anos, com o mesmo nome do pai, e que soubera estar gravemente doente em casa. Tentava, por isso, poupar a sua esposa com mais preocupações). No regimento em que Jabez Fitch servia, 180 homens, dois terços do regimento, incluindo o oficial comandante, o coronel Jedediah Huntington, estavam demasiado doentes para o serviço. «Há muitas enfermidades no acampamento»[126], registara um médico militar do regimento, Albigence Waldo, acrescentando que, noutros acampamentos, as condições eram piores.

«Esta impura água faz-nos adoecer a todos»[127], escreveu o capelão, Philip Fithian, de Nova Jérsia, que também estava doente.

1776

Um morreu esta manhã no nosso hospital, de uma disenteria [...] Dois morreram ontem, no hospital de Nova Iorque, de uma disenteria e mais 30 estão confinados com essa e outras doenças pútridas.

No acampamento, muitos também não estão nada bem, mas não vão para o hospital. O pobre Sr. Donaldson, o meu antigo vizinho, está entre eles. Ontem foi ao hospital, mas arrastou-se de volta, para a sua tenda, esta manhã, decidindo ali morrer, em vez de voltar ao hospital ([128]).

Como havia acontecido frequentemente em Boston, Washington e os seus generais insistiam na máxima limpeza possível. Nathanael Greene, em particular, dera repetidas ordens para o acampamento ser limpo, que as sepulturas – tal como as latrinas eram conhecidas – fossem cobertas por terra nova, diariamente, e novas sepulturas fossem semanalmente escavadas.

O general também proíbe, nos mais veementes termos, [Greene havia escrito nas suas ordens de 28 de Julho], que as tropas se aliviem nos fossos das fortificações, uma prática que é vergonhosa, até ao mais alto grau. Se estas ordens não forem cumpridas, as emanações vindas de tais locais produzirão, em breve, epidemia no acampamento ([129]).

Calculava-se que entre 3000 a 6000 homens estivessem doentes. «A quantidade dos seus homens [de Washington], diminui a cada dia que passa», escrevera um visitante inglês que havia, recentemente, «escapado aos provincianos», em Nova Iorque.

Desertam em grandes grupos, estão doentes, imundos, divididos e são desordeiros. As doenças pútridas, em particular a varíola, levaram um grande número. Quando deixei a cidade, havia 6000 nos seus hospitais, usando a King's College para esse efeito ([130]).

O general Heath estimaria, mais tarde, que 10 000 homens do exército, estariam doentes. «Em quase todos os celeiros, estábulos, cabanas e mesmo sob as vedações e arbustos se viam doentes, cujos semblantes eram, apenas, indicadores do desânimo e da aflição que sofriam» ([131]).

As linhas estão traçadas

E aqueles que ainda não haviam sido «derrubados» viviam com o constante receio de poderem vir a ser os próximos.

«Estas coisas são deprimentes, mas ainda assim verdadeiras», relatou Washington a John Hancock. «Espero que as coisas melhorem».

Apesar de todas as desvantagens, todos os meus esforços serão empregues para levar ao grande fim que temos em vista, e até onde posso julgar, pelas declarações e aparente disposição das minhas tropas, terei o seu apoio. A superioridade do inimigo e o esperado ataque não parecem ter desanimado o seu estado de espírito [132].

Foi uma longa espera. Em meados de Agosto, tinham passado mais de quatro meses desde que o exército se deslocara de Boston para Nova Iorque, e a pressa estava na ordem do dia. Os britânicos só tinham chegado no final de Junho, e na altura, em vez de atacarem de uma vez só, tal como Washington esperava, mantiveram-no a observar e à espera, semana após semana, enquanto chegavam mais tropas e homens da sua marinha. Quaisquer que fossem os seus planos, ou por muito pouco que restasse da «época para agirem» [133], pareciam, inexplicavelmente, não ter qualquer pressa.

As incertezas de Washington, relativamente ao local de onde os britânicos atacariam e à forma de divisão da força que tinha, não eram menos acentuadas agora do que haviam sido no início. Greene e Reed, cujas opiniões valorizava bastante, estavam certos de que o inimigo atacaria Long Island, devido ao número de lealistas ali presentes e às extensas e acessíveis praias, onde as tropas podiam prontamente desembarcar sob a protecção dos navios britânicos.

Todavia, Washington preocupava-se com o facto de que um desembarque em Long Island pudesse constituir uma distracção, antecipando um ataque completo a Nova Iorque. E, sem forma de saber, sentiu-se então forçado a violar uma das mais antigas e fundamentais regras de batalha: nunca dividir a sua força quando se enfrenta uma força superior. Dividira o seu exército em partes mais ou menos iguais com o intuito de poder mover homens para um lado ou para outro, sobre o rio East, dependendo da forma como os acontecimentos se desenrolassem.

Num longo relatório, para Washington, datado de 15 de Agosto, Greene realçou mais um motivo de preocupação. As novas tropas, que

1776

chegavam a Long Island, além de serem indisciplinadas, inexperientes, fracamente armadas e equipadas, «desconheciam o local» ([134]). Não tinham qualquer familiaridade com a disposição do terreno, um assunto que Greene considerara de grande importância. «Não estarão tão aptos a apoiar-se uns aos outros, durante as acções, como aqueles que já estão há muito tempo habituados e que não estão somente ligados entre si, mas também ao local».

Confirmara que as tropas estavam «extremamente moralizadas» ([135]), e que, tal como Washington, ganhara nova coragem com este facto. Somente no final se apercebera, com grande desgosto, que estava confinado à sua cama, com uma febre intensa. Greene, o oficial que mais se havia preocupado com a saúde das tropas, foi, ele próprio, atacado num momento crucial.

*

Nas reuniões do alto comando britânico, o general Henry Clinton apresentou os seus argumentos para atacar na zona norte da ilha de Nova Iorque, acima do Hudson, porém, em conferências, umas seguidas às outras, descobriu que não iria a lado nenhum com William Howe, que, por sua vez, tinha outros planos.

Na manhã de sábado, dia 18 de Agosto, tirando partido do forte vento de nordeste, o *Phoenix* e o *Rose* ([136]) «navegaram, activamente», descendo o Hudson, para se juntarem à frota. Numa determinada altura, durante a sua temporária permanência a montante, os americanos enviaram um brulote – um navio em chamas – contra o *Phoenix*, embora de nada servisse; e, no caminho de volta, as armas americanas havia disparado continuamente, tal como antes, «como trovões incessantes», mais uma vez sem grande efeito.

Se alguém no comando americano considerou o regresso dos dois navios inimigos, a montante, com um sinal de preocupação, não existem registos disso.

No dia seguinte, dia 19 de Agosto, Washington afundou vários navios antigos, na foz do rio East, entre Battery e a ilha do Governador, na esperança que estes evitassem que a frota britânica tentasse entrar entre Nova Iorque e Brooklyn.

O capitão William Tudor, o promotor de justiça, descreveu todo o exército como estando impaciente por acção. A pá e a picareta haviam

As linhas estão traçadas

sido tão bem usadas, escrevera «Billy» Tudor, que eram «raros os pontos» deixados sem defesa. «Da vantagem que agora possuímos, penso que o general Howe deve ser afastado quando atacar, mas se for capaz de conquistar a ilha, deverá ser com perdas tão prodigiosas que a própria vitória será a ruína» ([137]). Seria, por outras palavras, um novo Bunker Hill.

A 20 de Agosto, Washington soube que Nathanael Greene, com quem contava mais do que ninguém, piorara. Knox, nas cartas para a sua esposa, contou que o «pobre general Greene» ([138]) estava «perigosamente, doente», «doente às portas da morte». Sem outra opção, Washington substituíra-o no comando e o enfraquecido general fora deslocado de Brooklyn Heights, pelo rio, até à «delicada» segurança de uma casa, a vários quilómetros acima de Nova Iorque.

No lugar de Greene Washington colocou o obstinado John Sullivan, que havia, recentemente, regressado do Canadá e que não tinha a capacidade nem o juízo de Greene. Para além disso, Sullivan era, segundo a expressão de Greene, um «total desconhecedor do terreno» de Long Island.

Numa carta enviada, anteriormente, a John Hancock, Washington fez uma avaliação sincera de Sullivan, como sendo «espirituoso e zeloso, ligado à Causa» ([139]), embora fosse, igualmente, um homem com «pontadas de vaidade» e com um «desejo» demasiadamente grande «de ser popular». Assim, generosa e realisticamente, Washington admitira que todos os que estavam no comando do exército sofriam de uma falha maior, mais séria, incluindo ele próprio. «Os seus desejos», dissera Washington sobre Sullivan, «são comuns a todos nós: o desejo de experiência, para avançar para um patamar superior».

*

Num determinado momento, no decorrer de quarta-feira, dia 21 de Agosto, Washington rabiscara uma rápida nota para John Hancock, apenas para lhe dizer que não «tinha nada de especial» ([140]) para comunicar.

Nesse mesmo dia, numa propriedade de campo próximo de Elizabethtown, em Nova Jérsia, o general William Livingston, um antigo membro do Congresso e novo no comando da milícia de Nova Jérsia, escreveu a Washington, «com a máxima urgência», para lhe comunicar que um espião, que enviara a Staten Island, tinha regressado para informar que os britânicos estavam prestes a atacar, tanto em Long Island como acima do Hudson e que o ataque poderia ocorrer a qualquer momento, «o mais tardar, esta noite» ([141]).

A resposta de Washington, escrita pela mão de Joseph Reed, dizia «Não descobrimos, aqui, qualquer movimento de consequência» ([142]).

O General John Sullivan, de Richard Morrell Staigg. Político ambicioso, de New Hampshire, que se transformou em soldado, Sullivan era corajoso e obstinado, mas sem comparação com o competente Greene.

O General Israel Putnam, de John Trumbull. O indómito e popular «Velho Put», de Connecticut, não tinha medo de nada, mas não se adequava às múltiplas responsabilidades de um grande comando.

À esquerda: William Alexander, Lorde Stirling, de Bass Otis. O único general americano a reclamar um título, Stirling, de Nova Jérsia, levou a sua pequena força a Brooklyn, com extraordinário valor.

À direita: O auto-retrato do Capitão C. W. Peale. Para agradar à esposa, o artista pintou-se a si próprio no seu uniforme novo da milícia da Pensilvânia.

Thomas e Sarah Mifflin, num retrato de John Singleton Copley. Especialmente durante a fuga de Brooklyn, Thomas Mifflin provou ser um dos melhores oficiais, sob o comando de Washington.

Em cima à esquerda: A Família Washington, de Edward Savage. Uma fotografia pós-guerra retrata o comandante das forças em casa, em Monte Vernon, rodeado pela mulher, Martha, pelos netos desta, Eleanor Custis e George Washington Parke Custis, e o escravo William Lee, que serviu ao lado de Washington durante a guerra. A elegância do mundo do general contrastava claramente com o exército da ralé, que liderou em 1776. O esboço (*à direita*), uma rendição britânica de um patriota ianque, não é muito diferente da visão expressa em privado por Washington (em baixo).

> although it is consistent with truth. — I daresay the Men would fight very weh [well] (if properly Officered) although they are an exceeding dirty & nasty people. — had they been properly conducted at Bunkers Hill on the 17th of June or those that were

O quartel-general de Washington, durante o Cerco de Boston, era uma mansão de Cambridge, que ainda existe, agora conhecida como Longfellow House.

Em cima: O General William Howe, que pertencia a uma das famílias inglesas mais influentes, era um soldado profissional corajoso, mas levava uma vida ociosa sempre que não se encontrava em acção. A audaciosa missão do jovem amador de artilharia, Henry Knox, de trazer as armas de Ticonderoga para Dorchester Heights, apanhou Howe completamente de surpresa.

À direita: Um grande homem de grandes ideias, Knox gostava de publicitar as «grandes novidades» da sua livraria «London Book-Store», com anúncios em que destaca o seu próprio nome.

of horses, in case of any accident — After takeing my leave of General Schuyler & some others of my friends in Albany I sat out from thence about twelve O'clock & went as far as Claverac about 9 miles beyond Kinderhook — I first saw all the cannon without from the ferry opposite Albany — 16th reach'd N° 1 after haveing clim'd mountains from which we might almost have seen all the Kingdoms of the Earth — Went 12 miles thro' the Green Woods to Blanford it appear'd to

Uma página do diário de Knox, que manteve durante a épica expedição de Inverno a Ticonderoga, aqui reproduzida tamanho real. Nesta página escreve sobre escalar os picos nos Berkshires, «dos quais quase poderíamos ver todos os reinos da terra». Datado de 10 de Janeiro de 1776.

A retirada britânica de Boston começou antes do nascer do dia, domingo, 17 de Março de 1776. Os canhões eram inutilizados e abandonados no porto, quase 9000 homens das tropas do Rei e 1100 lealistas entraram em navios britânicos, em direcção a Halifax. Os americanos, que testemunhavam o espectáculo na costa, davam vivas e derramavam lágrimas. «Certamente é obra do Senhor», escreveu Abigail Adams.

Entre os lealistas que partiram, havia muitos cidadãos proeminentes de Boston, como Justice Peter Oliver (*à esquerda*). A maioria, contudo, pertencia a diferentes estratos sociais, agricultores ou comerciantes, firmes na sua lealdade ao Rei, e que se consideravam verdadeiros patriotas.

Washington conferiu, generosamente, a honra de liderar as tropas americanas para Boston ao general de Massachusetts, Artemus Ward, à esquerda, num retrato de Charles Willson Peale.

Antes dos britânicos içarem velas para o mar alto, dois dos seus engenheiros, os capitães John Montresor e Archibald Robertson, fizeram explodir o Castelo William, no Porto de Boston. A imagem seguinte foi desenhada por Robertson, que fizera numerosos esboços, tanto em Boston como nos arredores, e manteve um diário durante todo o Cerco.

A armada britânica que velejou para o Porto de Nova Iorque, no início do Verão de 1776, atingia mais de 400 navios. Era a maior força naval jamais vista em águas americanas, e a maior enviada das Ilhas Britânicas para derrotar um adversário. Sem navios de combate próprios, os americanos enfrentaram uma tarefa quase impossível para se defenderem de tal poder.

O general Henry Clinton não era nem impressionante na aparência, nem uma pessoa de trato fácil, para os seus colegas comandantes britânicos, mas o seu plano de um movimento flanqueado nocturno, em Brooklyn, teve um resultado brilhante. Se tivesse sido adoptada a estratégia global de Clinton para derrotar os americanos, o resultado final da campanha poderia ter sido diferente.

A fúria da primeira grande batalha – e a primeira derrota colossal
do Exército Continental –, em Brooklyn, a 27 de Agosto de 1776,
é retratada, dramaticamente, numa pintura de Alonzo Chappel.
À esquerda, ao longe, Lorde Stirling lidera algumas centenas de soldados
de Maryland, num corajoso ataque sobre as linhas britânicas,
enquanto à direita, em primeiro plano, outras tropas americanas,
numa retirada desesperada, saltam para o afluente Gowanus.

A fuga nocturna do
exército americano
de Brooklyn, pelo rio
East, nunca teria sido
bem sucedida sem os
intrépidos marinheiros
de Marblehead, que
tripulavam os barcos.
O esboço, a lápis,
do seu comandante,
o coronel John Glover,
é de John Trumbull.

Numa única noite, 9000 tropas, com equipamento e cavalos, foram transportadas
ao longo de um quilómetro e meio, em águas turbulentas, para Nova Iorque,
com o desconhecimento dos britânicos e sem a perda de uma única vida.
Numa gravura de M. A. Wageman, Washington é retratado
a dirigir o desembarque, em Brooklyn.

O Rei Jorge III, de Johann Zoffany. Coroado em 1760, com 22 anos, Jorge III já governava há quinze anos, quando compareceu perante o Parlamento, em finais de 1775, para declarar que as colónias americanas estavam em rebelião e afirmar a sua decisão de as colocar no seu lugar. Neste retrato, de 1771, é representado como um homem robusto, rico e respeitador que o era, de facto, assim como de grandes dotes e consideravelmente mais perspicaz do que a história muitas vezes o relembra.

Lorde George Germain, de George Romney. Nomeado pelo Rei como
Secretário das colónias americanas, no final do Outono de 1775, Lorde Germain
contrastava, de forma patente, com o pacífico primeiro-ministro,
Lorde North (à direita). Soldado e político, Germain era orgulhoso, dominante
e mordazmente inteligente. A melhor forma de a rebelião americana terminar era,
acreditava ele, com um «golpe decisivo».

À esquerda: Edmund Burke, num esboço de James Sayers. De entre os solidários com a causa americana, Edmund Burke era notável. Os seus discursos eram dos mais eloquentes alguma vez ouvidos na Câmara dos Comuns. Mas Burke e outros da mesma opinião representavam uma inegável minoria, tendo mesmo falado das colónias americanas como as «nossas» colónias.

Frederick, Lorde North, de Nathaniel Dance. Instintivamente prestável, querido por todos no Parlamento, o Primeiro-Ministro Lorde North não desejava a guerra na América; no entanto, servia respeitosamente o Rei, que lhe chamava a sua «âncora principal».

George Washington, de Charles Willson Peale. Um dos retratos mais fortes e mais distintivos de Washington foi este de Peale, pintado em 1787, doze anos depois de Washington ter assumido o comando, em Cambridge, com 43 anos. Com a sua altura (1,88 metros) e o seu traje militar de magnífico corte, o comandante das forças era fácil de distinguir num exército, onde quase ninguém era tão alto e poucos possuíam algo semelhante a um uniforme. Acreditava que um líder deve agir e comportar-se como tal.

Joseph Reed, de Charles Willson Peale. Dos seus colaboradores directos, a sua «família» militar, como lhes chamava, Washington tinha um especial apreço por Joseph Reed, um jovem e talentoso advogado de Filadélfia, que serviu como secretário e se tornou o seu confidente mais próximo. Reed tinha uma admiração ilimitada pelo seu comandante.

Neste excerto de uma carta, de um conjunto de missivas privadas para Reed, Washington expressou o seu veemente desejo de que Reed voltasse para o ajudar. «É-me absolutamente necessário […] ter pessoas que podem pensar por mim, assim como executar ordens», escreveu Washington, a 23 de Janeiro de 1776.

O General Nathanael Greene, de Charles Willson Peale. Greene, da Rhode Island, um *quaker* elegante e de fácil trato, que coxeava, sabia pouco da vida militar além do que lera em livros, quando, aos 33 anos, se tornou o mais novo brigadeiro general no exército americano. Em experiência, apenas seria ultrapassado por Washington. O retrato é um da série de Peale, «Galeria dos Grandes Homens».

Capítulo 5

Campo de Batalha

> *Lembrai-vos oficiais e soldados: vós sois homens livres que lutam pela bênção da liberdade.*
> General George Washington

I

Na noite de 21 de Agosto de 1776, abateu-se, sobre Nova Iorque, uma terrível tempestade, a mais violenta de que havia memória, e para aqueles que viam agouro numa tal fúria da natureza – os que estavam familiarizados com os escritos do historiador romano Tito Lívio, por exemplo, ou as peças de Shakespeare, que eram muitos –, uma noite tão violenta parecia ser mau presságio. Os cronistas Philip Fithian, Ambrose Serle e o Pastor Ewald Shewkirk documentaram-na: «uma tempestade como um furacão»([1]), «uma tempestade terrível»([2]), «a mais veemente que já vi»([3]), «uma cena invulgar [...] horrível»([4]). Um oficial de Connecticut, em Brooklyn Heights, o major Abner Benedict, descreveu a forma como, às sete horas, uma monstruosa nuvem trovejante emergira a oeste. Cada vez mais «sobrecarregada com electricidade, o relâmpago percorria-a constantemente de ponta a ponta»([5]). Começou a chover. «Depois, seguiu-se um estrondo mais sonoro do que mil canhões. [...] Em poucos minutos, todo o céu ficou preto como tinta, e de lado a lado do horizonte todo o empíreo resplandecia com relâmpagos». O trovão não se fazia ouvir em sons sucessivos, mas num «estrondo contínuo».

A tempestade assolou durante três horas, no entanto, estranhamente, a nuvem parecia estar imóvel, «girando permanentemente em círculos» sobre a cidade. «Os relâmpagos caíam em massa e em linhas de fogo para a terra e pareciam atingir, incessantemente, todos os locais».

Casas irromperam em chamas. Dez soldados, acampados perto do rio East, abaixo do forte Stirling, foram mortos com um único clarão. Em Nova Iorque, um soldado, apressando-se pelas ruas, foi atingido, ficando surdo, cego e mudo. Noutra parte da cidade, três oficiais foram mortos por um único raio. Um relatório, mais tarde, descreveu como as pontas das suas espadas e as moedas nos seus bolsos se haviam derretido, e como seus corpos estavam tão negros, que pareciam ter sido torrados.

Para o major Benedict, o estrondo e o sangue derramado na batalha eram algo já esperado. «Mas parece que há um significado oculto, algum propósito secreto no momento em que a faísca é lançada por um braço invisível, e a partir da misteriosa profundeza do espaço»([6]).

Não podia explicar a forma como a nuvem permanecia estática durante tanto tempo, excepto através do modo como eventualmente «a vasta quantidade de armas recolhidas na cidade e nas suas imediações a terão atraído, extraindo-lhe uma assustadora quantidade de energia».

*

Antes da madrugada do dia seguinte, quinta-feira, 22 de Agosto, o céu estava limpo e sem nuvens, como se nada de extraordinário houvesse acontecido([7]). E com uma fresca brisa matinal e o rufar dos tambores, a invasão dos britânicos, há muito esperada, encetou caminho em direcção a Long Island.

As fragatas *Phoenix* (com Lorde Howe a bordo), *Rose* e *Greyhound*, e duas galeotas bombardeiras de dois mastros, a *Carcass* e a *Thunder* (embarcações equipadas para o bombardeamento da costa), balançavam, soltas das suas amarras, e desceram para Narrows, tomando as suas posições para cobrir o desembarque. Então, aproximadamente às cinco horas, com o dia a começar, um corpo avançado – 4000 homens das tropas de elite do Rei, lideradas pelos generais Clinton e Cornwallis – colocou-se ao largo, os homens amontoados a bordo de vintenas de chatas (construídas durante o tempo que estiveram em Long Island), com marinheiros britânicos nos remos.

Lenta, mas regular, sob um glorioso sol matinal, a força da invasão continuou pelas águas, durante 5,5 quilómetros, até que, precisamente às oito horas[8], com um clarão de um tiro de canhão do *Phoenix*, todas as 4000 tropas desembarcaram na longa, plana e vazia praia da Gravesend Bay.

Tudo fora cuidadosamente preparado, cada movimento do exército e da marinha cuidadosamente coordenado. O desembarque fora tão calmo que parecia ter sido ensaiado, não encontrando oposição. O número comparativamente baixo de carabineiros da Pensilvânia do coronel Edward Hand, posicionados próximo da costa, já se haviam retirado, dispersando-se simplesmente, ou matando gado e queimando campos de trigo e edifícios de quintas enquanto marchavam. As densas colunas de fumo, elevando-se no ar, podiam ser vislumbradas em Nova Iorque, quase a 13 quilómetros de distância.

Enquanto mais tropas se seguiam, um espectáculo naval de mais de 90 embarcações enchia Narrows. Chegavam vagas infindáveis de soldados, os seus casacos vermelhos e baionetas polidas cintilando debaixo de um sol brilhante. Um batalhão dos Guardas Granadeiros hessianos, de casacos azuis, atravessava em barcos e permanecia nas fileiras, de mosquetes na mão e por ordem de batalha. Pelo meio-dia, um exército totalmente equipado de 15 000 homens e 40 peças de artilharia havia desembarcado, reunindo-se rápida e uniformemente, numa formação perfeita, no plano adjacente. E mais se seguiriam, incluindo as mulheres que estavam com o exército.

Lealistas, às centenas, convergiram para darem as boas-vindas aos invasores, muitos deles trazendo provisões, de todos os tipos, há muito escondidas. As boas-vindas eram ainda mais efusivas do que haviam sido em Staten. Entretanto, Cornwallis e a guarda avançada apressavam-se directamente para o interior, durante cerca de dez quilómetros, para estabelecerem um acampamento na pequena vila holandesa de Flatbush, perto do arborizado pico de Gowan [conhecido como *Heights of Gowan*].

Constituía uma cena pitoresca, escreveu Ambrose Serle:

1776

Quinze mil soldados sobre uma bela praia [...], formando sobre o plano adjacente [...]. Navios e embarcações com as suas velas içadas para secarem, o sol, resplandecente, brilhando sobre elas, as colinas e prados verdejantes depois da chuva [...]. A acrescentar a tal cenário, a gravidade do assunto [...] e o espírito maravilhosamente cativado([9]).

Os marinheiros britânicos, que vieram a terra, «regalaram-se com as maravilhosas maçãs, abundantemente penduradas nas árvores, por todo o lado»([10]), Serle continuara. «Era realmente divertido, ver os marinheiros e as maçãs a caírem juntos das árvores».

Outros aspectos da cena eram, no entanto, imageticamente bastante vívidos. Um oficial hessiano, o tenente Johann Heinrich von Bardeleben, descreveu as casas queimadas, campos em cinzas, ruas repletas de gado morto e pessoas idosas olhando, com tristeza, para o que «parecia ter sido outrora um paraíso em florescente abundância».

O nosso regimento estava acampado no meio de pomares de macieiras e pereiras. [...] Também aqui, a imagem da destruição era uma constante. Em quase toda a parte havia cómodas, cadeiras, espelhos com molduras douradas a ouro, porcelanas e todo o tipo de artigos, do melhor e mais caro fabrico([11]).

Os hessianos e as tropas britânicas, da mesma forma, ficaram surpreendidos ao constatarem que os americanos haviam sido abençoados com tal abundância – grandes quintas e maravilhosas mobílias. «Em todos os campos se encontrava a melhor fruta», escrevera o tenente von Bardeleben, depois de um passeio, sozinho, longe do caminho de destruição. «Os pessegueiros e as macieiras são especialmente numerosos [...]. Uma parte das casas é feita apenas de madeira e a sua mobília é excelente. Conforto, beleza e limpeza saltam imediatamente à vista».

Para muitos dos ingleses, tal abundância como a que viram em Long Island era a prova de que a América havia, de facto, enriquecido às custas da Grã-Bretanha.

Com efeito, os americanos de 1776 desfrutavam de um padrão de vida mais elevado do que qualquer outro povo do mundo. A sua riqueza material era, consideravelmente, menor da que teriam com o tempo. Ainda assim, era bastante maior do que a que outros possuíam, noutros locais. Era incompreensível, para os invasores, a forma como as pessoas que tanto possuíam, vivendo nas suas próprias terras, poderiam optar revoltar-se contra o soberano que Deus lhes havia concedido e, assim, causar tamanha devastação sobre si próprios.

*

Chegaram notícias a Nova York, bem cedo, mas Washington foi informado muito imprecisamente sobre o tamanho da força inimiga que viera a terra. Sabendo que eram 8000 ou 9000, rapidamente concluiu que o desembarque era a simulação de que havia esperado e, consequentemente, despachou apenas 1500 soldados, pelo rio East para Brooklyn, diminuindo a força total americana em Long Island para pouco menos de 6000 homens. A expectativa de outro golpe maior por parte dos britânicos em Nova Iorque, ou acima do Hudson, persistia. Mas também ninguém parecia saber o que se passava.

O tenente Jabez Fitch, cujo regimento de Connecticut era um dos enviados ao longo do rio, escreveu no seu diário sobre a marcha para Brooklyn, de cerca de dois quilómetros, antes de lhe dizerem para parar e esperar por novas ordens.

> Enquanto esperamos, ouvimos vários relatórios sobre o inimigo, alguns dizem que estão a seis quilómetros de distância, outros a quatro. Outros dizem que não avançaram mais de dois quilómetros de onde desembarcaram, o que fica a 16 quilómetros. Por isso, na verdade, não sabemos no que acreditar sobre eles, até os conseguirmos ver [12].

O coronel Moses Little, cuja informação era extraordinariamente precisa, informou o seu filho de que o inimigo estava a cerca de cinco quilómetros de distância, e disse, na mesma carta, «Achei adequado enviar-te o meu testamento» [13].

Entretanto, números impressionantes de reforços de Connecticut, haviam chegado a Nova Iorque. Só naquele dia, 12 regimentos de Connecticut estavam em parada, na cidade. «Quase metade do grande exército é, agora, composto por tropas de Connecticut!» vangloriara-se um oficial à sua esposa. O ânimo de todo o exército era o maior de sempre, observou Joseph Reed.

1776

Só no dia seguinte, dia 23 de Agosto, é que Washington confirmou, nas suas ordens gerais, que os britânicos haviam desembarcado em Long Island. Não deixando quaisquer dúvidas sobre a seriedade do momento aos homens do exército, apelou ao seu orgulho, patriotismo e amor pela liberdade.

Aproxima-se, rapidamente, a hora da qual depende a honra e o sucesso deste exército, bem como a segurança do nosso país ensanguentado. Lembrai-vos oficiais e soldados, que sois homens livres lutando pela bênção da liberdade – que a escravidão será o vosso destino e o do vosso futuro se não se comportarem como homens [14].

Também não deveriam esquecer de que enfrentavam um inimigo que os desprezava.

Lembrem-se como a vossa coragem e ânimo foram desdenhados e difamados pelos vossos cruéis invasores, embora tenham descoberto, através uma cara experiência em Boston, Charlestown e noutros locais, o que poucos homens corajosos, lutando na sua própria terra e pela melhor das causas, podem fazer contra mercenários [15].

Deveriam ser «frios, mas determinados». E, mais uma vez, tal como em Boston, ameaçou de morte imediata qualquer homem que mostrasse cobardia.

Para o general Heath, no comando das defesas a norte, na ponte King's Bridge, Washington enviou uma mensagem, dizendo que não se atrevia a enfraquecer as suas forças em Nova Iorque até ter a certeza da verdadeira intenção do inimigo.

«Nunca tive medo da força do inimigo,» respondera Heath. «Tenho mais receio das suas capacidades. Têm de ser bem vigiados. Tal como os franceses, parecem uma coisa e são outra» [16]. Joseph Reed, que estava mais próximo de Washington do que ninguém, expressou a mesma grande preocupação. «É necessária uma grande vigilância [17] para evitar uma surpresa», escrevera, «pois é de surpresas que devemos temer mais do que qualquer outra coisa».

Washington atravessara para Brooklyn, nessa tarde, para reunir com o general Sullivan. Fora-lhe dito que haviam acontecido algumas pequenas escaramuças e voltou para Nova Iorque, mais convencido de que Howe ainda iria usar a sua força total.

Relatou ao Congresso que se os britânicos ainda não haviam realizado qualquer avanço em Nova Iorque com a sua frota desde que haviam desembarcado em Long Island, era porque tal não estava ao seu alcance. Durante dias, o vento havia estado de frente, contra eles, ou, quando a maré permitia, soprava muito fraco.

Washington era atormentado por incertezas. A 24 de Agosto, remodelou o comando em Brooklyn, colocando Israel Putnam numa posição superior a Sullivan. Esta acção poderia perturbar as tropas, que haviam visto o adoecido Greene ser substituído por Sullivan, e agora este fora suplantado por Putnam, tudo numa questão de dias.

O corajoso e popular «Velho Put» poderia ser o homem indicado para elevar o ânimo, mas não tinha nem a experiência nem o temperamento para dirigir uma força tão grande sob tais condições, sendo, por isso, uma fraca escolha, tal como Washington parecera, quase de imediato, ter percebido.

No dia seguinte, num domingo bem cedo, Putnam e seis batalhões atravessou para Brooklyn, causando um grande rebuliço. «Mal tinham acabado os serviços religiosos»[18], escreveu Abner Benedict, «quando toadas de música militar foram ouvidas do *ferry* e, não muito depois, coluna após coluna foi subindo até Heights, para o forte [...] O general foi recebido com vivas calorosos e a sua presença inspirou uma confiança universal.»

As ordens do dia, por parte de Sullivan, lamentavam a desordem e o comportamento impróprio de soldados, exibido nos acampamentos na véspera da batalha. Eles estavam por todo o lado, vagueando, como se estivessem de férias, alguns deles a quilómetros das linhas. «Carroças e cavalos passavam de um lado para o outro, no meio do exército»[19], escreveu Philip Fithian. «Homens que saíam e entravam [...]. Pequenas armas e peças de campanha, continuamente a disparar. Tudo em tumulto».

O contraste entre tal desordem e um flagrante menosprezo pela autoridade, por um lado, e o desembarque, perfeitamente planeado pelas tropas de Howe, por outro, não poderia ser mais acentuado.

Chegando a Brooklyn, Washington sentiu-se insultado com o que viu e, numa carta escrita mais tarde, mas nesse mesmo dia, repreendeu o Velho Put, como teria feito ao mais inexperiente tenente. É preciso colocar um ponto final às «irregularidades». «A distinção entre um exército bem controlado e uma multidão é a ordem e a disciplina do primeiro, e o comportamento desregrado e desordeiro do segundo»[20].

Sabia-se que uma das notáveis capacidades de Washington era ver a realidade das coisas, e não como gostaria que elas fossem. Tendo testemunhado, em primeira-mão, o estado «descuidado, desordeiro e impróprio dos soldados»[21] entre as tropas de Brooklyn, e sabendo como eram largamente excedidos em número pelo inimigo, poderia ter ordenado uma retirada imediata para Nova Iorque, enquanto ainda havia tempo. Porém, não o fez, nem há provas de que tal movimentação tenha sequer sido considerada.

Em Nova Iorque, durante todo esse tempo, mais de metade do exército, incluindo muitas das suas melhores tropas e oficiais, tal como Henry Knox, esperava, ansiosa, por um ataque. «Esperamos, a cada maré, que a frota suba, se o vento for favorável»[22], escreveu um coronel de Connecticut, William Douglas.

Nesse mesmo domingo, outros 5000 hessianos atravessaram Narrows a partir de Staten Island, aumentando para 20 000 homens o total das forças de Howe em Long Island.

*

Washington voltou novamente a Brooklyn, no início do dia seguinte, 26 de Agosto, para, mais uma vez, reunir com os seus comandantes e avaliar as defesas e a colocação das tropas. Quase de certeza que cavalgou para além de Brooklyn, em direcção a Heights of Gowan, onde, do topo, poderia ter visto as tendas brancas dos britânicos, espalhadas pela planície, em Flatlands – «o general Washington desceu, com vários oficiais generais, para ver a movimentação do inimigo»[23], lê-se num relatório. Com o seu telescópio, poderia muito bem ter visto as tropas de Howe na sua parada diária.

O plano consistia em manter o general Putnam a comandar toda a defesa a partir das fortificações, em Brooklyn Heights. Os generais Sullivan e Stirling deveriam posicionar as suas tropas bem à frente, realizando a «defesa externa» do pico arborizado, para cobrirem as poucas ruas principais ou desfiladeiros, através daquela longa barreira natural.

A Gowanus Road era uma das estradas que se situavam mais à direita, perto de Narrows. A Flatbush Road ficava no centro e pensava-se que era o caminho por onde os britânicos viriam. Uma terceira estrada, a Bedford Road, começava para o lado esquerdo. As três eram, comparativamente, caminhos estreitos que atravessavam a cordilheira e, por isso, «de fácil defesa».

Somente o topo das colinas e florestas ficavam a separar os dois exércitos, no entanto, tal era encarado, pelos americanos, como a linha da frente ideal para defesa e, assim, para a sua inegável vantagem. Joseph Reed, ponderando, sem dúvida, a opinião de Washington, considerava-a «muito importante» [24]. A luta, quando iniciada, aconteceria indubitavelmente ali, na floresta, local onde se acreditava que os americanos melhor lutavam.

Stirling era responsável pela Gowanus Road à direita, onde se posicionaram cerca de quinhentos soldados. Sullivan tinha o comando da Flatbush Road, ao centro, onde 1000 homens se desdobravam em linha, e o da Bedford Road, no flanco esquerdo, onde cerca de 800 homens estavam posicionados, sob o comando do coronel Samuel Miles, da Pensilvânia. Na ausência de uniformes, todos os homens deveriam usar um raminho verde, no seu chapéu, como identificação.

Segundo a ordem específica de Washington, Putnam, que não sabia quase nada sobre Long Island, tendo feito apenas uma visita ocasional, deveria posicionar as suas melhores tropas à frente e, «a todo o custo, evitar que o inimigo atravesse a floresta e se aproxime dos trabalhos» [25].

Do modo como as coisas estavam, uma força de menos de 3000 soldados, quase todos sem qualquer experiência de batalha, deveriam defender uma serra com cerca de seis quilómetros de comprimento, enquanto os restantes, cerca de 6000, permaneciam dentro dos fortes de Brooklyn. Ao todo, os postos avançados estendiam-se por dez quilómetros. O terreno era de tal forma acidentado que as unidades tinham problemas de comunicação e era tão densamente arborizado que, em certos locais, os homens não conseguiam ver qualquer movimento a mais de 30 metros.

Se houvesse cavalaria americana para trabalhar como «olhos e ouvidos» ou se tivessem informações fidedignas, os defensores poderiam ter tido mais oportunidades. Porém, não havia nenhuma das duas. O Exército Continental não tinha cavalaria. O Congresso não havia considerado a cavalaria necessária, nem Washington a tinha pedido.

1776

E, por muito inflexível que fosse em relação ao valor dos espiões, naquelas circunstâncias não tinha nenhum.

Nos cinco dias, desde o desembarque dos britânicos, também ninguém fora colocado num quarto desfiladeiro, menos conhecido, no extremo esquerdo, cinco quilómetros a leste da Bedford Road. O Desfiladeiro da Jamaica, tal como era chamado, era ainda mais estreito do que os outros e, assim, o mais fácil de defender. No entanto, nada fora dito, em nenhuma das ordens de Sullivan, Putnam ou Washington, no sentido de expressar qualquer preocupação com esse desfiladeiro, ou com a necessidade de aí colocar suficientes soldados.

Tendo examinado a situação e conferenciado com os seus comandantes, Washington aprovou o plano, incluindo, presumivelmente, uma ideia de última hora: patrulhar o Desfiladeiro da Jamaica com cinco jovens oficiais da milícia que tinham cavalos.

Washington regressara a Nova Iorque nessa noite, finalmente convencido de que os britânicos fariam a sua «grande investida»[26] contra Brooklyn. Pelo menos assim comunicara, por escrito, a John Hancock. Também escreveu ao general Heath que, pela «actual aparência das coisas»[27], o inimigo faria o seu «impacto capital» em Long Island. Ainda assim, como se ainda tivesse dúvidas, advertiu, uma vez mais, que tudo poderia «não passar de uma simulação, para atrair as nossas tropas àquela zona e, assim, enfraquecer-nos».

Sabia que o seu exército estava mal preparado para o que se avizinhava. Havia mais doenças do que nunca nas fileiras. Apenas alguns dos seus oficiais haviam, alguma vez, enfrentado um inimigo no campo de batalha. Nunca comandara, ele próprio, um exército em batalha. As suas responsabilidades, a interminável «quantidade de questões»[28] pesavam bastante. As mesmas incertezas que o haviam inquietado nos seus primeiros dias de comando, em Nova Iorque, ainda o apoquentavam. O inimigo não poderia adiar por muito mais tempo. O momento para a campanha do tempo quente, «a época de acção», estava a diminuir a passos largos, mas, mesmo assim, consolava-se com a esperança de ainda restarem mais alguns dias antes de o inimigo atacar.

Fora um dia longo e de ansiedade e, na privacidade do seu quartel--general, na casa Mortier, Washington desviou os seus pensamentos – parece que de alívio – para pensamentos de casa. Sozinho, à sua secretária, escreveu uma longa carta ao seu administrador, em Monte Vernon, Lund Washington, repleta de pensamentos sobre a comercialização de farinha e indicações específicas sobre trabalhos adicionais na casa. Durante grande parte da carta, dir-se-ia que não tinha mais nada na sua mente.

> Desejo, com muita vontade, que consiga cobrir a parte norte da casa este Outono, mesmo que seja obrigado a procurar, por toda a Virgínia, Maryland e Pensilvânia, pregos para o fazer. Se tal não for feito, tudo atrasará demasiado – atrasa a intenção de plantar árvores [...] além de manter a casa numa desagradável situação de desarrumação. É também meu desejo subir as chaminés. Em resumo, quero tudo terminado (mesmo que tenha de contratar mais operários, de diferentes tipos, para o realizar)([29]).

Da guerra, escreveu que, dentro de poucos dias, provavelmente «as coisas aconteceriam, de uma forma ou de outra». Não considerava a luta justa. Nada na terra poderia «compensar [pela] perda de toda a minha felicidade familiar e retribuir pela quantidade de assuntos que, constantemente, me pressionam, e me privam de todo o tipo de prazer»([30]).

O que terá escrito à sua esposa Martha nessa noite, ou noutra qualquer altura, no decurso dos acontecimentos, não se sabe, pois mais tarde ela destruiu todas as cartas que ele lhe havia escrito, à excepção de três, e estas apenas subsistiram por mero acaso. Nessa noite, o seu descanso foi abreviado, e seria o máximo que teria, durante dias.

*

O general Henry Clinton, que não era um homem impressionante, nem na aparência, nem nas maneiras, fizera, até agora, pouco para mostrar que as aparências podem enganar e que era um homem de grande inteligência e capacidade. Durante mais de um ano, dera-se mal ao serviço do Rei. Em Boston, estivera constantemente em desacordo com William Howe, e havia penosamente falhado([31]) (na sua forma de ver) para convencer Howe a cercar Dorchester Heights, antes de os revoltosos o fazerem. Enviado para a Carolina do Sul, falhara, aí, na sua missão. Um ataque ao forte Sullivan, em Charleston, em Junho, foi uma derrota tão humilhante para os britânicos, que a campanha teve de ser abandonada, em grande parte porque Clinton fora demasiado cuidadoso. Assim, ao voltar para Nova Iorque, viu os seus argumentos para uma invasão pelo Hudson rejeitados por Howe.

Clinton conhecia os seus defeitos. Sabia que podia ser difícil face a sua tendência para «falar com uma excessiva liberdade» [32], o modo como era susceptível e como, em discussões, o seu excesso de zelo funcionava, muitas vezes, em desvantagem para si próprio, Contudo, no seu papel, Henry Clinton sabia ser ousado e convincente, e regressara de Charleston com uma visão bastante mudada. A sua derrota convencera-o de que a guerra deveria servir não para conquistar território, mas para destruir o exército revoltoso, flanqueando-o sempre que fosse possível e onde fosse permitido, se não por água, então por terra. Como estratega, sabia bem como usar um mapa. «Olhe para o mapa» [33], declarava.

Pouco tempo depois do desembarque em Gravesend, acompanhado por outro general, Sir William Erskine, e Lorde Rawdon, Clinton afastara-se a cavalo para reconhecer as defesas dos revoltosos e os poucos desfiladeiros pelo arborizado Heights of Gowan. Informado, por agricultores lealistas, do pouco uso concedido ao Desfiladeiro da Jamaica, para além da Bedford Road, que parecia estar sem defesa, os três oficiais britânicos continuaram, para apurarem que o que lhes havia sido dito era, de facto, verdade.

Clinton traçou imediatamente um plano. No entanto, desta vez, não procurou Howe para expor o seu caso, pediu ao general Erskine para levar o que escrevera ao quartel-general, em Flatlands. Dizia o seguinte:

> A posição que os revoltosos ocupam, à nossa frente, pode ser contornada através de um vale profundo, a cerca de dez quilómetros de nós, por uma região na qual a cavalaria pode fazer a vanguarda. Depois de alcançado, temos a ilha à nossa disposição; e em dois a três quilómetros à frente, estaremos em comunicação com as suas defesas em Brooklyn. A corporação que tentar contornar este flanco, tem de estar em muito boa forma, por razões tão óbvias que não necessitam de detalhes. O ataque deverá começar à direita do inimigo, com um sinal; e até a frota [deverá] participar, pois (logo que a maré seja favorável), poderá pôr-se a caminho e fazer toda a demonstração de força nas baterias do inimigo, no rio East, sem, no entanto, se arriscar. Os esforços a serem feitos pelo exército serão ao

longo de *dos d'ane* (dorso de burro), nas extremidades de Flatbush, New Utrecht, etc,. Estes [são] os principais [ataques]; muitos outros, os mais pequenos servirão para criar uma cooperação de esforços. Todos devem ser vigorosos, embora não se deva persistir obstinadamente neles, excepto naquele que é traçado para contornar a esquerda dos revoltosos, que deve ser instigado ao máximo. No momento em que esta corporação alcançar o desfiladeiro, acima da casa de Howard [taberna de Howard], os revoltosos terão de desistir, imediatamente, ou serão arruinados. Peço também licença para propor que esta corporação possa começar a sua marcha ao anoitecer, para que, ao romper do dia, tudo possa estar [pronto] no terreno ([34]).

Vários dias passaram. Assim, a 26 de Agosto, o mesmo dia em que Washington começou a observar as coisas em Brooklyn, Clinton foi enviado, e foi-lhe dito por Howe que o ataque seria feito ([35]) inteiramente de acordo com o seu plano, e para estar preparado para marchar durante a noite.

O general Grant, com duas brigadas, deveria fazer uma «animada» diversão matinal, perto de Narrows, atacando à direita do inimigo. Os hessianos, do general Leopold Philipp von Heister, outros 4000 homens, marchariam para fora de Flatbush, de forma a manterem os americanos ocupados no centro. Entretanto, o corpo principal do exército marcharia, sob a cobertura da escuridão, para estar a postos ao romper do dia.

Clinton deveria comandar a guarda avançada, na marcha nocturna, o general Howe seguia-o, com o resto da força principal, atingindo um total de 10 000 homens.

*

Se lhes pedissem para descrever os soldados comuns do exército do Rei, os soldados britânicos agora alinhados e que ocupavam as suas fileiras ao crepúsculo em Flatlands, a maior parte dos soldados americanos que esperava por eles teria, provavelmente, afirmado que eram veteranos endurecidos, com cicatrizes de batalha, eram o lixo dos bairros pobres de Londres e Liverpool, devedores, bêbedos, criminosos comuns, etc., que haviam sido perseguidos e espancados, até à obediência insensata. A verdade, no entanto, era outra.

1776

Que os soldados rasos regulares britânicos estavam melhor treinados, mais disciplinados, melhor equipados e eram pagos mais regularmente do que os seus homólogos americanos era inquestionável, tal como os comandantes de ambos os lados bem avaliavam. Mais, os soldados britânicos eram mais saudáveis do que os outros. A higiene adequada fazia parte da vida do exército britânico, e a disciplina a este respeito era estritamente cumprida, tal como qualquer aspecto da rotina diária. Mesmo depois do seu longo acampamento de Verão, em Staten Island, as tropas britânicas[36], tal como os seus oficiais afirmavam vezes sem conta, estavam de excelente saúde, em impressionante contraste com os relatórios de violentas doenças entre os revoltosos.

Num esforço para justificar a razão porque os «provinciais» seriam, dentro do seu próprio clima, tão atingidos com «doenças pútridas» enquanto as tropas de sua Majestade, que não estavam habituadas ao clima, gozavam de uma quase perfeita saúde, o *London Chronicle*, noticiara que a diferença residia na enorme higiene dos soldados regulares.

> Entre as tropas regulares, cada soldado individual é obrigado a vestir camisas lavadas duas ou talvez três vezes por semana, de acordo com a estação e clima; e há um certo número de oficiais nomeados para, todos os dias, verificarem se os homens lavam as suas próprias roupas, excepto se tiverem uma mulher para esse efeito[37].

Embora a escória da sociedade estivesse, de facto, presente entre as tropas do Rei, os jovens do campo de Inglaterra, Escócia e da Irlanda rural constituíam a sua grande maioria. Eram agricultores, trabalhadores não qualificados e negociantes – ferreiros, sapateiros, carpinteiros, padeiros, chapeleiros, serralheiros e tecelões – que haviam sido recrutados, não pressionados para servirem, mas entusiasmados pela promessa de roupa, comida, segurança e pagamento regular, embora fosse baixo, e ainda uma oportunidade de aventura e talvez até um toque de glória. Nas suas origens, de cidade pequena, ou rural, não eram muito diferentes dos seus homólogos americanos.

A faixa etária média dos militares regulares britânicos rondava os 30, pelo que seriam cinco anos mais velhos em média do que os soldados americanos. Mas, também em média, os soldados regulares haviam servido cinco, ou seis anos no exército, ou cinco, ou seis vezes mais do que os voluntários, sob o comando de Washington. Para os soldados rasos britânicos não havia nada de novo na sua posição. A vida árdua era a sua habitual forma de vida. Comportavam-se como soldados. Tinham interiorizado regras, regulamentos e tradições. Orgulhavam-se em servir no exército de Sua Majestade, tinham brio no uniforme, e sentiam-se intensamente orgulhosos pelos seus regimentos, aos quais eram fiéis.

Em dias como este, na véspera de uma batalha, teriam dado mais atenção a todas as particularidades das suas armas e equipamento, e cada homem teria mais cuidado com a sua aparência. A maior parte teria a barba acabada de fazer e os seus uniformes estariam tão apresentáveis quanto possível. Em marcha, vistos à distância, pareciam gloriosos nos seus casacos vermelhos e nas suas bandoleiras, marchando, fileira a fileira, as suas enormes bandeiras de regimento ondulando à frente, três metros acima do mastro. Contudo, vistos de mais perto, os casacos vermelhos, batendo na cintura à frente, e mais compridos atrás, estavam muitas vezes desbotados e rotos no cotovelo. Os punhos das camisas estavam puídos, os joelhos remendados, as meias, ou as perneiras para marchar rasgadas. Depois de vários arranjos, todo o conjunto tentava, da melhor forma possível, ter a aparência desejada. E com o orgulho em quem eram e no que eram, sentiam um verdadeiro desprezo, ou mesmo ódio, pelos adversários americanos, que viam como cobardes e traidores.

Mas não eram, de forma alguma, todos veteranos de guerra. Alguns dos soldados mais velhos e oficiais eram veteranos dos campos de morte da Europa durante a Guerra dos Sete Anos, ou da Guerra Franco-Indígena, na América, ou haviam sobrevivido à retirada de Concord, ou à Batalha de Bunker Hill. Os restantes, a grande maioria das forças britânicas em Long Island, incluindo os alemães, conheciam apenas a instrução militar e a rotina da vida do exército. Por muito tempo de serviço que, em média, um soldado das fileiras de Howe tivesse, a Grã-Bretanha teria, há muito mais tempo, mais de dez anos, participado numa guerra. Assim, para a maior parte das tropas britânicas, soldados e jovens oficiais, assim como para quase todos os americanos, a batalha que estava prestes a começar seria a sua primeira.

*

Ao anoitecer tudo estava preparado. Às nove chegara a ordem para marchar. Clinton liderou uma brigada de elite, de infantaria ligeira,

1776

com baionetas fixas. Seguiu-se Cornwallis com oito batalhões de reserva e 14 peças de artilharia. Estes, por sua vez, foram seguidos pelos generais Howe e Percy com outros seis batalhões, mais artilharia e vagões de bagagem. A coluna de 10 000 estendia-se por mais de três quilómetros. À frente da guarda avançada, cavalgavam dois oficiais, os capitães William Glanville Evelyn e Oliver DeLancey, Junior, e três agricultores lealistas que sabiam o caminho. As tendas brancas, em Flatlands, foram deixadas intactas, as fogueiras a arder, tudo para deixar a impressão de que nada acontecia.

A noite estava, inoportunamente, fresca. A longa coluna marchou, com o máximo silêncio, e extremamente devagar. Um oficial escocês, exausto, que havia estado várias noites de serviço sem dormir, descrevera a marcha como uma das piores que tinha feito, parecendo-lhe interminável. «Arrastámo-nos a um passo fastidioso»[38], escrevera Sir James Murray, «parando a cada minuto, o suficiente para adormecer, e para ser novamente perturbado, para prosseguir, mais 18 metros, da mesma forma».

Ao concordar com o plano de Clinton – arriscando uma força tão numerosa, numa marcha nocturna, e num país desconhecido, liderados, como os cegos, por três agricultores locais, que poderiam, ou não, ser tudo o que diziam ser – William Howe estava a expor o seu exército a um risco extremo. Na eventualidade de serem descobertos, ou de um súbito ataque surpresa, por parte do inimigo, a sua extensa coluna poderia ser dizimada. Se tudo corresse como planeado, a manobra pareceria pouco mais do que uma clássica mudança do flanco do inimigo, mas não era necessária muita imaginação para conceber as circunstâncias imprevistas, ou os caprichos da sorte que poderiam causar grandes estragos.

No momento, à excepção dos comandantes, ninguém conhecia os detalhes do plano. Nenhum oficial, nenhum homem sabia para onde ia. A estrada seguia para nordeste, ao longo da que era conhecida como a King's Highway, e, na vila de New Lots, as tropas virariam para norte, para Heights of Gowan.

A guarda avançada marchou mais rapidamente, «varrendo» ao mesmo tempo todos os habitantes locais que pareciam poder vir a soar o alarme. Quando os três guias lealistas avisaram que os revoltosos poderiam estar à espera na Ponte de Schoonmaker, sobre uma pequena enseada de sal, que se esvaziava na Baía da Jamaica, toda a coluna parou, enquanto os soldados, que se envolviam em escaramuças, caminhavam mais à frente. No entanto, não havia ninguém na ponte e o exército continuou.

Nem havia sinal dos revoltosos na taberna de Howard, que ficava a algumas dezenas de metros da entrada do Desfiladeiro da Jamaica. Nessa altura eram duas da manhã. O responsável da taberna e o seu filho de 14 anos foram arrancados da cama, meticulosamente questionados, e depois aproveitados como guias adicionais. O desfiladeiro, pelo que sabiam, estava sem defesa.

Os capitães Evelyn e DeLancey, bem como outros oficiais montados, cavalgaram à frente, pelo desfiladeiro, numa estrada sinuosa e rochosa por um vale profundo, coberto por árvores e um pouco mais largo do que um caminho para cavaleiros.

Cerca dez minutos depois de deixarem a taberna, os oficiais defrontaram-se com cinco figuras escuras a cavalo, os cinco americanos em patrulha. Quando estes últimos, supondo que os oficiais britânicos faziam parte das suas próprias tropas, se juntaram a eles, foram imediatamente capturados, sem que um tiro fosse disparado e quase sem barulho.

Os prisioneiros foram levados ao general Clinton, que conseguiu apurar, pelos próprios, que patrulhavam o desfiladeiro sozinhos e que, de facto, este ficara totalmente sem guarda.

Quando Clinton os pressionou ainda mais, exigindo saber quantas tropas revoltosas estavam em Brooklyn, um dos americanos, o tenente Edward Dunscomb, licenciado pela King's College e com 22 anos, disse a Clinton, indignado, que sob circunstâncias diferentes nunca os insultaria daquela forma. Fora chamado de «revoltoso insolente»[39] e ameaçado com a forca, Dunscomb afirmara que o general Washington responderia da mesma forma, enforcando homem por homem. Mas a coragem de Dunscomb fez pouca diferença. Este e os outros prisioneiros foram levados, e Clinton e a guarda avançada continuaram a sua marcha.

À primeira luz do dia, estavam no vale profundo e na Bedford Road, do outro lado das montanhas. Dissera-se aos homens para se deitarem na relva alta, junto à estrada, para descansarem.

Para o corpo principal do exército, a marcha pelo desfiladeiro demorou quase duas horas (sempre que uma árvore tinha de ser derrubada, devido à artilharia e às carroças, tinha de se usar serras em vez de machados, de forma a manter o máximo silêncio possível). Quando Howe e o exército chegaram à Bedford Road, já o sol brilhava.

Exactamente às nove horas, com a explosão de dois canhões pesados – o sinal combinado para os hessianos, ao centro, e o general Grant, à direita dos americanos, começarem os seus ataques –, o exército de Howe desceu a estrada, em direcção à vila de Bedford e para Brooklyn, do outro lado.

Anos mais tarde, Henry Clinton lembraria que Howe estava extremamente apreensivo. «O comandante das forças parecia ter algumas suspeitas de que o inimigo nos atacaria, durante a nossa marcha, mas eu estava convencido de que, como não nos haviam enfrentado no vale profundo, o assunto estava terminado»[40].

A boa sorte havia-os acompanhado durante a noite. Nada correra mal. As tropas haviam marchado 15 quilómetros, na enorme escuridão, por um país desconhecido, e em perfeita ordem. Tudo estava de acordo com o calendário previsto e o dia, tal como quando vieram a terra pela primeira vez, em Long Island, estava igualmente muito bonito.

II

Eram três da manhã, quando o general Putnam fora acordado por um dos guardas no quartel-general em Brooklyn, dizendo-lhe que o inimigo estava a atacar à direita, perto de Narrows, na Gowanus Road.

O comandante britânico Grant havia decidido chamar a atenção dos americanos para essa zona, antes da hora marcada. Trezentos soldados britânicos haviam atacado violentamente no desfiladeiro de Gowanus com uma estrondosa cortina de fogo de mosquetes, e os americanos de guarda, a milícia verde, fugiram tão depressa quanto podiam.

Putnam apressou-se para o acampamento de Lorde Stirling, fora das linhas de Brooklyn, ordenando que fosse ao encontro do inimigo, e que o «expulsasse», embora sabendo pouco sobre os números do inimigo. Soaram armas de aviso, os tambores ribombaram e as tropas saíam dos fortes. O general Samuel Parsons, que com Stirling partilhava a responsabilidade pela defesa na Gowanus Road e que, como Putnam, havia estado a descansar no quartel-general em Brooklyn, montara o seu cavalo e galopara para chegar primeiro à cena. Até ao ano anterior, Parsons havia sido advogado, numa pequena cidade de Connecticut.

> Descobri, ao romper do dia, que o inimigo estava na floresta, e descia a colina do lado norte. Com vinte homens da minha escolta em fuga, que foram todos os que consegui reunir, ocupei posição numa zona elevada, à sua frente, a cerca de 800 metros de distância, fazendo parar a coluna, e dando assim tempo a Lorde Stirling para subir com as suas forças [41].

As forças de Stirling atingiam 1600 homens e incluíam o regimento do coronel Hunting, de Connecticut, no qual servia Jabez Fitch, e o batalhão da Pensilvânia do coronel Samuel Atlee; a somar ao de Maryland de Smallwood, e ao colorido batalhão de Delaware, de Haslet, considerados as duas melhores unidades do exército. Porém, ambos os seus comandantes, James Smallwood e John Haslet, estavam ausentes, num tribunal militar, em Nova Iorque.

«Um pouco antes de nascer o dia, enquanto marchávamos em direcção ao inimigo, a cerca de três quilómetros do nosso acampamento, vimo-los»([42]), escrevera um tenente de 19 anos, das tropas de Delaware, Enoch Anderson. De súbito, estavam no meio do que Moses Little chamara de «um intenso combate»([43]).

Os regimentos dos soldados britânicos apareciam em «ordem regular», cores a esvoaçar, artilharia de campo à frente. Stirling traçou as suas linhas e, segundo as palavras de outro soldado americano, oferecera-lhes uma «batalha ao verdadeiro estilo inglês»([44]). Os britânicos marcharam até cerca de 180 metros, depois abriram fogo com canhões e mosquetes, «de vez em quando, arrancando umas cabeças», como escreveu o mesmo soldado. «Os nossos homens aguentaram muito bem, nenhum deles mostrou intenção de retirada»([45]). As suas ordens eram para não dispararem até o inimigo estar a apenas 45 metros. «Mas quando se aperceberam de que *aguentávamos* o seu fogo tão bem e com determinação, negaram-se a chegar mais perto, embora tivessem o *triplo do nosso número*».

«Respondemos-lhe na mesma moeda – todos os homens lutaram ao mesmo nível», relatou o jovem Enoch Anderson:

> Vi um homem cair do seu cavalo – nunca tive tanta apontaria com um pássaro – contudo, não sei se matei, ou se acertei em algum. O fogo fora retribuído e mataram dois dos nossos homens, tendo ferido nove. Era conveniente que nos retirássemos, e foi o que fizemos, quase a 370 metros, e o regimento do capitão Atlee juntara-se a nós([46]).

Numa hora, os britânicos atacaram duas vezes as tropas de Parson no ponto elevado em que se haviam posicionado, e duas vezes as linhas americanas aguentaram. Os homens de Stirling estavam sob bombardeamento constante de canhões, mas os canhões americanos respondiam na mesma moeda, e no meio do barulho e do fumo, as tropas americanas nunca vacilaram.

Nestas primeiras horas de batalha, com o inimigo a céu aberto, o Exército Continental lutou com valentia, acreditando que não se estava a sair mal contra os soldados britânicos. Dirigindo-se às tropas, Stirling relembrou-os de que era o general Grant que se havia vangloriado que, com 5000 homens poderia conquistar toda a América. Mas o que não podiam saber era que Grant estava a suster apenas ligeira vantagem, resistindo de acordo com o plano. «Tivemos escaramuças e fogo de canhão durante algumas horas, o que atraiu toda a sua atenção»[47], diria Grant, mais tarde.

*

No centro, onde a artilharia hessiana havia bombardeado as fileiras de Sullivan ao longo da cordilheira desde o início da manhã, podia ver-se as brigadas do general von Heister, erguidas na planície a sul, que não mostravam contudo qualquer sinal de movimentação. Três brigadas hessianas estavam à espera, numa frente com quase dois quilómetros.

Sullivan havia cavalgado de Brooklyn, para assumir o comando no desfiladeiro de Flatbush. Vendo que os hessianos não se moviam e que Stirling estava com dificuldades à direita, enviara alguns dos seus regimentos, para ajudar.

Até às nove horas, a batalha parecia estar a desenvolver-se mais ou menos como os americanos haviam esperado, isto é, com o inimigo a atacar, ou estabilizado para atacar frontalmente. Mas às nove, veio o estrondo do aviso das armas de Howe e, de repente, Sullivan apercebera-se de que todo um exército britânico vinha de trás, em sua direcção, pelo que estava cercado.

Na planície, para lá da cordilheira, o general von Heister dera a ordem e, com os tambores a ribombar, os hessianos iniciaram a sua marcha. Deixando a sua guarda avançada colocada ao longo da cordilheira, para fazer o que pudesse para afastar os hessianos, Sullivan puxara para trás a sua força principal, e virara-se para enfrentar as linhas de soldados que se aproximavam. Embora imensamente ultrapassados em número, os americanos responderam ao fogo britânico com um efeito mortífero. Os oficiais de ambos os lados receavam que os seus homens pudessem ser despedaçados e, na maior parte das vezes, não tinham qualquer noção do que estava a acontecer. Nem eram apenas os americanos que, enfrentando a aniquilação, corriam para se salvarem.

Um oficial britânico de infantaria ligeira que liderava 30 homens da guarda avançada de Clinton em direcção às várias centenas de carabineiros americanos, que se afiguravam «num grupo muito denso», vira um terço dos seus homens cair, na mais feroz troca de fogo que alguma vez havia visto. Quando ele e uma dúzia de soldados britânicos

1776

irromperam pela floresta, mais revoltosos apareceram, como que vindos do nada. O fogo parecia vir de todas as direcções.

Chamei os meus homens para correrem para a primeira esquina que encontrassem. Todos desatámos a correr, uns para trás dos arbustos baixos, outros pelo campo [...] [e], ao atravessar o campo, [ficámos] expostos ao fogo de 300 homens. Tínhamos, literalmente, corrido pelo meio [deles], e eles gritavam-me para que me rendesse. Parei duas vezes para olhar para trás e vi o enorme batalhão de carabineiros – nem um dos meus homens. Corri para uma esquina tão depressa quanto pôde e choveram balas na minha direcção [...] finalmente consegui alcançar a esquina e atirei-me de cabeça [48].

No tumulto e confusão, Sullivan lutara para manter o controlo e impedir que os seus homens entrassem em pânico. A situação era desesperante, a retirada era a única alternativa e nas fases de «luta e fuga», levou-os, o mais rápido que pôde, em direcção às fileiras de Brooklyn.

Os que ficaram para trás para controlar a cordilheira já tinham sido, por essa altura, devastados pelos hessianos. Os atiradores dos regimentos dos exércitos alemães (a saber, os *jaegers* – literalmente, «caçadores») de casaco verde, e os do regimento de Guardas Granadeiros, de casaco azul, com as suas baionetas de 43 centímetros, haviam marchado pelos íngremes bosques das montanhas – os «terríveis montes» – tão rápida e habilmente como qualquer carabineiro da Virgínia. Apareceram tão de repente que os americanos apenas tiveram tempo de disparar um ou dois tiros, ou mesmo nenhum. Alguns ripostaram, manejando os seus mosquetes e carabinas como paus, antes de serem trespassados, violentamente, com baionetas. Alguns imploraram misericórdia. «O seu medo das tropas hessianas era [...] indescritível» [49], escrevera o general von Heister. À simples visão de um casaco azul, dissera, «rendiam-se imediatamente, e imploravam, de joelhos, pelas suas vidas». Os que conseguiam escapar, desciam pelas árvores e a céu aberto, apenas para correrem, de forma imprudente, para uma saraivada de fogo britânico.

Simultaneamente, todo o lado esquerdo das fileiras americanas fora destruído. Milhares de homens corriam, centenas eram capturados. Sullivan escondera-se, numa tentativa de ver o máximo que podia em segurança, e, surpreendentemente, a maior parte dos homens conseguira alcançar as fileiras de Brooklyn.

Contudo, Sullivan foi capturado. Um soldado americano, de nome Lewis Morris, que, por sua vez, quase não conseguira escapar, escrevera sobre Sullivan, numa carta para casa. «A última coisa que soube dele foi que estava num campo de milho perto das nossas fileiras, com uma pistola em cada mão, e o inimigo havia formado uma fileira de cada lado, pelo que estava, directamente, entre eles. Eu próprio gostaria de ter sido feito prisioneiro»[50].

*

O momento preciso da chegada de Washington à cena em Brooklyn não fora registada, mas crê-se que terá atravessado, a partir Nova Iorque, por volta das nove horas, ou assim que os avisos das armas de Howe soaram.

Tal como o general Putnam, também Washington havia sido acordado, a meio da noite, com a informação do antecipado ataque de Grant. Ao romper do dia, ainda preocupado com um segundo maior ataque a Nova Iorque, Washington havia observado, com crescente ansiedade, os cinco navios de guerra inimigos – *Roebuck, Asia, Renown, Preston* e *Repulse* – partindo para o rio East, com vento e maré favoráveis. Era o que mais havia temido.

Então, milagrosamente, o vento mudara de direcção, para norte. Os navios, depois de navegarem de um lado para o outro, tentando ganhar andamento, acabaram por desistir. Apenas o *Roebuck* conseguira «chegar suficientemente acima», para ameaçar a bateria em Red Hook, com alguns tiros ao acaso.

Nessa altura, Washington percebera que iria ser em Long Island. Imediatamente, ordenara mais tropas para Brooklyn, e não perdera tempo a atravessar o rio, a remo, com Joseph Reed a seu lado.

O soldado raso Joseph Martin, um dos pertencentes às unidades que foram mandadas marchar para o batelão de Brooklyn, lembra-se das manifestações de alegria dos soldados que embarcavam, e da respectiva aclamação dos espectadores que invadiam os cais de embarque para testemunhar toda aquela excitação. «Todos nos desejavam boa sorte, aparentemente»[51]. Pela sua parte, o soldado raso Martin apenas conseguia pensar nos horrores da guerra, «em toda a sua hediondez».

1776

Ao chegar à margem de Brooklyn, viu, como nunca antes, o sangue e o sofrimento dos homens feridos. «Quais os sentimentos da maioria, ou de todos os jovens soldados, nesta altura, não sei», lembraria, «mas sei quais eram os meus».

Vi um tenente que [...] corria à volta dos homens da sua companhia, lamuriando-se e chorando alto, dizendo a cada um que se *havia* magoado, ou ferido algum, que o desculpassem, pedindo, simultaneamente, que, de coração, lhe perdoassem se os houvesse ofendido [...] se estivesse no cadafalso, com um nó corrediço no pescoço, não teria, certamente, demonstrado mais medo ou penitência. É um bom soldado, pensei, um bom oficial, um exemplo que os jovens soldados deveriam seguir! Preferia ter morrido a me expor daquela maneira([52]).

Os relatos das acções de Washington enquanto a batalha se enfurecia são escassos e, para além disso, contraditórios. Seria relembrado, em grande plano e a cavalo, observando o confronto dos exércitos através de um telescópio. Contar-se-iam histórias em que, cavalgando entre os combatentes, os exortava a «comportarem-se como homens, como soldados»([53]), ou dizendo, «lutarei enquanto tiver uma perna, ou um braço». Mais tarde, um soldado descrevera-o andando pelas fileiras, para dar incentivo os homens. Fez, possivelmente, tudo isso. Era muito provável que a sua posição fosse um ponto estratégico em Brooklyn Heights. De qualquer forma, o que se passava não estava nas suas mãos.

Às dez horas, o seu exército havia sido, irremediavelmente, flanqueado. Os britânicos estavam a três quilómetros das fileiras de Brooklyn. Homens derrotados, às centenas, chegavam em grande número do campo de batalha, muitos sujos de sangue e feridos, e todos exaustos. Faltavam os oficiais. Washington enfrentava a catástrofe e não podia fazer mais do que permanecer montado no seu cavalo, e observar.

*

Apenas à direita o clamor do fogo de canhão e de mosquete continuava, enquanto o invencível Stirling e os seus homens lutavam contra a força, bem maior, de Grant, ainda acreditando que a fileira estava sob controle.

Campo de Batalha

O coronel Samuel Atlee, que comandava os homens da Pensilvânia, lembra-se de ter realmente acreditado que os britânicos iriam ser derrotados, «Pois as baterias começaram a disparar, desbastando-os como relva, e obrigando-os a partir em retirada – então, o nosso exército gritara, "A vitória é nossa!"»([54]).

Mas Grant continuava a resistir e, no intervalo, a sua divisão de 5000 homens fora reforçada com mais 2000 da marinha, dos navios britânicos costeiros, e duas companhias de lealistas, de Nova Iorque, recrutados durante a Primavera e o Verão, pelo Governador Tyron.

Putnam ordenara a Stirling que «repelisse» o inimigo e, por falta de ordens em contrário, ele e os seus homens haviam aguentado cerca de quatro horas. Com grande orgulho e sem exagero, o coronel John Haslet descreveria a forma como os seus homens de Delaware permaneceram com uma «tranquilidade determinada»([55]), numa mobilização próxima, as suas cores ao vento, a artilharia do inimigo «a actuar» constantemente sobre eles e o inimigo, «embora seis vezes superior em número», não se atrevia a atacar.

Mas haviam permanecido demasiado tempo. Às onze horas, os soldados britânicos de Grant atacaram, violentamente, o centro da linha de Stirling, enquanto milhares de hessianos atacavam das florestas à esquerda. Quando, finalmente, Stirling retrocedeu, era já demasiado tarde. Mais britânicos vinham ao seu encontro da retaguarda, na Gowanus Road, a linha de retirada com que havia contado. Uma divisão britânica completa, liderada por Cornwallis, estava agora entre ele e Brooklyn. Vira que a única estrada ainda aberta para escapar era na direcção da baía de Gowanus, agora à sua esquerda, através de um pântano susceptível às marés e uma enseada que, com a maré a encher, atingia rapidamente cerca de 70 metros de largura.

Stirling ordenou os seus homens para atravessarem o pântano e a enseada, e que «fizessem o melhor que podiam»([56]). Então, ele e o major Mordecai Gist, juntamente com não mais de 250 homens de Maryland, atacaram Cornwallis num impetuoso e valente esforço para cobrirem a retirada dos restantes, e talvez mesmo irromper pelos soldados britânicos, que haviam fixado a sua linha na Gowanus Road, ao lado de uma casa de quinta, construída em pedra.

A luta fora a mais violenta do dia. Empurrados por uma explosão de fogo mortal, os homens de Stirling reagruparam-se e atacaram novamente cinco vezes. O próprio Stirling lutara «como um lobo»([57]).

1776

Os homens de Maryland, que até essa manhã nunca haviam enfrentado um inimigo, lutaram com a mesma tenacidade do seu comandante. Diz-se que quando Washington, observando de uma colina de Brooklyn, vira os homens de Maryland insistirem repetidamente no ataque, bradara: «Santo Deus, que homens corajosos irei perder neste dia!» ([58]).

Desistindo por fim, Stirling ordenou que os homens se pusessem em fuga, e voltassem para as linhas de Brooklyn, da forma que pudessem. Daqueles que tentaram escapar pelo pântano, muitos ficaram atolados na lama e não mais conseguiram de lá sair. Homens incapazes de nadar, lutaram, lastimosamente, na célere maré do pântano e sob uma saraivada de fogo de mosquete. Alguns oficiais atravessaram a cavalo. Alguns dos que não sabiam nadar, ficaram para trás e foram capturados.

O soldado raso Michael Graham, de 18 anos, voluntário há seis meses, e que fazia parte de uma unidade da Pensilvânia, havendo iniciado o dia destacado com outros oito para o alto da cordilheira, no centro das linhas americanas, recebera posteriormente ordens para se retirar. Com homens a correr em quase todas as direcções, dera por si no meio das tropas de Stirling, na sua desesperada fuga.

> É-me impossível descrever a confusão e o horror [...] entrei num pântano, ou um charco, através do qual uma grande parte dos nossos homens se retirava. Alguns deles estavam atolados e gritavam pelos companheiros para que os ajudassem, suplicando pelo amor de Deus. Porém, cada homem estava preocupado com a sua própria segurança [...] Ao lado do charco, havia uma pequena lagoa que me pareceu ser uma represa. Quando chegaram a esta pequena lagoa, vários homens saltaram e alguns afogaram-se [...] Cheguei ao acampamento em segurança. Dos oito homens que foram retirados da companhia, à qual pertencia, no dia anterior à batalha de guarda, eu fora o único que havia escapado. Os outros foram mortos ou capturados.
> Na altura, não consegui justificar como é que as nossas tropas haviam ficado totalmente cercadas daquela forma ([59]).

Joseph Hodgkins, tal como relatou mais tarde à sua esposa, havia corrido para o pântano atabalhoadamente, enquanto disparavam sobre

Campo de Batalha

si, ao longo de todo o caminho. Tinha pouca noção de quem havia sido morto, capturado, ou de quem se havia afogado.

Lorde Stirling, encontrando-se(60) irremediavelmente cercado, e estando determinado a não se entregar aos britânicos, irrompeu pelo seu fogo, direito a um regimento dos hessianos e rendeu-se ao general von Heister.

Por volta do meio-dia, ou pouco depois disso, o alvoroço havia acabado, o dia estava perdido para os americanos. As tropas britânicas, tendo avançado tão rapidamente, queriam continuar e levar o ataque até às fortificações de Brooklyn. Vários oficiais britânicos também achavam que não era altura para parar. Mas Howe ordenara uma pausa.

No seu plano original, o general Clinton havia estabelecido que os principais ataques, embora vigorosos, não deveriam avançar a uma distância demasiadamente grande. A única excepção era o ataque aos flancos, deveras importante, durante o qual se «deveria avançar até tão longe quanto possível» (61).

Clinton escreveria, mais tarde, sobre a decisão de Howe de fazer uma pausa: «No momento, não senti inclinação para verificar o ânimo das tropas quando vi o inimigo a fugir, em pânico extremo, à sua frente» (62). O próprio Howe, relembrando-se do ânimo dos homens, escreveria, mais tarde, que «foram necessárias ordens repetidas para os convencer a desistir».

*

Fora a primeira grande batalha da Revolução e, de longe, a maior batalha alguma vez disputada na América do Norte até então. Contando ambos os exércitos e a Marinha Real, mais de 40 000 homens haviam participado. O campo de batalha atingira mais de dez quilómetros e a luta durara apenas seis horas. Para o Exército Continental, agora o exército dos Estados Unidos da América, neste grande primeiro teste de fogo, havia sido uma derrota esmagadora. «Ó Triste! Triste! Triste!» (63) rabiscara o Capelão Philip Fithian, no seu diário, expressando apenas o óbvio.

Para os britânicos fora um «dia glorioso» – «uma vitória fácil e completa», de acordo com a concisa conclusão do general Grant. «Ficará contente» (64), escreveu Grant ao general Harvey, «pois tivemos o dia de campo, de que havia falado na minha última carta. Se aqueles ianques,

1776

que tanto apreciam a Bíblia, ganharem juízo com tal derrame de sangue, então a febre da independência deverá, brevemente, enfraquecer».

Tudo havia acontecido «como um relógio». O plano global de Clinton «superou as nossas expectativas»([65]), referira Lorde Percy ao pai. «Os nossos homens comportaram-se como tropas britânicas, lutando por uma boa causa». Na opinião de Sir James Murray, nenhum soldado jamais se comportara com maior vigor([66]).

Apenas tinham falhado numa coisa, pensou Ambrose Serle. «Não corriam tão depressa como os seus adversários – muitos deles, de facto, estavam prontos para se atropelarem uns aos outros»([67]).

Nos seus próprios relatórios oficiais, William Howe não deixara dúvidas sobre a magnitude da vitória e não fora menos generoso do que outros, no seu elogio ao exército:

> O comportamento, tanto dos oficiais como dos soldados, *britânicos* e *hessianos*, esteve à altura da sua honra. Nunca se havia sentido coragem, nem perseverança mais determinadas entre as tropas, nem um maior ardor para se distinguirem, pois todos aqueles que tiveram uma oportunidade, evidenciaram-se, amplamente, pelas suas acções([68]).

Howe informara que as suas perdas haviam sido menos de quatrocentas – 59 mortos, 267 feridos e 31 desaparecidos. Os hessianos haviam registado apenas cinco mortos e 26 feridos. Por outro lado, as perdas dos revoltosos atingiam mais de 3000, dizia Howe. Mais de 1000 haviam sido capturados, e outros 2000 haviam sido mortos, feridos, ou tinham-se afogado.

Contudo, a disparidade das perdas, como relatada por Howe, era bastante exagerada. Washington, incapaz de fornecer um número exacto, faria uma estimativa, mais tarde, num relatório para o Congresso, de que cerca de 700 a 1000 dos seus homens, haviam sido mortos, ou capturados.

O general Parsons, que havia conseguido evitar a captura, documentou que, no decorrer da batalha, o número de americanos mortos que havia recolhido com os seus homens, juntamente com «a pilha que o inimigo havia feito»([69]), atingia os 60, e embora a perda total fosse, ainda, incalculável, Parsons considerava que o número de mortos não era «assinalável».

Alguns dos outros oficiais, que haviam estado no ponto mais aguerrido da batalha, estavam convencidos de que os britânicos haviam sofrido mais baixas do que os americanos, mas que os britânicos tinham feito mais prisioneiros.

Muito poucos do lado americano estavam preparados para admitir uma derrota tão grave. De facto, as perdas americanas, embora bem menores do que Howe havia relatado, eram terríveis. O número mais próximo que se podia estimar era cerca de 300 americanos mortos e mais de 1000 capturados, incluindo três generais, Sullivan, Stirling e Nathaniel Woodhull. Sullivan e Stirling seriam tratados com bastante cortesia pelos seus captores, jantariam inclusivamente com Howe, a bordo do *Eagle*. Mas Woodfull morreu, devido a ferimentos, algumas semanas mais tarde.

Entre o enorme número de prisioneiros nas mãos britânicas, estava o capitão Samuel Atlee e o tenente Jabez Fitch. Atlee fora levado, sob escolta militar, até ao quartel-general do general Howe, em Bedford, onde, juntamente com outros prisioneiros, fora sujeito «à mais obscena e abusiva linguagem, tanto de oficiais, como de soldados e das mulheres do acampamento, todos [...] perguntando aos guardas porque havíamos sido capturados, em vez de mortos pelas baionetas»[70].

Jabez Fitch que havia combatido naquele longo dia, e se havia rendido apenas depois de totalmente cercado, fora confinado, com «um grande número de prisioneiros»[71], num celeiro, onde tudo fizera para confortar o seu amigo e comandante de companhia, o capitão John Jewett, que havia sido atingido por baionetas no peito e no estômago, e sofria dores excruciantes. «Sentei-me ao seu lado[72], a maior parte da noite, e dormi muito pouco», escrevera Fitch. «O capitão [...] achava que se aproximava o seu fim, repetindo muitas vezes que era difícil morrer».

Pai de dez filhos, Jewett obrigara Fitch a prometer que descreveria as circunstâncias da sua morte à sua esposa. Mais tarde, Fich escrever-lhe-ia dizendo que o seu marido havia sido mortalmente ferido por baionetas, «depois de ter sido capturado, de lhe terem desnudado os braços e lhe tirarem parte das roupas».

Relatos de soldados britânicos, escoceses e hessianos que trespassaram americanos com baionetas depois destes se terem rendido tornaram-se comuns. Repetiam-se as histórias de hessianos que fixavam os americanos às árvores com as suas baionetas. Uma carta, que se dizia ter sido escrita por um oficial britânico anónimo, aparecera no *Massachusetts Bay*, descrevendo a forma como os americanos que se rendiam eram rapidamente «despachados».

Os hessianos e os nossos da Escócia não deram tréguas [lia-se na carta] e era belo ver a alacridade com que despachavam os revoltosos, com as suas baionetas, depois da sua rendição, de forma a não mais resistirem [...] Todos os estratagemas são válidos na guerra, especialmente contra tais vis inimigos do seu Rei e do seu país[73].

Numerosos americanos eram, de facto, espancados com força depois de se terem rendido, ou, como o capitão Jewett, trespassados, violentamente, com baionetas, tal como atestam relatos fidedignos. Porém, não foram cometidas atrocidades em massa. A carta no *Massachusetts Spy* – uma carta repetidamente citada – era provavelmente falsa, elaborada como meio de propaganda. Também não havia qualquer verdade num relato de um jornal de Londres, segundo o qual os hessianos haviam enterrado 500 corpos americanos, numa única cova.

Alguns prisioneiros americanos, incluindo Jabez Fitch, lembram-se de actos de genuíno civismo e bondade, da parte dos seus captores. Mesmo o infame general Grant, escrevera Fitch, «era tão bom que nos presenteou com um bocado de cabrito»[74].

Para os seus captores britânicos e hessianos, e particularmente para estes últimos, os prisioneiros constituíam grandes curiosidades, uma primeira oportunidade para verem de perto como era o adversário revoltoso. «Não podiam ser confundidos com soldados, porque não tinham uniformes, mas apenas camisas rotas, de todas as cores»[75], escrevera um hessiano admirado. O tenente von Bardeleben também ficara surpreendido, por ver como os americanos estavam mal vestidos. Para além disso, escreveu, «têm apenas um desprezível traje de agricultor e uma arma. A maior parte dos seus oficiais não está melhor vestida e, até há pouco tempo, eram apenas comuns artesãos».

Escrevendo no seu diário, em código, o tenente von Bardeleben também se lembra de alguns dos seus colegas oficiais «espalharem a ideia de serem heróis. Os prisioneiros que se ajoelhavam, e que se tentavam render eram espancados». Para a maior parte dos prisioneiros, ainda estava guardado um tratamento pior: eram enclausurados, até

morrerem à fome, em velhas jaulas, criptas de igreja e terríveis navios-
-prisão, ancorados no porto.

*

Nas restantes horas do dia, depois de as armas se terem silenciado, os americanos nas defesas de Brooklyn que esperavam que os britânicos atacassem em peso, aguardaram, tensamente, hora após hora, sem que nada acontecesse. Ao longo da tarde, e pela noite adentro, podiam ouvir-se profundos e lastimosos gritos de dor dos homens feridos em batalha, que jaziam entre os mortos ainda por enterrar. Soldados que tinham ficado para trás, e haviam escapado à captura, continuavam a chegar às linhas, quase a toda a hora: sozinhos, esfarrapados, ou grupos de três ou quatro, muitos bastante feridos – «E os feridos angustiados vinham chorar para as linhas!»[76],escreveu Philip Fithian. Na manhã seguinte, Mordecai Gist e outros nove atravessaram para os acampamentos. Foram os únicos, dos valentes de Maryland, que conseguiram regressar.

III

Na manhã de quarta-feira, 28 de Agosto, a situação enfrentada por Washington e pelo exército era crítica. Haviam sido mais espertos do que ele, e levaram-lhe a melhor na luta. Estavam cercados em Brooklyn, numa área com cerca de cinco quilómetros em volta, e de costas para o rio East, que poderia servir como caminho de fuga, mas apenas se o vento estivesse a favor. Com uma mudança na direcção do vento, seriam apenas precisos alguns navios de guerra britânicos no rio para tornar a fuga impossível. Brooklyn era uma armadilha pronta a disparar.

No entanto, bem cedo naquela manhã, Washington pediu que mais tropas do seu exército viessem de Nova Iorque, quase como se não compreendesse o perigo da sua posição. Dois regimentos da Pensilvânia e as tropas de Massachusetts do coronel John Glover – aproximadamente 1200 homens – atravessaram o rio e marcharam para os entrincheiramentos de Brooklyn, com um considerável aparato. Possivelmente, era este o aparato que Washington queria, e se era, fora bem sucedido. A visão das novas tropas, escrevera o oficial da Pensilvânia, Alexander Graydon, trouxera uma acentuada mudança. «As faces que se haviam entristecido pelos infortúnios do dia anterior, ganhavam brilho e ânimo à nossa chegada, e um murmúrio a acompanhar dizia: "Estes são os rapazes que poderão fazer algo"»[77].

Liderando as frescas brigadas da Pensilvânia estava o elegante e confiante Thomas Mifflin, anteriormente um dos homens ao comando de Washington em Cambridge, e agora, com 32 anos, um general de brigada. Mifflin voluntariou-se, imediatamente, para supervisionar as defesas externas e informar Washington, não esperando o papel que em breve iria desempenhar.

Joseph Hodgkins estava tão exausto da batalha, que quase não conseguia segurar a cabeça, mas mesmo assim despendera tempo para escrever para casa, informando que, «com a graça de Deus»[78], ainda estava inteiro. Como todos os outros, esperava, a qualquer momento, entrar em acção novamente. «O inimigo está a dois quilómetros de distância das nossas linhas», afirmara.

O tempo havia mudado drasticamente desde o dia anterior. Sob céus escuros, a temperatura descera um pouco. Ordenaram os carabineiros, nas defesas externas, que mantivessem um fogo firme contra o inimigo, pelo menos para levantar o ânimo. Os britânicos ripostaram com igual perseverança durante a tarde, quando as nuvens carregadas deram lugar a uma chuva intensa e fria. Fora o início de uma tempestade vinda do nordeste, que trouxera ainda mais miséria ao exército derrotado.

Às três da tarde, uma [pistola] de alarme, no meio da violenta chuva [escrevera Philip Fithian]. Os tambores incitavam, fortemente, às armas. Homens a correr, desordenadamente, e em colunas para as linhas. A chuva sempre a cair, numa torrente extraordinária. As armas de todo o exército estavam molhadas. E depois de o alarme ter terminado, que fora ocasionado pelos militares regulares que vinham numa corporação maior do que o habitual para afastarem os nossos carabineiros, as nossas tropas dispararam as armas, quase até ao anoitecer, de tal forma que era perigoso andar nas nossas próprias fileiras – pois podíamos, de qualquer parte, ouvir disparos infindáveis e contínuas balas [de canhão], a passarem por cima de nós([79]).

A tempestade e o barulho dos canhões continuaram pela noite adentro. Do outro lado do rio, em Nova Iorque, o Pastor Ewald Shewkirk escrevera sobre o estrondo de canhões em Brooklyn([80]), misturado com clarões de relâmpagos e o barulho dos trovões.

No dia seguinte, quinta-feira, 29 de Agosto, a tempestade continuou, chovendo bastante. As tropas não tinham tendas e tinham pouca ou nenhuma comida. Era quase impossível manter as fogueiras para cozinhar, ou para aquecimento. Sabe-se que o soldado raso Martin comera os biscoitos que havia colocado na mochila antes de deixar Nova Iorque, biscoitos «suficientemente duros para partirem os dentes de um rato»([81]), como escrevera. Qualquer um que tivesse um pouco de porco cru para trincar sentia-se privilegiado. Quase todos estavam esfomeados e ensopados até à medula. Em certos locais, nas trincheiras, os homens tinham água até à cintura. Era impossível manter mosquetes e cartuchos secos. Os soldados, incapazes de ficarem acordados durante mais tempo, adormeciam de pé, à chuva, ou sentados na lama, descobertos.

Washington, que havia dormido pouco ou nada, enviara um relatório curto, e de certa forma incoerente, ao Congresso, às quatro e meia

1776

da manhã, dizendo que os seus homens estavam muito «angustiados» [82]. Da derrota do dia anterior, apenas disse que haviam tido um «ajuste» com o inimigo e que nada soubera do general Sullivan, nem de Lorde Stirling. «Nem posso precisar as nossas perdas» [83]. Também não contou que, durante a noite, os britânicos haviam começado «a avançar por meio de aproximações», como se sabia. Em vez de arriscar um ataque a céu aberto, cavavam valas em direcção às linhas americanas, e levantavam entrincheiramentos a pouco mais de 500 metros do forte Putnam.

No entanto, apesar da agonia que causava, a tempestade era uma vantagem para Washington. Sob tais circunstâncias, qualquer vento forte, de nordeste, era um golpe de sorte, pois, enquanto se mantivesse, os navios de Lorde Howe não tinham qualquer hipótese de se «subir» [84] para onde pudessem provocar destruição.

Mas ninguém poderia prever quanto tempo tal sorte iria durar. E se essa sorte se esgotasse? (mas, tal como havia dito ao Congresso, quando aceitara o comando: «se algum azar acontecer, desfavorável à minha reputação, peço que todos os cavalheiros, nesta sala, se lembrem que neste dia declarei, com toda a sinceridade, que não me considero à altura da honra que me concedem»).

Foi, então, avisado de que não podia contar com os velhos navios, que haviam sido afundados no rio East como uma importante barreira contra os navios de guerra britânicos, especialmente, os mais pequenos, que poderiam passar pela parte do rio East, entre a ilha do Governador e Brooklyn, onde não havia barreiras de qualquer tipo.

Com a situação tão terrível como estava, ninguém era mais notável na sua calma presença de espírito do que Washington, fazendo as suas rondas, a cavalo, à chuva. Eles devem ser «frios, mas determinados», havia dito aos homens, antes da batalha, quando estavam com grande ânimo. Agora, enfrentando a catástrofe, demonstrava o que queria dizer, com o seu próprio exemplo. Qualquer que fosse a sua raiva, tormento, ou desespero que sentia, guardava-os para si próprio.

Desde que havia chegado a Nova Iorque, em Abril, a essência da política de Washington havia sido a de manter a vigilância e de tomar decisões de acordo com as circunstâncias. Um pouco antes do meio-dia, depois de ouvir o relatório do general Mifflin sobre os progressos feitos pelos britânicos com as suas «aproximações» nocturnas, assim como as opiniões veementemente expressas por Joseph Reed, e tendo ele próprio analisado a situação, tomara uma decisão de grande importância.

Uma urgente mensagem secreta e deliberadamente enganadora partira para o general Heath, na King's Bridge. Todos os barcos de fundo chato ou corvetas, quase todas as embarcações disponíveis, deveriam ser reunidas «sem demora», pois «temos muitos batalhões de Nova Jérsia a caminho para substituírem os outros que cá estão»([85]). A mensagem estava assinada por Mifflin.

Washington lembrar-se-ia mais tarde de ter salientado que não deveriam fazer «cerimónias»([86]) no acatamento da ordem – significando que, quaisquer barcos que servissem, deveriam ser confiscados no local. Heath delegou essa função ao coronel Hugh Hughes, um professor de Nova Iorque que, no cumprimento da sua missão, nas 24 horas seguintes, mal chegaria a desmontar do cavalo.

Às quatro da tarde, ainda sem abrandamento da chuva, Washington convocara uma reunião, com os seus generais, na mansão de Livingston, no cimo de Brooklyn Heights, com vista para o rio.

Mifflin, que havia aconselhado Washington a lutar ou a efectuar uma retirada imediatamente, pedira que fosse ele a propor a retirada, sabendo que, se concordassem, ele e o regimento da Pensilvânia serviriam como a guarda da retaguarda, nas defesas externas e, assim, manteriam a linha até o restante exército ter partido. Esta seria a tarefa mais perigosa de todas e insistia que fosse sua, dissera Mifflin a Washington, para que o facto de ser ele a propor a retirada não afectasse a sua reputação.

Nas palavras da acta da reunião: «Foi submetido à consideração do conselho, e mediante todas as circunstâncias, se não seria adequado deixar Long Island e as suas dependências [fortificações] e retirar o exército para Nova Iorque»([87]). Apenas um homem tivera dúvidas: o general John Morin Scott, um notável advogado de Nova Iorque e um ardente patriota que se tornara soldado. «Tal como foi depressa proposto, *também depressa me opus*»([88]), escrevera Scott, mais tarde, «por sentir aversão a ceder ao inimigo um único centímetro de solo que fosse, *mas em breve me convenci das razões incontestáveis para o fazer*».

Das razões avançadas – munições deterioradas pelas fortes chuvas, a miséria e a desmotivação sentida pelas tropas já exaustas, o avanço do inimigo por aproximações, a situação precária de um exército dividido pela metade –, a mais grave era a crescente ameaça da frota britânica subitamente dominar o rio East. Tal como Joseph Reed escreveu num esclarecimento, com Lorde Howe a tentar, todos os dias, «subir» contra

1776

o vento, «questionou-se seriamente se seria adequado arriscar o destino do exército, e talvez da própria América, para defender o círculo de cerca de cinco quilómetros, fortificado com escassos redutos fortes, mas sobretudo linhas abertas»[89].

A decisão foi unânime. As ordens foram dadas e, à noite, o plano estava a desenvolver-se com rapidez.

Em Dorchester, no ano anterior, Washington havia tirado partido da noite para apanhar Howe completamente de surpresa. Em Long Island, Howe havia enviado 10 000 homens durante a noite para apanhar, por sua vez, Washington de surpresa. Na noite de quinta-feira, a 29 de Agosto, foi, novamente, a vez de Washington.

*

As ordens chegaram às sete horas. As tropas deveriam estar «armadas com trouxas e tudo mais que fosse necessário»[90]. Fora-lhes dito que haveria um ataque nocturno ao inimigo.

Para Alexander Graydon, que estava com os regimentos da Pensilvânia destacado para a retaguarda, parecia uma medida de desespero, quase suicida. «Vários testamentos nuncupativos foram elaborados na ocasião, embora fosse incerto se as pessoas, a quem eram comunicados, sobreviveriam para os revelarem ou executarem»[91]. Graydon concentrou-se na invocação da sua própria coragem.

Por volta das nove horas, as tropas com menos experiência, juntamente com os doentes e feridos, foram mandados para o local de atracagem do *ferry*, em Brooklyn, sob o pretexto de serem substituídos por reforços. Mas disto, os soldados, perto das linhas da frente, nada sabiam. «As coisas foram conduzidas com tanto secretismo»[92], escrevera outro dos homens da Pensilvânia, o tenente Tench Tilghman, «que nem os subalternos, nem os soldados rasos sabiam que todo o exército iria atravessar, regressando a Nova Iorque». Nem nada fora dito aos oficiais.

Alexander Graydon continuava a pensar na «extrema imprudência» que era ordenar um ataque, dadas as condições dos homens, e as suas armas encharcadas. Quanto mais pensava, mais confuso ficava, até que, de súbito, se «fez luz na minha mente, e percebi que o objectivo era uma retirada, pelo que a ordem para atacar o inimigo servia apenas para encobrir o verdadeiro desígnio»[93]. Os companheiros oficiais, a quem confiara os seus pensamentos, «não se atreveram a acreditar».

Outros, noutros locais, nos fortes e barricadas, começaram a pensar que uma fuga nocturna teria de ser a verdadeira intenção, e a considerar os riscos envolvidos. Tal como o major Benjamin Tallmadge de Connecticut, um oficial particularmente sensato, escreveria mais tarde, colocando-se no lugar de Washington:

> Mover uma quantidade de tropas tão grande, com todos os seus apetrechos indispensáveis, através de todo um rio, com dois quilómetros de largura e uma corrente rápida, e diante de um exército vitorioso e bem disciplinado, quase três vezes mais numeroso do que o seu, e de uma frota capaz de fazer parar a navegação de forma que nenhum barco pudesse passar, parecia uma tarefa com obstáculos tenebrosos[94].

A chuva tinha, finalmente, parado, mas o vento de nordeste, que havia mantido o rio livre da frota britânica, ainda soprava, sendo, juntamente com uma maré baixa, não menos dissuasor para uma retirada americana.

As primeiras tropas, retiradas para o local de atracagem do *ferry*, descobriram que o rio estava tão agitado que nenhum barco poderia passar. Os homens apenas podiam esperar, no escuro. De acordo com um relato, o general Alexander McDougall, que era o responsável pela embarcação, enviara uma mensagem a Washington, dizendo que, com aquelas condições, não poderia haver nenhuma retirada, naquela noite.

Deviam ser 11 horas, quando, como que por desígnio, o vento de nordeste deixou de soprar. Depois, o vento mudou para sudoeste e uma pequena armada de barcos, tripulada por mais dos marinheiros e pescadores de Massachusetts sob o comando de John Glover, fez-se ao rio a partir de Nova Iorque, sendo que o próprio Glover atravessou para Brooklyn, para dar directivas.

Os homens de Glover provaram ser tão importantes como a mudança do vento. Como extraordinários marinheiros que eram, manejando, hora após hora, o leme e os remos com mestria, navegaram eficazmente no rápido do rio, com correntes contrárias, e em barcos tão carregados de tropas e provisões, cavalos e canhões, que a água estava, muitas vezes, apenas centímetros abaixo da borda – além disso, estava escuro como breu, não havendo quaisquer luzes de navegação. Poucos homens tiveram, alguma vez, tanto domínio sobre as suas capacidades, estiveram sob tal pressão ou se comportaram tão soberbamente.

Enquanto os barcos iam e vinham de Brooklyn, mais tropas recebiam ordens de retirada das linhas e de marcha para o cais do batelão. «E a operação era maçadora, caminhando-se sobre a lama e sobre o lodo» ([95]), recordara um homem.

Rodas de vagões e tudo o que pudesse fazer barulho, foram abafadas com pedaços de pano. Falar era proibido. «Fomos, estritamente, proibidos de falar, ou até de tossir» ([96]), escrevera o soldado raso Martin. «Todas as ordens eram dadas de oficial para oficial e sussurradas aos homens».

Caminhavam à noite como espectros. «Enquanto um regimento deixava o seu posto de guarda, as tropas remanescentes moviam-se para a direita e para a esquerda, preenchendo as áreas que vagavam» ([97]), escrevera Benjamin Tallmadge, relembrando também que, para muitos dos homens, era a terceira noite sem dormir. Entretanto, Washington havia cavalgado para o cais do batelão, para se encarregar, pessoalmente, do embarque.

Considerava-se a retirada ordenada como uma das manobras mais difíceis de realizar, mesmo para os soldados melhor treinados, e o facto de o exército amador da ralé de Washington estar a fazer uma retirada nocturna em perfeita ordem e silêncio parecia, então, mais do que se podia esperar. O pior receio era que, por causa de algum erro disparatado, os britânicos descobrissem o que se estava a passar, e descessem com toda a sua força superior.

Os que estavam em maior perigo, as tropas na vanguarda de Mifflin, ainda mantinham as suas defesas externas. Esperando a sua vez para encetarem a retirada, mantinham-se ocupados criando o rebuliço suficiente e vigiando as fogueiras, fazendo passar a imagem de que o exército ainda estava no local. Sabiam que se o inimigo fosse o mais esperto, seriam provavelmente aniquilados.

Na eventualidade de um ataque britânico, deviam bater em retirada e reorganizarem-se na velha igreja holandesa, a meio da estrada, na vila de Brooklyn. Enquanto as horas passavam, era inconfundível o som das picaretas e das pás britânicas, cavando com firmeza em direcção a eles, no escuro.

Toda a guarnição no forte Stirling, em Brooklyn Heights, também tinha ordens para ficar durante a noite, como cobertura contra um ataque de navios inimigos.

Campo de Batalha

Por volta das duas da manhã, um canhão disparara. Nunca fora dada nenhuma explicação. «Se a explosão aconteceu do nosso lado», especulara, mais tarde, Alexander Graydon, «a arma fora provavelmente descarregada, quando a desengataram»(98).

Durante o resto da sua vida, sempre que Graydon se lembrava daquela noite, pensava na cena de *Henrique V*, de Shakespeare, nomeadamente, na longa noite de espera, antes da Batalha de Agincourt, na qual, tal como Graydon escrevera, «exibe-se, numa apropriada obscuridade, um intervalo similar de terrível mistério e de horrível expectativa»(99).

*

Aproximadamente às quatro horas, estando ainda escuro, um jovem oficial a cavalo, o major Alexander Scammel(100), cavalgara pelas defesas externas, procurando pelo general Mifflin. Scammel tinha 29 anos e era bastante apreciado. Licenciado em Harvard e advogado na vida civil, tinha 1,90 metros, um espírito vivo, era encantador e servia como ajudante de campo do general Sullivan.

Scammel disse a Mifflin que os barcos estavam prontos no cais do rio e que Washington estava, ansiosamente, à espera da chegada das últimas tropas que restavam. Mifflin respondera-lhe que deveria estar enganado. Não podia imaginar que Washington se referia à sua própria vanguarda. Scammel insistira que não estava enganado, dizendo que havia cavalgado desde o extremo esquerdo, onde havia ordenado a todas as tropas que tinha encontrado para marcharem para o batelão e que, estando estas em marcha, prosseguiria caminho, para voltar a dar as mesmas ordens.

Então, Mifflin encarregara o general Edward Hand de formar o regimento e de marchar o mais rapidamente possível. Mas Scammel estava enganado. Havia interpretado mal as ordens de Washington. A ordem que dera fora o tal erro disparatado que poderia ter levado ao mais completo desastre.

As tropas deixaram as trincheiras e dirigiram-se para o rio «sem demora»(101), passando a igreja holandesa, a 800 metros do cais, onde a coluna parara. Washington, montado no seu cavalo, no meio da estrada, exigira saber o que se passava. O general Hand explicava-se, quando Mifflin aparecera. Era difícil ver as caras no escuro, mas Hand lembrar-se-ia da exclamação de Washington: «Santo Deus! General Mifflin, acho que nos arruinou!» ([102]).

Mifflin respondeu, «com uma leve irritação», que apenas estava a obedecer a ordens de Washington, entregues pelo major Scammell. Washington dissera-lhe que era um «erro terrível», que haviam vindo demasiado cedo e que as coisas estavam uma «grande confusão» no batelão, pelo que deviam regressar aos seus postos.

Para as tropas já exaustas, que haviam mantido as linhas durante a noite, contando as horas até poderem ser rendidas e escapar com os outros, e que agora esperavam no escuro, fora um momento extremamente difícil: «algo penoso para os jovens soldados» ([103]), como escrevera Alexander Graydon. «Quem quer que tenha visto tropas numa situação semelhante, ou contemple, devidamente, o coração humano em tais provações, sabe bem avaliar a conduta destes corajosos homens, nesta ocasião».

Regressaram às linhas, como lhes havia sido ordenado, e nas palavras do general Hand, «tiveram a boa sorte de recuperar os seus postos e mantiveram-nos durante algumas horas, sem que o inimigo percebesse o que se passava» ([104]).

*

Durante todo este tempo, no cais do batelão, tropas, equipamento e artilharia eram carregados a bordo, um barco a seguir ao outro, tão velozmente quanto humanamente possível, e prosseguiam o seu caminho. Todos trabalhavam energicamente. Um soldado de Connecticut que tripulava um dos barcos lembra-se de ter feito onze travessias durante a noite.

Mas o êxodo não era suficientemente rápido. Alguns dos pesados canhões, atolados na lama, tornavam-se impossíveis de se mover, e tiveram de ser deixados para trás. O tempo estava a esgotar-se. Embora fosse quase de manhã, uma grande parte do exército ainda esperava para embarcar e, sem a cortina da noite para os esconder, a fuga estava condenada. Mas, incrivelmente, e mais uma vez, as circunstâncias – destino, sorte, Providência, ou a mão de Deus, como seria dito várias vezes – intervieram.

Assim que o dia nasceu, instalou-se um pesado nevoeiro sobre Brooklyn, escondendo tudo, da mesma forma que a noite. Era um nevoeiro tão cerrado, relembrou um soldado, que «era quase impossível distinguir um homem a cinco metros de distância» ([105]). Mesmo com o sol alto, o nevoeiro mantivera-se tão denso como antes, enquanto na margem do rio do lado de Nova Iorque, o céu estava limpo.

Por fim, Mifflin, a retaguarda e as tropas do forte Stirling foram convocados. «Como é óbvio não demorámos» ([106]), escrevera Alexander Graydon.

O major Tallmadge, que com o seu regimento estava entre os últimos a partir nos barcos, escreveria mais tarde que pensava ter visto Washington nas escadas do barco ([107]), ficando para último.

Graydon estimara que eram sete da manhã, talvez um pouco mais tarde, quando ele e os seus homens desembarcaram em Nova Iorque. «E, menos de uma hora ([108]) depois, já tendo o nevoeiro desaparecido, o inimigo estava à vista, na costa que havíamos deixado [para trás].»

Numa única noite, 9000 soldados escaparam pelo rio. Não se perdeu uma única vida. Apenas três homens foram capturados, porque haviam ficado para trás, para pilhar.

IV

Sexta-feira, 30 de Agosto. De manhã([109]), para nosso grande espanto, descobrimos que haviam evacuado todas as suas fortificações, em Brookland [...] sem ter sido disparado um único tiro contra eles [...] nem os nossos navios podiam subir o rio, por falta de vento, e todos escaparam [...] para Nova Iorque.

A reacção imediata dos britânicos foi, tal como o major Stephen Kemble registou no seu diário, de espanto total. Era quase inconcebível que o exército revoltoso tivesse desaparecido silenciosamente durante a noite, nas suas próprias barbas. Para os britânicos, a surpresa não foi menor do que aquela que haviam sentido na manhã de 5 de Março, em Boston, quando acordaram e viram as armas de Ticonderoga em Dorchester Heights. Agora, a grande diferença era um sentimento de alívio, não de pavor. Subitamente, Brooklyn e todas as suas elaboradas defesas pertenciam-lhes e os revoltosos haviam fugido.

«Ainda não conseguimos explicar a sua retirada precipitada»([110]), escreveu o general Grant. Como muitos britânicos, Grant era incapaz de perceber como os americanos, tendo trabalhado durante meses nas suas maciças fortificações, as puderam abandonar tão rapidamente.

O general Howe havia agido de forma admirável e merecia o seu sucesso, pensara Grant. De acordo com este último, a lição a tirar de Brooklyn era a de que se pressionados, os americanos nunca enfrentariam as tropas do Rei novamente.

Lorde Percy concordou. «Sentiram, cruelmente, o golpe do dia 27»([111]), escrevera ao pai, «e acho que posso ousar afirmar que nunca mais nos enfrentarão no campo. Para eles tudo parece ter terminado, e agrada-me que esta campanha coloque um ponto final na guerra». Também Lorde Germain previu «Este assunto está quase terminado»([112]).

O general Clinton, justificadamente orgulhoso do seu papel no triunfo, escrevera à sua irmã, dizendo que esperava estar em casa no Natal.

Todos os oficiais que podiam, vinham ver os trabalhos dos revoltosos e apreciar a vista do forte Stirling. «Este e as partes adjacentes são os locais mais bonitos e férteis que já vi na América»([113]), recordou Ambrose Serle, que apenas se perturbava pelo cheiro forte e desagradável dos mortos não enterrados, ainda espalhados pelos campos.

Quanto aos revoltosos e à sua fuga, Serle, como muitos dos britânicos, pensava que estes se haviam «comportado muito mal enquanto homens» ([114]).

Mas havia outros, incluindo o general Grant, que achavam que os americanos haviam executado uma manobra ousada, executada de forma soberba. O general Clinton comentaria, mais tarde, que tinham, «sabiamente», fugido naquela altura, e «efectuado, muito eficazmente, a retirada de todo o seu exército» ([115]). Charles Stedman, um oficial que reportava a Lorde Percy, escreveria posteriormente uma história sobre a guerra, muito respeitada – uma das poucas histórias de alguém que havia, realmente, estado na guerra –, na qual descreveu a retirada como «particularmente gloriosa para os americanos» ([116]). Além disso, viu o que, aparentemente, Grant não reparara: o risco que os americanos teriam enfrentado, na eventualidade de uma mudança do vento. Se o *Phoenix*, ou o *Rose*, com os seus 72 canhões combinados, tivessem chegado ao rio East, como haviam feito antes no Hudson, realçou Stedman, qualquer tentativa de fuga teria sido «totalmente» ([117]) interceptada.

*

Por muito louvável que tenha sido a liderança de Washington durante a retirada, a sorte também desempenhara o seu papel. E as guerras não se ganham com retiradas, por muito bem conseguidas que sejam. Nem uma evacuação bem sucedida poderia compensar as perdas sofridas, com os mortos e feridos, e os milhares, ou mais, que haviam sido feitos prisioneiros pelo inimigo.

A Batalha de Brooklyn – a Batalha de Long Island, como ficaria conhecida mais tarde – havia sido um fiasco. Washington havia demonstrado indecisão e inaptidão. No seu primeiro comando de uma batalha de campo em grande escala, ele e os seus oficiais generais não tinham apenas falhado, mas também feito má figura.

Quase desde que assumiu o comando em Nova Iorque, Washington havia-se colocado numa posição impossível. Fora incapaz de admitir que quer os britânicos atacassem Manhattan, quer atacassem Long Island estaria sempre no meio de uma armadilha. O general Lee havia

1776

visto, claramente, que «quem comandasse o mar, comandaria a cidade», e a partir do momento em que Washington decidiu ignorar este aviso ficou em maus lençóis.

Dividindo o exército, havia contado com a sua capacidade de resposta às circunstâncias de acordo com as necessidades, como se mover as suas forças, para trás e para a frente no rio East pudesse ser sempre uma opção sua. Mesmo na véspera do ataque britânico a Long Island, ainda estava na dúvida se estaria perante o momento fulcral, e se assim fosse, sobre o que deveria fazer.

Para os britânicos, tudo correra como planeado, desde o desembarque na Baía de Gravesend até à marcha nocturna, com 10 000 homens, pelo Desfiladeiro da Jamaica, à própria batalha. Para Washington, quase nada correra como planeado. O pressuposto de que os britânicos realizariam um ataque total e frontal em Brooklyn, tal como em Bunker Hill, e que pareciam prontos para o repetir em Dorchester Heights, estava na base da estratégia americana, e era, em grande escala, o que se esperava que sucedesse. Washington fora vencido tão rápida e completamente, que a batalha estava, na prática, acabada antes de ter efectivamente começado. Na sua angústia de tentar prever onde, e como poderia ser flanqueado pela água, esquecera-se de que o ataque poderia acontecer em terra.

É impossível explicar como um homem que insiste tanto para que tudo seja calculado com perfeição, e para que se tenha tanto cuidado com os detalhes, possa ter deixado o Desfiladeiro da Jamaica sem defesa – sobretudo quando havia passado todo o dia de 26 de Agosto, em Brooklyn, a estudar a situação.

Washington nunca se responsabilizou pelo seu papel relativamente ao que aconteceu na Batalha de Long Island e, para muitos, o brilhante sucesso da fuga nocturna serviria tanto como prova da sua capacidade, como uma forma de suavizar a humilhação e a dor da derrota. Os americanos também tinham razão ao afirmar que eram bastante inferiores em número, que estavam perante um exército melhor treinado, e que dadas estas circunstâncias, tinham, em vários momentos, mostrado coragem e tenacidade exemplares.

O general Putnam fora responsabilizado por não ter ordenado a retirada de Stirling mais cedo. Sullivan foi responsabilizado por saber pouco sobre o terreno. Putnam e Sullivan foram ambos responsabilizados por deixar o Desfiladeiro da Jamaica sem defesa. O coronel Samuel

Miles, que supostamente estava encarregue do flanco esquerdo, reclamara, mais tarde, ter tido o pressentimento de que o inimigo usaria o Desfiladeiro da Jamaica, no entanto, não fizera nada em relação a isso. Stirling, por toda a sua coragem, fora criticado por tentar lutar com os britânicos a céu aberto, à maneira deles.

Muitos, incluindo Henry Knox, insistiram que se Nathanael Greene, conhecendo detalhadamente Heights of Gowan, tivesse estado presente, os britânicos teriam encontrado uma firme oposição no Desfiladeiro da Jamaica, e tudo teria sido diferente. Possivelmente poderiam ter sido. A doença de Greene e a sua consequente ausência foram, sem dúvida, um dos golpes mais duros para Washington.

Washington responsabilizaria Sullivan, em grande parte, por uma vigilância insuficiente no Desfiladeiro da Jamaica, estando, assim, implícito, na sua opinião, que Greene nunca teria permitido que um ataque surpresa britânico acontecesse naquele local.

De facto, uma vitória britânica fora sempre certa ao longo do dia, independentemente do que os americanos fizessem. A luta podia ter durado mais, e o preço a pagar pelos britânicos podia ter sido maior, mas superados em número por tropas superiores, e sem controlo do mar, Washington e o seu exército nunca tiveram, realmente, qualquer hipótese – e isto, sem contar com uma experiência do comando britânico bastante mais significativa.

A decisão do general Howe de não continuar a atacar, na tarde da batalha, seria um assunto de interminável especulação e debate. Entre os principais críticos de Howe, estava o capitão John Montresor que, na manhã de 30 de Agosto, havia sido o primeiro a descobrir que os americanos tinham desaparecido durante a noite. Para Montresor não havia dúvidas de que Howe deveria ter pressionado o ataque, e o facto de o não ter feito era um erro atroz. «Nunca prossegue as suas vitórias»([118]), era a curta avaliação que Montresor fazia de William Howe.

O general Clinton parece ter igualmente achado que, com os americanos «a fugir com tal pânico»([119]), Howe tivera a melhor oportunidade de sempre para acabar com eles e terminar a guerra com um só golpe. Mas Clinton nunca o diria, se lho perguntassem. Em vez disso, preferia escrever que se tivesse estado na posição de Howe, também ele teria «julgado prudente»([120]) retirar.

Num depoimento perante o Parlamento, o general Cornwallis recusar-se-ia a dizer que as linhas de Brooklyn poderiam ter sido tomadas com um ataque imediato, e declarou que, na altura, nunca ouviu ninguém dizê-lo.

Os americanos haviam desejado outro Bunker Hill. Howe, lembrando-se deste local, não tinha qualquer desejo em desperdiçar vidas com outro ataque frontal sangrento, contra um exército entrincheirado numa colina se, com paciência, essa colina pudesse ser conquistada com menos custos. «Era evidente que as linhas teriam sido nossas, com poucos custos, com confrontos regulares»[121], diria numa explicação. «Não podia arriscar a perda que poderíamos ter sofrido num ataque».

Se Howe tivesse pressionado mais na tarde de 27 de Julho, a vitória britânica poderia ter sido total. Se o vento tivesse mudado mais cedo e se a marinha britânica se tivesse movido para o rio East, a guerra e a oportunidade de independência dos Estados Unidos da América poderiam ter sido adiadas, ou mesmo acabar ali, naquela altura.

*

Quando as notícias da batalha, juntamente com as exageradas estimativas de Howe sobre as perdas americanas, chegaram por fim a Londres, causaram sensação. Uma vitória tão grande, noticiara a imprensa, «contestava na totalidade»[122] todas as «sonoras profecias» dos oponentes da guerra. Edmund Burke, Charles Fox e outros no Parlamento que se opunham à guerra estavam verdadeiramente desalentados enquanto os proeminentes conservadores se mostravam jubilantes. O historiador conservador Edward Gibbon descrevera as notícias como algo para «animar os nossos semblantes»[123].

Toda a Grã-Bretanha estava num «êxtase que não consigo expressar», escrevera um amigo a Henry Clinton. Os sinos tocaram em Londres, e nas pequenas aldeias rurais as janelas estavam iluminadas com velas. Diz-se que o Rei fizera uma pausa durante um passeio nos Jardins de Kew para expressar a sua «grande satisfação»[124] relativamente ao relatório do general Howe, a quem distinguiria com uma condecoração da Ordem do Banho.

*

No Congresso, falara-se da derrota em privado, no máximo, como um «início infeliz»[125] e, com maior franqueza, como um perfeito «desastre»[126]. Porém, não houve pânico.

Por toda parte no país, os primeiros relatos da batalha foram inicialmente encarados como «notícias dos conservadores». Mas depois, instalara-se uma grande ansiedade, se não mesmo pânico. «Todos estão preocupados» ([127]), relembrou o Reverendo Ezra Stiles, na sua casa, em Newport. «Os conservadores em festa. Os filhos da liberdade desanimados».

Os jornais concediam grande ênfase à ousada retirada nocturna de Washington, documentando-a como uma causa renovada, pela confiança no exército e em Washington, acima de tudo. A fuga de Brooklyn constituía uma «obra-prima» ([128]), lia-se num artigo no *New England Chronicle*. «A forma como a nossa retirada foi executada», relatara o *Virginia Gazette*, «reflecte a confiança incondicional no nosso comandante das forças e nos oficiais, em geral» ([129]).

Enquanto outro escritor, no *New England Chronicle*, declarou que «a Providência favoreceu-nos» ([130]), outro, no *Massachusetts Bay*, assegurara os seus leitores de que a derrota em Long Island e a consequente angústia eram «testemunhas que falavam alto sobre o descontentamento e a raiva do Todo-Poderoso, contra um povo pecador».

> Pensámos que Deus estava a nosso favor, havia dado muitos exemplos e sinais do seu poder, e misericórdia a nosso favor. Desaprovara e desapontara os nossos inimigos, em grande escala; e, na realidade, tem sido assim. Mas, tivemos nós remorsos e atribuímos-lhe a glória? Na realidade, não. A sua mão parece ter-se virado e esticado contra nós – e a sua mão é forte. ([131])

Em Nova Iorque, o pessimismo da derrota pesava fortemente. O grande entusiasmo dos soldados, com o qual se havia contado durante tanto tempo para compensar e até mesmo ultrapassar quaisquer vantagens que o inimigo pudesse ter, desvanecera-se. A 3 de Agosto, o exército que havia realizado a travessia a partir de Brooklyn durante a noite, era, à luz do dia, uma lamentável visão – imundos, esfarrapados, entorpecidos pela fadiga, ainda ensopados até à medula, muitos deles doentes e emaciados. O exército que havia partido para Brooklyn, dando vivas, já não mais existia.

«Era uma mudança surpreendente» ([132]), notou o Pastor Shewkirk no seu diário: «Os tons alegres nos tambores e nos pífaros haviam parado [...]. Parecia que um desânimo geral se havia espalhado e o cenário de pessoas dispersas pelas ruas, para cima e para baixo, estava, na realidade, a mudar».

Haviam sido, rápida e esmagadoramente, derrotados. «Este é um dia difícil para nós, ianques»([133]), fora o resumo singelo, do jovem Enoch Anderson, da Batalha de Brooklyn.

Todavia, embora retumbante, a vitória britânica não havia sido decisiva. A guerra não fora terminada com um golpe, por uma força superior de soldados profissionais. Washington e os seus 9000 soldados haviam sobrevivido para lutarem noutro dia.

*

Nas primeiras 24 horas, em Nova Iorque, quase todos haviam sucumbido ao sono, incluindo o comandante das forças. Só no sábado, dia 31 de Agosto, Washington conseguiu reunir forças para informar o Congresso sobre a fuga. Explicara que havia estado «incapaz de pegar numa pena»([134]). «Desde segunda-feira que mal saímos das linhas, até à travessia pelo rio East, feita ontem de manhã, e nas 48 horas anteriores, mal desmontei do meu cavalo e nunca fechei os olhos».

Actualmente, estava «muito apressado e ocupado, a preparar e a organizar novas disposições das nossas forças»([135]), disse. Deixaria para outra carta as extremas preocupações que sentia.

Parte III

A Longa Retirada

São estes os tempos que põem a alma dos homens à prova.
Thomas Paine, *The Crisis*
Dezembro de 1776

Capítulo 6

Os rigores da sorte

> *Queremos grandes homens que,*
> *quando a sorte é traiçoeira, não percam a coragem.*
> Coronel Henry Knox

I

Apenas tenho tempo([1]) para dizer que estou bem e de saúde – disse Joseph Reed à esposa, Esther. No entanto, o seu ânimo era apenas «razoável».

A justiça da nossa causa, a esperança no sucesso e todas as outras circunstâncias que nos podem animar têm de ser avaliadas em oposição às de força contrária, que sei serem sérias […] A minha honra, o meu dever e todos os outros laços considerados sagrados entre os homens pedem-me que continue com firmeza e resolução […] Acredito que o meu país ainda será livre, qualquer que seja o destino a que estejamos confinados, ou em perigo de o estar, nesta península, que nunca deveríamos ter pisado.

1776

Foi «um mero ponto de honra que nos manteve aqui» ([2]), escrevera antes a um amigo. Agora, na sombria consequência da derrota, a ideia de arriscar o destino da América, na defesa de Nova Iorque, parecia tão insensata, que submetê-la aos «desígnios da Providência» ([3]), como disse, era o único recurso disponível.

O exército, que havia mostrado uma extraordinária disciplina e unidade, durante a longa fuga nocturna de Brooklyn, mergulhou, rapidamente, no desespero, tornando-se intratável e fora de controlo. Bandos de soldados percorriam as ruas, assaltando casas e levando o que queriam. Até a mansão de Lorde Stirling, na esquina da Broad Street com a Beaver Street, foi libertinamente saqueada.

Joseph Hodgkins, terrivelmente abatido pela derrota, soube, por uma carta da esposa, que o filho, jovem e doente, morrera. Eram «notícias pesadas», disse-lhe. Tentava, com toda a força de que era capaz, não desanimar perante o modo como a guerra se desenrolava.

> Mas [...] pense um minuto! Cavámos e construímos fortes, durante todo o Verão, para nos servirem de tecto; fomos obrigados a deixá-los e agora aqui estamos, sem uma pá cheia de terra para nos cobrir [...] Não escrevo isto para a desencorajar ou para aumentar os seus problemas, mas apenas para que saiba, como eu, as circunstâncias em que nos encontramos. ([4])

Ainda preocupado com ela, escreveu-lhe novamente no dia seguinte, assegurando-lhe de que, até aí, nada de grave lhe havia acontecido. «Um tiro arrancou-me o botão de punho ([5]) da manga e feriu-me a pele de raspão, mas, graças a Deus, nada mais sofri.» Não falou em desistir, nem em voltar para casa.

Mas outros, às centenas, estavam exactamente a fazê-lo, levando armas e munições (um soldado foi apanhado a arrastar, com dificuldade, uma bala de canhão, para dar à mãe, para esmagar mostarda em grão, explicou). Todas as unidades de milícia de Connecticut partiam, em massa, afirmando estarem fartas. As estradas, em Connecticut e Nova Jérsia, enchiam-se de soldados a caminho de casa. Provavelmente, um em cada quatro encontrava-se doente, e os outros disseminavam o seu próprio desencorajamento.

Os homens, nas fileiras, queixavam-se de terem sido «vendidos». Alguns diziam, abertamente, que ansiavam o regresso do general Lee.

Estava em causa a liderança de Washington. O coronel John Haslet escreveu a Caesar Rodney, um delegado do Congresso: «Temo que o general Washington tenha uma tarefa demasiado pesada, ajudado, principalmente, por jovens imberbes.» (⁶)

Henry Knox, cuja fé em Washington nunca esmoreceu, transmitiu à esposa a urgente necessidade de grandes homens «que, quando a sorte é traiçoeira, não perdem a coragem» (⁷). Se houve uma falha grave, na forma como as coisas foram conduzidas, foi a «imbecil avareza» do Congresso.

Washington havia concluído as suas ordens gerais para 2 de Setembro, com um pedido de perseverança e bravura, na defesa de Nova Iorque: «Agora é altura de todos os homens se esforçarem e tornarem o nosso país glorioso, ou de se mostrarem desprezíveis.» (⁸) Mas, apesar de todas as indicações, as suas palavras surtiram pouco efeito. De facto, numa carta ao Congresso, escrita nesse mesmo dia, Washington retratou grande parte do exército como claramente «desprezível».

A milícia, em vez de apelar ao seu esforço máximo, opondo-se corajosa e decididamente, de forma a reparar as nossas perdas, está receosa, intratável e impaciente por voltar. Muitos partiram; por vezes, regimentos inteiros (⁹).

Pior. O seu exemplo «contagiou» outros, ao ponto de já não ter confiança no exército como um todo e, pela primeira vez, questionou se Nova Iorque se teria tornado uma causa perdida.

Precisava de saber do Congresso se, na eventualidade de ter de abandonar a cidade, esta deveria ser deixada como «abrigo de Inverno (¹⁰) para o inimigo» – ou seja, queimada. «Por um lado obteriam grande conveniência nisso; por outro, muitas propriedades seriam destruídas». A situação, escreveu, não permitia «muito tempo para deliberação».

A carta seguiu imediatamente para Filadélfia, onde o general Sullivan chegou nesse mesmo dia, 2 de Setembro, tendo falado com Lorde Howe, que lhe pediu que entregasse uma proposta de paz ao Congresso. Washington, que se mostrou céptico em relação à missão de Sullivan, tinha, no entanto, dado a sua aprovação, sentindo que não deveria impedir o que quer que Howe tivesse para dizer. Como Sullivan relatou, o Lorde, estando «desejoso de um compromisso com a Amé-

1776

rica»([11]), queria encontrar-se, «em qualquer lugar», com uma delegação do Congresso.

Durante todo esse tempo, as tropas britânicas avançaram para norte, na costa oposta do rio East, em direcção à ponte, a King's Bridge. Então, na escuridão da noite, a 3 de Setembro, o primeiro navio inimigo, a fragata *Rose*, rebocando 30 chatas, iniciou a subida do rio, acompanhando a subida norte da maré, e ancorou, por fim, na foz do Ancoradouro de Newtown, mesmo em frente de uma grande enseada, do lado de Nova Iorque, conhecida como Baía de Kips.

O dia seguinte trouxe um «movimento considerável» de transportes e mais chatas subindo o rio East, enquanto outras duas fragatas, a *Repulse* e a *Pearl*, navegaram no Hudson.

Entretanto, John Hancock informou Washington de que, em Filadélfia, o Congresso decidira que no caso de o general achar necessário retirarem de Nova Iorque, a cidade não deveria sofrer quaisquer «danos»([12]). E, para sublinhar o pouco que os membros do Congresso sabiam da presente situação, afirmou-se, mais tarde, que não «duvidavam serem capazes de recuperar»([13]) a cidade, caso o inimigo «se apoderasse dela».

Era incerto o local que os britânicos atacariam, como havia sido desde o início. O que Washington mais temia era um ataque da retaguarda, nas imediações da ponte de King's Bridge, e, tendo-se convencido de que era esta a intenção de Howe, iniciou para lá o avanço das suas tropas. O general Heath avisou que o inimigo poderia desembarcar na costa do Condado de Westchester, do outro lado do rio Harlem, a que Washington replicou tudo depender de informação fidedigna, que não existia. Insistiu que «não poupasse esforços»([14]), nem despesas, para descobrir, com a maior rapidez, tudo o que fosse possível.

«Pensamos (pelo menos eu) que não podemos ficar»([15]), escreveu Joseph Reed, uma vez mais, à esposa, «e no entanto não sabemos como ir; por isso, pode dizer-se que estamos entre a espada e a parede».

Reed, que parecia mais velho e muito sábio para a sua idade, tentou sempre ter uma visão ampla e filosófica dos trabalhos árduos, o que, aliado a uma jovialidade natural e uma mente forte e analítica, havia contribuído para que, com pouco mais de 30 anos, tivesse conseguido alcançar uma posição superior na Advocacia, em Filadélfia. Mas, de momento, era difícil ter uma réstia de esperança. Os mandriões e os cobardes, os patriotas de taberna e os políticos fúteis evocavam a cólera que não conseguia conter.

Quando olho à volta e vejo quão poucos dos que falavam, tão abertamente, de morte e honra, me circundam, e que os que aqui se encontram são aqueles que eu menos esperava [...]. Fico absorto de espanto e surpresa [...]. Os vossos barulhentos filhos da liberdade são, acho, os mais silenciosos no campo [...]. Um compromisso, ou mesmo a expectativa de um, dá um maravilhoso conhecimento do carácter (16).

Apesar de observador, apenas na Batalha de Brooklyn Reed estivera com Washington do princípio ao fim. Durante seis dias, nem tempo houvera para mudar de roupa e, como Washington, não tinha dormido várias noites. Se conseguiria continuar a suportar a tensão e a fadiga, como Washington parecia ser capaz, era para ele um enigma.

Esther, conforme escrevia, esperava que ele voltasse, para estar consigo aquando do nascimento do quarto filho.

Pensava-se que o exército americano, agora espalhado de Battery a King's Bridge, atingia os 20 000 homens, mas com a deserção em catadupa que se verificava, era difícil dizê-lo. Talvez um quarto estivesse doente, e, muitas vezes, os oficiais e os homens nas fileiras simulavam doenças.

Um dos que se encontrara mais gravemente doente havia recuperado, e tal facto teve consequências imediatas. A 5 de Setembro, Nathanael Greene regressou ao seu posto, apresentando um argumento categórico e rigorosamente fundamentado para abandonar Nova Iorque. Se a doença lhe negara a hipótese de desempenhar um papel em Brooklyn, não tinha, de modo algum, deixado que a sua mente se afastasse do destino do exército, de tudo o que estava em jogo. Enquanto outros, como Reed, tinham a mesma opinião, Greene, sozinho, colocou as suas ideias no papel.

Acho que não temos qualquer objectivo deste lado da ponte de King's Bridge. As nossas tropas estão, agora, tão dispersas, que uma parte pode ser interceptada antes que a outra possa vir em seu auxílio. Nesta situação, suponho que o inimigo vai subir o rio North, com vários navios de força e alguns transportes, ao mesmo tempo, e desembarcar entre a cidade e a divisão central do exército. Outro destacamento de Long Island deve desembarcar do lado exactamente oposto. Estes dois destacamentos formam uma linha pela ilha e entrincheiram-se. Os dois flancos poderiam ser, facilmente, apoiados pela frota. O centro, fortificado com os redutos, tornaria muito difícil, se não impossível, cortar-nos o caminho [...] Se isto acontecesse, o que considero muito provável, Sua Excelência ficaria reduzido à situação que todos os generais prudentes gostariam de evitar, isto é, ser obrigado a lutar com o inimigo, numa situação desvantajosa, ou submeter-se[17].

Havia sido acordado, continuou Greene, que sem a posse de Long Island, não poderiam manter Nova Iorque. O exército, disperso como estava, de uma ponta à outra da ilha de Nova Iorque, não seria capaz de conter um ataque, e outra derrota, como a de Brooklyn, seria, de certo, ruinosa. «É nosso dever planear, a fim de evitarmos qualquer desgraça considerável»[18]. Além disso, dois terços da cidade pertenciam aos conservadores. Não havia razões fortes para correr grandes riscos na sua defesa.

«Na minha opinião, é absolutamente necessário proceder a uma retirada geral e rápida, e é disso que a honra e o interesse da América precisam.»[19]

Mais ainda, queimaria a cidade. Depois de tomada pelos britânicos, nunca poderia ser recuperada sem uma força naval superior à deles. Deixada de pé, garantir-lhes-ia abundância de alojamento, molhes e um mercado para as suas necessidades. Greene não conseguia pensar num único benefício, para a causa americana, com a preservação de Nova Iorque, e insistiu com Washington na convocação de um conselho de guerra.

Quando este reuniu, a 27 de Setembro, no quartel-general de Washington, na casa Mortier, a norte da cidade, chegou a carta de John Hancock, dizendo que o Congresso exgia que não se provocasse qualquer dano a Nova Iorque.

Foi acordado pelo conselho que se os britânicos trouxessem a frota e abrissem fogo, a cidade ficaria indefensável. Greene, Reed, Israel Putnam e muitos outros pediram uma retirada total e imediata de toda a ilha de Nova Iorque. Isto, argumentaram, privaria o inimigo da vantagem do seu poder marítimo, «não colocando nada em perigo»[20], e manteria o exército unido.

Os rigores da sorte

No entanto, a maioria discordou, conforme Washington, imediatamente, comunicou ao Congresso. O que ele disse, na reunião, não se sabe, porque não subsistiram registos, embora pareça que achou a directiva do Congresso como um gravíssimo erro e que a ideia de Nathanael Greene era a correcta. Mais tarde, escrevia a Lund Washington que «Se tivesse ficado entregue à minha consideração, Nova Iorque deveria ter sido deixada em cinzas.» (²¹)

A 8 de Setembro, Washington expressou ao Congresso o seu receio de ser flanqueado, novamente, pelo inimigo. «Em toda a parte, existem dificuldades» (²²), escreveu. E, em cada decisão, havia a possibilidade de o seu exército não lutar. Era um medo que nunca o abandonava. Sentia que soldados jovens, inexperientes, em tão grande número, nunca deveriam ser arrastados para um conflito aberto.

«Devemos, em todas as ocasiões, evitar uma acção geral, colocando tudo em risco, a não ser que a isso obrigados por necessidade.» (²³)

No entanto, parecia incapaz de se decidir. «Por outro lado, abandonar uma cidade, que alguns consideram ser possível defender e na qual se efectuaram tantos trabalhos árduos, tende a desencorajar as tropas e debilitar a nossa causa.» (²⁴) Guarnições militares resistentes, no forte Washington e no lado oposto do rio Hudson, segurariam o corredor de Hudson. Um exército em retirada está sempre «rodeado de dificuldades» e «declinar um combate sujeita um general a vexame».

Então, ofereceu a possibilidade de um «ataque brilhante» poder salvar a causa, embora ninguém soubesse qual poderia ser.

O facto de os homens estarem mal alimentados e mal pagos não ajudou – muitos não recebiam há dois meses – enquanto, do outro lado do rio East, os britânicos estavam bem fornecidos com provisões frescas das quintas de Long Island, «uma circunstância agradável» (²⁵), como Ambrose Serle referiu, «tanto para a saúde como para a moral das tropas». Os hessianos, em especial, diziam que nunca haviam estado tão bem alimentados.

*

Em Filadélfia, após dias de debate, o Congresso decidiu enviar uma delegação de três homens – Benjamin Franklin, John Adams e Edward Rutledge – para se reunirem com Lorde Howe. Partiram a 9 de Setembro.

A 10 do mesmo mês, as forças britânicas avançadas atravessaram Long Island para ocuparem a Ilha de Montresor, na foz do rio Harlem.

Nathanael Greene pressionou Washington a reunir, novamente, o conselho de guerra. A situação era «tão crítica e perigosa» [26] que tinha de ser tomada uma decisão, leu Washington, numa declaração conjunta, assinada por Greene e seis outros oficiais generais, escrita a 11 de Setembro, dia em que os três homens da delegação do Congresso saíram de Nova Jérsia para Staten Island, a fim de se reunirem com Lorde Howe.

A reunião nesta ilha durou várias horas, durante as quais Lorde Howe falou a maior parte do tempo. «É desejável pôr um ponto final a estes ruinosos embaraços, tanto para o bem do nosso país, como para o nosso próprio bem» [27], disse o general, num uniforme resplandecente. Não haveria uma forma de «voltar atrás neste passo da independência?» Disseram-lhe que não e, como se esperava, a reunião não teve qualquer resultado.

Levara, pelo menos, a uma pausa nos movimentos do inimigo. Os britânicos haviam suspendido as operações, o que poderia ter sido uma oportunidade de ouro para atacarem, uma vez que se seguiram dias de perfeito final de Verão.

O conselho de guerra de Washington reuniu-se, novamente, a 12 de Setembro, e, desta vez, decidiu abandonar a cidade. A parte principal do exército deveria deslocar-se para norte, para a ponte de King' Bridge, tão rapidamente quanto possível, enquanto cerca de 4000 soldados, sob o comando do general Putnam, ficavam para repelir um eventual ataque. Os doentes deveriam ser levados em primeiro lugar. Canhões, toneladas de provisões e munições tinham de ser rebocados da cidade, o que constituía uma tarefa gigantesca. Todos os cavalos e vagões disponíveis eram aproveitados.

Na tarde de quinta-feira, dia 13, os britânicos estavam, de novo, em acção. Claramente, encontrava-se a caminho um «grande esforço militar» [28], segundo as palavras de Joseph Reed. Os navios de guerra *Roebuck* e *Phoenix* e as fragatas *Orpheus* e *Carysfort* – quatro navios guarnecidos com 148 canhões – prosseguiram rio East acima, com seis transportes de tropas, para lançarem âncora no ancoradouro de Bushwick. Com disparos «vivos» das baterias americanas, os navios não sofreram quaisquer danos sérios, nem se deram ao trabalho de responder ao fogo.

Os rigores da sorte

No sábado, dia 14, Washington recebeu outra directriz de John Hancock. Depois de examinar o assunto novamente, o Congresso havia, agora, decidido deixar a escolha do momento da evacuação de Nova Iorque inteiramente ao critério do comandante das forças. Ele e o exército não deveriam ficar «nem mais um minuto» ([29]) do que o estritamente necessário.

Washington respondeu imediatamente:

Estamos a utilizar todos os métodos ao nosso alcance para retirarmos as provisões, etc... são tão grandes e em número tão elevado, que temo não terminar sem sermos interrompidos [...]. Os nossos doentes são extremamente numerosos e achamos a sua retirada bastante difícil. ([30])

No entanto, ao fim da tarde, a maior parte do exército dirigia-se para King's Bridge e para Harlem Heights. Washington e o seu pessoal partiriam da casa Mortier, nessa noite, em direcção a norte.

*

Inspeccionando a costa da Baía de Kips, com o seu telescópio, do convés do *Roebuck*, o general Henry Clinton podia ver entrincheiramentos «alinhados com homens, cujos semblantes pareciam respeitáveis e firmes» ([31]), como escreveu mais tarde. A invasão de Nova Iorque estava prestes a começar e Clinton, mais uma vez, lideraria o ataque.

A Baía de Kips não era escolha sua. Havia-se oposto, categoricamente, ao plano, insistindo que o rio Harlem e a King's bridge constituíam a chave para a vitória. Sendo a ilha de Nova Iorque uma garrafa, então Harlem seria o gargalo. Se o fechassem, argumentou Clinton, Washington e o seu exército revoltoso cairiam numa armadilha e a guerra estaria ganha.

Embora rejeitada, Clinton continuou a insistir na sua opinião, quase até ao último momento. Mesmo que o desembarque na Baía de Kips tivesse sucesso, disse, ainda se tornaria necessário expulsar os revoltosos de Harlem e da King's Bridge.

O general Howe e o seu irmão, o almirante, não eram negligentes, em relação à lógica de Clinton, mas os capitães dos navios no rio East

1776

temiam as infamemente traiçoeiras correntes em Hell Gate, na confluência dos rios East e Harlem.

William Howe emitiu uma ordem final às tropas, dizendo que se «pretendia, em breve», um ataque ao inimigo, e recomendou «uma total dependência das suas baionetas, com as quais sempre conduzirão o sucesso que a sua coragem tanto merece» ([32]). Não houve nenhuma chamada vibrante pelo valor da causa do país ou bênção da liberdade, como Washington exortara às suas tropas, em Brooklyn, apenas uma advertência sobre a eficácia das baionetas.

A invasão foi preparada para sábado, dia 15. Se Howe e o seu comando soubessem mais e tivessem esperado mais um dia, a evacuação americana teria sido completa e poderiam ter entrado em Nova Iorque sem preocupações.

Na costa oposta, na Baía de Kips, o soldado raso Joseph Martin encontrava-se entre as tropas de Connecticut, na guarnição militar, nas valas, de pouca profundidade, para ajudar a proteger o resto do exército. Com o cair da noite, as sentinelas, à beira da água, relatavam, regularmente, a cada meia hora: «Está tudo bem.» De um dos navios britânicos, o soldado raso Martin ouviu uma voz responder: «Vamos alterar a vossa disposição, amanhã à noite.» ([33])

II

De acordo com o oficial Roster, a brigada de Connecticut, comandada pelo coronel William Douglas, era constituída por 1500 homens, mas um terço, ou mais, encontrava-se doente, e apenas metade dos aptos para o serviço guarnecia as trincheiras na Baía de Kips. Tinham estado acordados toda a noite e, em 24 horas, pouco ou nada haviam comido. Os mais inexperientes das tropas americanas eram jovens agricultores, que faziam parte das fileiras apenas desde a semana anterior. Alguns, que não tinham mosquetes, transportavam lanças com ponta de aço, feitas em casa, moldadas de lâminas de foice fixadas à ponta das estacas.

O coronel Douglas, um capitão da marinha mercante, de New Haven, que havia lutado, destemidamente, em Brooklyn, considerava Nova Iorque indefensável. Mesmo assim, com o decorrer do tempo, foi um soldado cuidadoso. «Acho que, se ficarmos ao lado uns dos outros e não corrermos como cobardes, podemos, com a bênção de Deus, mantê-los afastados»([34]), escrevera à esposa.

Durante a noite, cinco fragatas britânicas fizeram manobras de posicionamento, na Baía de Kips, e, na luz acinzentada da aurora, Douglas e os seus homens conseguiram ver os seus cascos escuros ancorados em fila, com os flancos virados para a costa, a cerca de 180 metros, tão perto que pareciam muito maiores e mais ameaçadores do que nunca. O soldado raso Martin lembrar-se-ia de ser capaz de ler o nome de *Phoenix*, de 44 canhões, «tão distintamente como se estivesse directamente debaixo da sua popa»([35]).

O sol nasceu numa calma manhã de fim de Verão, com céu claro e uma brisa agradável de sudoeste. «Ficámos muito quietos no nosso fosso [...] até o sol ter nascido uma ou duas horas antes»([36]), escreveu Martin. «Ouvimos um bombardeamento na cidade, mas a nossa atenção foi atraída para os nossos próprios convidados.»

O estrondo distante era uma troca de tiros do outro lado da ilha de Nova Iorque, enquanto a frota britânica, tirando partido dos ventos favoráveis e de uma maré contínua, entrava no rio Hudson, fazendo parecer que o ataque iria acontecer ali.

Os cinco navios da Baía de Kips estavam «completamente parados», enquanto o dia se tornava opressivamente quente. Então, quatro longas

1776

colunas de chatas inimigas surgiram de Newtown Cove pelo rio, a transbordar de tropas britânicas. «Quando chegaram à orla»[37], escreveu Martin, «formaram os seus barcos em linha [...] até se assemelharem a um grande campo de trevos frescos».

Por volta das dez horas, uma primeira vaga de mais de 70 chatas fez-se ao largo. A bordo, encontravam-se 4000 soldados britânicos e hessianos, como sardinha em lata. Lorde Rawdon, que estava com o general Clinton no barco que liderava, escreveu, mais tarde, que os hessianos, não habituados a «estes assuntos de barcos» e com medo de serem atingidos de tão perto, começaram a cantar hinos, enquanto os soldados britânicos responderam ao seu velho estilo, «com imprecações a si próprios e ao inimigo, indiscriminadamente, com bastante fervor»[38].

A travessia efectuou-se devagar, quase silenciosamente, até que, de súbito, os navios flanqueados para a Baía de Kips entraram em acção, e a calma das quase três semanas desde a Batalha de Brooklyn teve um final troante.

Apenas três dias antes, em Staten Island, o almirante Lorde Howe havia deliberado, solicitamente, colocar «um ponto final nestas ruinosas medidas extremas», se ao menos os americanos desistissem da «independência». Naquele momento, às 11 horas, estava do lado da paz de uma forma que nenhum dos três membros do Congresso, ou mesmo ninguém, poderia imaginar ou alguns dos presentes na Baía de Kips alguma vez esqueceriam.

A libertação da fúria era impossível de esconder, escreveu um aspirante da marinha. «Um estrondo de canhões tão terrível[39] e tão incessante que poucos, no exército e na marinha, alguma vez tinham ouvido», recordou Ambrose Serle.

Continuou sem parar, durante uma hora completa, um total de quase 80 canhões batendo ruidosamente, directamente na costa, e cobrindo o rio com um fumo acre. Joseph Martin dera um «salto de rã»[40] para um fosso, embora pudesse ter morrido só com o som.

O fogo de barragem pulverizava as deficientes barricadas baixas, enterrava homens sob torrões de relva e areia e levantava tal poeira e fumo que não havia possibilidade de responder ao fogo do inimigo.

Quando os canhões, finalmente, pararam, a primeira leva de chatas surgiu do fumo acumulado e dirigiu-se para terra. Nessa altura, os americanos fugiram tão depressa quanto as suas pernas lhes permitiam.

Os rigores da sorte

O coronel Douglas exortou os seus homens a salvarem-se e fugirem, mas esta ordem era desnecessária. O fogo dos barcos inimigos, escreveu, era tão «quente» como se poderia imaginar, «mas exageraram, em grande parte, e falharam o alvo. A brigada estava numa [posição] tão dispersa que não consegui reuni-los e deparei com todo o exército em retirada» ([41]).

Da embarcação dianteira de desembarque, Lorde Rawdon viu os revoltosos quebrarem instantaneamente, «felizes por se evadirem» ([42]) para as florestas mais próximas. «Apressámo-nos para a costa», escreveu, «desembarcámos e formámos, sem perder um único homem».

Nem todos os americanos escaparam. Como outro oficial britânico escreveria, «Vi um hessiano cortar a cabeça de um revoltoso e colocá-la numa estaca nos entrincheiramentos» ([43]). Clinton e as suas tropas avançadas apressaram-se em direcção a terra, sem oposição, durante cerca de 400 metros, para salvaguardarem o terreno elevado conhecido como Inclenberg. Aí pararam e esperaram.

*

Do seu novo posto de comando, no cimo de Harlem Heights, cerca de seis quilómetros a norte, Washington ouviu o estrondo de canhões, na Baía de Kips, e viu fumo levantar-se à distância. Pôs-se imediatamente a cavalo e galopou para sul, para a guarnição militar na estrada. Puxando as rédeas, num campo de milho, a dois quilómetros da Baía de Kips, encontrou homens a «fugir em todas as direcções» ([44]). Era tudo o que temia, e pior ainda – o seu exército debandava em pânico desordenado, americanos transformados em cobardes perante o inimigo.

Furioso, esporeou o cavalo para o meio deles, tentando fazê-los parar. Praguejando violentamente, descontrolou-se. De acordo com alguns relatos, brandiu uma pistola engatilhada. Segundo outras versões, puxou da espada e ameaçou trespassar os homens. «Tomem as muralhas!» ([45]) – gritou. «Tomem o campo de milho!» Como ninguém obedecesse, atirou o chapéu ao chão, exclamando com indignação: «São estes os homens com os quais vou defender a América?» ([46])

Quando um destacamento avançado de hessianos apareceu e os homens em fuga se recusaram a resistir, diz-se que Washington açoitou alguns dos seus oficiais com a vara de equitação. Alguns soldados viraram-se e dispararam contra o inimigo, matando e ferindo vários.

1776

Quando outros americanos se renderam, com as mãos levantadas, os hessianos mataram uns a tiro e outros com baionetas.

Duas brigadas continentais, uma força de mais de 2000 homens sob o comando dos generais Samuel Parsons e John Fellows, chegaram para os auxiliar, mas quando viram os homens em fuga e em pânico, também se viraram e fugiram, espalhando mosquetes, caixas de cartuchos, cantis, mochilas, chapéus e casacos – isto à vista de menos de 100 soldados inimigos.

«Os demónios do medo e da desordem»[47], disse Joseph Martin, «parece que tomaram posse de tudo e todos, naquele dia.» Excepto Washington que, com raiva, sem querer saber da sua própria segurança, nem pensando na hipótese de ser capturado, cavalgou até 90 metros do inimigo. Com dificuldade, dois dos seus assistentes conseguiram agarrar as rédeas do seu cavalo e persuadiram-no a deixar o campo.

Novos soldados britânicos desembarcavam. No final da tarde, mais 9000 estavam em terra, na Baía de Kips. Quando se soube que os revoltosos haviam abandonado Nova Iorque, uma brigada britânica dirigiu-se para sul, rapidamente, e apoderou-se da cidade.

Foram recebidos de braços abertos. «Nada podia igualar as expressões de alegria nas faces dos habitantes à chegada dos oficiais do Rei junto deles»[48], escreveu Ambrose Serle. «Até carregaram alguns aos ombros, pelas ruas, e comportaram-se a todos os níveis, mulheres e homens, como lunáticos radiantes.» No velho forte George, em Battery, uma mulher derrubou a bandeira do Exército Continental e pisou-a, hasteando, de seguida, a bandeira da Grã-Bretanha.

Serle observara toda a cena a partir do navio almirante de Lorde Howe. O seu desdém pelos revoltosos nunca fora maior: «Assim, a cidade e arredores, admiravelmente fortificados por estes cavalheiros fanfarrões, foram abandonados em duas ou três horas, sem qualquer defesa, nem a mínima aparência de uma forte resistência.»[49]

Os que restavam do exército americano tinham escapado por um triz, o que aconteceu a Henry Knox, à última hora, apenas porque se apoderou dum barco no rio Hudson. Israel Putnam e vários milhares das suas tropas haviam iniciado uma marcha imposta, pela estrada de posto, uma estrada que os levaria ao lado este da ilha e directamente ao encontro do exército britânico invasor, caso Putnam não tivesse sido convencido por um jovem assistente, o tenente Aaron Burr, de 20 anos, a dirigir-se para norte por estradas menos movimentadas, ao longo do rio Hudson.

Os rigores da sorte

Liderando os seus soldados, numa tarde abrasadora, o robusto «Velho Put» estava no seu melhor, cavalgando para cima e para baixo ao longo da linha, exultando-os a permanecerem juntos e a continuarem a mexer-se, para passarem pelos britânicos, antes de estes selarem a ilha, do rio East ao Hudson. Em determinada altura, os dois exércitos passaram um pelo outro, a cerca de um quilómetro de distância, apenas com um trecho de floresta a dividi-los.

Outro jovem oficial, que participou na marcha, o capitão David Humphreys, escreveria, mais tarde, sobre o general Putnam:

> Tendo eu sido voluntário na sua divisão, e agindo como assistente do último regimento que deixou a cidade, tive oportunidades frequentes, naquele dia, de o observar, com o propósito de emitir ordens e encorajar as tropas, voando no seu cavalo, coberto de espuma, onde quer que a sua presença fosse necessária. Sem os seus extraordinários esforços [...] é provável que todo o corpo tivesse sido destruído.([50])

Putnam e os seus homens, exaustos, marcharam para o acampamento principal, em Harlem, depois de escurecer, recebendo calorosos aplausos. Tinham sido dados como perdidos. Quando Knox apareceu, mais tarde, também ele foi saudado com gritos de boas-vindas e mesmo com um abraço do comandante das forças.

*

Washington chamaria à conduta daqueles que haviam fugido na Baía de Kips «vergonhosa», «desgraçada e cobarde»([51]). Nathanael Greene escreveu sobre a «retirada desordenadamente miserável» e descreveu o comportamento de Washington, quando tentou reagrupar os homens aterrorizados, como de algo semelhante a suicídio. «Os camaradas e todas as brigadas de Parson fugiram de cerca de 50 homens»([52]), relatou Greene a um amigo, «e deixou Sua Excelência no solo, a cerca de 70 metros do inimigo, tão vexado, que procurou a morte e não a vida.»

A ira de Washington também se poderia dever, em parte, a si próprio, porque o ataque na Baía de Kips fora quase uma surpresa táctica tão grande como a marcha do inimigo pelo Desfiladeiro da Jamaica. Mais uma vez fizera figura de parvo por causa de Howe.

A milícia de Connecticut, em caída em desgraça por desertar em tão grande quantidade, estava agora conotada como cobarde. Os «fugitivos» de Connecticut foram considerados culpados pelo enorme fiasco, que apenas piorou os duros sentimentos entre as tropas da Nova Inglaterra e as dos outros Estados que haviam empestado o exército, quase desde o início.

Mas nem todos os julgamentos foram tão duros. Era necessário ter outras coisas em consideração, escreveu o general Heath. «As feridas recebidas, em Long Island, ainda sangravam; e os oficiais, se não mesmo os seus homens, sabiam que a cidade não devia ser defendida.»[53] Um capelão de Connecticut, Benjamin Trumbull, que há bem pouco tempo havia proferido um sermão inflamado, pedindo coragem e heroísmo na batalha, escreveu no seu diário:

> Os homens foram responsabilizados por retirarem e até fugirem [...] mas imagino que a culpa era, principalmente, dos oficiais generais [...] por darem aos homens uma perspectiva racional de defesa e uma retirada segura, caso fossem atacados pelo inimigo. E é provável que, sem ser, embora, honroso, muitas vidas tenham sido salvas [...] É admirável que se tenham perdido tão poucos homens[54].

De facto, muitas vidas foram salvas, e mesmo as tropas veteranas fugiriam sob tal bombardeamento mortífero, como na Baía de Kips. Se os homens de Connecticut tivessem ficado, teria sido verdadeiramente suicida.

Henry Knox atribuiu a falha, tanto de Brooklyn como da Baía de Kips, à liderança inadequada de oficiais mal treinados e inexperientes e a um comandante das forças que, lastimavelmente, estava com excesso de trabalho. «O general é o homem mais digno do mundo, mas não pode fazer tudo e estar em todo o lado», reflectiu Knox, numa carta para o irmão.

> Deveríamos ter homens de mérito, no sentido mais amplo e ilimitado do termo. Em vez disso, a maior parte dos oficiais do exército forma um lote de homens ignorantes e estúpidos, que podem ser soldados toleráveis, mas são maus oficiais[55].

Os rigores da sorte

Deveriam ser constituídas academias militares para «ensinar a arte da guerra», escreveu Knox, «e todos os encorajamentos possíveis para atrair as pessoas ao exército e dar esplendor às nossas armas».

Uma vez mais, como em Long Island, o esforço do inimigo havia funcionado na perfeição. Mas continuava a ser um enigma o facto de os seus comandantes terem atrasado a travessia da ilha e não terem ido directamente para o rio Hudson. Se tivessem avançado mais dois quilómetros, poderiam ter dividido a ilha em duas, tal como Nathanael Greene previra, não deixando qualquer hipótese de fuga a Putnam e às suas tropas.

Na explicação, espalhou-se uma história romântica – uma história que se tornaria lenda: a senhora Robert Murray([56]), uma *quaker* e ardente patriota, atrasara William Howe e os seus generais, convidando-os para um chá das cinco, na sua casa de campo, em Inclenberg, mais tarde conhecida como Murray Hill. «A senhora Murray presenteou-os com bolo e vinho e foram induzidos a permanecer duas horas ou mais»([57]); a história continuou e considerou-se que Mary Lindley Murray salvara, assim, uma parte do exército, tendo talvez até sido a causa da liberdade. Seria retratada como uma verdadeira Circe, distribuindo charme pelos galantes bretões, com os seus encantos femininos. Possivelmente, convidou mesmo os oficiais para um chá e pode ter sido extremamente atraente, mas era uma mulher na casa dos 50 e mãe de 12 filhos.

Mais uma particularidade: o atraso de Clinton, em Inclenberg, estava de acordo com o plano. Conforme as suas ordens, as linhas deviam aguentar-se lá até o general Howe e o resto da força invasora desembarcarem, no final da tarde.

Os britânicos, compreensivelmente, consideravam a invasão um enorme sucesso. Howe havia desejado cercar e ocupar Nova Iorque tão rapidamente quanto possível e com o mínimo derrame de sangue, tendo-o conseguido. Nova Iorque, a chave da estratégia britânica, encontrava-se, finalmente, nas suas mãos. Howe e os seus generais estavam inteiramente satisfeitos com o trabalho do dia e, ao cair da noite, as suas tropas atravessavam o meio da ilha para o rio Hudson e apressavam-se em direcção a norte, ficando as linhas revoltosas ao seu alcance pelo rio Harlem.

Mas, no dia seguinte, 16 de Setembro, para surpresa de todos, seria a vez de os americanos clamaram sucesso.

Washington, como habitualmente, estava acordado antes da aurora, rascunhando correspondência, no seu novo e espaçoso quartel-general, a mansão construída ao estilo pseudo-clássico do século XVI, de um falecido lealista, o coronel Roger Morris, com quem havia servido em tempos, na Guerra Franco-Indígena. A casa, cerca de dois quilómetros a sul do forte Washington, dominava o cume de Harlem Heights – de facto, ficava no ponto mais alto de toda a ilha de Nova Iorque. Da varanda do seu pórtico com colunas, era possível ver, à direita, o rio Hudson, e à esquerda, cinco quilómetros abaixo, o vale do rio Harlem, a velha vila holandesa de Harlem e as águas de Hell Gate. Para sul, em dias claros – e, naquele Setembro, os dias apresentavam-se quase todos claros e secos – era possível distinguir os distantes pináculos de Nova Iorque e, mais ainda, as colinas de Staten Island, a cerca de 32 quilómetros de distância.

De acordo com Joseph Reed, que se encontrava com Washington, era ainda muito cedo quando chegaram notícias com a informação de que o inimigo avançava. Washington enviou Reed, num calmo galope[58], para investigar.

Washington tinha esperado um ataque e, nessa manhã, informara, por carta, o Congresso: «Enviei pequenos destacamentos de reconhecimento para obter informações, se possível, da disposição do inimigo.»[59] Mais de cem Rangers (corpo de tropas montadas), de Connecticut, alguns dos melhores soldados do exército, haviam partido em missão antes da madrugada, liderados por um dos melhores oficiais de campo, um robusto agricultor de Connecticut e veterano de Bunker Hill, o coronel Thomas Knowlton (fora Knowlton que, em Bunker Hill, com o coronel John Stark, tinha tão bem mantido a vedação de estacas perante as iminentes linhas britânicas; e que, durante o cerco de Boston, havia liderado o ataque nocturno a Charlestown, que tanto perturbou a produção dos oficiais britânicos da peça de Burgoyne, *The Blockade*, em Faneuil Hall).

Knowlton e os seus Rangers deveriam sondar o inimigo, ao longo dos topos arborizados a sul, que se elevavam para lá do vale estreito e intermédio, conhecido como Hollow Way. E foi aí que, ao raiar do dia, nas florestas das terras altas, a sul, Knowlton e os seus homens deram de caras com os britânicos, seguindo-se uma «viva» escaramuça.

Reed chegou assim que o inimigo atacou, com cerca de 400 homens de infantaria ligeira, ultrapassando, desse modo, os americanos em número de quase quatro para um.

Desci para o nosso posto mais avançado [escreveu], e enquanto falava, lá, com o oficial de serviço, a guarda avançada do inimigo disparou sobre nós, a cerca de 50 metros de distância. Os nossos homens portaram-se bem, aguentaram e responderam ao fogo, até que, superados em número, foram obrigados a retirar(60).

Reed apressou-se a ir buscar a ajuda de Washington, que tinha, há muito, cavalgado para os limites a sul de Harlem Heights, onde as brigadas de Nathanael Greene se haviam erguido, visando Hollow Way. Quando Reed chegou, pôde ver Knowlton e os seus homens a retirarem, rapidamente, pelas encostas do lado oposto.

Depois, das florestas distantes e pela colina abaixo, surgiram os britânicos, em perseguição, soando as cornetas como numa caçada à raposa. «Nunca senti isto antes», escreveu Reed. «Parecia coroar a nossa desgraça»(61).

O que o caçador de raposas da Virgínia terá sentido ou pensado, ao ver a cena da sua sela, apenas pode ser imaginado, porque nunca o revelou. Mas a sua resposta foi uma decisão imediata de lutar, ainda que, como mais tarde explicou a Patrick Henry, apenas para «recuperar aquele ardor militar, que é o momento máximo de um exército»(62).

Washington ordenou um contra-ataque(63) por Hollow Way e enviou Knowlton e os seus homens, mais três companhias da Virgínia, lideradas pelo major Andrew Litch, num movimento envolvente para a esquerda, levando Reed como guia. Deveriam ficar para trás dos soldados britânicos e apanhá-los, numa armadilha, em Hollow Way. Greene e Putnam lideraram o ataque principal e, rapidamente, se encontraram no meio deles.

O inimigo «apressara-se colina abaixo(64), a toda a velocidade, para solo plano», escreveu Joseph Hodgkins, que estava de volta à acção com as tropas de Greene, pela primeira vez desde Brooklyn. «Então, a nossa brigada saiu da floresta. E começou um fogo ardente de ambos os lados».

Mas o movimento envolvente de Knowlton(65) depressa arranjou problemas, quando alguns dos seus homens abriram fogo demasiado cedo, atacando o flanco do inimigo, em vez de ficarem atrás e cortarem a sua retirada. A luta tornou-se violenta. Em minutos, Knowlton e o major Leitch caíram, ambos feridos mortalmente.

Depois de perder a hipótese de rodear e capturar os britânicos, Washington colocou mais forças no ataque principal. Os britânicos também apressaram os seus reforços e, em pouco tempo, conseguiram reunir 5000 homens.

A luta durou horas, mas, desta vez, os americanos mantinham a sua posição. Lentamente, os britânicos começaram a ceder terreno. Então, viraram-se e correram, indo os americanos em sua perseguição. «Empurrámos os cães quase cinco quilómetros» [66], escreveu um homem de Connecticut.

Receando que o inimigo apresentasse mais força e que os seus homens pudessem estar a cair numa armadilha, Washington cancelou o ataque, sem que, no entanto, tenha sido fácil. «A perseguição de um inimigo em fuga era uma cena tão desconhecida, que foi difícil os nossos homens retrocederem» [67], escreveu Joseph Reed.

De tudo o que Joseph Hodgkins vira, e do que outros lhe tinham contado, calculou que haviam matado pelo menos 500 inimigos e ferido outros tantos. «Foram vistos a transportar vários vagões carregados. Além disso, o nosso povo enterrou uma boa quantidade, que deixou para trás» [68].

Provavelmente, as perdas britânicas e hessianas foram de 90 mortos e cerca de 300 feridos. O número de baixas americanas era bem menor, menos de 100 feridos e 30 mortos, mas nestes incluíam-se o major Leitch e o coronel Knowlton, cujas mortes eram um golpe pesado para o exército. Para Reed, que havia transportado o ferido Knowlton do campo, e para Washington, Thomas Knowlton era a «maior perda» [69].

*

Ao informar o Congresso sobre a Batalha de Harlem Heights, Washington mencionou-a como uma «escaramuça bastante difícil» [70], e não reclamou uma grande vitória. Mas para as tropas foi um triunfo genuíno, por fim, e o levantar urgente da sua auto-estima. Tinham visto os soldados britânicos em fuga. Como Henry Knox escreveu, «descobriram que se enfrentassem estes poderosos homens, correriam tão rapidamente como quaisquer outros» [71].

Nathanael Greene, que, desde as primeiras semanas em Boston, nunca havia duvidado que o exército lutaria se liderado adequadamente, escreveu com orgulho a William Ellery, um delegado do Congresso, de Rhode Island:

> O nosso povo repeliu o inimigo do terreno [...] Se todas as colónias tivessem bons oficiais, não haveria perigo; nunca houve tropas que mantivessem resistência no campo mais tempo do que os soldados americanos. Se os oficiais fossem tão bons como os seus homens, e tivessem alguns meses para os disciplinar, a América poderia desafiar todo o mundo[72].

Os prisioneiros britânicos capturados na luta disseram que nunca haviam esperado que os americanos atacassem, e nunca «tinham sido tão surpreendidos». Henry Clinton, num registo do que acontecera, culpou a «impetuosidade»[73] da infantaria ligeira por perseguir os revoltosos em primeiro lugar. Pois, ao contrário do que Washington pensava, os britânicos não possuíam quaisquer planos nem intenção de se envolverem com os revoltosos.

*

Durante dias, o exército, tão perto como estavam, permaneceram totalmente quietos, «tão quietos», escreveu o tenente Tilghman, colaborador de Washington, «como se estivessem separados por mais de 1500 quilómetros»[74].

A posição dos americanos, nas rochosas elevações sobre o rio Harlem, era a mais vantajosa desde que a guerra tinha começado, e trabalhavam, continuamente, para torná-la ainda mais segura. «Se não conseguirmos lutar com eles neste terreno, não podemos fazê-lo em mais nenhum na América»[75], concluiu Joseph Reed. Nem esse pormenor escapara ao comandante das forças britânicas que, na tomada de Nova Iorque, não via razões para pressionar o ataque imediatamente.

A seu devido tempo, William Howe arquitectava planos para, de novo, vencer estrategicamente os revoltosos, enquanto o irmão, Lorde Howe, reflectia sobre o momento oportuno para outra trégua. Um crescente número de soldados revoltosos, todos «muito desalentados», atravessou as linhas para desertar, reforçando a ideia comum, entre os comandantes britânicos, de que se aproximava o fim da rebelião.

Entretanto, outros membros do exército britânico consideravam Nova Iorque encantadora. Existiam «muitas casas agradáveis» [76] para se instalarem. A comida abundava mais do que nunca. Era o auge da estação das colheitas e o fornecimento de produtos frescos das quintas de Long Island parecia ilimitado. Como bónus, os revoltosos, na sua pressa de partir, tinham deixado para trás mais de 5000 barris de farinha.

Os soldados e os oficiais britânicos que não estavam de serviço afluíam como turistas, para inspeccionarem as fortificações revoltosas abandonadas, maravilhosas no seu tamanho e número, e o trabalho que haviam tido com elas.

«A costa da Ilha, desde Hell Gate, no rio East, completamente rodeada pela cidade, até Bloomingdale, no rio North, uma extensão de cerca de 22 quilómetros, está fortificada em quase todas as partes acessíveis e dificilmente existe uma elevação sem um reduto ou bateria» [77], escreveu o tenente Frederick Mackenzie, com admiração. Ambrose Serle, após um passeio a pé pela cidade, registou o seu «espanto» ao ver barricadas baixas e canhoneiras dos revoltosos, no extremo de quase todas as ruas e avenidas.

> Pensava-se que, tristes por abandonarem o infinito esforço e o trabalho que haviam empregado, oferecessem algum tipo de resistência. Mas os receios dominaram a sua resolução e evacuaram o objecto de todo o seu trabalho numa curta hora, sem a mínima defesa, nem uma elegante retirada [78].

A 19 de Setembro, contra o julgamento da maior parte do alto comando britânico, incluindo, presumivelmente, o seu irmão general, Lorde Howe emitiu um apelo directo ao povo da América, em forma de proclamação, avisando que a inflexibilidade dos seus representantes no Congresso estava a conduzi-los à ruína e à miséria. Os Americanos deveriam «julgar por si próprios» [79], escreveu, «se era mais coerente com a sua honra e felicidade oferecerem as vidas como sacrifício à injusta e precária causa a que se tinham comprometido» ou «voltarem à sua submissão, aceitarem as bênçãos da paz» e assim adquirirem «segurança no livre desfrutar da sua liberdade e das suas propriedades».

Os rigores da sorte

A proclamação pareceu apenas irritar ambos os lados e foi imediatamente esquecida, após a noite de 20 para 21 de Setembro, quando o fogo eclodiu em Nova Iorque e uma grande parte da cidade ficou totalmente queimada.

O incêndio constituía um medo constante em todas as cidades, na altura, e ainda mais com o tempo tão quente e seco daquele Verão. O fogo nocturno era o mais aterrador.

Parece que, segundo várias testemunhas, começou pouco depois da meia-noite, numa «tasca rasca» chamada Fighting Cocks, em Whitehall Slip, no extremo sul de Nova Iorque.

Varridas por um vento de sudoeste, as chamas transformaram-se, rapidamente, num incêndio descontrolado. Fumo sufocante e de um vermelho abrasador, centelhas de ripas de madeira a arder, transportadas pelo vento, enchiam o ar, enquanto as chamas varriam a cidade pela Dock Street, pela Bridge Street, bem como por outras ruas, nomeadamente, a Stone Street, a Marketfield Street e a Beaver Street. Observado das linhas americanas, em Harlem, 16 quilómetros a norte, o céu parecia incendiado.

Não soaram os sinos de aviso, porque Washington ordenara que os retirassem todos da cidade, para que fossem refundidos em canhões. Os soldados britânicos e outros correram a ajudar, mas o calor era tão intenso, o fogo tão fora de controlo, que ninguém conseguia aproximar-se. Havia poucos baldes e a água faltava. As poucas mangueiras das bombas de incêndio que existiam não tinham qualquer utilidade.

As casas foram demolidas antes das chamas, mas nada parecia reprimir o inferno. Se o vento não tivesse mudado para sudeste, cerca das duas horas da manhã, toda a cidade teria sido consumida. O fogo espalhou-se para o lado oeste, destruindo quase tudo entre a Broadway e o rio Hudson, incluindo o infame Holy Ground, até ao descampado da King's College. Quando a Igreja da Santíssima Trindade, na Broadway e Wall Street, irrompeu em chamas, o seu campanário, coberto de tabuinhas, tornou-se uma «pirâmide de fogo»([80]) e ardeu até às vigas, desmoronando-se.

«É quase impossível conceber uma cena de maior horror e aflição», escreveu Frederick Mackenzie, que se encontrava entre os que tentavam combater as chamas.

1776

Os doentes, os idosos, mulheres e crianças semi-nuas, andavam de um lado para o outro, procurando refúgio em casas distantes do incêndio, mas eram empurrados uma segunda e uma terceira vez [...] O terror aumentava com o horrível barulho das casas a arder e a cair, a demolição de edifícios de madeira que poderiam ser condutores do fogo [...] o barulho de mais de cem carruagens, enviados pelo exército, e que eram constantemente empregues no transporte para as pastagens dos bens que podiam ser salvos. As vozes confusas de tantos homens, os gritos agudos e o choro de mulheres e crianças... ([81])

Preocupado com o facto de que a cidade queimada pudesse ser o prelúdio de um ataque nocturno por parte dos revoltosos, os Howe resistiram ao envio de mais soldados e marinheiros para combaterem as chamas até ao romper do dia e, às dez horas, o fogo encontrava-se completamente extinto.

Cerca de 500 casas ficaram destruídas, ou aproximadamente um quarto da cidade, e, no choque e no horror do momento, parecia certo que o desastre tinha sido uma odiosa obra do inimigo. Relatou-se, amplamente, que tinham sido apanhados em flagrante incendiários revoltosos. Um desses homens, surpreendido com um «tição» na mão, foi abatido por um britânico do corpo dos Guardas Granadeiros, e «atirado para as chamas» ([82]) como retribuição. Outro, visto a cortar as asas dos baldes, foi enforcado num poste de sinalização pelos marinheiros britânicos e depois pendurado pelos calcanhares como um animal.

Testemunhas relataram ter visto o incêndio começar em vários locais diferentes, não apenas em Whitehall Slip, o que levou a considerar-se como prova de fogo posto. Mas Frederick Mackenzie, com a certeza (como outros) de que a cidade havia sido «intencionalmente» incendiada, confirmou no seu diário: «Não há dúvida [...] que as chamas passaram de umas casas para outras, através de centelhas das ripas de madeira que, estando acesas, eram transportadas pelo vento a alguma distância e [...] incendiavam novamente.» ([83])

Numa carta para Lorde Germain, o general Howe acusou anónimos vilões «emboscados» ([84]) pela acção. «Os ianques [lealistas de Nova Iorque] estão convencidos de que os homens da Nova Inglaterra incendiaram a cidade; nunca lhes perdoarão» ([85]), escreveu o general James Grant. O Governador William Tryon foi mais longe, implicando

Os rigores da sorte

Washington, numa carta para Germain, de haver congeminado a intriga e instruído os incendiários.

Reuniram mais de uma centena de suspeitos, mas não encontraram provas contra eles. Nenhum foi levado a tribunal. Todos foram, eventualmente, libertados. Nunca se determinou, nem então nem mais tarde, se o «Grande Fogo» foi acidental ou não.

Washington, no seu relatório para o Congresso, chamou-lhe um acidente[86]. Contudo, escrevendo em privado, admitiu a Lund Washington que a «Providência, ou algum bom e honesto camarada, fez mais por nós do que nós próprios estávamos dispostos a fazer»[87]. Nada mais acrescentou. Nem sequer comentou a suspeita de que o capitão Nathan Hale, «preso» pelos britânicos no dia a seguir ao incêndio, fazia parte dos supostos incendiários.

De acordo com vários registos, a captura de Hale teve lugar em Nova Iorque. Um relatório, no *New York Gazette*, um jornal conservador, falou de um anónimo «homem da Nova Inglaterra[88], com o posto de capitão», que fora cercado na cidade com «terríveis acessórios de ruína [tições]» e, quando revistado, «possuía a quantia de 500 [libras]». Poderia ser uma referência a Hale, embora Frederick Mackenzie tenha anotado que «uma pessoa chamada Nathan Hales»[89] fora presa, em Long Island, na noite de 21 de Setembro.

Quaisquer que tenham sido as circunstâncias da sua captura, Hale admitiu ser um espião e o general Howe ordenou que fosse enforcado sem julgamento.

Hale tinha 21 anos, era um elegante e atlético licenciado de Yale, professor primário e patriota sincero. Criado numa quinta de Connecticut, era um de seis irmãos que serviam na guerra. Tinha-se alistado há mais de um ano, participara no Cerco de Boston e havia-se juntado, recentemente, aos Rangers do coronel Knowlton. No entanto, sentia que, até esse momento, não tinha prestado nenhum serviço especial ao país; o coronel, por ordem de Washington, pediu um voluntário para atravessar as linhas e regressar com informações, desesperadamente necessárias, para o que corajosamente se ofereceu.

Um camarada, oficial de Connecticut, o capitão William Hull, que havia conhecido Hale na Universidade, tentou convencê-lo a desistir, avisando que era por natureza «demasiado franco e aberto, para conseguir enganar e dissimular»[90], e que ninguém respeitava o carácter de um espião. Hale apenas disse que iria «reflectir e faria apenas o que o dever exigia»([91]). Quando Hull deu por isso, o amigo havia desaparecido.

A missão estava condenada, desde o início, mal planeada e pateticamente amadora, além de que Hale era uma fraca escolha. Nada sabia de espionagem. As cicatrizes de uma queimadura de pólvora na face tornavam-no imediatamente identificável e um primo lealista, que o conhecia bem, servia como oficial adjunto dos prisioneiros.

Hale partiu sob a capa de um professor primário holandês à procura de trabalho. Aparentemente por ingenuidade, confiou a verdade da sua missão às pessoas erradas, que o levaram à captura.

Foi enforcado na manhã de 21 de Setembro, num parque de artilharia, perto da casa Beekman, uma propriedade de campo não longe do rio East, que servia de quartel-general a Howe.

Foi o capitão Montresor que, poucas horas depois, empunhando uma bandeira branca, trouxe aos americanos notícias do destino de Hale e descreveu ao capitão Hull o que lhe havia acontecido. E foi este que, mais tarde, transmitiu as últimas palavras de Hale, quando estava prestes a ser executado: «Só lamento ter apenas uma vida para perder pelo meu país»([92]), que era a variação de outra frase, então famosa, da peça *Catão* (é de imaginar que, ao transmitir o verso aos seus executores britânicos, Hale, sabendo que era tão familiar para eles como para si, tenha dado ênfase à penúltima palavra: «Só lamento ter apenas uma vida para perder pelo *meu* país»).

A 26 de Setembro, um oficial britânico escreveu numa carta:

> Enforcámos um espião revoltoso, há poucos dias, e alguns soldados apoderaram-se de um quadro com um soldado pintado por um homem, num jardim, e, escrevendo nele, penduraram-no juntamente com o revoltoso. Eu e o general Washington vimo-lo ontem para lá do quartel-general, à beira da estrada([93]).

O local de Hale, no panteão dos heróis americanos como o espião mártir da Revolução, só viria a existir anos mais tarde. Por ora, muito pouco se sabia, ou dizia, desta história. Embora pudesse estar zangado ou entristecido, não há informações de que Washington tenha sequer mencionado este assunto.

Os rigores da sorte

*

Os soldados americanos desertavam, como que fugindo de um navio a afundar-se, 30 ou 40 de cada vez, muitos passando para o inimigo. A desobediência e o roubo eram epidémicos. O exército estava longe de possuir apenas heróis. «Um espírito de deserção, de cobardia, de pilhagem e de fuga ao dever, quando sentiam fadiga ou perigo, prevalecia quase totalmente»([94]), escreveu Joseph Reed, tão desmoralizado que até ele se encontrava prestes a desistir.

Uma experiência, no campo de batalha, a 16 de Setembro, havia tido um efeito de cauterização. No calor da luta, Reed vira um soldado a fugir([95]) do inimigo. Com ordem para parar e voltar para trás, um soldado raso de Connecticut, de seu nome Ebenezer Leffingwell, agarrou o mosquete, apontou, à distância de poucos metros, e puxou o gatilho. Mas o mecanismo de disparo apenas deu um estalido. Quando Reed pegou na arma de outro soldado e puxou o gatilho, também este apenas deu um estalido. Reed desembainhou a espada e, com dois golpes, feriu Leffingwell na cabeça, cortou-lhe um polegar e obrigou-o a render-se. «Deveria tê-lo matado, se tivesse conseguido tirar a minha arma»([96]), disse Reed no tribunal militar de Leffingwell, a 19 de Setembro.

Leffingwell, que confessou ter fugido, foi considerado cobarde e de «apontar a sua espingarda de pederneira ao oficial superior»([97]), tendo sido condenado a execução, perante as tropas reunidas, no dia seguinte. Mas, devido à insistência de Reed, Washington perdoou-lhe no último minuto, depois de ele se ter ajoelhado para ser executado. O próximo transgressor «sofreria morte sem misericórdia»([98]), avisou Washington.

«Tentar introduzir disciplina e subordinação num exército novo deve sempre ser um trabalho de muita dificuldade», escreveu Reed à esposa, «mas, onde os princípios da democracia prevalecem tão universalmente, onde tão grande igualdade e tão profundo nivelamento da moral predominam, ou não se consegue estabelecer disciplina, ou aquele que o tentar tornar-se-á odioso e detestável, uma posição que ninguém escolherá.»([99])

Washington continuava a ser uma presença de comando como sempre e, à excepção da sua explosão de fúria, na Baía de Kips, parecia imperturbável, totalmente controlado. Na verdade, sentia-se mais de-

1776

sencorajado do que nunca e miseravelmente infeliz. Era tudo o que podia fazer para manter as aparências.

«A não ser que algumas medidas, rápidas e eficazes, sejam adoptadas pelo Congresso, a nossa causa estará perdida» ([100]), disse a John Hancock, numa longa carta de mau presságio, datada de 25 de Setembro.

Como Greene, Knox e Reed, Washington sabia que o problema do exército não era os homens nas fileiras, mas sim os que os comandavam. A guerra não era «o trabalho de um dia», avisou, mas deve ser continuado «sistematicamente». Exigia-se bons oficiais e o único meio de os obter era estabelecer o exército numa base permanente. Os alistamentos de curto prazo teriam de acabar. Os oficiais deveriam ter melhores salários e serem mais bem treinados. Aos soldados deveria ser oferecida uma recompensa, bem como roupas, cobertores adequados e a promessa de terreno livre.

Inflamados por paixões e pelo patriotismo, os homens «recorrerão, apressada e alegremente, às armas» ([101]), continuou Washington, mas esperar «que a maior parte de um exército» sirva com altruísmo, aconteça o que acontecer, logo que as primeiras emoções acalmem, é «procurar o que nunca aconteceu e temo que nunca venha a acontecer». Mesmo entre os oficiais, aqueles que agiram com verdadeiro «desinteresse» não «eram mais do que uma gota no oceano», escreveu o mais desinteressado e altruísta dos oficiais.

> Depender da milícia é, seguramente, confiar numa colaboração falhada. Homens arrastados do seio afectuoso da vida doméstica – não acostumados ao barulho das armas –, completamente desconhecedores de qualquer tipo de destreza militar, inquietados por falta de confiança em si próprios, quando opostos a tropas regularmente treinadas, disciplinadas e equipadas, superiores em conhecimento e em armas, tornam-se receosos e preparados para fugirem das suas próprias sombras. ([102])

Escreveu do «desejo de saque» ([103]) entre os homens, de médicos de regimento que aceitavam subornos para certificarem doenças ou enfermidades que permitiam licenças. Percebia o medo que grassava no Congresso e entre o povo de um exército permanente, mas supunha remotos os demónios imaginados. Por outro lado, se não houvesse um exército permanente, a causa pela independência seria ruinosa.

Queria que adoptassem regras e regulamentos, que os castigos fossem mais severos. Na altura, para as mais «atrozes ofensas»([104]), o máximo atingia as 39 chicotadas, e estas, descobrira, raramente eram aplicadas como deviam, mas sim como «desporto». Era um tipo de castigo que, por uma garrafa de rum, muitos «indivíduos duros» estavam dispostos a sofrer.

Washington não tinha forma de o saber, mas o Congresso já havia deliberado sobre o que pretendia, em grande parte devido aos esforços de John Adams, como chefe do Ministério da Guerra, e no debate reservado aos deputados. Todos os soldados que se alistassem, enquanto «durasse» a guerra, deveriam receber 20 dólares e 40 hectares de terra. Novos Artigos de Guerra redigidos por Adams, e amplamente baseados nos Artigos Britânicos de Guerra, asseguravam, em grande escala, a justiça do soldado individual, forneciam castigos mais inflexíveis para as principais ofensas (até 100 chicotadas) e aumentavam o número de crimes, para os quais a punição era a morte. Adams também propôs, pela primeira vez, a criação de uma academia militar, conforme insistência de Knox, mas esta moção não teve qualquer resultado.

Escrevendo a Lund Washington, a 30 de Setembro, Washington era ainda mais sincero sobre as suas misérias. «A minha situação é tal que, se quisesse rogar a mais dolorosa praga a um inimigo deste lado da sepultura, deveria colocá-lo no meu lugar, com os meus sentimentos.»([105]) Estava «morto de cansaço» com tantos problemas. Um regimento já só tinha menos de 50 homens e outro apenas 14 aptos para o serviço. «Confesso-te que nunca me senti tão infeliz e dividido desde que nasci». E o inimigo esteve sempre «ao alcance de uma pedra».

Então, como já havia feito antes, e como se uma gigante alteração da sua mente fosse perfeitamente natural, voltou-se para o tema de Monte Vernon. Estava preocupado com as lareiras:

> Penso que a da sala de estar([106]) tem de ficar como está; não em relação aos lambris, que acho que devem ser alterados (devido à porta que dá para o novo edifício), mas em relação à peça de chaminé e a forma como está virada para a sala. A chaminé na sala de cima deve, se possível, ser forjada para uma chaminé de ângulo como as outras: mas não quero que tentem fazê-lo se implicar o derrube da divisão. A da nova sala deve ficar exactamente ao meio – as portas e tudo o resto devem ser exactamente correspondentes

e uniformes. Em resumo, quero o conjunto executado de uma forma magistral.

Já que, no exército, nem tudo podia ser como desejava, já que nem tudo podia ser «exactamente correspondente e uniforme» ou «executado de uma forma magistral» em relação à guerra, que deveria empreender e ganhar, então pelo menos seria assim na sua casa distante e amada.

*

Os dias cristalinos do final de Setembro e início de Outubro, em Nova Iorque, sucediam-se com céus claros e árvores jovens de ácer e sumagre, que começavam a ganhar cor. O rio East tornara-se um espectáculo de navios britânicos de todo o género, alinhados em quase toda a sua extensão. O rio Hudson, na fina luz da estação, brilhava como um lago. No seu todo, não haveria uma paisagem mais bela para a estranha e alargada interrupção, que muitos esperavam durante o Inverno, de uma guerra a ser retomada apenas na Primavera, mas, mesmo assim, de preferência, não demasiado cedo.

Na manhã de 9 de Outubro, tais esperanças terminaram. Três dos navios de guerra britânicos, *Phoenix*, *Roebuck* e *Tartar*, lançaram âncora e, aproveitando a vantagem de uma maré cheia e de um vento vivo de sudoeste, prosseguiram pelo rio Hudson, a fim de forçarem passagem para lá do forte Washington e do forte Constitution, onde, com um enorme esforço, os americanos haviam tentado bloquear o rio, de costa a costa, com velhos navios afundados e uma corrente submersa de troncos com espigões tachados.

As armas dos fortes, acima do rio, dispararam. Os navios responderam com um esmagador fogo de barragem e permaneceram perto da costa este, onde o rio era mais fundo; navegaram a direito, embora lentamente, para uma ancoragem segura, na ampla Tappan Zee, ao largo de Tarrytown.

Washington observara toda a triste cena. «Para nossa surpresa e mortificação, passaram sem a menor dificuldade e sem receberem qualquer dano aparente dos nossos fortes, embora estes tenham mantido um fogo pesado, de ambos os lados»[107], escreveu. Mais uma vez, o infindável tempo de trabalho dedicado às defesas não surtira qualquer efeito.

De facto, os britânicos tinham sofrido nove mortos, marinheiros, e danos consideráveis nos seus navios, enquanto mostravam, de novo, e de modo espectacular, que o Hudson era um rio inegavelmente deles, que podiam usar a seu bel-prazer.

O dia poderia ter levado a uma alteração decisiva na estratégia americana. Se o propósito dos fortes era negar aos navios britânicos o uso do rio, então todos os esforços e riscos para os manter deveriam ser reconsiderados imediatamente, tanto mais que esses mesmos fortes haviam demonstrado serem inúteis.

No entanto, Washington não levantou qualquer questão na altura, e Nathanael Greene declarou, com confiança, no final do dia, que o exército se encontrava posicionado, de forma tão sólida, que havia «pouco a temer nesta campanha» ([108]). Em vez de terem aprendido a lição, o dia marcou o início de um dos erros mais flagrantes da guerra e do que viria a ser uma dolorosa humilhação para Washington e Greene.

*

O plano britânico, uma vez mais, era flanquear os revoltosos e novamente por água. A 12 de Outubro, cedo, numa inesperada manhã de nevoeiro, uma armada maciça pôs-se a caminho no rio East.

Com o almirante Lorde Howe no comando, 150 navios içaram velas, rio acima, pelo perigoso canal Hell Gate «sob um nevoeiro muito denso» – o pesadelo dos marinheiros – e para Long Island Sound. Tudo sem contratempos. Foi um feito náutico espantoso. Pelo meio-dia, uma força avançada de 4000 soldados liderada por Henry Clinton, desembarcou no Istmo de Throg (também conhecido como Istmo de Frog), um local pantanoso na linha da costa de Westchester County, directamente a este das linhas americanas, em Harlem Heights e na King's Bridge.

O Istmo Throg havia sido a escolha de Lorde Howe, provando ser desadequada para o exército. O que parecia ser uma península no mapa, era, na realidade, uma ilha ligada a terra apenas nas marés baixas. Quando os britânicos tentaram avançar sobre um passadiço, um pequeno destacamento de carabineiros americanos rastejou atrás de pilhas de troncos, dominando-os numa paragem; quando surgiu apoio americano, depois de mais tropas britânicas terem desembarcado, o general

1776

Howe decidiu reembarcar até chegarem provisões suficientes e mais reforços, o que demorou quatro dias («uma questão disparatada»([109]), nas palavras do exasperado Henry Clinton). Porém, valeu a pena a espera dos reforços com que Howe contava – 7000 hessianos recém-chegados, sob o comando do extremamente competente general Wilhelm von Knyphausen. E quando Howe marchou, fê-lo com surpreendente velocidade, desembarcando, desta vez, um pouco acima do estreito, em Pell's Point, já não na ilha.

No primeiro relatório do desembarque no Istmo de Throg, Washington soube que o bastião de Harlem Heights se tornara uma armadilha. Os britânicos voltavam ao seu «anterior esquema de nos apanharem pela retaguarda»([110]), escreveu. Só precisavam de atacar em terra, em direcção à King's Bridge. O exército tinha de retirar o mais rapidamente possível. Concentraria as suas forças num terreno mais seguro, cerca de 30 quilómetros a norte de White Planes, o centro de Westchester County.

Através de troca de prisioneiros, Lorde Stirling e o general Sullivan juntaram-se, de novo, ao exército, no que pareceu ser a hora H. Ambos foram calorosamente recebidos por Washington e foram-lhes entregues tropas.

A 14 de Outubro, a figura lúgubre e estranha do general Charles Lee reapareceu com os cães e tudo o resto, e retomou, imediatamente, o seu lugar como segundo comandante. Lee era alvo de muito falatório, elevando a moral nas fileiras e no Congresso. Sempre popular no Congresso, fora-o ainda mais desde a derrota da expedição de Clinton à Carolina do Sul, onde Lee possuía o comando global das forças americanas. Enquanto a capacidade de Washington se tornara alvo de perguntas, porque as falhas se sucediam, a reputação de Lee nunca estivera tão elevada. Alguns, no Congresso, viam-no como um potencial libertador.

Pela sua parte, Lee disse com ousadia ao general Gates que, na sua opinião, Washington apenas agravava os problemas ao tolerar tais «interferências absurdas»([111]) do «gado» do Congresso, no seu comando da guerra, e que era negligente por não «os ameaçar» com um pedido de demissão (claro que, se Washington se demitisse, seria Lee a suceder-lhe).

Washington conhecia bem as subtilezas e vaidade do seu velho amigo militar e estava feliz por tê-lo de volta. Como gesto de apreciação, deu um novo nome ao forte Constitution – forte Lee.

Os rigores da sorte

Num conselho de guerra, a 16 de Outubro, decidiu-se que o forte Washington e a sua guarnição deveriam ser, na redacção da curta acta, «aguentados o máximo de tempo possível» ([112]). A passagem de navios no rio Hudson já não constituía problema – as obstruções no rio North haviam provado ser insuficientes –, mas era forçoso manter «comunicação» pelo rio para Nova Jérsia.

Além de Washington e Lee, encontravam-se igualmente presentes os oficiais Heath, Sullivan, Stirling e Mifflin. O coronel Knox também marcava presença, mas o general Greene não. De acordo com a acta, apenas havia uma voz discordante – a do general George Clinton, não Lee, como mais tarde insinuou.

Na semana antes, o Congresso havia decidido que, se «praticável», deveriam ser feitos todos os esforços para «obstruir eficazmente» ([113]) a navegação no rio Hudson, no forte Washington, mas nada nos diz se isto se soube antes do conselho de guerra ou se teve qualquer relevância na decisão.

Toda a ilha de Nova Iorque estava, finalmente, a ser evacuada. O exército americano marcharia, à excepção de 1000 homens, que permaneceriam para defenderem o forte Washington.

Oficialmente, seria chamada «uma alteração da nossa posição», não uma retirada. As ordens do comandante para 17 de Outubro foram, em parte, as seguintes:

> Uma vez que os movimentos do inimigo tornam necessária uma alteração da nossa posição [...] as tendas devem ser desfeitas e cuidadosamente enroladas; os homens devem levar as estacas das tendas na mão; dois homens de uma companhia, com um oficial subalterno cuidadoso, devem permanecer com a bagagem e não a abandonar sob nenhum pretexto. À excepção de homens doentes, nada – cadeiras, mesas, bancos ou madeira pesada – deve ser colocado nos vagões. Ninguém, a não ser os que não conseguem andar, deve subir para eles. Os vagões [devem] partir antes dos regimentos [...] Todos os regimentos com ordens de marcha devem verificar se possuem as suas pederneiras e as munições completas e em boa ordem. ([114])

O êxodo iniciou-se sem demora. O exército atravessou a estreita ponte de King's Bridge, em direcção a norte, ao longo da margem West do pequeno rio Bronx. Os doentes constituíam o maior fardo. Com juntas de bois e vagões em pouca quantidade, a jornada era lenta e difícil e os próprios homens, em muitos casos, puxavam os vagões de bagagem e os canhões.

O soldado raso Martin lembrar-se-ia de arrastar, com dificuldade, uma caldeira de ferro fundido, do tamanho de um balde de leite, até sentir os braços quase deslocados. Numa pausa, colocou-a no chão, e, como escreveu, «um dos outros deu-lhe um empurrão com o pé e ela rolou contra uma vedação. Foi a última vez que a vi. Quando iniciámos a marcha nocturna, descobrimos que a nossa messe não era a única que se livrara da sua dependência de ferro.»([115])

*

Enquanto o primeiro dos exércitos de Washington caminhava, penosamente, para White Planes, os britânicos faziam o seu rápido desembarque em Pell's Point. Uma vez mais, uma força avançada de 4000 soldados britânicos e hessianos desembarcaram ao princípio da manhã e, desta vez, não encontraram oposição. Marcharam directamente para terra, dois quilómetros ou mais, e poderiam ter continuado se o intrépido John Glover e os seus homens não tivessem intervindo. Estava-se no dia 18 de Outubro.

Do cume de uma colina, antes da aurora, Glover viu, com um telescópio, o que parecia serem mais de 200 navios. «Oh! O estado de ansiedade em que fiquei sobre o destino do dia [...] Teria dado mil mundos para ter tido o general Lee, ou algum oficial experiente, presente, para dirigir, ou, pelo menos, aprovar o que fiz»([116]), escreveu Glover, mais tarde.

Agindo sozinho, apressou-se a lutar obstinadamente, com cerca de 750 homens, por trás de muros de pedra, infligindo pesadas baixas e empatando o avanço do inimigo, durante um dia completo, antes de ser forçado a retirar.

O coronel Loammi Baldwin, plantador de macieiras de Massachusetts que se juntou à luta com o seu pequeno regimento, afirmou, mais tarde, que os homens estavam tão calmos como se disparassem contra patos. Achava que o número de mortos do inimigo([117]) atingia, pelo menos, os 200, o que era, sem dúvida, um exagero. Mas mesmo que errasse em metade, os britânicos haviam sofrido mais mortes em Pell's Point do que na Batalha de Brooklyn. Pelos cálculos de Glover, as baixas americanas eram de oito mortos e 13 feridos.

A ferocidade dos americanos parece ter espantado Howe, levando-o a concluir que, com muros de pedra alinhados em todas as ruas e campos adjacentes, poderia, em qualquer esquina, estar à espreita mais fogo mortal. Se os britânicos tivessem continuado, velozmente, para o interior, seria provável apanharem, de frente, o exército de Washington em retirada.

O avanço britânico – ao longo da costa até Mamaroneck, depois para o interior, em direcção a White Planes – era lento e extremamente cauteloso, raramente mais de alguns quilómetros por dia, e sem nenhuma ou pouca resistência.

Provavelmente, Howe não viu necessidade de se apressar mais agora do que antes e, de facto, não esperava cortar a retirada revoltosa. Em vez disso, ao estilo militar do século XVIII, esperava manobrar Washington em campo aberto, e depois, com a sua força superior e profissional, destruir a «populaça» ianque, numa grande e decisiva vitória. Mesmo depois de chegar a White Planes, Howe levou ainda alguns dias a assegurar-se de que tudo estava pronto.

*

Finalmente, a 28 de Outubro, dez dias depois de desembarcar em Pell's Point, William Howe enviou 13 000 soldados britânicos e hessianos, pela estrada principal, para White Planes. Era cedo e, no entanto, mais um dia brilhante de Outono. Washington, determinado a evitar qualquer teste de força num campo aberto, estava bem entrincheirado em solo elevado, na parte de trás da vila, e as suas linhas atingiam mais de dois quilómetros de comprimento. Durante algum tempo, pareceu que Howe pretendia atacar de frente, como os americanos esperavam que fizesse. As armas de campo dos britânicos abriram fogo e o exército de Howe marchou, perfeitamente ordenado em duas colunas, em direcção ao local central onde Washington comandava. «O sol brilhava bastante, as armas reluziam e talvez as tropas nunca tivessem estado em tal vantagem como parecia»[118], escreveu o general Heath acerca do adversário que avançava.

De repente, uma coluna virou, bruscamente, para a esquerda, na direcção de uma colina mais elevada, à direita dos americanos, do outro lado do rio Bronx. As ladeiras de Chatterton's Hill eram bastante densas, mas havia clareiras abertas acima, dominando as linhas americanas. «Acolá está o solo que deveríamos ocupar»[119], dissera Charles Lee, repetidamente, a Washington, mas, apenas no último momento, as tropas, principalmente milícia, apressaram-se a defender Chartterton's Hill.

A artilharia britânica deslocou-se para mais perto. Os canhões soavam de ambos os lados. «O ar e as colinas fumegavam e ecoavam terrivelmente»[120], escreveu um soldado da Pensilvânia. «As vedações e os muros foram demolidos e desfeitos em bocados; pernas, braços e corpos de soldados misturavam-se com canhões e metralhas à nossa volta».

Washington enviou mais homens[121] para o cimo de Chatterton's Hill. Os britânicos e os hessianos ladearam o rio, e estes últimos, parte dos 7000 recém-chegados, liderados pelo coronel Johann Rall, lançaram o ataque ascendente. A milícia quebrou, fugiu e, embora os reforços, incluindo as tropas de Delaware do coronel Haslet e os Smallwood de Maryland, tenham lutado com coragem, foram forçados, por fim, a bater em retirada.

A Batalha de White Planes foi a de Chatterton's Hill, onde os britânicos e hessianos levaram a melhor, à custa, no entanto, de mais de 250 baixas, duas vezes as sofridas pelos americanos. Não foi, porém, uma vitória com algum objectivo alcançado.

No dia seguinte, 29 de Outubro, Howe decidiu fazer nova pausa e esperar por ainda mais reforços. O dia 30 de Outubro foi bastante chuvoso. Na manhã de 1 de Novembro, Howe descobriu que, ao longo da noite, Washington e o seu exército haviam recuado cerca de 800 metros, para uma posição mais forte, em terreno mais elevado, do outro lado do rio Bronx.

Durante dois dias, ambos os exércitos esperaram e observaram. «O inimigo está decidido a algo decisivo», escreveu Henry Knox ao irmão, «e nós estamos decididos a arriscar uma batalha geral nos termos mais vantajosos».

Quando, na noite de 3 de Novembro, sentinelas americanas relataram o ruído de deslocação de carruagens inimigas no escuro, assumiu-se que outro ataque se encontrava iminente. Houve mais agitação nas fileiras britânicas, no dia seguinte, e os americanos consolidaram-se. Mas, na manhã de 5 de Novembro, para sua completa surpresa, todo o exército britânico se movimentava, deslocando-se em direcção a sudoeste para o rio Hudson e para a King's Bridge.

III

«Aqui as opiniões são variadas(¹²²) – confessou Joseph Reed à esposa, no seguimento de um conselho de guerra, cuja acta fora da sua responsabilidade.

Alguns dos generais julgavam que os britânicos se dirigiam para o forte Washington ou para o rio Hudson, a fim de embarcarem nos navios e continuarem rio acima, para atacarem pela retaguarda. «Outros, uma grande maioria, acham que, considerando que este exército está tão fortemente colocado, mudaram todo o seu plano [...] com a intenção de penetrarem em Jérsia e, assim, continuarem para Filadélfia.»(¹²³)

Reed não mencionou, porém, quem interviera, no decorrer da reunião. Na sua opinião, contudo, era demasiado tarde para quaisquer consequentes movimentos britânicos, para além de poucas «incursões», talvez em Nova Jérsia, com o intuito de, aí, reanimar a moral «em queda» de muitos lealistas.

Washington duvidava que Howe concluísse a campanha «sem tentar algo mais»(¹²⁴), como escreveu a John Hancock. Howe dirigia-se, certamente, a Nova Jérsia.

Quase no final da carta, Washington acrescentou outra preocupação: «Suponho que o inimigo inclinará a sua força para o forte Washington e investirá imediatamente». O termo «investir» significava rodear e cercar, não necessariamente um ataque total.

Como a maior parte do exército que liderava, Washington ainda se encontrava exausto e desanimado. Para aqueles que estavam mais próximos de si, parecia um pouco desorientado e, inoportunamente, hesitante. Reed, em particular, como revelaria mais tarde, sentia algumas dúvidas em relação à capacidade de liderança de Washington.

Cada vez mais preocupado com o forte Washington, o comandante ponderava retirar as tropas, enquanto ainda era tempo. Numa carta a Nathanael Greene, de White Planes, datada de 8 de Novembro, Washington concluía, como poderia ter feito antes:

Se não conseguirmos evitar que as embarcações subam [o Hudson] e se o inimigo estiver na posse do campo circundante, qual o sentido de tentar manter uma guarnição militar, da qual não se pode obter o benefício esperado? Estou, por isso, inclinado a pensar que não será prudente pôr em perigo os homens e os armazéns. ([125])

Contudo, deixou a decisão para Greene. «Mas como está no local, deixo ao seu critério dar ordens de evacuação [...] como julgar melhor».

Central, para tudo o que era necessário ter em consideração, era o rio Hudson, que surgia tão grande, nos cálculos de todos, como há quase um ano, altura em que Washington enviou, pela primeira vez, Charles Lee para sul de Cambridge, com a intenção de se ocupar da fortificação de Nova Iorque – o Hudson, chave de toda a estratégia britânica.

Decidiriam os britânicos tratar do tema incompleto do forte Washington deste lado do rio? Ou atravessariam e atacariam em Nova Jérsia? Ou ambos? Em qualquer dos casos, o que deveria ser feito?

Sabia-se que Howe e o seu exército haviam chegado ao batelão de Dobbs, no rio Hudson, menos de 16 quilómetros acima da King's Bridge, e, agora, moviam-se para sul.

De novo, Washington decidiu dividir o seu exército e, desta vez, de quatro formas. A maior parte do exército, 7000 soldados, deveriam permanecer a este do rio Hudson, sob o comando do general Lee, para verificarem quaisquer movimentos britânicos na Nova Inglaterra. O general Heath, com outros 3000 homens, deveria guardar as terras altas do Hudson, em Peekskill, Nova Iorque, 48 quilómetros a norte. Washington e o que restava do exército – apenas cerca de 2000 homens – atravessariam para o outro lado do rio, onde se esperava que se lhes juntassem os reforços de Nova Jérsia e da Pensilvânia. Nathanael Greene deveria manter a mesma posição no rio, com o comando global das tropas no forte Washington e no forte Lee.

Washington e os seus 2000 homens deixaram White Planes, a 10 de Novembro. A meio da manhã de 12 desse mês, em Peekshill, atravessaram o Hudson, e dirigiram-se para norte, para Nova Jérsia, chegando ao forte Lee a 13; ao todo, uma marcha de pouco mais de 100 quilómetros, em três dias.

Durante grande parte de dois desses dias, conferenciou com Greene. Este, que tinha ainda de travar uma batalha, permanecia optimista, convencido de que o forte Washington podia ser mantido, especialmente porque havia mais do que duplicado o número de tropas no forte, aumentando a força total para mais de 2000 homens.

Os rigores da sorte

Foi uma espantosa inversão de papéis. Washington, que em Setembro se recusara a abandonar Nova Iorque, parecia agora preparado para o fazer. Greene, em Setembro, não vira qualquer razão para permanecer mais tempo na ilha de Nova Iorque e, se lhe tivessem dado ouvidos, a crise actual teria sido evitada. No entanto, era Greene que, neste momento, queria resistir no último pedaço de ilha ainda em mãos americanas, argumentando que manteria as comunicações abertas pelo rio, limitaria as tropas britânicas, que poderiam, de outra forma, juntar-se num ataque a Nova Jérsia (e, por fim, Filadélfia) e, possivelmente, levar a outra carnificina do inimigo, como em Bunker Hill. Além disso, Greene concluiu que nova retirada poderia ser devastadora para o já desmoralizado estado do exército.

Apesar da sua imponência, elevada sobre o rio, com acessos escarpados e cheios de rochas, o forte Washington não era o inconquistável bastião que parecia. Um pentágono irregular na planta cobria cerca de 1,5 hectares, com muralhas feitas de terra acumulada. Não existiam casernas para as tropas, nem fornecimento de água, além do que poderia ser içado de baixo – nada do que seria necessário, na eventualidade de um longo cerco, com a aproximação do Inverno.

Mesmo assim, o seu comandante, o coronel Robert Magaw, pensava que o forte poderia ser mantido até ao final de Dezembro. Greene concordava.

Na carta a Greene, de White Planes, Washington afirmara estar «inclinado a considerar» prudente o abandono do forte, mas deixava-lhe essa decisão, uma vez que se encontrava «no local». Agora que ele próprio lá estava, Washington continuava sem conseguir decidir o que fazer e, com efeito, mais uma vez deixou ao critério de Greene.

«Sua Excelência o general Washington está comigo há vários dias [...] nada tendo concluído»[126], escreveu Greene a Henry Knox.

Washington informou John Hancock que «os movimentos e desígnios do inimigo ainda não são perceptíveis»[127].

*

Para o capitão britânico Frederick Mackenzie, o clima era perfeito para campanha. A geada caía quase todas as noites, mas desaparecia assim que o sol nascia. A única coisa que faltava era uma brisa forte, para contentar a Marinha. «Não houve vento nos últimos dias»[128],

1776

registou no seu diário, «de tal forma que, se a intenção fosse enviar alguns navios para o rio North, tal não poderia ter sido efectuado».

O registo, datado de 7 de Novembro, afirmava que o general Howe tinha, nessa altura, estabelecido quartel-general a apenas dez quilómetros acima da King's Bridge e que o próximo movimento «seria, provavelmente, contra o Forte Washington» [129]. Mas o capitão Mackenzie nunca duvidou que a «conquista» do Forte seria «o primeiro objectivo» [130] e, como outros, confiava, mais do que nunca, no sucesso, pois uma base de informação oportuna e precisa havia, inesperadamente, caído em mãos britânicas. Se Washington ainda não compreendia os «desígnios» britânicos, estes conheciam bem a situação americana ou, pelo menos, mais do que os primeiros.

A 2 de Novembro, quando o exército de Howe ainda se encontrava em White Planes, um oficial americano, de seu nome William Demont (a quem Mackenzie se referia como William Diamond) [131], tornou-se um traidor, desertando para os britânicos do Forte Washington, e levou consigo cópias das plantas do Forte e da localização dos canhões, assim como registos do crescente descontentamento e animosidade entre os revoltosos da Nova Inglaterra e os do Sul.

Apenas dias antes, foi parar a mãos britânicas um conjunto de cartas, escritas por Reed, Washington e outros colaboradores seus, deixadas sem vigilância, numa hospedaria em Trenton, por um mensageiro descuidado, que se dirigia para Filadélfia. Numa outra carta, Washington queixava-se, amargamente, da falta de disciplina no exército e escreveu, com desdém, sobre os oficiais «sonhadores e dorminhocos» [132], contra os quais tinha de lutar. Outra carta, escrita pelo tenente-coronel Robert Hanson Harrison, colaborador de Washington, fornecia, de longe, a mais importante revelação: Washington estava a dividir o seu exército.

As cartas furtadas e a planta do Forte Washington, fornecida pela traição de Demont, podem não ter alterado muito o decorrer dos acontecimentos seguintes. Mas os britânicos consideraram-nas, legitimamente, uma sorte inesperada, como atestam os diários de Mackenzie e Ambrose Serle. A decisão de Washington de dividir o exército foi considerada como um claro sinal de fraqueza. «É fácil ver o que pretende e qual será a consequência provável de tal divisão» [133], escreveu Serle que, como secretário de Lorde Howe, havia sido o primeiro a ver as cartas. Se os revoltosos não tinham «alento para agir, sob o encorajamento do seu actual número, então não há razões para crer que a sua coragem aumente com uma redução da sua força». Tais missivas, pensou Mackenzie, eram certamente de «grande auxílio para o general Howe» ([134]).

Por esta altura, os britânicos já tinham, sem dúvida, informação suficientemente considerável, fornecida por desertores, sobre a situação no Forte Washington, mas também era importante possuir as plantas e o relatório, nem que se destinassem apenas à confirmação.

Fosse como fosse, o celebremente cauteloso William Howe que, supostamente, nunca arriscava um ataque frontal a posições revoltosas muito fortificadas, devido à penosa lição aprendida em Bunker Hill, refutaria essa teoria, com o total acordo dos seus comandantes.

Frederick Mackenzie confiava plenamente no ataque, vaticinando, ainda, «pela aparência geral das coisas» ([135]), que, logo que tomassem o Forte Washington, Howe continuaria para Nova Jérsia. Também era do conhecimento dos britânicos que as tropas revoltosas de Nova Jérsia e da Pensilvânia, com que Washington contava para o ajudar, nunca se tinham materializado e, assim, pensava Mackenzie, restava pouco «para evitar a nossa chegada a Filadélfia».

A 12 de Novembro, dia em que Washington atravessou o rio Hudson, o exército de Howe encontrava-se a seis quilómetros da King's Bridge. O plano consistia num ataque em quatro partes, cabendo aos hessianos o papel principal, plano que começou a revelar-se ao meio-dia de 15 de Novembro, quando Howe mandou o coronel James Paterson, hasteando uma bandeira branca, entregar uma mensagem ao comandante americano, coronel Magaw, no Forte Washington. Paterson era o mesmo oficial britânico que, em Julho, entregara a Washington cartas de Lorde Howe, propondo a possibilidade de paz. Desta vez, levava um ultimato: render o Forte ou enfrentar a aniquilação.

Deram-lhe duas horas para que decidisse. Magaw respondeu, imediatamente, com uma carta:

> Senhor, se percebo bem o teor da sua mensagem… «este posto deve ser imediatamente entregue ou a guarnição passará à acção». Acho que é um erro, em vez de uma resolução firme, o general Howe agir de uma forma tão indigna de si próprio e da nação britânica, mas dê-me licença que assegure a Sua Excelência, que actuou sob a mais gloriosa causa em que a humanidade já lutou, que estou determinado a defender este posto até ao extremo. ([136])

1776

Howe não tinha intenção de levar a cabo a sua ameaça de chacina. A intenção do ultimato era continuar a jogar com os receios e as aflições dos revoltosos. A resposta ousada de Magaw foi escrita na crença de que ele e os seus homens pudessem, de facto, resistir ou, se necessário, escapar pelo rio Hudson, depois de escurecer.

*

Quando as notícias do ultimato e da resposta de Magaw chegaram ao Forte Lee, no final dessa tarde, Nathanael Greene enviou um mensageiro, com essa informação, a Washington, que cavalgara para Hackensack, a dez quilómetros de distância, onde o seu exército fixou acampamento.

Washington precipitou o regresso, chegando a Forte Lee ao anoitecer. Descobrindo que Greene e Israel Putnam haviam seguido por rio, para se encontrarem com Magaw e avaliarem a situação, Washington foi ao seu encontro, num pequeno barco.

A meio da travessia, encontrou Greene e Putnam, que regressavam, e, ali mesmo, no escuro, os dois oficiais fizeram um relato encorajador. As tropas estavam «com a moral elevada e fariam uma boa defesa». Assim, «sendo já tarde»[137], nas palavras de Washington, os três regressaram ao Forte Lee.

Nessa mesma noite, não observados pelos americanos, os britânicos subiram o rio com uma frota de 30 chatas, abafando o barulho dos remos, passaram pelo Forte Washington, para o ancoradouro de Spuyten Duyvil, e desceram para Harlem, a fim de se encontrarem prontos de manhã.

*

Na primeira oportunidade, no sábado, 16 de Novembro, bem cedo, Washington, Greene, Putnam e outro dos seus generais, Hugh Mercer da Virgínia, atravessaram, mais uma vez, o rio Hudson, «para determinarem», como notou Greene, «o que era melhor fazer»[138]. Assim que o barco se fez ao largo, o som de pesados canhões, transportado pela água e à distância, à esquerda do Forte Washington, deu-lhes a entender que o ataque havia começado.

Desembarcando na costa oposta, a jusante do Forte, os quatro generais treparam pelas íngremes encostas até ao cume, para um local perto da casa Morris.

Os rigores da sorte

«Lá ficámos todos, numa posição muito incómoda»([139]). escreveu Greene. «Como a disposição [das tropas] estava feita, e o inimigo avançava, não ousámos fazer nenhuma disposição nova.» Inexplicavelmente, ainda não conseguiam ver o desastre prestes a acontecer. «De facto, não vimos nada de errado», escreveu Greene.

Preocupados com a segurança de Washington, os três generais incitaram-no a regressar pelo rio. Greene voluntariou-se para ficar, assim como, por sua vez, Putnam e Mercer. Mas Washington achou «melhor» que todos partissem.

*

O ataque surgiu de três direcções, depois de os canhões britânicos atingirem, prolongadamente, as defesas externas do Forte. Cerca de 4000 hessianos desceram do norte, sobre a King's Bridge, liderados pelo general von Knyphausen, que solicitara a honra de liderar o ataque principal.

Os hessianos eram profissionais contratados para executarem um dever, e este era o dia em que se mostrariam superiores, numa profissão de que se orgulhavam (Durante o tempo em que fora prisioneiro, Lorde Stirling tinha ouvido oficiais hessianos comentarem que nunca haviam considerado seu dever averiguar qual dos dois lados da controvérsia americana estava certo.)

Uma força de tropas britânicas, sob o comando de Cornwallis, e um batalhão de escoceses atacaram de Este, atravessando o rio Harlem, nas chatas que tinham sido trazidas durante a noite. A terceira força, de cerca de 3000 homens, tanto britânicos como hessianos, veio de sul, liderada por Lorde Percy.

Pelas dez horas, o general Howe contava com 8000 soldados no ataque, quase quatro vezes o número dos que defendiam o Forte Washington.

O maior alcance das defesas externas do Forte atingia cerca de oito quilómetros, a norte e a sul, e os hessianos, comandados por Knyphausen, enfrentavam o terreno mais íngreme e irregular, bem como o fogo fulminante dos carabineiros da Virgínia e Maryland, posicionados entre as rochas, chefiados pelo coronel Moses Rawlings. Foi o cenário da luta mais feroz do dia. Os hessianos eram destemidos. As encostas rochosas, que escalavam, constituíam uma luta difícil, mesmo que ninguém disparasse contra eles. Um dos seus oficiais, o capitão Andreas

1776

Wiederhold, descreveria o ataque «deste quase inacessível rochedo» e, mesmo assim, «todos os obstáculos foram ultrapassados [...] e trepadas as rochas escarpadas» (140).

Um soldado hessiano, John Reuber, registou no seu diário: «Fomos obrigados a arrastar-nos pelos arbustos de faias, monte acima, onde não podíamos, na realidade, resistir».

Contudo, finalmente, chegámos ao cimo da colina, onde havia árvores e grandes pedras. Passámos lá um mau bocado juntos. Porque não tencionavam render-se, o coronel Rall deu a ordem de comando da seguinte forma: «Os que pertencem à Guarda Granadeira dão um passo em frente!» Os que tocavam tambor iniciaram a marcha, os tocadores de oboé sopraram. Rapidamente, surgiram gritos de «Viva!». De seguida, todos se juntaram, americanos e hessianos misturados. Não houve mais disparos, mas correram, desordenadamente, para a fortaleza (141).

O general Grant, que antipatizava com os hessianos quase tanto como com os americanos, escreveu, com pura admiração, como «superaram todas as dificuldades» (142) e, depois de terem conquistado terrenos elevados, mantiveram «um passo rápido [...] e se o general Knyphausen não tivesse parado o coronel Rall, estou convencido de que teriam chegado ao Forte em cinco minutos».

Os outros lados do ataque avançaram da mesma forma, com uma parte da defesa americana a oferecer pouca resistência, enquanto outra lutava firmemente. Alexander Graydon, que comandava uma companhia que enfrentou o ataque de Lorde Percy, de sul, descreveu o modo como 150 homens, com um único canhão de 18 libras, afastaram 800 britânicos.

A captura da casa Morris pelas tropas atacantes de Percy aconteceu, de acordo com Graydon, apenas 15 minutos após Washington e os seus generais terem saído.

Mas só coragem não chegava. Os americanos eram muito poucos para aguentarem linhas tão extensas. O único recurso era retirar para o Forte, a toda a velocidade. Um soldado raso de 17 anos, de Iorque, na Pensilvânia, John Adlum, confessou ter corrido uma tal distância, colina acima, que mal conseguia respirar para continuar. «Como estava bastante fatigado e os tiros haviam, em grande parte, cessado, andei para o Forte calmamente», escreveu.

Antes de chegar perto do Forte, os britânicos começaram a disparar, com uma peça de campanha com projécteis redondos, em direcção aos homens que se amontoavam entre o Forte e as linhas dentro das estacadas à sua volta. Quando cheguei, sentei-me, olhando para o inimigo, que disparava contra nós, a pouco mais de 300 metros. Do local onde estava sentado, vi, à distância, uma bala arrancar uma parte da cabeça a dois homens, ferindo outro. Depois, entrei no Forte([143]).

À uma hora, quase toda a força de defesa tinha sido empurrada para dentro do Forte, onde quase não havia espaço para todos.

Aproximadamente uma hora depois, o comandante hessiano Knyphausen exigiu rendição. O coronel Magaw disse que precisava de tempo para decidir e pediu meia hora. O general Howe chegou e ordenou que os americanos se rendessem imediatamente sem quaisquer termos, excepto a promessa das suas vidas.

Eram três horas quando Magaw capitulou, e quase quatro quando toda a guarnição de 2837 americanos saíu do Forte, entre duas linhas de hessianos, depondo as armas.

*

Numa campanha desastrosa para Nova Iorque, na qual o exército de Washington havia sofrido reveses humilhantes e dispendiosos, atrás uns dos outros, a rendição do Forte Washington, no sábado, 16 de Novembro, foi uma catástrofe absoluta, e a captura de mais de 1000 americanos, em Brooklyn, uma baixa terrível. Agora, com a prisão de mais do dobro daquele número, a perda total das duas batalhas elevou-se a quase 4000 homens – de um exército que já se desintegrava rapidamente, por doença e deserção, e que precisava, desesperadamente, de quase todos aqueles que, pelo menos, conseguissem pegar num mosquete.

(Como Frederick Mackenzie registou, os britânicos ficaram perplexos ao descobrirem o número de prisioneiros americanos com menos de 15 anos, ou idosos, todos «vestidos de modo vulgar»([144]), sujos e sem sapatos. «As suas figuras estranhas provocavam, frequentemente, o riso dos nossos soldados».)

A derrota esmagadora, no Forte Washington, com a captura da sua guarnição, armas, ferramentas, tendas, cobertores e cerca de 146 canhões de ferro e bronze, foi perpetrada pelos britânicos e pelos hessianos numa questão de horas. E nem precisava de ter acontecido. Tinham morrido 59 americanos e 100 ou mais haviam sido feridos. Os britânicos sofreram 28 e mais de 100 feridos. As perdas dos hessianos eram maiores, 58 mortos e mais de 250 feridos.

Embora mau, poderia ter sido pior. Na opinião do general Grant e do coronel Mackenzie, só se evitara uma chacina total de americanos, porque o general Knyphausen impediu o coronel Rall e os hessianos de entrarem no Forte. «Haviam estado bastante encolerizados [na batalha], estavam zangados e não poupariam os ianques»[145], escreveu Grant. «A carnificina teria, então, sido terrível»[146], escreveu Mackenzie, «pois os revoltosos estavam tão assustados e eram tão numerosos, que não tinham espaço para se defenderem com eficácia».

O que esperava os americanos feitos prisioneiros era um horror de outro género. Quase todos seriam mantidos cativos em celeiros e cabanas superlotadas, sem aquecimento, e em navios-prisão britânicos, no porto, onde centenas morreram de doença.

*

Diz-se que Washington derramou algumas lágrimas, enquanto via o desenrolar da tragédia, do outro lado do rio, e, embora isto pareça improvável, dada a sua documentada imperturbabilidade, certamente a sua alma chorou. Já enfrentara a ruína antes, mas nunca assim. Ao seu irmão Jack escreveria: «Estou preocupado, quase até à morte, com o declínio das coisas.»[147]

Nathanael Greene, numa carta angustiada a Henry Knox, disse: «Sinto-me demente, vexado, doente e pesaroso[148]. Nunca precisei tanto do consolo de um amigo como agora. Ficaria tão feliz se o visse! Este acontecimento é terrível! As suas consequências são, justamente, temidas».

Tanto Washington como Greene enganaram-se, redondamente, no seu julgamento. Ambos se preocupavam com o que pudesse vir a acontecer às suas reputações. De facto, seria difícil dizer qual dos dois era mais sensível ao que outros pensavam deles, e as críticas a ambos seriam severas, especialmente entre aqueles que haviam sido feitos prisioneiros. Alexander Graydon, escrevendo, mais de uma geração depois, mal conseguia conter o seu desdém pelas decisões que tinham sido tomadas.

Os rigores da sorte

Mais imediata e empolada foi a reacção de Charles Lee. De acordo com os seus próprios relatos, Lee ficou tão furioso com as notícias de Forte Washington que arrancou alguns cabelos. «Tenho de rogar que guardem segredo do que vos digo, mas previ tudo o que aconteceu»([149]), escreveu ao Dr. Benjamin Rush, um membro do Congresso com influência que, Lee sabia, nunca guardaria segredo. Lee afirmou que as suas últimas palavras a Washington tinham sido: «Retirem a guarnição ou estarão perdidos»([150]).

«Se eu tivesse poder, ser-lhe-ia muito útil»([151]), disse a Rush, não muito subtilmente, «mas tenho a certeza de que nunca dará a homem algum o poder necessário.»

«Caro general», Lee admoestou Washington numa carta, «por que se deixa persuadir por homens de julgamento inferior ao seu?»([152]), convidando-o, assim, a culpar Nathanael Greene de tudo.

Washington falhara por ter posto de parte a opinião de Greene e ter tomado uma decisão distintamente sua e, como comandante das forças, era, em última análise, claramente responsável. A responsabilidade de Greene pelo que aconteceu cessou com a chegada de Washington ao Forte Lee, a 13 de Novembro, três dias antes do ataque. Washington nunca se culpou a si próprio pela perda do Forte Washington, mas também nunca culpou, abertamente, Greene, o que poderia ter feito. Apenas disse que havia agido de acordo com a opinião de outros.

Nem, com ar importante, despediu Greene, nem lhe deu um comando insignificante, mas ficou, indubitavelmente, com menos consideração pelo jovem general. Mesmo assim, conhecia as capacidades de Greene. Apenas semanas antes, este havia demonstrado uma rara clarividência e um marcado poder de organização, quando recomendara a Washington, com quem concordou, estabelecer uma série de depósitos de provisões em Nova Jérsia, ao longo de cujo caminho o exército poderia, se necessário, bater em retirada, no caso de os britânicos virarem para Filadélfia.

Washington precisava de Greene. Sabia que ele, como Knox, nunca desistiria, nunca se iria embora, nem nunca perderia a noção do que era a guerra, tal como ele. Washington pagaria lealdade com lealdade, e esta, depois de tantas más decisões, foi uma das mais sábias.

Apenas uma heroína americana emergiria do que aconteceu em Forte Washington. Era Margaret («Molly») Corbin, a esposa de um soldado da Pensilvânia, John Corbin, que havia ido para a batalha ao lado do marido e, quando ele foi morto, colocou-se no seu lugar, para carregar e disparar um canhão até cair ferida, quase perdendo um braço. Depois da rendição, os seus captores deixaram-na voltar para casa, na Pensilvânia.

*

O habitualmente calmo William Howe fez o movimento seguinte quase sem pausas. Três noites depois, enviou 4000 soldados britânicos e hessianos, sob a protecção da escuridão e de uma chuvada, através do rio Hudson, para desembarcarem a montante do Forte Lee, num ponto chamado Closter. Aí, liderados por Cornwallis, escalaram Palisades, subindo um atalho íngreme, quase perpendicular e, uma vez no cimo, avançaram para o Forte Lee. Foi um ataque ousado, semelhante ao que o próprio Howe, enquanto jovem oficial, havia orientado nas íngremes encostas do Quebeque, no início da manhã do triunfo britânico, naquele local, na Guerra Franco-Indígena.

O aviso do ataque chegou a Forte Lee com antecedência, possivelmente por um agricultor local ou um desertor britânico – os registos diferem. Washington apressou-se para Hackensack e gritou ordens no sentido de abandonarem o Forte imediatamente. Tudo deveria ser deixado para trás, armas, provisões, centenas de tendas, até mesmo o pequeno-almoço, que estava a ser cozinhado. Quando os britânicos chegaram, encontraram o local deserto, à excepção de uma dúzia de homens que haviam entrado no armazém com rum e que se encontravam bêbedos.

Washington e o seu exército fugiram à pressa, descendo a estrada e pelo rio Hackensack, para Nova Jérsia.

Capítulo 7

A hora mais negra

> *Espero que esta seja a parte escura da noite,*
> *que antecede, geralmente, o dia.*
> General Nathanael Greene

I

A retirada de George Washington e do seu pequeno e desgastado exército para sul, por Nova Jérsia, começou na manhã de 21 de Novembro. Dirigiam-se para uma encruzilhada chamada Acquackanonk, no rio Passaic, a oito quilómetros de distância. A retirada era a única hipótese e os rios ofereciam uma defesa possível contra o adversário, que avançava em campo «profundamente plano»([1]), como Washington o descrevia, sem muros de pedra. Assim que passaram o Passaic, desceram mais 32 quilómetros, ao longo da margem oeste do rio, para a pequena cidade portuária de Newark.

Chuvas intensas haviam enlameado por completo a estreita estrada e os homens estavam esfarrapados, muitos sem sapatos, com os pés enrolados em trapos. Washington cavalgava na retaguarda da coluna, facto relembrado por um recém-chegado tenente da Virgínia, de

18 anos, chamado James Monroe. «Vi-o [...] à frente de um pequeno grupo, ou antes, na sua retaguarda, pois estava sempre perto do inimigo, e o seu semblante e maneiras tiveram um efeito em mim que jamais poderei esquecer.» (²)

Pelas estimativas de Monroe, Washington tinha no máximo 3000 homens; no entanto, a sua expressão não dava sinais de preocupação. «Um comportamento tão firme, tão digno, contudo tão modesto e composto, que nunca vi noutra pessoa.» (³)

Washington colocou o exército a caminho, ao início da manhã, mas antes enviara um pedido urgente ao general Lee, em North Castle, Nova Iorque, em que expressava, claramente, as suas apreensões e inquietações. Os homens estavam «despedaçados e desanimados» (⁴). Não possuíam tendas, nem bagagens, nem utensílios para construir trincheiras (todas as pás e picaretas tinham ficado no Forte Lee). Da forma como as coisas estavam, não arriscava o contacto com o inimigo, escreveu Washington, e «por isso, tenho de deixar um bom campo aberto à sua acção destrutiva».

Apressou Lee a atravessar o rio Hudson com as suas brigadas e a juntarem forças, antes que fosse tarde demais. Nova Jérsia era um prémio demasiado valioso para desistir sem luta «aparente». Se Nova Jérsia caísse, o efeito na Pensilvânia poderia ser devastador.

Para ter a certeza de que Lee percebia o que ele queria, Washington repetiu: «O melhor é ir pela passagem mais fácil e melhor [mais rápida].» No entanto, era apenas um pedido, não uma ordem.

A missiva fora ditada a Joseph Reed (⁵) e enviada por um mensageiro rápido, numa caixa de despacho, na qual Reed colocou, também, uma carta sua para Lee. Mas Washington ignorava-o.

A carta de Reed era uma chocante acusação a Washington. Na melhor das hipóteses, poderia ser considerada como uma indiscrição desesperada; na pior, um acto dissimulado de traição.

A indecisão do seu comandante em abandonar Nova Iorque, e de novo em Forte Washington, abalara Reed seriamente, o que afectara a sua confiança nele. Mas, em vez de confiar os seus sentimentos a Washington, desabafou com Lee, não deixando dúvidas sobre quem achava que devia liderar o exército, quando necessário.

Desejou «muito sinceramente» ter Lee «na cena principal de acção» (⁶), escreveu Reed, secundando Washington. Reclamando não desejar adular Lee, acabou por fazê-lo, e insistiu no seu ponto principal.

Não quero adulá-lo ou elogiá-lo em detrimento de outros, mas confesso que considero que é inteiramente devido a si que este exército e as liberdades da América, porque até agora dependem disso, não estão totalmente suspensos [...]. É decidido, uma qualidade muitas vezes necessária em mentes valiosas sob outros aspectos [...]. General, uma mente indecisa é um dos piores infortúnios que podem recair sobre um exército. Quantas vezes o lamentei, nesta campanha. Considerando todas as circunstâncias, estamos numa situação muito alarmante e terrível – que pede a maior das sabedorias e solidez de raciocínio. Assim que o tempo o permita, acho que o senhor e alguns outros deveriam ir ao Congresso e formar um plano do novo exército.

Washington preocupava-se com a saúde dos seus homens. Inquietava-se com os rumores de uma invasão britânica, pelo sul de Newark, em Perth Amboy, na foz do rio Raritan, onde Nova Jérsia e Staten Island se separavam apenas por um estreito canal.

Em menos de duas semanas, no dia 1 de Dezembro, os alistamentos de 2000 homens acabariam e eles seriam livres de partir. Era a mesma expectativa de um pesadelo que enfrentara em Boston, havia exactamente um ano, com a miséria dos homens, agora maior do que nunca, e a sua desmoralização, como se todas as hipóteses do seu exército se evaporassem diante dos seus olhos.

Em privado, Washington falava com Reed sobre a possibilidade de retirar para o Oeste da Pensilvânia, se necessário. Reed achava que se se desistisse do Este da Pensilvânia, então seguir-se-ia o resto do Estado. Diz-se que Washington passou a mão pela garganta e comentou: «O meu pescoço não foi feito para um nó de enforcar.»([7]) Falou da retirada para as montanhas de Augusta County, no oeste da Virgínia. Daí podiam continuar uma «guerra predatória», disse Washington. «E, se dominados, temos de atravessar as Montanhas Allegheny.» Sabia, ao contrário do inimigo, que o seu país era grande.

O problema não residia no facto de haver muito poucos soldados americanos nos 13 Estados. Havia muitos, mas os Estados sentiam-se relutantes quanto ao envio das tropas que possuíam, para ajudarem, preferindo mantê-las perto de casa, especialmente porque a guerra não corria bem. Em Agosto, Washington tinha um exército de 20 000 homens. Nos três meses seguintes, perdia quatro batalhas – em Brooklyn, na Baía de Kips, em White Planes e no Forte Washington – e, depois, desistiu do Forte Lee sem resistir. Agora, o seu exército estava dividido como nunca desde Agosto e, tal como o jovem tenente Monroe havia especulado, apenas comandava, pessoalmente, 3500 soldados. Era tudo.

Desesperado por auxílio, enviou Reed a Burlington, Nova Jérsia, na margem este do rio Delaware, a montante de Filadélfia, para que convencesse o governador de Nova Jérsia, William Livingston, para a urgente necessidade de reforços. No momento, a milícia de Nova Jérsia não surgia em quantidade que pudesse marcar a diferença.

O general Mifflin foi enviado numa missão semelhante a Filadélfia, a fim de alertar o Congresso para o «estado crítico dos nossos assuntos» [8] e fazer todos os possíveis para reunir tropas da Pensilvânia e enviá-las a toda a velocidade.

Estas eram duas incumbências da máxima importância. Ao escolher Reed, o seu confidente mais próximo, e o muito competente Mifflin, de Filadélfia, que havia mostrado o seu valor no comando da retaguarda em Brooklyn, Washington estava confiante que estes eram dois dos melhores homens que possuía, o que seria tido em conta por quem os ouvisse.

O primeiro relatório de Mifflin foi uma amarga desilusão. Os seus compatriotas de Filadélfia estavam «divididos e letárgicos» [9], escreveu, «dormitando à sombra da paz e no total regozijo das benesses do comércio». De Reed, Washington nada soube.

*

Chovia torrencialmente, a 22 de Novembro, dia em que o exército chegou a Newark. A chuva caiu durante essa noite e no dia seguinte. «Os sofrimentos por que passamos são indescritíveis – nenhuma tenda para nos cobrir à noite – expostos ao frio e à chuva, dia e noite» [10], relembraria um soldado. O coronel Samuel Webb, escrevendo na altura, disse que era impossível descrever as reais condições. «Posso apenas dizer que nenhuns indivíduos mostraram maior actividade de retirada do que aqueles que temos [...]. Os nossos soldados são os melhores camaradas do mundo.» [11] Webb, acabado de recuperar de feridas sofridas em White Planes, ainda servia como colaborador de Washington.

Mas de maior importância, como o tempo provaria, foi a impressão causada em Thomas Paine, o autor de *Senso Comum*, que se havia vo-

A hora mais negra

luntariado recentemente para servir como ajuda civil, colaborando com Greene. Este último, com o seu amor pela literatura e pela filosofia política, sentiu uma grande simpatia pelo brilhante Paine, um debilitado imigrante inglês, que, como Greene, fora criado como *quaker*, e cujo opúsculo, *Senso Comum*, desde o seu aparecimento no início do ano, tinha sido mais amplamente lido do que algo jamais publicado na América. Greene chamava a Thomas Paine «Senso Comum» («O Senso Comum e o coronel Rabugento, ou Cornell, estão, continuamente, a discutir problemas matemáticos»([12]), relatara Greene à esposa, durante tempos menos problemáticos, antes da queda do Forte Washington).

Triste pelo sofrimento e pelo desespero a que assistia, mas inspirado pela audaz decisão de muitos à sua volta, diz-se que Paine passou os seus pensamentos para o papel, durante a retirada, escrevendo à noite, na pele de um tambor, à luz da fogueira. Contudo, ele próprio disse que apenas mais tarde, em Filadélfia, numa «fúria de patriotismo»([13]), começou aquilo a que chamou *The Crisis* [*A Crise*], com as suas imortais linhas de abertura:

> São estes os tempos que põem a alma dos homens à prova. O soldado de Verão e o patriota de tempos amenos irão, nesta crise, esquivar-se do serviço do seu país; mas aquele que o aguenta, agora, merece o amor e o agradecimento de homens e mulheres.([14])

A 24 de Novembro, Washington enviou outra mensagem ao general Lee, dizendo que tinha de vir por um «caminho seguro e vigiado»([15]), e pediu-lhe que trouxesse um determinado canhão de 24 libras, «desde que isso possa ser feito sem inconveniente».

Com os lealistas mais predominantes em Nova Jérsia do que em qualquer outro dos 13 Estados, e os desertores americanos, que continuavam a passar para o inimigo, a difícil situação de Washington era bem conhecida do comando britânico.

«O facto é que»([16]), escreveu Lorde Rawdon, «o exército deles está partido em pedaços e o espírito dos seus líderes e dos seus cúmplices encontra-se desfeito [...]. Acho que pode dizer-se que o seu fim se aproxima».

*

Desde a queda de Forte Washington, tinha havido uma mudança radical nos planos britânicos. O general Clinton estava, novamente, em

1776

acção. Deveria navegar com uma expedição de 6000 soldados, para tomar Rhode Island, ou, mais especificamente, Newport. Quando a sorte do exército revoltoso ia, continuamente, de mal a pior, os corsários insurrectos, fora da costa da Nova Inglaterra, continuavam a atacar os navios de abastecimento britânicos com crescente sucesso, e o almirante Lorde Howe precisava de uma angra segura e nenhum gelo nas proximidades, para parte da sua frota.

Clinton tinha uma ideia desfavorável sobre a expedição de Rhode Island. Argumentou que fosse adiada e que, em vez disso, ele e as suas forças desembarcassem em Perth Amboy e, assim, flanqueassem e destruíssem os revoltosos estropiados, num vasto e concentrado esforço, antes do início da neve de Inverno. Ou poderia executar o seu ataque, directamente, em Filadélfia, navegando pelo Delaware. «Isto, quase certamente», escreveu mais tarde, «dispersaria o Congresso e [...] desorganizaria todos os seus planos» ([17]).

Era um momento crítico na gestão da guerra, com Clinton e Howe, mais uma vez, em oposição relativamente ao melhor procedimento. Clinton continuava a ver o exército de Washington como o coração da revolta e, por isso, o seu envolvimento como a estratégia mais expedita. Howe queria manter os americanos em fuga e continuar a limpar a área, por assim dizer – limpar Nova Jérsia e Rhode Island das forças revoltosas, como o tinha feito em Nova Iorque e, com tais conquistas de território vital, chamar o iludido povo americano e os seus líderes políticos à razão e terminar a sua claramente fútil rebelião.

A ideia de Clinton foi rejeitada e, embora não muito resoluto, partiu, respeitosamente, para Rhode Island, onde a sua expedição cercou Newport, sem oposição, e os habitantes, predominantemente *quakers*, pareciam bastante felizes por viver em paz sob a sua protecção. Mas foi uma conquista pouco importante. Como seria dito, o seu efeito no decurso da guerra, era mais ou menos o que teria sido se as forças de Clinton tivessem ocupado a cidade de Newport, na ilha de Wight.

As dificuldades entre Clinton e William Howe, a fricção das duas personalidades contrastantes, pioravam progressivamente. Em White Planes, num acesso de frustração e ira, Clinton dissera ao general Cornwallis que já não aguentava servir sob o comando de Howe, que o soube por Cornwallis. Assim, foi com considerável alívio que Howe viu Clinton navegar para fora de Nova Iorque, tal como quando partira de Boston para a Carolina do Sul.

A hora mais negra

No lugar de Clinton, Howe colocou Cornwallis, sabendo que tinha um homem com quem era bastante mais fácil lidar e um comandante de campo mais enérgico e eficaz.

Como Howe – de facto, como Clinton – Charles Cornwallis era um verdadeiro aristocrata inglês do século XVIII [18], um representante brilhante da classe dirigente da Grã-Bretanha, nascido rico, com posição e influência. Educado em Eton, decidira, na sua juventude, seguir a carreira militar, na qual se distinguira desde sempre. Aos 37 anos, encontrava-se no seu auge profissional, mas, ao contrário de Howe, era um homem sem maus hábitos, nem inclinação para a satisfação das próprias vontades e, se não tão dotado, intelectualmente, como Clinton, não possuía qualquer capricho nem aspecto antagónico.

Alto, e de certa forma com excesso de peso, segundo a moda, tratava-se bem e era considerado elegante, apesar de um defeito num olho (de facto, havia perdido a visão num olho [19], em resultado de um acidente de infância). Era dedicado à esposa doente, de quem sentia terríveis saudades, e aos seus homens – «amo aquele exército» [20], declarou uma vez –, que sentiam por ele notável devoção. Era o general britânico mais popular que servia na América, conhecido como sendo rigoroso, mas justo, e genuinamente preocupado com o bem-estar das suas tropas. Repetidamente, na campanha do ano – em Brooklyn, na Baía de Kips, em Forte Washington e na sua fantástica captura surpresa do Forte Lee –, tinha-se mostrado empreendedor e agressivo. Até agora, fizera tudo na perfeição.

A 23 de Novembro, dois dias depois da captura do Forte Lee, Cornwallis reuniu-se com o general Howe (que, tendo sido ordenado Cavaleiro da Ordem do Banho pelo Rei, era agora Sir William Howe).

Os dois conferenciaram durante várias horas, vendo o mapa de Nova Jérsia e revendo os planos.

Howe deu ordens a Cornwallis para que perseguisse os revoltosos até New Brunswick, ou Brunswick, como era conhecido na altura, mais 70 quilómetros a sul de Newark, no rio Raritan, e aguardar aí futuras ordens.

A 25 de Novembro, quando a chuva abrandou, Cornwallis e um exército, actualmente de 10 000 homens, partiram, determinados a apanhar Washington, disse Cornwallis, como um caçador apanha uma raposa. Mas, nas estradas repletas de água da chuva, com imundície até ao tornozelo, ou pior, as longas colunas de soldados britânicos e hessianos, com os seus comboios de pesados e artilharia, moviam-se ainda mais lentamente do que os americanos. Demoraram três dias a chegar a Newark.

Às nove horas da manhã de 29 de Novembro, o oficial engenheiro britânico capitão Archibald Robertson registou: «Todo o exército marchou em duas colunas para Newark, onde se dizia que os insurrectos se encontravam.» [21] Por volta da uma hora, os britânicos avançaram para a cidade, em força, encontrando-a vazia.

Washington seguiu, apressadamente, para Brunswick e para Raritan. «Durante a nossa marcha, o inimigo [22] não nos interrompeu», escreveu ao general Heath.

Finalmente, recebeu notícias de Charles Lee, contando, apenas, as suas próprias adversidades, com tempo chuvoso e homens sem sapatos. Ainda se encontrava em North Castle e não apresentou quaisquer planos para partir.

Washington respondeu imediatamente e de forma ríspida: «As minhas cartas anteriores eram tão completas e explícitas sobre a necessidade de marchar tão rapidamente quanto possível [...] que confesso ter esperado que se pusesse a caminho antes.» [23] Ainda estava relutante em emitir uma ordem clara a Lee.

Quando chegou a Brunswick, na manhã de 29 de Novembro, Washington tinha consigo o destemido Lorde Stirling e mais de 1000 reforços. Eram um primeiro vislumbre de esperança, embora dificilmente suficiente. Alguns homens de Stirling estavam também descalços e sem casacos, ou mesmo camisas, e o fim dos alistamentos, a 1 de Dezembro, quando o dobro desse número estaria livre para partir, seria daí a dois dias.

*

A 30 de Novembro, em Brunswick, um mensageiro rápido chegou com uma carta selada do general Lee para Joseph Reed. Com este ainda ausente, Washington abriu-a, pensando tratar-se da notícia de que Lee e os seus homens se encontravam, finalmente, a caminho. A carta tinha a data de 24 de Novembro. «Meu caro Reed», começava.

>Recebi a sua muito amável e lisonjeira carta – lamento consigo a fatal indecisão de resolução, o que, na guerra, é uma desqualificação

muito maior do que a estupidez, ou mesmo a falta de coragem pessoal. Acontecimentos inesperados podem colocar impedimentos decisivos no bom caminho, mas a derrota eterna e o insucesso serão o resultado para os melhores, se amaldiçoados com indecisão [24].

Lee continuava a explicar por que não havia partido para Nova Jérsia, como Washington desejava, e aparentemente parecia não tencionar fazê-lo.

O que Washington pensou ou sentiu, enquanto lia a carta ou as vezes que deve ter relido o primeiro parágrafo, ninguém sabe. Claramente, tanto Reed, o seu confidente de confiança e suposto amigo, como Lee, o seu segundo comandante, haviam perdido a fé nele.

Washington voltou a selar a carta e enviou-a a Reed com uma nota explicativa.

O que anexo foi colocado nas minhas mãos por um [mensageiro] urgente [...]. Não fazendo ideia de que se tratava de uma carta pessoal [...] abri-a [...]. Esta, porque é a verdade, tem de ser a minha desculpa por ver o conteúdo de uma missiva que nem a inclinação nem a intenção me teriam levado a ler [25].

Agradeceu a Reed o «trabalho e o cansaço» da sua jornada a Burlington e desejou-lhe sucesso na sua missão. Foi tudo.

Possivelmente, Washington estava mais magoado do que zangado. Tempos depois, diria a Reed: «Fiquei magoado, não porque considerasse o meu julgamento defraudado pelas expressões contidas nela [na carta], mas porque esses mesmos sentimentos não me foram comunicados imediatamente.» [26] Possivelmente, a acusação de «fatal indecisão de resolução» também o magoou profundamente, porque Washington sabia ser verdade.

Acima de tudo, deve ter-se sentido profundamente só, mais sozinho do que nunca. Primeiro, Greene desiludira-o; agora, Reed. E quem poderia dizer o que Lee tinha em mente ou o que poderia fazer?

Em Filadélfia, muitos congressistas estavam doentes, exaustos ou ausentes. Os três principais colaboradores da Declaração da Independência já não se encontravam presentes. Thomas Jefferson regressara a casa, na Virgínia, em Setembro. John Adams estava em Braintree. Benjamin Franklin tinha partido, em missão, para França. Por vezes, não havia delegados suficientes para obter quórum e, porque as notícias de Nova Jérsia eram cada vez mais desanimadoras e o exército britânico se aproximava cada vez mais, Filadélfia foi assaltada por uma vaga de grande nervosismo.

O *Pennsylvania Journal* anunciou «informações fidedignas de que os britânicos tencionavam atacar, em massa, em Filadélfia» [27] e Richard Henry Lee, da Virgínia, entre outros, proclamou «grande alarme» [28] na cidade e no Congresso. O Delegado William Hooper, da Carolina do Norte, que também assinou a Declaração de Independência, descreveu um «torpor» [29] prevalecente no Congresso. No entanto, Hooper não tinha paciência para os que culpavam Washington por todas as desgraças.

> Oh, tenho pena de Washington, o melhor dos homens [escreveu]. Não é possível descrever as dificuldades que agora tem de enfrentar, mas ser desventurado é estar errado, e existem homens [...] suficientemente malvados para o rotularem. Há aqui algumas caras tristes. [30]

Em determinada altura, durante o cerco de Boston, quando quase nada corria bem, o general Schuyler escreveu de Albany, lamentando os seus problemas; Washington respondeu que compreendia, mas que «temos de ter coragem contra eles e fazer, humanamente, o melhor, uma vez que as coisas nem sempre correm como desejamos». Foi com essa mesma decisão e aceitação da humanidade e das circunstâncias tal como eram, não como desejava que fossem, que Washington continuou. «No entanto, não vou desesperar» [31], escreveu, então, ao Governador William Livingston.

*

No domingo de manhã, 1 de Dezembro, com as colunas de britânicos e hessianos a avançarem, em Brunswick, 2000 dos soldados de Washington, a milícia de Nova Jérsia e de Maryland, com os seus alistamentos a terminar, abandonaram a guerra, sem qualquer desculpa. «Duas brigadas deixaram-nos, em Brunswick» [32], escreveu Nathanael Greene, «apesar de o inimigo se encontrar a caminho, a duas horas de marcha.»

A hora mais negra

Washington enviou mais uma convocatória urgente a Lee, para que viesse a toda a velocidade, «ou a sua chegada pode ser demasiado tardia para ser útil» ([33]).

«O inimigo avança rapidamente» ([34]), relatou à pressa, num despacho urgente, a John Hancock, notando que era uma e meia. «Alguns deles estão à vista».

Ordenou a destruição da única ponte sobre o Raritan, em Brunswick, o que foi largamente cumprido. Mas o rio era vadeável – em alguns locais apenas até ao joelho – e, como também disse a John Hancock, veementemente, o seu caudal actual era «totalmente inadequado» ([35]) para suster o inimigo.

A primeira artilharia britânica chegou ao rio e, ao final da tarde, os canhões ingleses e americanos trocavam fogo, sendo as armas americanas comandadas pelo jovem capitão Alexander Hamilton. Mas, mais uma vez, como em Newark, quando as tropas britânicas se dirigiram, apressadamente, para a cidade, na manhã seguinte, descobriram que os americanos haviam partido.

Washington decidiu o que tinha de ser feito. Dirigir-se-ia para Trenton. «Sendo impossível resistir-lhes com a nossa actual força e a mínima perspectiva de sucesso» ([36]), informou o Congresso, «temos de retirar para a margem oeste do Delaware».

«Quando partimos de Brunswick» ([37]), escreveu Nathanael Greene, «não tínhamos 3000 homens – um exército muito deplorável, a quem confiar as liberdades da América.» As coisas nunca tinham estado tão más.

A estrada com estações para os mensageiros, ou King's Highway, de Brunswick para Trenton, a principal via de comunicação entre Nova Iorque e Filadélfia, com 50 quilómetros de comprimento, era tão direita, plana e boa como qualquer uma na região e o exército em retirada andou bem. A partida não foi feita à pressa. Era uma marcha forçada, não um tropel, como muitas vezes é retratado. Washington e o corpo principal, marchando durante a noite, chegaram a Trenton, em Delaware, na manhã de 2 de Dezembro, tendo deixado Lorde Stirling e duas brigadas na retaguarda, na pequena cidade universitária de Princeton.

Foram emitidas ordens no sentido de reunir todos os barcos ao longo da margem este de Delaware e destruir qualquer um que não pudesse ser usado, para que não caísse em mãos inimigas.

1776

Os delegados do Congresso conheciam bem as distâncias entre Brunswick e Trenton, e entre Trenton e Filadélfia. Se Cornwallis se encontrasse em Brunswick, então ele e o seu exército estavam apenas a cerca de 100 quilómetros de Filadélfia. «Os habitantes de Princeton e Trenton [...] são evacuados»[38], escreveu o delegado de Massachusetts, Robert Treat Paine. «O povo partiu no domingo à noite, precipitadamente e em pânico.» As pessoas, em Filadélfia, também partiam, levando muitas delas todos os bens que podiam transportar. «Numerosas famílias carregavam vagões», relembra um cidadão. «Todas as lojas foram encerradas [...] pessoas em confusão, de todas as classes.»

A grande pergunta, na mente de todos, era onde se encontravam Lee e os seus homens. Dizia-se que não estavam longe, «perto da retaguarda do inimigo». Mas ninguém sabia. «Não recebo uma palavra do general Lee desde o dia 26 do mês passado»[39], leu John Hancock numa carta de Washington, de 3 de Dezembro.

II

Com o explêndido sucesso da campanha do irmão, Sir William, em Nova Jérsia, e a guerra a perder rapidamente apoio entre o povo da região, o almirante Lorde Howe decidiu fazer mais um apelo de conciliação. Também assinada por Sir William, sentiram que a nova proclamação constituía o seu gesto mais ousado até então. Estava inscrito no espírito das suas funções, como mandatado pelo Rei, para servirem como negociadores de paz, assim como comandantes militares, mas também porque Lorde Howe acreditava genuinamente que um acordo negociado com os americanos era ainda possível e imensamente preferível a um conflito que há muito se prolongava. Não tinha qualquer desejo de que se perdessem mais vidas britânicas ou se infligisse mais destruição e sofrimento aos americanos, além do necessário.

A proclamação, datada de 30 de Novembro, atingiu sucesso imediato. Oferecia a todos aqueles que, em 60 dias, se apresentassem e fizessem um julgamento de fidelidade ao Rei – e dessem como garantia a sua «obediência pacífica» – um «perdão sem regras e geral» e que

> [...] receberiam o benefício da bondade paternal de Sua Majestade, na preservação da sua propriedade, na restauração do seu comércio e da segurança dos seus direitos mais valiosos, sob a autoridade justa e mais moderada da coroa e do Parlamento da Grã-Bretanha.[40]

Centenas, eventualmente milhares, em Nova Jérsia, afluíram aos campos britânicos para declararem a sua lealdade. Considerando o rumo que a guerra tomava, o tamanho e o poder do exército britânico e o estado patético do magro grupo de Washington, parecia a atitude prudente a tomar. Como um agricultor, perto de Brunswick, de seu nome John Bray, escreveu a um parente:

> Pode descer, receber protecção e voltar para casa sem ser molestado pelas tropas do Rei, e conhece bem a situação do exército provincial. Aconselhe o primo Johnny, Thomas e o primo Thomas Jones, porque, se ficarem para último, sem dúvida enfrentarão o pior.[41]

1776

*

Depois de atravessado o Raritan e ocupado Brunswick, a 1 de Dezembro, Cornwallis convocou uma paragem, como lhe havia ordenado o general Howe. Durante seis dias – seis misericordiosos dias para Washington e o seu exército –, os britânicos e os hessianos não fizeram qualquer movimento, uma decisão que confundiu, e até enfureceu, muitos dos britânicos e lealistas locais, que não viram qualquer razão para abrandarem a perseguição.

Chamado, mais tarde, para se explicar, Cornwallis diria que as suas tropas estavam exaustas, famintas, com os pés doridos e a precisar de descanso. Mais importante, não parecera, na altura, que fosse prudente ou necessária uma pressa excessiva. Havia perigos numa perseguição demasiado rápida. Estava preocupado com o general Lee que, conforme se dizia, estaria à sua frente ou atrás. Mas se, eventualmente, pudesse apanhar Washington, disse Cornwallis, teria continuado, quaisquer que fossem os riscos ou as ordens.

Alguns veriam a pausa como um erro terrível e culpariam William Howe. O capitão Charles Stedman, um dos oficiais de Cornwallis, e o primeiro historiador britânico da guerra, especularia que se Cornwallis tivesse podido «agir como entendesse [...] teria perseguido o enfraquecido e alarmado inimigo até ao Delaware, sobre o qual nunca teriam passado sem cair nas suas mãos»[42]. Mas apenas assumiu que Washington e o exército não poderiam ter escapado pelo lado este do rio, o que parecia pouco razoável.

O oficial hessiano Johann Ewald, um soldado inteligente e experiente, concluiu que Cornwallis não tinha qualquer desejo de colocar as suas valiosas tropas sob um risco desnecessário. Na noite da captura do Forte Lee, quando Ewald e os seus atiradores haviam perseguido uma coluna de insurrectos, que retiravam numa «nuvem de pó»[43], Cornwallis ordenara-lhes que retrocedessem. «Deixe-os ir, meu caro Ewald, e fique aqui», dissera Cornwallis. «Não queremos perder homens. Um atirador vale mais do que dez revoltosos.»[44] Na altura da paragem, em Brunswick, Ewald escreveu que a esperança de todo o comandante britânico era «acabar a guerra, amigavelmente, sem derramar o sangue dos súbditos do Rei, de uma forma desnecessária»[45].

Outros diriam que foi por razões políticas, relacionadas com o último movimento de paz, que Cornwallis deixou, intencionalmente, escapar Washington. Isto nunca viria a ser provado, e parece improvável, especialmente porque o general Howe, pressentindo que um ataque final poderia, agora, ser infligido, chegou a Brunswick, a 6 de Dezembro, com uma brigada adicional, comandada pelo general Grant, e ordenou que o avanço continuasse imediatamente.

O tempo tornara-se anormalmente quente, ideal para a campanha. Um jornal lealista, em Nova Iorque, já havia preparado a cena num relato publicado no dia anterior:

> Algumas pessoas que, nos últimos dias, viram as forças revoltosas, dizem que são a colecção mais deplorável de mortais esfarrapados e desalentados que alguma vez tiveram pretensão de se denominarem exército [...] e que se o tempo continuar limpo, um pouco mais, não há impedimento visível para as tropas de Sua Majestade completarem a marcha até ao Capitólio da Pensilvânia [46].

Tudo parecia vantajoso para o exército conquistador, tudo corria como esperado, havendo, apenas, um problema incómodo, que tinha vindo a piorar continuamente durante várias semanas. Os saques e as pilhagens, por parte dos soldados britânicos e hessianos, haviam-se descontrolado. «Comportamento escandaloso para as tropas britânicas» [47], escreveu o major Stephen Kemble, o lealista que servia o exército de Sua Majestade, «e os hessianos excessivamente desregrados e cruéis ao ponto de ameaçarem de morte todos os que se atreviam a impedir as suas depredações». Kemble havia-o registado no seu diário, no início de Novembro, antes da captura do Forte Washington. «Tremo por Nova Jérsia» [48], escrevera.

A abundância de Nova Jérsia, o «Jardim da América», as suas quintas amplas, férteis e bem cuidadas, com bastantes provisões de gado vivo, cereais, feno, comida armazenada para o Inverno, barris de vinho e de cerveja, tudo isto era demasiado para conseguirem deixar de lado. Na primeira noite que as tropas hessianas chegaram a Nova Jérsia, o capitão Ewald escreveu: «Todas as plantações, nas proximidades, foram saqueadas e os soldados levaram tudo o que encontraram nas casas.» [49] Ewald estava aterrado com o que via.

> Nesta marcha [por Nova Jérsia], tivemos uma visão deplorável. A região está bem cultivada, com plantações muito atractivas, mas

todos os seus ocupantes fugiram e todas as casas foram, ou estavam a ser, saqueadas e destruídas. ([50])

Os britânicos culpavam os hessianos («Os hessianos são mais infames e cruéis do que quaisquer outros» ([51]), escreveu Ambrose Serle, depois de ouvir relatos de pilhagens feitas pelos britânicos). Os hessianos culpavam os britânicos. Os americanos culpavam ambos, os britânicos e os hessianos, assim como os lealistas de Nova Jérsia. Os comandantes britânicos e hessianos já não pareciam capazes de pôr um ponto final a tais excessos, como não o havia sido Washington. As histórias, ampliadas, como muitas podem ter sido, eram uma parte cauterizada de uma guerra que parecia crescer cada vez mais brutal e destrutivamente.

Tornaram-se comuns registos de casas saqueadas e de famílias despojadas de todos os seus bens. Os relatos americanos de atrocidades eram, muitas vezes, propaganda, mas muitos eram também bastante precisos. O *Pennsylvania Journal*, o *Pennsylvania Evening Post* e o *Freeman's Journal* relatavam abusos de doentes e idosos, violações e assassínios. Ninguém estava seguro, de acordo com o oficial britânico Charles Stedman. «O amigo e o adversário partilhavam a desgraça.» ([52])

Os lealistas de Nova Jérsia eram os mais vis, contou Nathanael Greene à esposa Caty.

Conduzem os implacáveis estrangeiros às casas dos seus vizinhos e despojam as pobres mulheres e crianças de tudo o que têm para comerem e vestirem; depois de as saquearem desta forma, os brutos, muitas vezes, violam as mães e as filhas e obrigam os pais e os filhos a assistir à sua brutalidade ([53]).

«A acção destrutiva do inimigo, em Nova Jérsia, excede toda a descrição» ([54]), relatava Greene ao governador Nicholas Cooke, de Rhode Island. «Muitas centenas de mulheres foram violadas.»

Em Newark, de acordo com o relato de um comité do Congresso, três mulheres, uma das quais na casa dos 70, e uma outra grávida, tinham sido «horrivelmente violentadas».

Medo e atrocidades espalharam-se em Nova Jérsia e para além dela. «Os seus passos estão marcados com destruição, onde quer que vão» ([55]), disse Greene acerca do inimigo.

Era deplorável contemplar o que restou do exército de Washington, o «exército sombra», como Greene lhe chamou. «Mas deixe-me dizer-lhe, Senhor», escreveria Greene a John Adams, «que as nossas dificuldades eram inconcebíveis para aqueles que não as testemunhavam.» [56]

*

As forças britânicas e hessianas partiram de Brunswick a 7 de Dezembro e aproximaram-se, mais velozmente do que nunca, tendo William Howe decidido que «A posse de Trenton era extremamente desejável» [57]. Com o contínuo sucesso da proclamação de 30 de Novembro e quase nenhuma oposição dos revoltosos, Howe pretendia assegurar outra grande parte de Nova Jérsia, onde existiam muitos lealistas, e onde, como também disse, Filadélfia estava a uma distância fácil para um ataque.

Washington vinha de Trenton para ver o estado das coisas em Princeton, quando recebeu informação sobre a força e o rápido avanço do inimigo. Voltou, imediatamente, para trás.

«A nossa retirada não deve ser negligenciada com medo das consequências» [58], aconselhou Nathanael Greene, que também havia cavalgado para Princeton, mais cedo, nesse mesmo dia. Na jornada por Nova Jérsia, Washington tornara-se cada vez mais dependente de Greene. Mas não «havia dúvida» que o inimigo avançava, informou este último. Lorde Stirling esperava-os ao meio-dia. Também se dizia que Lee estava «nos calcanhares do inimigo», mas Greene alertou Washington para, acontecesse o que acontecesse, manter Lee sob controlo «dentro das linhas de um plano geral, ou então as suas operações serão independentes das nossas».

Washington já tinha tomado a sua decisão e executou-a calma e deliberadamente. Uma frota de barcos estava preparada em Trenton. Ao cair da noite, as cansadas tropas e o seu comandante atravessaram o Delaware para a costa da Pensilvânia, onde, para iluminarem o caminho, se encontravam acesas grandes fogueiras ao ar livre.

Um dos que observava, do lado da Pensilvânia, era o artista Charles Willson Peale, que havia chegado com uma unidade da milícia de Filadélfia, em resposta ao pedido de ajuda de Washington. Peale escreveu, mais tarde, sobre a luz do fogo no rio e na costa, sobre barcos carregados de soldados, cavalos, canhões e equipamento, sobre homens que gritavam ordens. Era um espectáculo «grande, mas perigoso: a algazarra de centenas de homens, que, com dificuldade, tiravam cavalos e artilharia dos barcos, aparentava o Inferno e não uma cena terrestre» [59].

A longa retirada, que começara em Nova Iorque e continuava do Hudson para Delaware, findara. Apesar das baixas terem sido poucas, em Nova Jérsia, e da sua lamentável aparência e miséria, o exército, ou a ilusão de um exército, sobrevivera uma vez mais.

«Com um punhado de homens, mantivemos uma retirada ordenada» [60], escreveu Thomas Paine em *The Crisis* [*A Crise*], que, em breve, surgiu em Filadélfia. Insistia que não se vislumbrava qualquer sinal de medo. «Estamos, de novo, reunidos e a reunir [...]. Com perseverança e força moral, perspectivamos um resultado glorioso».

Henry Knox, escrevendo, na manhã de 8 de Dezembro, a primeira carta para a mulher, após algumas semanas, disse que poderia ficar surpreendida por descobrir que ele estava na Pensilvânia. Embora fisicamente exausto, tal como Paine, recusou-se a ficar cabisbaixo. Fora uma «combinação de circunstâncias infelizes» [61] que levara as coisas a esta situação, disse-lhe. «Agora estamos a resistir do lado de Delaware, em direcção a Filadélfia.»

Na verdade, os homens sentiam-se, perigosamente, desmoralizados. Muitos desistiram, além dos 2000 que haviam recusado assinar novamente, depois de 1 de Dezembro. Centenas tinham desertado. Muitos dos que restavam encontravam-se doentes, esfomeados e bastante miseráveis.

Para Charles Willson Peale, andando entre eles à luz da manhã seguinte, na costa da Pensilvânia, pareciam tão deploráveis como nunca vira qualquer homem. Um quase não possuía roupas. «Um cobertor velho e sujo servia-lhe de casaco, a barba estava comprida e a face tinha tantas feridas que não conseguia limpá-la.» [62] Encontrava-se tão «desfigurado» que Peale não reconheceu, de imediato, que aquele homem era o seu próprio irmão, James Peale, que estivera com uma unidade de Maryland, na retaguarda.

*

Que o inimigo poderia atravessar o Delaware, num ou vários pontos, e mover-se rapidamente para cercar Filadélfia, como fizera em Nova Iorque, ninguém duvidava. Às ordens de Washington, todos os barcos não destinados a atravessar o exército tinham sido destruídos, por quase 100 quilómetros ao longo da margem este do rio, o que não fora tarefa fácil. Mas, largo e veloz como era, o rio poderia ser uma barreira para Howe apenas durante algum tempo, como Washington avisou, repetidamente, os membros do Congresso, numa série de despachos urgentes.

«De vários testemunhos, sou levado a pensar que o inimigo traz barcos com ele»[63], escreveu.

Se assim for, será impossível para a nossa pequena força oferecer-lhes qualquer resistência considerável na passagem do rio [...]. Dadas as circunstâncias, a segurança de Filadélfia deveria ser o nosso próximo objectivo.

Noutra carta a John Hancock, afirmou, terminantemente, que «Filadélfia é, sem dúvida, o objectivo dos movimentos do inimigo»[64], que «apenas os nossos esforços máximos» podem parar Howe, e que a sua própria força era demasiado escassa e débil para se poder contar com ela.

Washington e os seus colaboradores haviam-se instalado numa casa de tijolo, directamente do lado oposto do rio de Trenton, de onde esperavam vigiar o inimigo. As suas tropas dispersavam-se por perto, ao longo de 40 quilómetros, acampadas nas florestas e longe da vista do rio, a maior parte das quais cerca de 16 quilómetros a norte do quartel-general de Washington.

Embora os esforços de recrutamento de Joseph Reed, em Nova Jérsia, não tivessem surtido qualquer efeito, os de Mifflin haviam produzido alguns resultados. A milícia voluntária de Filadélfia (ou os Associados de Filadélfia, como eram chamados), com quem Charles Willson Peale chegara, atingia os 1000 homens e marchava para o acampamento «de uma forma muito animada»[65], como Washington referiu de forma agradada.

A 10 de Dezembro, chegaram finalmente notícias de que Lee e 4000 soldados, comandados pelo general Sullivan, haviam alcançado Morristown, a nordeste.

«O general Lee [...] está em marcha para se me juntar»[66], escreveu Washington ao governador de Connecticut, Jonathan Trumbull. «Se conseguir efectuar esta união, o nosso exército terá, mais uma vez, uma

1776

aparência respeitável, e assim, como espero, desapontará o inimigo quanto aos planos para Filadélfia.»

Tudo dependia de Lee.

A carta para Trumbull foi escrita a 14 de Dezembro, quando Washington ignorava os acontecimentos do dia anterior, sexta-feira, dia 13 – acontecimentos totalmente inesperados e com consequências de grande alcance. Como o tempo mostraria, essa sexta-feira 13 fora um dia de extrema sorte para Washington e para o seu país.

*

Num inexplicável erro de cálculo, o general Lee passara a noite anterior, dia 12, separado das suas tropas, parando numa taberna a cerca de cinco quilómetros, em Basking Ridge, não se sabe por que razão.

Com Lee estava uma guarda pessoal de 15 oficiais e seus homens. Na manhã seguinte, desmoralizado e sem pressa aparente, Lee sentou-se a uma mesa, em roupão, a despachar trabalho burocrático rotineiro e, depois, aproveitou o tempo para escrever uma carta ao general Gates, apenas para culpar Washington de todos os seus problemas e pelo lastimável estado dos assuntos em geral.

«Entre nós, um certo grande homem é censuravelmente incapaz»[67], disse Lee a Gates.

> Atirou-me para uma situação em que é difícil escolher: se ficar nesta província, arrisco-me e ao meu exército; se não ficar, a província perder-se-á para sempre [...] Em resumo, a não ser que algo de inesperado aconteça, estamos perdidos.

Pouco depois das dez horas, apareceu, subitamente, uma grande quantidade de soldados da cavalaria britânica, no final da rua estreita. Era um grupo de reconhecimento, de 25 homens a cavalo, comandado pelo coronel William Harcourt, que já havia servido Lee, em Portugal. Cornwallis enviara-os de Trenton, a fim de reunirem informações sobre «os movimentos e a situação» de Lee, as quais foram transmitidas em Basking Ridge por um lealista local.

O final da rua distava da taberna cerca de 90 metros. Seis dos cavaleiros, liderados pelo tenente Banister Tarleton, vinham a galope.

Em minutos, cercaram o edifício, mataram dois guardas e dispersaram os restantes.

«Ordenei aos meus homens que disparassem contra a casa, por todas as janelas e portas, e despedaçassem a maior parte possível de guardas»([68]), escreveu Tarleton, mais tarde.

Alguns dos que se encontravam no interior ripostaram. Então, a proprietária da taberna, uma mulher de nome White, surgiu à porta. Gritando que Lee estava lá dentro, implorou misericórdia.

Tarleton gritou que queimaria o edifício se ele não se entregasse. Em poucos minutos, Lee apareceu e rendeu-se, dizendo que acreditava que seria tratado como um cavalheiro.

Um jovem tenente americano, que estivera no interior e conseguira escapar, James Wilkinson, descreveria, mais tarde, como explodiram vivas entre os captores de Lee e o clarim soou. Partiram, rapidamente, com o seu prémio, o «infeliz»([69]) Lee, sem chapéu, ainda em roupão e chinelos, montado no cavalo de Wilkinson que, por acaso, ficara preso, à porta. O espantoso raide não havia durado mais de 15 minutos.

Notícias da captura de Lee espalharam-se, em todas as direcções, tão rapidamente como os cavalos mais velozes. Os britânicos rejubilavam. Em Brunswick, onde o prisioneiro foi fechado a sete chaves, os homens de cavalaria de Harcourt celebraram, embebedando-se, em conjunto com o cavalo de Lee (de Wilkinson), e divertiram-se noite dentro.

Um capitão hessiano registou no seu diário: «Capturámos o general Lee, o único general revoltoso que tínhamos razões para recear.»([70]) O herói do momento, o tenente Tarleton, escreveu, triunfantemente, à mãe: «Este *coup de main* (ataque improvisado) colocou um ponto final na campanha.»([71])

Quando as notícias chegaram a Inglaterra, pensou-se, a princípio, que era demasiado improvável; depois, os sinos começaram a tocar e todos deram largas a demonstrações de alegria como se tivesse sido ganha uma grande batalha.

Entre os britânicos, Lee era considerado um soldado e um cavalheiro britânico, e por isso superior a qualquer rude americano de província a quem fora atribuído um alto posto, mas, pela mesma razão, era também um maior traidor do seu Rei.

Para os oficiais e tropas americanos, colocados ao longo da margem oeste do Delaware, e para todos aqueles cujas esperanças recaíam neles, a perda de Lee parecia a pior notícia, no pior momento possível.

1776

Para Nathanael Greene, era uma «combinação de demónios [...] pressionando-nos por todos os lados»([72]). Washington, quando ouviu pela primeira vez o que acontecera, chamou-lhe um «duro golpe», depois afirmou que não faria mais comentários sobre «este infeliz acidente»([73]). Em privado, estava furioso com Lee por ter sido tão louco. «Homem infeliz! Foi levado pela sua própria imprudência»([74]), disse a Lund Washington. E, também em privado, deve ter respirado de alívio. Depois das contínuas frustrações e ansiedade a que Lee o sujeitara, deve ter sido assaltado por um sentimento de libertação.

O popular e egocêntrico general, que considerava que os membros do Congresso não eram melhores do que gado, e ansiava pelo «necessário poder» para colocar tudo direito, já não fazia parte da equação. Em pouco tempo, temendo ser enforcado como traidor e esperando granjear as simpatias do seu antigo amigo militar Wiliam Howe, Lee transmitir-lhe-ia as suas ideias sobre a forma como os britânicos podiam vencer a guerra.

No mesmo dia da captura de Lee, Washington soube que o Congresso estava suspenso, pois iria mudar-se para um local mais seguro, em Baltimore. Abandonava Filadélfia pela primeira vez desde que aí se havia reunido, para o Primeiro Congresso Continental, em 1774.

*

Tudo parecia estar a acontecer ao mesmo tempo. A 13 de Dezembro, no seu quartel-general, em Trenton, do outro lado do rio, William Howe tomou uma das decisões fatais da guerra. Suspendia futuras operações militares até à Primavera. Ele e o seu exército retirar-se-iam, imediatamente, para as instalações de Inverno, no norte de Nova Jérsia e Nova Iorque. Para proteger o terreno ganho na campanha, estabeleceria uma linha de postos avançados, em Nova Jérsia.

O tempo mudara. Os dias estavam mais frios, bem como as noites, com uma «forte geada» e flocos de neve. Isto era o que Howe precisava para se decidir: «o tempo», como escreveu, «tornou-se demasiado agreste para continuar em campanha»([75]).

Era do conhecimento geral que os exércitos profissionais do século XVIII e os seus dignos comandantes não se sujeitavam às misérias das campanhas de Inverno, a não ser que existissem razões primordiais para tal. Considerando tudo o que havia alcançado, nos anos de campanha,

A hora mais negra

e conhecendo o estado indefeso do exército revoltoso, Howe não via razão para continuar a luta, nem para ficar mais um dia do que o necessário, sujeito a um punitivo Inverno americano, num local como Trenton.

Além disso, havia razões convincentes para retirarem para a cidade de Nova Iorque, para quartéis do exército, e para os confortos e prazeres que tanto apelavam ao próprio general.

Howe partiu para Nova Iorque no sábado, 14 de Dezembro, juntando-se-lhe Cornwallis, a quem concedera licença para voltar a Inglaterra, para visitar a esposa doente.

O general Howe acomodou-se, confortavelmente, em Nova Iorque, o que, como muitos imaginaram, reacenderia velhas intrigas e deu lugar a alguns versos populares irregulares sobre Sir William [76]:

Instalado como uma pulga,
Com um ressonar de respeito;
Sonha, confortável porque está quente,
Com a Sra. Loring no seu leito.

*

Nenhuns barcos seriam construídos nem rebocados para terra pelos britânicos para atravessarem o Delaware. E, por agora, não haveria qualquer marcha em Filadélfia. Os membros do Congresso podiam muito bem ter ficado onde estavam.

Mas sobre isto Washington parece ter tido pouco conhecimento. Encontrava-se tão perto do inimigo e quase não tinha ideia do que faziam; não sabia que Howe e Cornwallis haviam partido e que nem ele nem o Congresso se encontravam sob perigo imediato.

«O Delaware divide, agora, o que resta da nossa pequena força em relação à do general Howe, cujo objectivo, sem qualquer dúvida, é ocupar Filadélfia» [77], escreveu Washington, a 18 de Dezembro, quatro dias depois da partida de Howe, a James Bowdoin, um membro do Conselho de Massachusetts. Washington receava que, se o rio congelasse, o inimigo atacasse sobre o gelo. «Esforcem-se ao máximo para executarem os trabalhos necessários» [78], disse a Israel Putnam, encarregue da defesa de Filadélfia. «Parece haver fortes razões para acreditar que o inimigo vai tentar passar o rio, logo que o gelo esteja suficientemente formado.»

Desesperado por informações fidedignas – informações de qualquer tipo –, Washington informou que desejava, ardentemente, pagar por elas qualquer preço. Num despacho para os seus oficiais generais, implorou-lhes que encontrassem um espião que atravessasse o rio e constatasse se alguns barcos estavam a ser construídos ou se vinham para terra. «Não se deve poupar na busca de tal informação, que será prontamente paga por mim.» [79] A Lorde Stirling escreveu: «Use todos os meios possíveis, não olhando a despesas, para ter a certeza da força, da situação e dos movimentos do inimigo, sem o que vagueamos num deserto de incertezas.» [80]

Já a 15 de Dezembro, recebeu um relatório de um comandante da milícia da Pensilvânia, posicionado abaixo de Trenton, John Cadwalader, dizendo: «o general Howe foi, certamente, para Nova Iorque, a não ser que tudo seja um esquema para entreter e surpreender» [81]. Talvez Washington tenha achado impossível acreditar ou suspeitou que, de facto, seria um estratagema. Fosse qual fosse a razão, parece tê-la ignorado.

O adversário, reunido do lado oposto do rio, já não era o exército britânico, mas uma força de retenção de 1500 hessianos, instalados para o Inverno, sob o comando do coronel Johann Rall, o oficial veterano que havia liderado os violentos ataques dos hessianos, em White Planes e no Forte Washington.

Preocupado com «os aparentes desígnios» do inimigo – o «deserto de incertezas» –, Washington mudou o seu quartel-general para 16 quilómetros a montante de Buckingham Township, mais perto do corpo principal do exército, onde Greene, Stirling e Knox possuíam os seus quartéis-generais.

Dentro de duas semanas, no dia de Ano Novo, todos os alistamentos expirariam. E depois? «Agora apenas podemos depender do rápido alistamento de um novo exército» [82], escreveu a Lund Washington. «Se isto falhar, suponho que o jogo está, praticamente, terminado».

A 20 de Dezembro, no meio de uma tempestade de neve, o general Sullivan cavalgou para Buckingham, à frente das tropas de Lee, tendo marchado a um ritmo quatro vezes superior ao que Lee havia conseguido, para se juntar a Washington o mais rapidamente possível. Mas, em vez dos 4000 que Washington esperava, apenas surgiu metade desse número, estando os homens em condições mais desgraçadas do que os das suas fileiras. Quando Lee se queixou de que as suas tropas não tinham sapatos, não havia, com efeito, exagerado. O general Heath escreveria, mais tarde, que vira as tropas de Lee passarem Peekskill, muitos «tão desprovidos de sapatos que o sangue deixado no chão gelado, em muitos locais, marcava o caminho tomado» [83].

Um dos que fizera a jornada de Peekskill era o tenente Joseph Hodgkins. Numa carta, com o cabeçalho «Buckingham, na Pensilvânia, 20 de Dezembro de 1776», Hodgkins contou à esposa Sarah:

> Marchamos desde o dia 29 do mês passado e estamos, agora, a 16 ou 19 quilómetros do exército do general Washington. Esperamos chegar lá hoje à noite. Mas não sei dizer quanto tempo vamos ficar. Também não sei dizer muito sobre o inimigo, apenas que estão num lado do rio Delaware e o nosso exército está no outro [84].

Haviam marchado cerca de 300 quilómetros, pensava Hodgkins, e a maior parte do caminho era perigoso – «por o inimigo estar perto» [85] e porque grande parte da região estava «cheia das amaldiçoadas criaturas chamadas conservadores».

Também o general Gates chegou, mas, para desapontamento de Washington, seguiam com ele apenas 600 homens.

Antes de partir para Baltimore, o Congresso nomeara Robert Morris para chefiar o comité que tratava dos assuntos em Filadélfia, naquela altura uma cidade abandonada. Escrevendo a Morris, três dias antes do Natal, Washington disse julgar que o inimigo estava apenas à espera de dois acontecimentos, antes de marchar para Filadélfia – «Gelo para um corredor de passagem e a dissolução das pobres sobras do nosso debilitado exército» [86].

De acordo com o que se determinou, Washington possuía agora um exército de 7500 homens, o que constituía apenas um número no papel. Possivelmente, 6000 estavam aptos para o serviço. Centenas encontravam-se doentes e sofriam com o frio. Robert Morris e outros, em Filadélfia e arredores, faziam tudo ao seu alcance para descobrirem roupas de Inverno e cobertores, enquanto cada vez mais cidadãos locais assinavam a proclamação britânica. O Congresso fugira. Dois dos seus antigos membros, Joseph Galloway e Andrew Allen, tinham-se passado para o inimigo. De acordo com todos os sinais, a guerra terminara e os americanos estavam perdidos.

No entanto, com os problemas que o assaltavam e as elevadas expectativas e ilusões despedaçadas desde o triunfo em Boston,

1776

Washington tinha mais força, que retirava não se sabe de onde – dos seus próprios recursos internos e das capacidades daqueles que ainda estavam consigo e, assim, decidiu continuar.

Em Greene, Stirling e Sullivan tinha comandantes de campo tão bons ou melhores do que quaisquer outros. Embora Greene, o melhor, e o muito capaz Joseph Reed, o tivesse desapontado, ambos haviam aprendido com a experiência, tal como Washington, e estavam mais determinados do que nunca a provarem serem dignos aos seus olhos. Greene, como confessaria à esposa, sentia-se extremamente feliz por ter, novamente, «a total confiança de Sua Excelência»[87], confiança que parecia crescer «com o aumento da dificuldade e a angústia dos nossos assuntos».

Também podia contar com Henry Knox, que já não era um artilheiro principiante, e com o inflexível John Glover, por muito duras que fossem as condições. (Em reconhecimento do papel desempenhado até aqui por Knox, de 26 anos, Washington recomendara-o para uma promoção a brigadeiro general.) Os oficiais e soldados mais novos nas fileiras, como Joseph Hodgkins, estavam desgastados, cansados, esfarrapados como pedintes, mas não derrotados.

O próprio Washington não se sentia, de forma nenhuma, derrotado. Se William Howe e outros da mesma opinião pensavam que a guerra estava terminada e ganha pelos britânicos, Washington não. E recusava-se a encará-la dessa forma.

Com Lee ausente e o Congresso a confiar-lhe mais poder, Washington era, agora, o comandante supremo e isso agradava-lhe. Parecia tirar energia e determinação da adversidade. «Sua Excelência George Washington»[88], escreveu Greene, mais tarde, «nunca pareceu tão superior como nos momentos de aflição.»

A sua saúde era excelente. A lealdade daqueles com quem contava era mais forte do que nunca.

A 24 de Dezembro, véspera de Natal, o promotor de justiça de Washington, coronel William Tudor, que estava com ele desde o início, escreveu novamente à noiva, em Boston, como fizera com frequência durante a campanha, reafirmando-lhe o seu contínuo amor e explicando-lhe que as suas esperanças de voltar em breve haviam desaparecido. «Não posso desertar um homem (e seria, certamente, deserção, num tribunal de honra), que deixou tudo para defender o seu país e cujo principal infortúnio, entre outros 10 000 homens, é que uma grande parte precisa de moral para se defender.»[89]

A hora mais negra

*

Bristol, na Pensilvânia, era uma pequena cidade do lado oeste de Delaware, a jusante de Trenton, do lado oposto do rio, de Burlington, Nova Jérsia. Foi de Bristol, onde ajudava a organizar a milícia da Pensilvânia, que Joseph Reed escreveu uma extraordinária carta a Washington, datada de 22 de Dezembro.
Era altura de se fazer qualquer coisa, algo agressivo e surpreendente, escreveu Reed. Mesmo o insucesso era preferível a nada fazer.

Não será possível, meu caro general, as nossas tropas ou parte delas agirem com vantagem para fazerem uma diversão, ou algo mais, por Trenton? Quanto maior o alarme mais provável será o sucesso dos ataques...
Não vou disfarçar os meus próprios sentimentos: a nossa causa ficará em perigo e sem perspectivas, se não aproveitarmos, presentemente, a oportunidade de juntar as tropas para atacarmos com um golpe. Os nossos assuntos precipitam-se para a ruína, se não os recuperarmos com um acontecimento feliz. Um atraso, agora, significa a derrota[90].

Aparentemente, a carta não foi espontânea. O espantoso é que correspondia exactamente às ideias e aos planos de Washington.
Nos dias gelados, depois da Batalha de Brooklyn, Washington disse ao Congresso: «Devemos, em todas as ocasiões, evitar uma acção geral, ou colocar algo em risco, a não ser que obrigados a tal». Mas também escreveu sobre a possibilidade de alguns «ataques brilhantes» da sua parte, que poderiam salvar a causa.
A 14 de Dezembro, afirmou, por carta, ao Governador Trumbull que um «golpe de sorte»[91] contra o inimigo «levantaria, certamente, o ânimo do povo, que está bastante baixo, devido aos nossos infortúnios».
Agora, obrigado pela necessidade, tendo em mente o seu «ataque brilhante», estava preparado para colocar quase tudo em risco.
Com Greene e outros, no quartel-general de Buckingham, trabalhou no plano, durante vários dias, insistindo no mais estrito segredo.
Mas, a 21 de Dezembro, Robert Morris escreveu que constava que Delaware preparava um ataque e esperava que fosse verdade[92].

1776

Respondendo a Reed, Washington confirmou que deveria iniciar-se, na noite de Natal, um ataque a Trenton. «Por amor de Deus, não conte a ninguém, pois a sua descoberta pode ser-nos fatal […] mas a necessidade, a extrema necessidade justificará; mais do que isso, tem de justificar uma tentativa.»[93]

III

Na véspera de Natal, Washington convocou uma reunião no quartel-general de Greene para examinar os detalhes finais. O exército devia atacar por Delaware, em três locais. Uma força de 1000 homens da milícia da Pensilvânia e cerca de 500 veteranos das tropas de Rhode Island, liderados pelo general John Cadwalader, deveriam atravessar, a jusante, em Bristol, e avançar para Burlington.

Uma segunda força, mais pequena, de 700 homens da milícia da Pensilvânia, sob o comando do general James Ewing, atacaria, directamente, pelo rio, em Trenton, e aguentaria a ponte de madeira sobre o ancoradouro de Assunpink, no sopé da Queen Street, que o inimigo poderia usar para fuga.

A terceira e maior força de 2400 homens do Exército Continental, liderada por Washington, Greene, Sullivan e Stirling, atravessaria o Delaware, 15 quilómetros a montante de Trenton, no batelão de McKonkey.

Uma vez sobre o rio, o exército de Washington dirigir-se-ia para sul; depois, a metade do caminho para Trenton, dividir-se-ia em duas colunas: uma, liderada por Sullivan, seguiria pelo rio Road, a outra, comandada por Greene, pela Pennington Road, mais para o interior. Quatro dos canhões de Knox deveriam avançar na dianteira de cada coluna. Washington avançaria com Greene.

De acordo com as últimas informações, a força do inimigo, em Trenton, atingia 2000 a 3000 homens.

O primeiro passo, a travessia, estava planeado para a meia-noite de 25 de Dezembro, noite de Natal. Marchando durante a noite, as duas colunas deveriam chegar a Trenton, o mais tardar, às cinco da manhã. O ataque estava planeado para as seis, uma hora antes de o dia nascer. Os oficiais deveriam ter um pedaço de papel branco nos chapéus para se distinguirem. Exigia-se segredo absoluto. Deveria manter-se um «profundo silêncio» ([94]), ordenava-se, «e nenhum homem deve deixar as suas fileiras, sob pena de morte».

No dia de Natal, o tempo tornou-se ameaçador. Uma tempestade aproximava-se de nordeste. O rio estava alto e cheio de pedaços quebrados de gelo.

Durante o dia, Joseph Reed chegou de Bristol, acompanhado pelo congressista e médico Benjamin Rush, que, na partida do Congresso, falara com Reed e Cadwalader, voluntariando os seus serviços. Anos mais tarde, Rush lembrar-se-ia de uma reunião privada com Washington, em Buckingham, durante a qual este último parecia «muito deprimido»[95]. Em «termos comoventes»[96], descreveu o estado do exército. Enquanto falavam, Washington continuava a escrever qualquer coisa, em pequenos pedaços de papel. Quando um destes caiu ao chão, perto do pé de Rush, ele leu: «Vitória ou Morte»[97]. Seria a senha dessa noite.

Quando Rush, ou, possivelmente, Reed, avisou o general que não esperasse muito dos homens da milícia, sob o comando de Cadwalader, Washington rabiscou uma nota, pedindo a Rush que a levasse a Cadwalader o mais rapidamente possível:

> Estou determinado, uma vez que a noite é favorável, a atravessar o rio e a atacar Trenton, de manhã. Se não conseguir efectivar nada, pelo menos crie a maior diversão possível[98].

A travessia da força de Washington seria feita em grandes barcos com fundo raso e bordas altas, Durham, como eram conhecidos, e normalmente usados para transportarem ferro gusa no Delaware, da Oficina Siderúrgica de Durham, perto de Filadélfia. Pintados de preto e pontiagudos em ambas as extremidades, tinham entre 12 a 18 metros de comprimento, com dois metros de largura. O maior deles podia transportar 40 homens, de pé; completamente carregados, baixavam apenas 60 centímetros; por isso, poderiam ser levados até perto da costa. Os remos – longos –, usados para movimentar os barcos, tinham cerca de seis metros de comprimento.

Henry Knox devia organizar e dirigir a travessia, sabendo que a maior e mais difícil parte da tarefa seria transportar 18 canhões de campanha e 50 cavalos, ou mais, incluindo os dos oficiais. De novo, como em Brooklyn, John Glover e os seus homens encarregavam-se dos barcos.

Antes de deixar o quartel-general para liderar a marcha, Washington, em aparente estado de perfeita calma, escreveu a Robert Morris: «Concordo consigo que não adianta nada meditar, nem mesmo reflectir, sobre os autores dos nossos actuais infortúnios. Devemos, antes, esforçar-nos e olhar em frente, com esperança de que a sorte se vire a nosso favor.»[99]

A hora mais negra

Os tambores ribombaram nos acampamentos e, por volta das duas horas da tarde, o exército iniciou a sua marcha para o rio, cada homem carregando munições para 60 tiros e comida suficiente para três dias.

*

Era quase noite e chovia, quando as primeiras tropas chegaram ao batelão de McKonkey, onde os esperavam. A inconfundível voz grave de Henry Knox podia ser ouvida, gritando ordens, acima do vento e da chuva que se levantavam. De acordo com um registo, se não tivessem sido os seus poderosos pulmões e «esforços extraordinários»([100]), a travessia dessa noite teria falhado.

O próprio Knox, mais tarde, elogiou os esforços heróicos de Glover e dos seus homens, descrevendo como o gelo, no rio, tornou o seu trabalho «quase incrível»([101]) e a «quase infinita dificuldade» que tiveram para colocarem os cavalos e os canhões a bordo.

O Delaware não era tão largo, no batelão de McKonkey, como em Trenton ou abaixo de Trenton, onde se tornava um estuário dependente de marés. Em condições normais, a largura do rio, no batelão de McKonkey, era de cerca de 240 metros, mas com as águas tão elevadas como naquela noite a distância era maior em cerca de 15 metros ou mais, a corrente era forte e o gelo descomunal, como todos os relatos atestam.

Os homens de Glover usaram remos e varas para conduzirem os barcos para o lado oposto. As tropas iam em pé, comprimidas a bordo, o mais juntas possível.

Washington atravessou cedo e observou o lento processo do lado de Nova Jérsia. Por volta das 11 horas, a tempestade começou, um verdadeiro vendaval de nordeste.

Entre os registos, em primeira-mão, mais vivos da noite, encontrava-se o de John Greenwood, o jovem tocador de pífaro de Boston, que, depois da marcha para Nova Iorque, em Abril, fora enviado para servir no Canadá e acabara de regressar ao exército de Washington.

Não sendo os tocadores de pífaro uma prioridade, dadas as circunstâncias, Greenwood, de 16 anos, carregava um mosquete, como todos os outros homens, e atravessou num dos primeiros barcos.

Sobre o rio, passámos numa barcaça de fundo raso [escreveu] [...] tivemos de esperar pelos restantes e, então, começar a deitar abaixo as vedações e fazer fogueiras para nos aquecermos, pois a tempestade aumentava cada vez mais rapidamente. Pouco depois choveu, nevou, caiu granizo e geada e, ao mesmo tempo, soprou um autêntico furacão, de tal forma que, lembro-me perfeitamente, depois de pôr as tábuas no lume, o vento e o fogo cortavam-nas em duas, num momento, e, quando virava a cara para o fogo, as minhas costas ficavam geladas. No entanto [...] rodando muitas vezes, evitava a morte. ([102])

Tal como na fuga de Brooklyn, na outra ousada travessia do rio, durante a noite, o vento de nordeste foi, mais uma vez, uma bênção e uma maldição decisivas – uma bênção, porque cobria o barulho da travessia; uma maldição, porque o gelo atrasava bastante a movimentação no rio, quando o tempo era da maior importância. O plano era ter todo o exército do lado oposto do rio, antes da meia-noite, de forma a chegar a Trenton antes da aurora.

De acordo com Washington, eram três horas da manhã([103]), três horas de atraso, quando as últimas tropas, cavalos e canhões chegaram à outra margem.

Nessa altura, o ataque poderia ter sido cancelado e os homens enviados de regresso, pelo rio, uma vez que todo o plano assentava no elemento surpresa e esta parecia, agora, ter desaparecido. Era uma decisão que não podia ser adiada e que envolvia grande risco, qualquer que fosse a escolha.

Washington decidiu, sem hesitação. Como explicaria, sucintamente, a John Hancock, «Sabia bem que poderíamos não chegar lá [Trenton] antes de o dia raiar, mas, como tinha a certeza de que não era possível retirar sem sermos descobertos e hostilizados ao regressar, determinei o avanço, acontecesse o que acontecesse.» ([104])

A jusante, sem forma de o saber, a outra parte do seu plano falhava redondamente. O general Ewing havia cancelado o ataque a Trenton, devido ao gelo no rio. Em Bristol, onde o gelo se elevava ainda mais do que em Trenton, Cadwalader e Reed conseguiram passar algumas das suas tropas para o outro lado, mas, incapazes de levar os canhões, também eles tinham cancelado o ataque.

«Foi uma noite tão agreste como nunca vi», escreveu um oficial que se encontrava com Cadwalader,

[...] e, depois de dois batalhões terem desembarcado, a tempestade piorou tanto que foi impossível a artilharia passar, pois tínhamos de andar 90 metros sobre o gelo para chegar à costa. Por isso, o general Cadwalader ordenou que todos retirassem novamente, e permanecemos, pelo menos, seis horas em armas – primeiro, para cobrirmos o desembarque e, depois, até os restantes terem retirado – e, nesta altura, a tempestade de vento, chuva, granizo e neve com o gelo era tão terrível que alguns homens da infantaria só conseguiram regressar no dia seguinte.([105])

Incapazes de voltar a atravessar o gelo com os cavalos, Reed e outro oficial escolheram ficar do lado de Nova Jérsia, escondidos na casa de um amigo.

Assim, dos três ataques planeados sobre o inimigo, apenas um estava em movimento e perigosamente atrasado.

A marcha a sul do batelão de McKonkey foi, para muitos, a parte mais dolorosa da noite. A tempestade piorou, com chuva violenta e fria, saraiva, neve e granizo forte. As tropas, como Henry Knox escreveu, continuaram «no mais profundo silêncio»([106]).

Durante os primeiros 800 metros, ou mais, a escura estrada do batelão era uma íngreme escalada. Mais três quilómetros adiante, descia para uma ravina e atravessava o ancoradouro de Jacobs.

John Greenwood lembra-se de não andar mais depressa do que uma criança, parando frequentemente e sofrendo terrivelmente com o frio.

Lembro-me muito bem de, numa determinada altura, quando parámos na estrada, sentar-me no cepo de uma árvore, tão entorpecido com o frio, que só me apetecia dormir. Se tivesse passado despercebido, teria morrido congelado, sem o saber([107]).

De facto, no decorrer da noite, dois dos homens, realmente, morreram congelados. A luz era muito ténue para iluminar. Alguns homens tinham lanternas e foram colocadas tochas em alguns dos canhões.

Os 2400 homens em marcha mantiveram-se juntos, durante oito quilómetros, até uma pequena encruzilhada chamada Birmingham, onde o exército se dividiu; a coluna de Sullivan dirigiu-se para a direita do rio Road, enquanto a força de Washington e Greene se desviou para a esquerda, na Pennington Road, ambos os trajectos escorregadios

1776

devido ao gelo e à neve. A distância para Trenton era a mesma por qualquer dos caminhos, cerca de seis quilómetros. Homens e cavalos continuaram a escorregar e a derrapar no escuro.

Um tenente de Connecticut, Elisha Bostwick, lembra-se de Washington acompanhar, a cavalo, dizendo aos homens, «numa voz profunda e solene» ([108]), que se mantivessem com os seus oficiais. «Por amor de Deus, mantenham-se com os vossos oficiais.»

Quando o exército saiu de Boston em direcção a Nova Iorque, o seu primeiro campo de batalha, o comandante das forças viajava de carruagem. Durante muito tempo, conduzira a guerra a partir de quartéis-generais estabelecidos em casas elegantes. E, embora tivesse estado com o exército, na noite da fuga de Brooklyn e durante a retirada para Nova Jérsia, até àquele momento nunca havia estado com eles como comandante de campo, num ataque.

Quando lhe entregaram uma mensagem do general Sullivan, dizendo que os homens tinham as armas demasiado ensopadas para disparar, Washington respondeu: «Diga ao general que use a baioneta.» ([109])

«Apenas os primeiros-oficiais sabiam para onde íamos, ou o que íamos fazer», escreveu John Greenwood.

> No entanto, isto não era invulgar, também não ouvi os soldados dizerem nada, nem nunca os vi preocupados com o local onde se encontravam ou para onde eram levados. Chegava-lhes saber que tinham de ir para onde os oficiais mandassem [...] pois era tudo igual, devido à impossibilidade de estar numa situação pior do que a presente e, por isso, gostavam de se movimentar, na expectativa de melhorarem a sua situação. ([110])

As duas colunas chegaram à posição destinada, fora de Trenton, mais ou menos ao mesmo tempo, alguns minutos antes das oito, uma hora depois do nascer do dia.

*

Trenton era muitas vezes mencionada como uma bonita vila, o que constituía um exagero. Talvez com 100 casas, uma igreja episcopal, um mercado, dois ou três moinhos e fornos de fundição de ferro, era, em tempos de paz, um pequeno lugar movimentado, mas simples, sem

A hora mais negra

importância particular, excepto por ficar na nascente de navegação do rio e ser uma paragem em King's Highway, de Nova Iorque para Filadélfia. Havia também um grande quartel em pedra, de dois andares, construído durante a Guerra Franco-Indígena, e a ponte sobre o ancoradouro de Assunpink, abaixo da cidade.

As principais artérias eram a King Street e a Queen Street, paralelas ao rio, inclinadas no alto da cidade, onde convergiam a Pennington Road e a King's Highway. No plano de ataque de Washington, este ponto, a nascente daquelas duas ruas, decidiria o dia.

Mas, ao raiar o dia de 26 de Dezembro, na branca névoa da contínua tempestade, dificilmente se distinguia alguma coisa em Trenton.

A maior parte dos habitantes havia fugido, levando o máximo possível dos seus bens. Nas casas vazias e nos quartéis de pedra aquartelavam-se os 1500 hessianos que ocupavam a cidade. O seu comandante, o coronel Rall, acomodara-se numa ampla casa desmontável, na King Street, pertencente a um proprietário de uma fundição de ferro, Stacy Potts, que se sentia feliz por ter o coronel como seu convidado.

Johann Gottlieb Rall era um soldado de carreira, competente e robusto, com 56 anos, um veterano entre os oficiais. Havia-lhe sido conferido o comando em Trenton, em reconhecimento do seu valor em White Planes e no Forte Washington. Homem de imaginação limitada, falava pouco ou nenhum inglês e sentia desdém pelo exército revoltoso. Os seus prazeres resumiam-se a um jogo de cartas, uma ou duas boas bebidas e música militar, que apreciava a um ponto absurdo, marchando ele próprio com a sua banda, sob qualquer pretexto.

Rall seria severamente criticado, mais tarde, por alguns dos seus oficiais mais novos, por ser preguiçoso, descuidado, indiferente à possibilidade de um ataque surpresa e um bêbedo. O capitão Johann Ewald, tão leal como qualquer oficial hessiano que servia na América, escreveu, posteriormente, que muitos dos que criticavam Rall, depois da sua morte[111], não eram dignos de transportar a sua espada.

Incomodado por patriotas insurrectos, que continuavam a chegar sobre o Delaware, Rall estabeleceu postos avançados para lá da cidade e insistia em que, cada noite, uma companhia dormisse com os seus mosquetes preparados, pois podiam ser chamados a qualquer momento. E, para alguns, eram realmente chamados mais vezes do que o necessário. Consideravam o coronel demasiado nervoso (um oficial queixou-se, no seu diário, «Não dormimos uma noite em paz, desde que chegámos a este local») ([112]).

Era o tamanho do ataque que aconteceria sob tal clima que Rall não antecipou, não sendo, porém, o único.

Antes de partir para Nova Iorque, o general Howe colocou James Grant no comando global da linha de postos avançados, em Nova Jérsia. Grant estava em Brunswick, a 40 quilómetros de Trenton. A 24 de Dezembro, recebeu «informações» ([113]) de que os revoltosos planeavam um ataque a Trenton. Embora não os achasse «capazes da tentativa» ([114]), alertou Rall, dizendo-lhe que estivesse de guarda. Rall recebeu a mensagem no dia 25, às cinco da tarde.

Pouco depois, uma dúzia de hessianos de guarda na Pennington Road, para lá da cidade, foi atingida por disparos, no escuro, de uma patrulha americana, que se retirou rapidamente. O próprio Rall cavalgou pela tempestade, para fazer o ponto da situação, e concluiu que este era o ataque anunciado. Numa noite daquelas, assumiu que nada mais aconteceria.

Ainda nessa noite, Rall foi a uma pequena recepção de Natal, em casa de um mercador local, e jogava às cartas, quando, alegadamente, um criado interrompeu para lhe entregar mais uma mensagem de aviso, levada por um lealista desconhecido. Diz-se que Rall a enfiou no bolso.

Não se sabe a que horas voltou para as suas instalações, ou se, como se disse mais tarde, bebera demais.

*

O ataque começou pouco depois das oito. Os americanos, comandados por Nathanael Greene, saíram da floresta, atravessaram um campo, no meio de um nevão, a cerca de 800 metros da cidade. O seu movimento veloz ficou conhecido como «um longo trote». Os hessianos, de guarda na estrada de Pennington, tiveram problemas, no início, tentando descobrir quem e quantos eram.

«A tempestade continuou com grande violência» ([115]), escreveu Henry Knox, «mas estava na nossa retaguarda e, consequentemente, de frente para o inimigo».

Os americanos abriram fogo. Os hessianos esperaram que chegassem mais perto; então dispararam e começaram, rápida e expeditamente, a retirada para a cidade, exactamente como haviam sido treinados, quando tal fosse a única escolha. Washington achou que se portaram particularmente bem, mantendo um fogo de retirada constante.

Enquanto as colunas de Greene e de Sullivan convergiam para a cidade, Washington deslocava-se para terreno mais elevado, a norte, de onde tentava observar o que se passava.

Os seus 2400 americanos, tendo estado de pé toda a noite, molhados, frios e com as armas ensopadas, lutaram como se tudo dependesse deles. Cada homem «parecia competir com outro, no intuito de ser mais rápido»[116], escreveu Washington.

Na cidade, os hessianos saíram a correr das suas casas e casernas para as ruas. Os tambores ribombaram, a banda tocou, oficiais gritaram ordens em alemão e, tão rapidamente como os hessianos se formavam, a artilharia de Knox posicionava-se no início da King Street e da Queen Street.

O canhão abriu fogo mortal em centenas de metros e, em minutos – «num abrir e fechar de olhos»[117], disse Knox – iluminou as ruas.

Quando os hessianos retiraram para as ruas contíguas, descobriram os homens de Sullivan, vindo em sua direcção com baionetas fixas. Durante um breve momento, 1000 americanos e hessianos, ou mais, estavam embrenhados numa luta selvagem de casa em casa.

Tudo acontecia extremamente depressa, numa confusão selvática, e a neve, em turbilhão, tornava-se mais ofuscante pelas nuvens de fumo da pólvora. «A tempestade da natureza e a tempestade da cidade»[118], escreveu Nathanael Greene, «mostraram uma cena que tomou o espírito, durante a acção, com paixões mais facilmente imaginadas do que descritas.»

Quando os hessianos trouxeram uma peça de campanha para o meio da King Street, meia dúzia de virginianos, liderados pelo capitão William Washington (um primo afastado do comandante) e pelo tenente James Monroe, adiantou-se, cercou-a e virou-a contra eles.

O coronel Rall, arrancado da cama, montou rapidamente a cavalo e, no comando, no meio da barafunda, ordenou uma carga. Os homens à sua volta estavam a ser atingidos. A linha vacilou. Ordenou uma retirada para um pomar, a sudeste da cidade. Então, também Rall foi atingido e caiu do cavalo. Ferido mortalmente, levantaram-no e transportaram-no para a casa Potts.

Os hessianos, no pomar, achando-se cercados, depuseram as armas e renderam-se.

1776

Tudo havia acontecido em cerca de 45 minutos. Tinham morrido 21 hessianos, 90 encontravam-se feridos. Eram, aproximadamente, 900 os prisioneiros. Outros 500 tinham conseguido escapar, a maior parte pela ponte sobre o ancoradouro de Assunpink.

Incrivelmente, numa batalha de tal extrema selvajaria, apenas quatro americanos haviam sido feridos, incluindo o capitão Washington e o tenente Monroe, e nem um americano perecera. As únicas vítimas fatais eram dois soldados que tinham morrido congelados, durante a noite, na estrada.

«Depois de terem afastado os prisioneiros e salvaguardado o canhão, os armazéns, etc.» ([119]), escreveu Knox: «voltámos para o local, a 14,5 quilómetros de distância, onde havíamos embarcado». Assim, depois de marcharem toda a noite, uma segunda vez, de volta ao batelão de McKonkey, o exército atravessou o Delaware, novamente para o lado do rio da Pensilvânia.

*

Desde que tinha iniciado o comando, no Verão de 1775, Washington nunca se dirigira ao exército com tais palavras de elogio, afeição e gratidão como o fez nas suas ordens gerais do dia seguinte, 27 de Dezembro. E nunca tivera tanta razão. Queria que eles soubessem que o triunfo lhes pertencia.

«O general, com a máxima sinceridade e afeição, agradece aos oficiais e soldados pelo seu comportamento corajoso e destemido de ontem, em Trenton», começou. «É com inexprimível prazer que declara que não viu um único segundo de mau comportamento em nenhum dos oficiais ou soldados rasos.» ([120])

Pelo apreço de tal «comportamento corajoso», iria proceder de forma a que todos os que «atravessaram o rio» recebessem, em dinheiro, uma parte proporcional do valor total de canhões, armas, cavalos e «tudo o resto», capturado em Trenton.

Alegadamente, tinha havido algum comportamento menos estelar, que Washington não viu, ou preferiu ignorar, dado o espírito do momento. Com o fim da batalha, numerosos soldados, aparentemente, abasteceram-se do rum dos hessianos e ficaram bastante bêbedos.

Contudo, mais tarde, muito mais seria dito e repetido, infindavelmente, sobre os hessianos, que, supostamente, na manhã do ataque, ainda cambaleavam, ébrios ou em letargia, por terem celebrado o Natal de acordo com a tradição germânica. Mas não há provas de que algum estivesse embriagado. John Greenwood, que se encontrava no ponto mais vivo do combate, escreveu, mais tarde, «estou disposto a jurar que não vi um único soldado solitário bêbedo, pertencente ao inimigo»([121]).

O major James Wilkinson, o jovem oficial que estivera presente na captura do general Lee e que também havia lutado em Trenton, num registo posterior da batalha, não fez qualquer menção a alguém embriagado.

O que Wilkinson registou, memoravelmente, foi o facto de ter cavalgado até Washington com uma mensagem, logo após a rendição dos hessianos. «À minha chegada»([122]), escreveu, «o comandante das forças agarrou-me na mão e afirmou: "Major Wilkinson, este é um dia glorioso para o nosso país"».

Todos sentiram algo semelhante. Sabiam que, finalmente, tinham atingido alguma grandiosidade. «As tropas comportavam-se como homens, rivalizando por tudo o que era querido e valioso»([123]), escreveu Knox a Lucy. Nathanael Greene disse à esposa: «Este é um período importante e grande para a América, com notáveis acontecimentos.»

Escrevendo, anteriormente, ao Governador Trumbull, Washington profetizara que um «golpe de sorte elevaria a moral dos homens», mas não podia ter imaginado como seria tão extraordinário, na moral do país, o efeito das notícias de Trenton. Numa questão de dias, os jornais encheram-se de relatos sobre a travessia de Delaware, por Washington, a marcha nocturna e o esmagador sucesso do ataque surpresa, o número de prisioneiros capturados, os canhões, as armas, as espadas, os cavalos, até mesmo a quantidade de tambores e clarins da banda militar do coronel Rall. Mas, oralmente e através dos velozes mensageiros, a história espalhou-se ainda mais rapidamente.

John Adlum, o soldado raso de 17 anos, de Iorque, Pensilvânia, que fora capturado em Forte Washington e se encontrava entre os afortunados prisioneiros – na sua maior parte oficiais – confinado às casas, em Nova Iorque, mas com alguma liberdade de movimentos, contou, mais tarde, como soube das novidades de Trenton. O dono de uma mercearia puxara-o para uma sala nas traseiras e apertava-lhe a mão, continuamente, tremendo com tal emoção que não foi capaz de proferir uma palavra.

«Olhei para ele e achei que era louco ou doido»([124]), escreveu Adlum, «mas, assim que conseguiu falar, disse-me: "O general

Washington derrotou os hessianos, em Trenton, esta manhã, e capturou 900 homens e seis peças de artilharia!"»

Não esperei para ouvir mais. Deixei cair o cesto e corri para a rua, onde passei por duas sentinelas [britânicas], a quem dera a contra-senha, quando ia para a loja. Embora me tenham desafiado, não parei, corri tão depressa quanto podia [...] Ao chegar a casa, estava sem fôlego e entrei na sala onde se encontravam os oficiais, sentados à volta da mesa. Vários perguntaram qual era o problema e, assim que consegui recuperar o fôlego, contei, com particular ênfase: «O general Washington derrotou os hessianos, em Trenton, esta manhã, e capturou 900 homens e seis peças de artilharia.
– Quem lhe disse?
Não sabia o nome do cavalheiro, mas respondi-lhes que o tinha sabido na mercearia. Alguns dos oficiais riram-se e fizeram-me várias perguntas, outros não disseram uma palavra, olhando-me muito sérios, como se duvidassem das notícias, outros, ainda, acharam que era bom demais para ser verdade.[125]

Washington foi enaltecido, como havia sido em Boston, como um herói e libertador. «Parece-nos que o seu ataque em Trenton foi [...] [um] sucesso que superou as expectativas»[126], escreveu Robert Morris, de Filadélfia, em nome do Comité Executivo do Congresso, inteiramente adequado a «um carácter que admiramos e que, há muito, esperávamos que aparecesse no mundo com esse esplendor, que o êxito sempre obtém e que os Congressistas agora merecem».
De Baltimore, dirigindo-se a Washington, em nome de todo o Congresso, John Hancock afirmou que a vitória, em Trenton, era a mais «extraordinária», dado que havia sido obtida por homens «quebrados pela fadiga e pelo azar».

Mas as tropas adequadamente inspiradas e animadas por uma justa confiança no seu líder superarão muitas vezes as expectativas ou os limites da probabilidade. Como é, inteiramente, do vosso conhecimento e conduta, os Estados Unidos estão em dívida para com o último sucesso das vossas armas[127].

Para o general James Grant, comandante de Howe, dos postos avançados de Nova Jérsia e, por isso, o responsável pelo sucedido,

A hora mais negra

Trenton era um tema «infeliz», «amaldiçoado», muito para além da compreensão. «Este é um assunto infame. Não posso prestar contas pelo mau procedimento dos hessianos»[128], escreveu Grant ao general Harvey. Tinha a certeza, afirmou, que os hessianos, em Trenton, estavam «tão seguros como você está em Londres.»[129]

Grant não conseguia compreender como o coronel Rall, tendo sido avisado, pudesse ter falhado. Mas Rall morreu, devido às feridas infligidas, e não teve oportunidade de se defender.

Em Nova Iorque, William Howe respondeu às notícias de Trenton, agindo imediatamente. Cornwallis, com a licença cancelada[130], recebeu ordem de regressar imediatamente a Nova Jérsia, com um exército de 8000 homens.

*

Washington ponderou o movimento seguinte e preocupava-se com a possibilidade de manter o exército unido. A sua decisão, dada a forma como as coisas se haviam desenrolado e a sua própria natureza, não surpreendia. Perseguiria, mais uma vez, o inimigo.

Pensando que Washington ainda se encontrava em Nova Jérsia, o general Cadwalader, num movimento ousado, atravessou o Delaware, a jusante, em Bristol, e o general Mifflin também chegou com mais recrutas.

A 29 de Dezembro, Washington, Greene, Sullivan, Knox e as suas tropas estavam em movimento, marchando num nevão de 15 centímetros, para atravessarem o Delaware, no batelão de McKonkey e perto do batelão de Yardley, uma tarefa tão dolorosa como a travessia da noite de Natal. No batelão de Yardley, onde as tropas de Greene passaram, a parte superior do rio tinha gelo com a grossura suficiente para os homens caminharem com prudência, mas apresentava uma camada demasiado fina para cavalos e canhões. Em McKonkey, foi com a maior das dificuldades que Washington e os restantes conseguiram passar. Surpreendentemente, Knox e Glover tiveram êxito, desta vez, ao transportar cerca de 40 canhões e os seus cavalos, o dobro do que haviam conseguido na noite de Natal.

Em Trenton, Washington formou as suas forças numa montanha baixa, ao longo do lado sul do ancoradouro de Assunpink, com o Delaware no seu flanco esquerdo e uma porção de florestas à direita.

Estava-se a 30 de Dezembro. No dia seguinte, o último de 1776, fez um dramático apelo às tropas veteranas do Exército Continental, para que permanecessem com ele.

Embora não tendo autoridade para o fazer, ofereceu uma recompensa de dez dólares a todos aqueles que ficassem mais seis meses, para além daquele dia em que os seus alistamentos expiravam – uma quantia considerável para homens cujo salário era de seis dólares mensais.

«Sinto a inconveniência deste avanço» [131], diria Washington, mais tarde, ao Congresso. «Mas o que é que eu podia fazer?» A Robert Morris disse, mais secamente: «Pensei que não era altura para estarmos com ninharias.» [132]

Um dos soldados lembrar-se-ia do seu regimento ser chamado à formação e de Sua Excelência, montado a cavalo, se lhes dirigir «da forma mais afectuosa» [133]. A maior parte dos homens era da Nova Inglaterra e já havia servido durante muito tempo; por isso, não tinha quaisquer ilusões sobre o que lhe era pedido. Quem desejasse ficar deveria dar um passo em frente. Os tambores rufaram, mas ninguém se mexeu. Os minutos passaram. Então, Washington «deu meia volta com o cavalo» e falou novamente.

«Meus bravos companheiros, fizeram tudo aquilo que vos pedi e mais do que poderia razoavelmente esperar, mas o vosso país está em jogo, as vossas mulheres, os vossos cavalos e tudo o que vos é querido. Extenuaram-se de cansaço e privações, mas não sabemos como vos poupar. Se concordarem em ficar mais um mês, prestarão esse serviço à causa da liberdade e ao vosso país, o que, provavelmente, nunca mais farão em qualquer outra circunstância» [134].

Os tambores soaram, de novo, e, desta vez, os homens começaram a avançar. «O Deus Todo-Poderoso» [135], escreveu Nathanael Greene, «predispôs os seus corações a ouvirem a proposta e comprometeram-se novamente».

Nas últimas horas antes do dia de Ano Novo, Washington descobriria que, a 27 de Dezembro, por voto do Congresso, havia sido autorizado a «usar tudo o que considerasse possível» [136], incluindo recompensas, «para persuadir as tropas [...] a ficarem com o exército». De facto, durante um período de seis meses, o Congresso, em Baltimore, tornara-o um virtual ditador.

«Boas notícias para o país» [137], lia-se num excerto da carta que transmitia a decisão, «que o general das suas forças tem o direito, seguramente, de ser empossado com o mais ilimitado poder e, com isso, nem a segurança pessoal, nem a liberdade, nem a propriedade serão postas em perigo.»

Na carta de resposta aos membros do Congresso, Washington escreveu:

> Em vez de me considerar livre de todas as obrigações civis com este sinal de confiança, devo ter sempre em mente que, tal como a espada foi o último recurso para a preservação das nossas liberdades, também deve ser a primeira coisa a colocar de lado, quando essas liberdades estiverem firmemente estabelecidas[138].

«O ano de 1776 terminou. Estou, sinceramente, feliz por isso e espero que nem Vossa Senhoria, nem a América alguma vez sejam amaldiçoados com outro igual»[139], escreveu Robert Morris a Washington, no dia de Ano Novo. Mas a campanha ainda não tinha acabado.

*

No dia 1 de Janeiro de 1777, Cornwallis e o seu exército chegaram a Princeton. A 2 de Janeiro, Cornwalis deixou parte da sua força lá e, com 5500 vigorosos homens, partiu, descendo a rua para Trenton, a 16 quilómetros de distância.

Havia surgido um súbito degelo e a lama da estrada abrandava a marcha.

O coronel Edward Hand e os carabineiros da Pensilvânia, enviados para verificar o avanço do inimigo, lutaram valorosamente, mas bateram em retirada, devido à força encontrada. Ao anoitecer, os americanos seguiam por Trenton, descendo a Queen Street, em direcção à ponte sobre Assunpink, e foi apenas o canhão de Knox, do outro lado do ancoradouro, que segurou os britânicos, na baía.

«O inimigo empurrou o nosso pequeno destacamento pela cidade, com vigor [...] [depois] avançou, ao alcance do nosso canhão, que o saudou com grande alarido e algum resultado»[140], escreveu Knox. A artilharia britânica respondeu e Cornwallis ordenou três ataques sucessivos na ponte, tendo sido sempre obrigado a recuar.

O Dr. Benjamin Rush, chegado com as brigadas de Cadwalader para ajudar a estabelecer um hospital de campanha, escreveu, mais tarde, acerca do seu primeiro encontro directo com a guerra. De facto, Rush foi um dos poucos signatários da Declaração da Independência a ver, em primeira mão, a realidade da contenda.

O exército americano bateu em retirada e deixou Trenton na mão dos britânicos. A cena que acompanhei, e que se seguiu a este combate, era nova para mim. O primeiro homem ferido que veio ter comigo era um soldado da Nova Inglaterra. A sua mão direita encontrava-se pendurada, um pouco abaixo do pulso, apenas segura por um fio de pele. Uma bala de canhão partira-a. Encarreguei--me dele e mandei-o para uma casa perto do rio, que nos servia de hospital. No fim do dia, todos os feridos, cerca de 20, foram levados para lá, e vestidos pelo Dr. [John] Cochran, por mim e vários jovens médicos militares, que actuaram sob as nossas ordens. Todos nos deitámos em algumas esteiras, na mesma sala em que se encontravam os nossos feridos. Agora, pela primeira vez para mim, a guerra surgia horrorosa na sua terrível plenitude. Faltam--me palavras para descrever a angústia da minha alma, agitada pelos gritos, gemidos e convulsões dos homens deitados ao meu lado. ([141])

Ao anoitecer, Cornwallis e os seus comandantes reuniram-se para decidirem se continuavam o ataque por Assunpink, mais uma vez, ou se esperavam pela luz do dia. «Se Washington é o general que penso ser» ([142]), teria comentado um deles, Sir William Erskine, «não será encontrado de manhã.» Diz-se que Cornwallis respondeu que «o apanhavam» ([143]) nessa altura.
Foi uma decisão compreensível. Os ataques nocturnos podiam ser extremamente dispendiosos e parecia não haver razões para não esperar.
O engenheiro britânico, capitão Archibald Robertson, considerou que os americanos estavam extremamente bem posicionados. «Não ousámos atacá-los» ([144]), registou Robertson, no seu diário. «Estavam exactamente na posição que Rall deveria ter adoptado quando foi atacado, de onde poderia ter retirado para Bordentown [a jusante do Delaware] com muito poucas perdas».
Arrefecera novamente. As tropas britânicas dormiram, nessa noite, no solo gelado e sem fogueiras, de forma a manter guarda sobre os revoltosos e as suas fogueiras do outro lado do ancoradouro.

A hora mais negra

Mas, quando amanheceu, os americanos tinham desaparecido. Deixando uma pequena força para manter as fogueiras acesas e fazer os barulhos apropriados de um exército que se instala para pernoitar, Washington e cerca de 5500 homens, cavalos e canhões haviam-se afastado na calada da noite. Porém, em vez de seguirem para sul, para Bordentown, como seria de esperar, improvisou um movimento circular vasto e ousado, por estradas secundárias pouco conhecidas, para atacar a retaguarda de Cornwallis, em Princeton.

Marcharam para este, para Sandtown, depois norte-nordeste para a ponte *quaker*, por estradas lamacentas, congeladas e duras como rochas. Os campos, ao longo do caminho, estavam cobertos de geada; devido a algumas estrelas ténues clareavam a noite. Mas, para homens com roupas insuficientes e sapatos danificados, ou sem eles, era novamente uma dura provação.

O plano de Washington, tal como em Trenton, consistia, mais uma vez, em dividir a sua força, indo a coluna de Greene para a esquerda e a de Sullivan para a direita.

A batalha rebentou ao nascer do sol de sexta-feira, 3 de Janeiro, quando a vanguarda de Greene e as forças britânicas se encontraram por acaso, a três quilómetros de Princeton. O general Hugh Mercer, com várias centenas de homens, dirigiu-se para a esquerda com a intenção de destruir uma ponte em King's Highway, para evitar que o inimigo retirasse da cidade, naquela direcção. Mercer e os seus homens chegaram na altura em que o coronel Charles Mawhood, comandante britânico em Princeton, partia com dois regimentos para Princeton, a fim de se juntarem a Cornwallis, em Trenton.

Para os britânicos, o aparecimento dos americanos, àquela hora e em tal número, foi totalmente inesperado. «Não podiam, com certeza, adivinhar que seria o nosso exército, pois estavam certos de que esse se encontrava confinado perto de Trenton»([145]), escreveria Knox. «Acredito que ficaram tão surpreendidos como se um exército tivesse caído do céu, perpendicularmente, sobre eles. No entanto, não tiveram muito tempo para essas considerações.»

Ambos os lados abriram fogo e, numa batalha que rapidamente se intensificou nos extensos campos abertos e no pomar da quinta de William Clarke, a luta tornou-se tão furiosa como em qualquer guerra, com mortos e feridos espalhados por todo o lado.

Mercer, que desmontara quando o seu cavalo foi atingido, no meio de um ataque, por uma baioneta britânica, lutou com a espada até cair, sendo atacado com baionetas, repetidamente – sete vezes – ficando moribundo. O coronel John Haslet, que tentou reagrupar a batalha, morreu instantaneamente com uma bala na cabeça.

A maior parte dos americanos precipitou-se para a frente, muitos deles da milícia da Pensilvânia, com pouca ou nenhuma instrução militar, recusando-se a entregar-se, porque Washington, Greene e Cadwalader chefiavam, cavalgando entre eles. Washington deu um exemplo de coragem como nunca vira, escreveu, mais tarde, um jovem oficial. «Nunca esquecerei o que senti [...] quando o vi desafiar todos os perigos do campo, com a vida em risco, presa por um fio, com milhares de mortes precipitando-se à sua volta. Acreditem-me, não pensei em mim.»[146]

Diz-se que Washington se lhes dirigiu, dizendo: «Desfilem connosco, meus bravos camaradas»[147]. «Há apenas uma mão cheia de inimigos e vamos enganá-los completamente!»

Mais americanos desceram os flancos do inimigo e Mawhood e as suas tropas britânicas encontraram-se, rapidamente, numa luta renhida em direcção a Trenton («foi tomada a decisão de retirar»[148], lembrou um dos oficiais subalternos de Mawhood, «isto é, fugir o mais depressa que pudéssemos»). Washington, incapaz de resistir, esporeou o cavalo e perseguiu-os, gritando: «É uma óptima caça à raposa, meus rapazes!»[149]

A feroz batalha na quinta Clarke, a acção decisiva do dia, durara um total de 15 minutos.

Enquanto Washington imperava, no seu cavalo, e cancelava a perseguição, outra parte do exército entrou na cidade, onde alguns 200 britânicos tinham colocado uma guarnição militar e se haviam barricado dentro do grande edifício principal, em pedra, do colégio Nassau Hall. Quando o capitão Alexander Hamilton e os seus artilheiros dispararam alguns tiros para o edifício, as tropas britânicas desistiram.

Eram 23 os mortos americanos, incluindo o coronel Haslet e o general Mercer, que sofreram nove dias, antes de perecerem. Mercer, médico e farmacêutico na vida civil, de Fredericksburg, na Virgínia, não longe de Monte Vernon, fora um dos favoritos de Washington.

Mas as perdas britânicas eram maiores em mortos e feridos, tendo ainda os americanos feito 300 prisioneiros. Os primeiros, embora em maior número, haviam lutado ferozmente. Mas, para Washington e o seu exército, tinha sido outra vitória surpreendente e inesperada.

O General Henry Knox, de Charles Willson Peale. O corpulento e sociável artilheiro Knox, o antigo vendedor de livros de Boston, era, como o seu amigo Nathanael Greene, um homem de notável talento, o que Washington viu desde o início. Sob as mais penosas condições, nas alturas mais difíceis, Knox provou ser um líder brilhante, capaz de executar quase tudo e, como Greene, permaneceu firmemente leal a Washington.

TO THE PUBLIC

The principal part of this Plan was Survey'd by Richard Williams, Lieutenant at Boston, and sent over by the Son of a Nobleman to his Father in Town, by whose Permission it is Published.

N.B. The Original has been compared with, and Additions made from several other curious Drawings.

This Shoal and all the rest thus Shaded are Dry at Low Water

LONDON. Publish'd as the Act directs, 12th March, 1776, by Andrew Dury, Duke's Court, St Martins Lane.

Mapa 1. A «situação» em Boston, desenhada por um engenheiro do exército britânico, em Outubro de 1775.

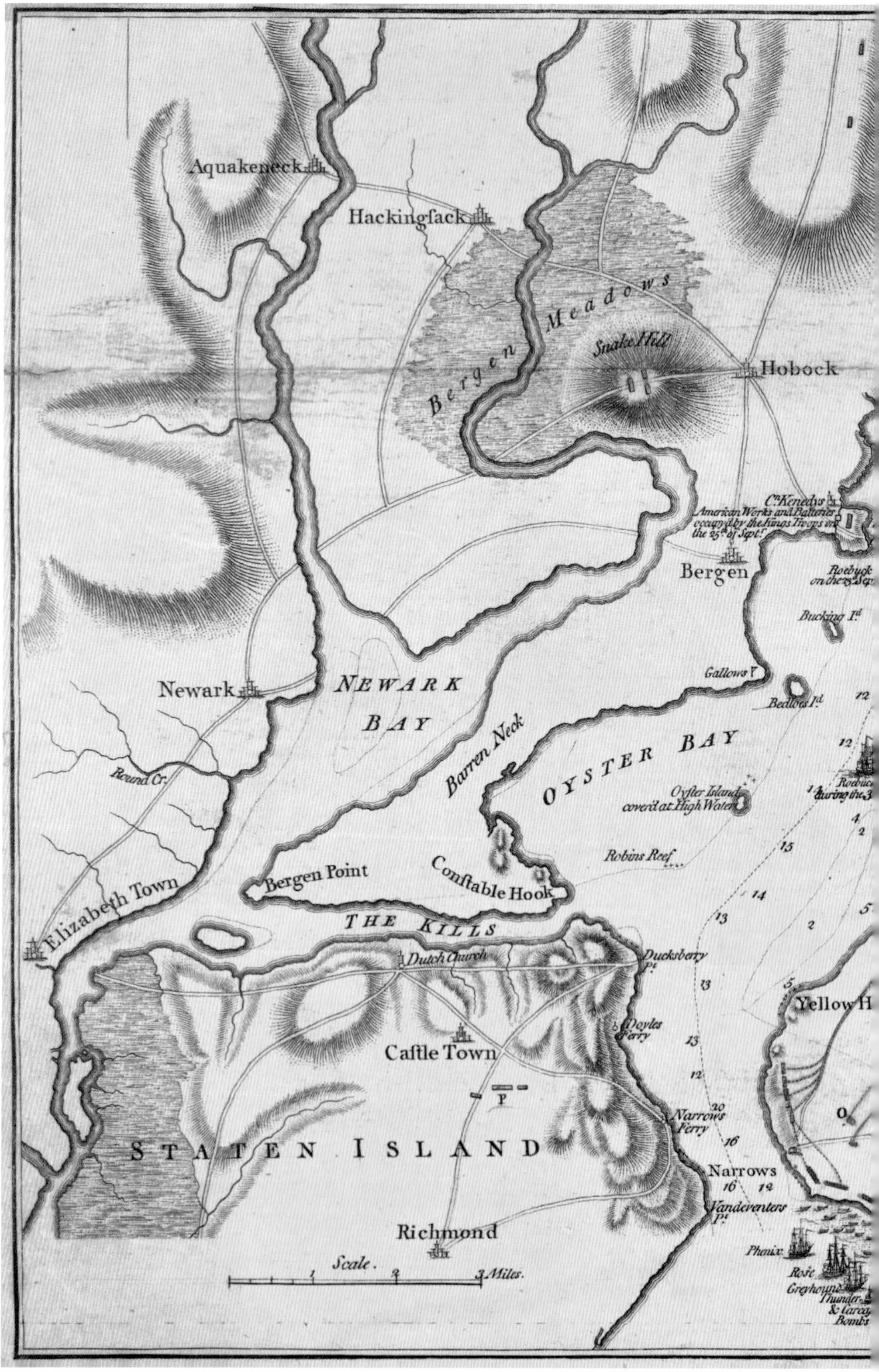

Aquakeneck
Hackingsack
Bergen Meadows
Snake Hill
Hobock
Cn. Kenedys
American Works and Batteries occupy'd by the Kings Troops on the 25th of Sept.
Bergen
Roebuck on the 25th Sept.
Bucking Id.
Gallows
Bedloes Id.
Newark
NEWARK BAY
Barren Neck
OYSTER BAY
Oyster Island cover'd at High Water
Round Cr.
Robins Reef
Bergen Point
Constable Hook
Elizabeth Town
THE KILLS
Dutch Church
Ducksberry Pt.
Doyles Ferry
Castle Town
Yellow H
Narrows Ferry
STATEN ISLAND
Narrows
Vanderenters Pt.
Richmond
Phænix
Rose
Greyhound
Thunder & Carcass Bombs
Scale.
1
2
3 Miles.

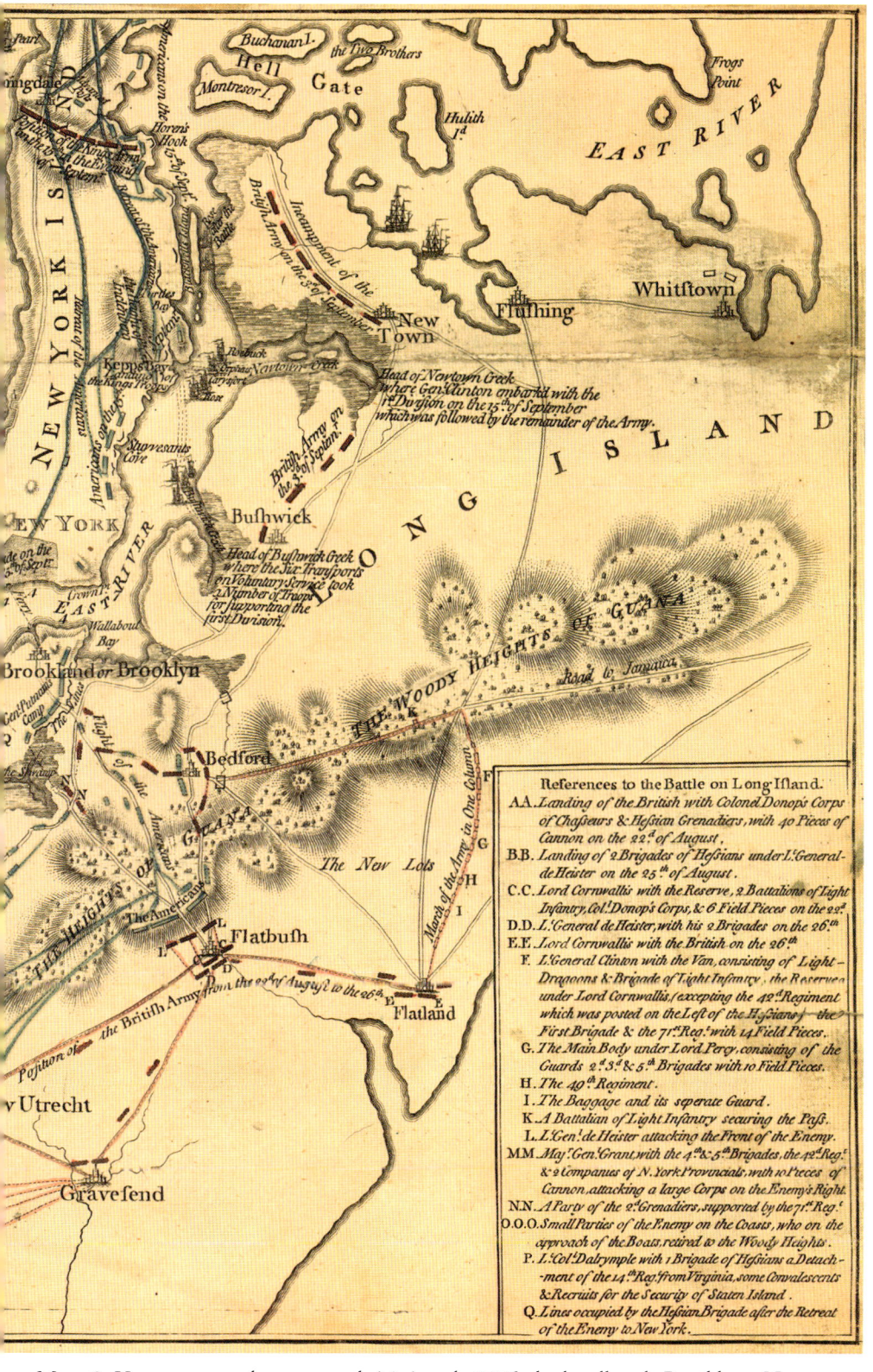

Mapa 2. Um pormenor de um mapa británico, de 1776, das batalhas de Brooklyn e Nova Iorque, mostra os movimentos britânicos a vermelho e os americanos a verde.

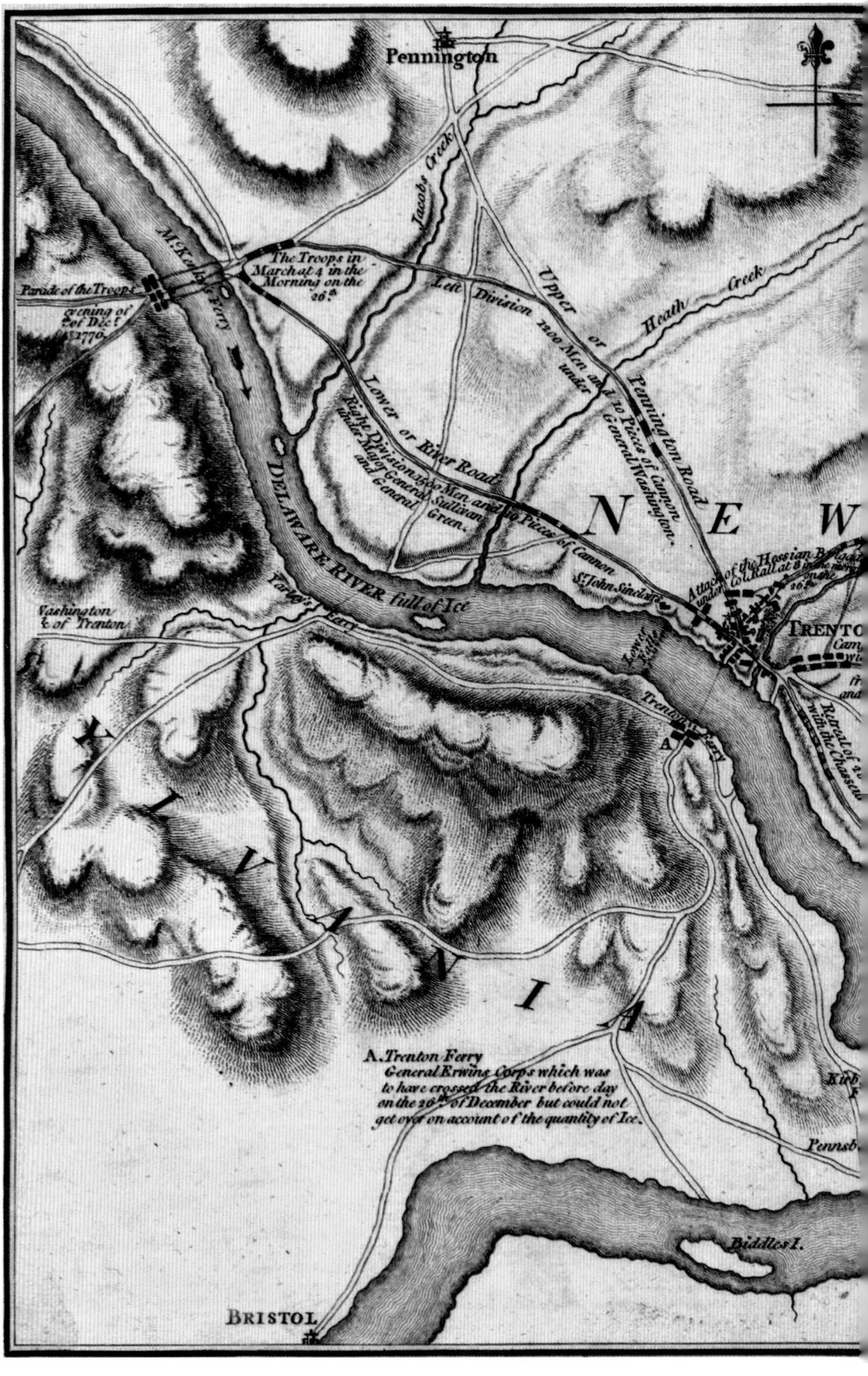

Pennington
McKonkey's Ferry
Parade of the Troops evening of 25th of Decr 1776
The Troops in March at 4 in the Morning on the 26th
Jacobs Creek
Left Division 2400 Men and 10 Pieces of Cannon under General Washington
Upper or Pennington Road
Heath Creek
Lower or River Road
Right Division 2500 Men and 10 Pieces of Cannon under Major General Sullivan and General Green.
DELAWARE RIVER full of Ice
N E W
St John Sinclairs
Yardley's Ferry
Washington of Trenton
Lower Falls
Trenton Ferry
A
TRENTO
Retreat of the ... with the Chasseu
Y L V A N I A
A. Trenton Ferry
General Erwing Corps which was to have crossed the River before day on the 26th of December but could not get over on account of the quantity of Ice.
Pennsb
Biddles I.
BRISTOL

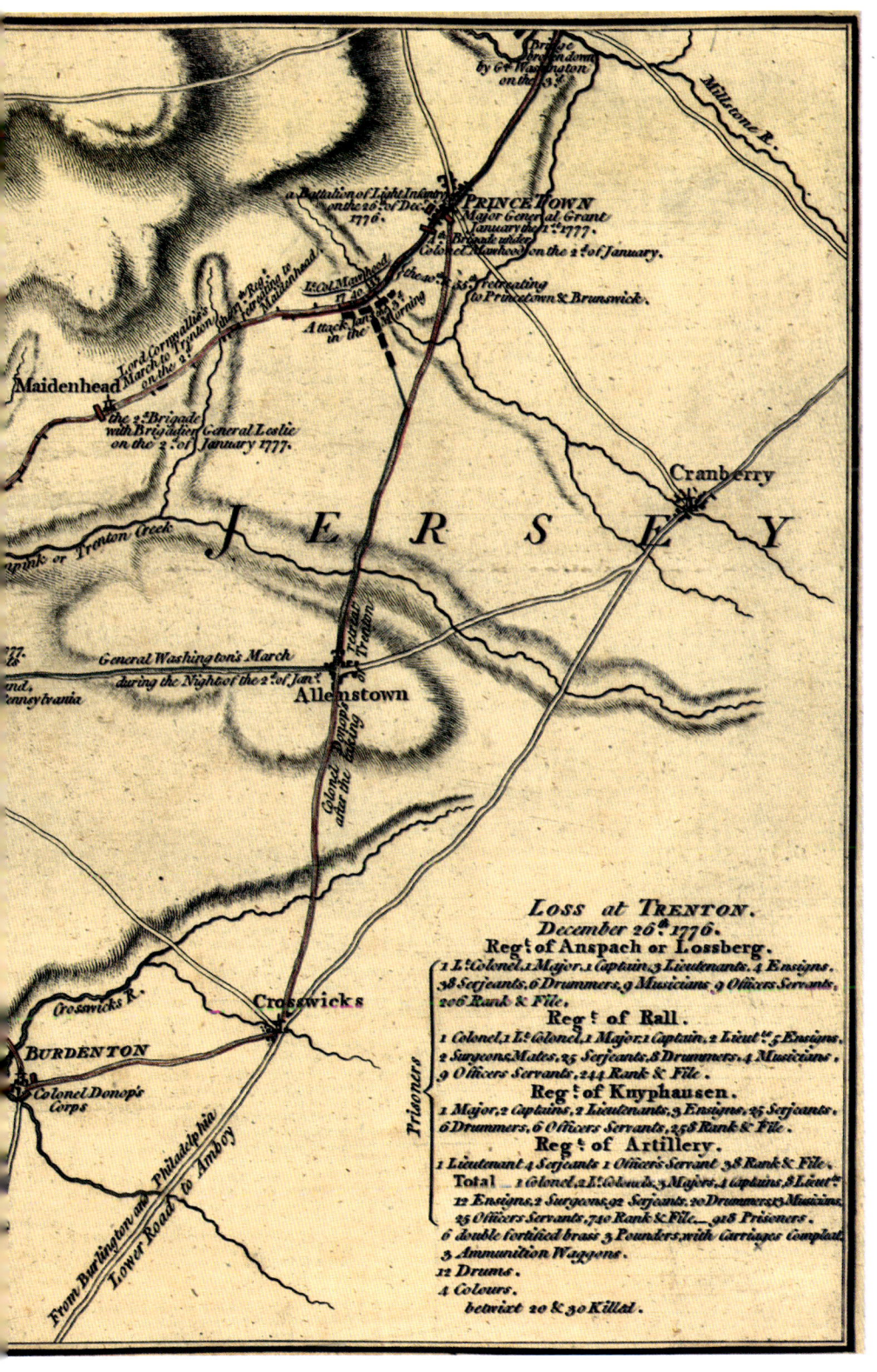

Mapa 3. Um mapa britânico, de 1777, das batalhas de Trenton e Princeton.

Da esquerda para a direita: John Adams, Roger Sherman, Robert R. Livingston, Thomas Jefferson e Benjamin Franklin, num pormenor da *Declaração da Independência, 4 de Julho de 1776*, por John Trumbull.

Uma gravura alemã do fogo de Nova Iorque de 20 de Setembro de 1776 mostra um grande drama, mas pouco conhecimento da cidade. Os britânicos atribuíram o fogo aos vilões americanos «emboscados». Washington escreveu: «a Providência, ou algum bom e honesto camarada, fez mais por nós do que nós próprios estávamos dispostos a fazer».

Uma flotilha britânica, liderada pelos barcos Phoenix e Roebuck, desafia as armas americanas do Forte Lee (*à esquerda*) e do Forte Washington (*à direita*) a subirem o rio Hudson, a 9 de Outubro de 1776. O pintor de paisagens marinhas francês, Dominic Serres, faz o Hudson parecer mais estreito – e, assim, os navios maiores – do que o era na realidade.

À esquerda: Um dos diários mais esclarecedores, dos muitos mantidos por soldados americanos, em 1776, era o do tenente Jabez Fitch, um agricultor de Connecticut, que registou as suas experiências de provações atrás de provações, incluindo a altura em que foi prisioneiro de guerra. A página à esquerda, de 28 de Agosto, mostra como, o general britânico James Grant deu, inesperadamente, aos famintos prisioneiros «dois quartos de cabrito bem cozinhado» e, a 29 de Agosto, os colocou a bordo de um navio.

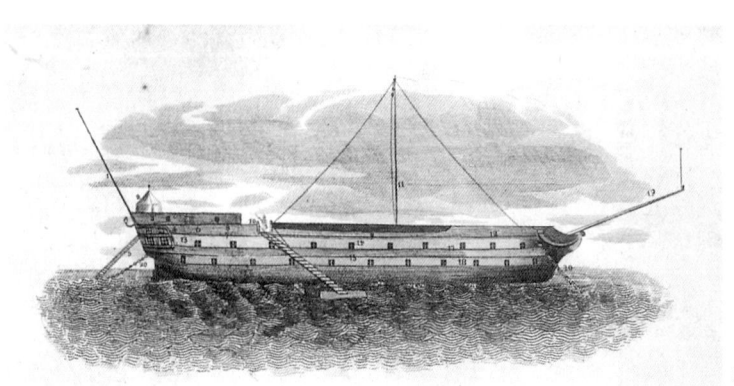

Americanos capturados aos milhares eram amontoados a bordo de navios-prisão britânicos, a apodrecer, ancorados no porto de Nova Iorque, onde pereceriam, aos milhares, especialmente por doença.

Muito gordo e desdenhoso dos americanos, o general britânico James Grant era também capaz de pequenas bondades para com os prisioneiros, como Jabez Fitch (ver diário à esquerda), e escreveu cartas, particularmente claras, descrevendo a campanha de 1776, do ponto de vista britânico.

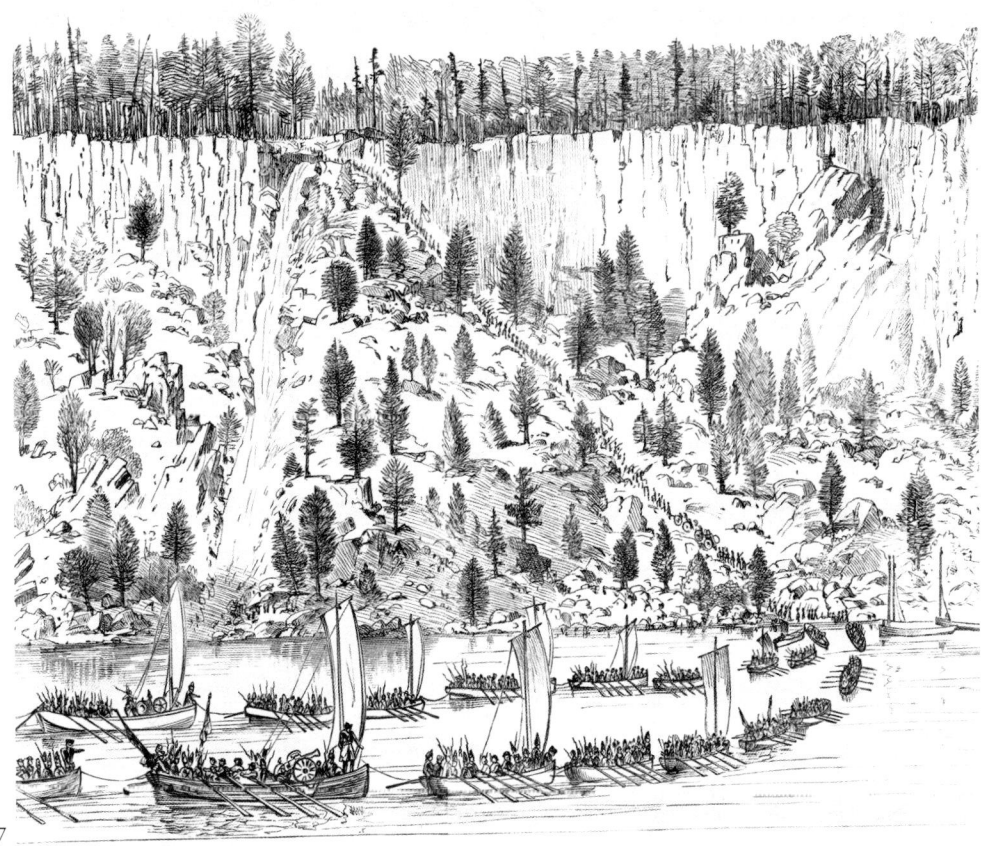

As tropas britânicas, comandadas pelo General Cornwallis, escalam os penhascos (Palisades) do rio Hudson, a 20 de Novembro de 1776, numa aguarela atribuída a Lorde Rawdon. Na realidade, este ousado movimento britânico, em Nova Jérsia, aconteceu na calada da noite, não à luz do dia, como parece.

Charles Cornwallis, por Thomas
Gainsborough. Cornwallis, o general
britânico mais popular na América,
mostrou-se empreendedor
e agressivo. A 25 de Novembro de
1776, com 10 000 homens, partiu
através de Nova Jérsia, determinado,
disse, a apanhar Washington como
um caçador apanha uma raposa.
A única vaga incerteza era o
paradeiro de Charles Lee,
o excêntrico general britânico,
tornado patriota americano,
que se considerava um adversário
mais hábil e perigoso
do que Washington.
À direita, um esboço de Lee
com um dos seus muitos cães.

The *American* CRISIS.

NUMBER I.

By the Author of COMMON SENSE.

THESE are the times that try men's fouls: The fummer foldier and the funfhine patriot will, in this crifis, fhrink from the fervice of his country; but he that ftands it N O W, deferves the love and thanks of man and woman. Tyranny, like hell, is not eafily conquered; yet we have this confolation with us, that the harder the conflict, the more glorious the triumph. What we obtain too cheap, we efteem too lightly:----'Tis dearnefs only that gives every thing its value. Heaven knows how to fet a proper price upon its goods; and it would be ftrange indeed, if fo celeftial an article as FREEDOM fhould not be highly rated. Britain, with an army to enforce her tyranny, has declared, that fhe has a right *(not only to* TAX, but) " *to* " BIND *us in* ALL CASES WHATSOEVER," and if being *bound in that manner* is not flavery, then is there not fuch a thing as flavery upon earth. Even the expreffion is impious, for fo unlimited a power can belong only to GOD.

A guerra de palavras atingiu um crescendo, durante a longa retirada do desgastado exército de Washington por Nova Jérsia. Uma Proclamação (*em cima*) emitida pelo Almirante Lorde Richard Howe, a 30 de Novembro de 1776, ofereceu perdão a todos os americanos que jurassem fidelidade ao Rei. Em Nova Jérsia, aglomerações afluíram aos campos britânicos para assinarem. Pelo contrário, *The American Crisis* [A Crise Americana], de Thomas Paine, que surgiu a 23 de Dezembro, foi uma poderosa convocatória ao patriotismo americano, apenas secundado pelo seu *Common Sense* [Senso Comum]. A página um, com as suas imortais linhas de abertura, encontra-se à esquerda.

Um esboço rápido de John Trumbull, um de vários estudos preliminares, mostra o General Hugh Mercer a ser atingido por uma baioneta, na fúria da Batalha de Princeton.

A captura dos hessianos, em Trenton, Nova Jérsia, a 26 de Dezembro de 1776, por John Trumbull. Embora a cerimónia da rendição do Coronel Johan Rall a George Washington, retratada na grande e estilizada pintura de Trumbull, com o comandante hessiano morto, nunca tenha acontecido, e ninguém, depois da batalha, tivesse um ar tão perfeito, os mais importantes são imediatamente identificáveis (ver legenda). O dramatismo da cena de Trumbull foi considerado, no século XVIII, totalmente adequado ao triunfo americano, em Trenton, um dos pontos de viragem da guerra.

LEGENDA:
1. Coronel Johann Gottlieb Rall
2. Coronel William Stevens Smith, ajudante de campo do major general Sullivan
3. Coronel Robert Hanson Harrison, secretário militar de Washington
4. Capitão Tench Tilghman, secretário militar de Washington
5. General George Washington
6. Major general John Sullivan
7. Major general Nathanael Greene
8. Capitão William Washington
9. Brigadeiro general Henry Knox

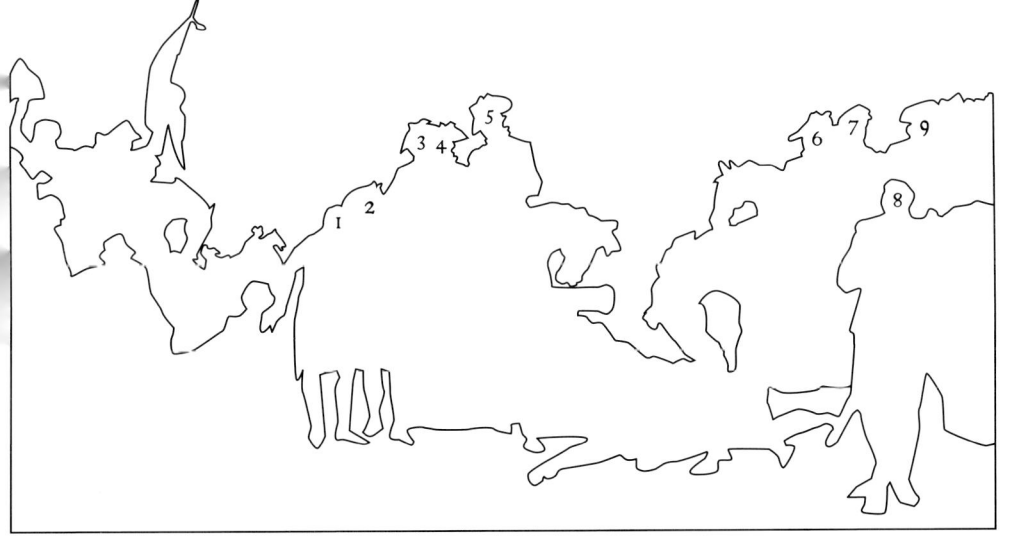

Washington na Batalha de Princeton, de Charles Willson Peale. Pintado em 1779, este retrato de corpo inteiro tornou-se imediatamente popular, e Peale produziu algumas réplicas, uma das quais foi encomendada para presentear o Rei de França. A faixa que Washington usa é a insígnia azul clara que escolheu como comandante das forças, no início do Verão de 1775. Pode ver-se Nassau Hall, em Princeton, ao fundo, na linha do horizonte, à esquerda.

Com o prosseguir da guerra, depois de 1776, Nathanael Greene escreveu, profeticamente, sobre o lugar singular de Washington na história como o «libertador do seu país».

A hora mais negra

O impulso de Washington era avançar para Brunswick, para aí destruir as provisões do inimigo e capturar um cofre de pagamentos de 70 000 libras, e desse modo, supunha, acabar a guerra. Mas o exército, exausto, não estava em condições de fazer outra marcha forçada, de 30 quilómetros, ou de outra batalha, e Greene, Knox e outros convenceram-no a desistir da ideia, alertando-o para o perigo de perderem tudo o que haviam alcançado «por visar um objectivo demasiado elevado»[150].

Assim, o exército marchou para norte, para Somerset Courthouse e, nos dias que se seguiram, em direcção à relativa segurança, durante o Inverno, da região montanhosa e arborizada perto da vila de Morristown.

*

A campanha de 1776 terminou com uma segunda vitória surpreendente. Se Washington tivesse nascido nos dias de idolatria, declarou o *Pennsylvania Journal*, seria adorado como um deus. «Se há manchas no seu carácter, são como as do Sol, apenas se distinguem através dos poderes ampliadores de um telescópio.»[151]

Como Nathanael Greene escreveu a Thomas Paine, «As suas duas últimas acções, em Trenton e Princeton, deram um novo rumo às coisas.»[152]

Mas embora as notícias de Princeton fossem empolgantes para o país, surgindo tão rapidamente depois do triunfo em Trenton, este teve um significado maior, este e a travessia nocturna do Delaware, que eram realmente encarados como um grande ponto de viragem. Com a vitória em Trenton, surgiu a percepção de que os americanos haviam levado a melhor sobre o inimigo e enganado os hessianos, os detestáveis mercenários do Rei. Tinham sido mais espertos do que eles, superando-os na luta, e podiam muito bem fazê-lo novamente.

Entre os comandos britânicos e alguns cépticos americanos, o que aconteceu em Trenton foi visto como uma derrota menor, um assunto insuportável, mas de pouca consequência, quando comparado com as vitórias britânicas em larga escala, em 1776, como a Batalha de Brooklyn ou a tomada do Forte Washington. Trenton fora uma «escaramuça», um «ajuste», não uma batalha.

Alguns britânicos admitiram, de má vontade, que, de futuro, a «populaça» tem de ser encarada com novo respeito. O coronel William

1776

Harcourt, o oficial de cavalaria que liderara a captura de Charles Lee, escreveu, numa carta ao pai, que, embora os americanos ignorassem as ordens militares e as manobras em larga escala, haviam demonstrado serem capazes de grande destreza, diligência e espírito empreendedor. E, embora fosse «habitual neste exército tratá-los com desprezo, tornaram-se agora um inimigo formidável». ([153])

Medido pelo tamanho da sua importância para os que lutam pela Causa da América, todos aqueles que, no país, viam Washington e o seu exército como o meio de salvar a independência americana e tudo o que havia sido prometido pela Declaração da Independência, Trenton foi o primeiro grande motivo de esperança, um ataque corajoso e verdadeiramente «brilhante».

Da última semana de Agosto à última de Dezembro, o ano de 1776 fora o mais escuro que os devotos à causa americana alguma vez tinham conhecido – de facto, mais escuro do que qualquer outro na história do país. E, de repente, como que por milagre, parecia ter mudado, devido a um pequeno grupo de homens determinados e ao seu líder.

Um século mais tarde, Sir George Otto Trevelyan escreveria, num estudo clássico da Revolução Americana: «Pode duvidar-se que um número tão pequeno de homens tenha alguma vez usado um espaço de tempo tão curto com maiores e duradouros efeitos na história do mundo.»

Nessa altura, Abigail Adams escreveu à sua amiga Mercy Otis Warren: «Sinto-me inclinada a pensar que os nossos últimos infortúnios convocaram as excelências escondidas do nosso comandante das forças.» ([154]) «"A aflição faz brilhar os bons homens"», escreveu, citando um verso favorito do poeta inglês Edward Young.

Mercy Warren, esposa de James Warren e autora, escreveria, na sua própria história da Revolução Americana, que talvez não existissem «pessoas, na Terra, nas quais um espírito de zelo entusiasta se acenda tão rapidamente e queime tão extraordinariamente como entre os americanos».

> A actuação enérgica desta índole sanguínea nunca foi tão notavelmente exibida como na alteração instantânea, accionada na mente dos homens, pela captura de Trenton, num momento tão inesperado. Do estado de espírito à beira do desespero, a coragem foi fortalecida e todos os semblantes se iluminaram. ([155])

A hora mais negra

*

Com o ano novo, chegaram notícias de Inglaterra de que, a 31 de Outubro, em Londres, Sua Majestade, o Rei Jorge III, desfilara, uma vez mais esplendorosamente, do Palácio de Saint James para Westminster, para proceder à abertura do Parlamento sobre a ainda perturbadora guerra na América.

Nada me poderia dar mais satisfação [disse o Rei] do que poder informar-vos [...] que o meu infeliz povo [na América] recuperou do seu delírio, libertou-se da opressão dos seus líderes e regressou ao seu dever. Mas tão ousado e desesperado é o espírito destes líderes, cujo objectivo sempre foi o domínio e o poder, que, agora, renunciam, abertamente, a toda a obediência à Coroa e a todas as ligações políticas com este país [...] tomando a liberdade de estabelecer as suas confederações revoltosas nos Estados independentes. Caso a sua traição crie raízes, muitos males daí advirão.[156]

Outra campanha militar seria levada a cabo na América.
Os mesmos líderes liberais, no Parlamento, falaram com franqueza, como haviam feito anteriormente, denunciando com ardor a «guerra cruel». Em resposta, Lorde Germain disse que o exército na América seria reforçado. Como acontecera antes, no que parecia o distante Outubro de 1775, o Parlamento aprovou a política do Rei por uma margem esmagadora.
Quando, em Março de 1777, as notícias de Trenton chegaram a Inglaterra, afirmou-se (no *London General Evening Post* e noutros jornais) que a derrota dos hessianos, embora «desagradável»[157], estava «mais do que equilibrada» com a captura do general Lee. Lorde Germain percebeu, imediatamente, que o efeito das notícias era da maior importância na opinião americana[158]. No entanto, não tinha dúvidas de que o exército revoltoso estava praticamente destruído.
Em Nova Jérsia, a luta continuaria, esporadicamente, enquanto o Inverno avançava com lentidão. A própria guerra parecia para muitos continuar interminavelmente. Ao todo, passariam mais seis anos e meio antes do Tratado de Paris, que acabou com a guerra, ser assinado. O que aconteceu em 1783.

Alguns, que tinham estado com o exército e com Washington desde o início, como Joseph Hodgkins, serviriam mais alguns anos antes de decidirem que haviam cumprido o seu dever. Outros, como o soldado raso Joseph Martin, serviriam até ao fim.

Na campanha do Sul, que estabeleceu a cena da última e mais importante batalha, em Yorktown, na Virgínia, Nathanael Greene comprovaria ser o comandante de campo americano mais brilhante da guerra. Washington sentiu que se algo lhe acontecesse – se fosse capturado ou morto – Greene deveria tornar-se o comandante em chefe.

De todos os oficiais que tinham participado no Cerco de Boston, apenas dois, Washington e Greene, ainda serviam na altura da rendição britânica, em Yorktown. Henry Knox, promovido a brigadeiro general depois da Batalha de Trenton, e que lutou em todas as batalhas em que Washington participou, também esteve presente em Yorktown. Greene e Knox, os dois jovens inexperientes da Nova Inglaterra que Washington escolhera, no início, como os melhores da «matéria-prima» que podia usar, haviam ambos mostrado verdadeira grandeza, permanecendo na luta até ao fim.

O apoio financeiro da França e da Holanda, bem como o apoio militar do exército e da marinha franceses viriam influenciar grandemente o resultado. Mas, em última análise, devia-se a Washington e às suas tropas a independência americana. O destino da guerra e da revolução era o exército. O Exército Continental – não o rio Hudson, nem a conquista de Nova Iorque ou Filadélfia – era a chave da vitória. E foi Washington que manteve o exército junto e o «moralizou» nas alturas de maior desespero.

Não era um estratega, nem um táctico brilhante, nem um orador dotado, nem um intelectual. Em vários momentos cruciais mostrara uma indecisão acentuada. Cometera graves erros de avaliação. Mas a experiência havia sido a sua grande mestra desde a infância e, neste grande teste, aprendeu, regularmente, com essa experiência. Acima de tudo, Washington nunca esqueceu o que estava em jogo e jamais desistiu.

Muitas vezes, tanto nas cartas para o Congresso e para os seus oficiais como nas suas ordens gerais, pedira perseverança – «perseverança e moral», «paciência e perseverança», «coragem constante e perseverança». Pouco depois das vitórias de Trenton e Princeton, escreveu: «Um povo não habituado a repressões tem de ser liderado – não permi-

A hora mais negra

tirá ser levado.»([159]) Sem a liderança de Washington e a sua perseverança inflexível, a revolução teria, certamente, falhado. Como Nathanael Greene previu, no decorrer da guerra, «Será o libertador do seu próprio país.» ([160])

Foi a mais longa, de longe a mais árdua e a mais dolorosa luta que as gerações posteriores poderiam compreender ou apreciar suficientemente. Quando terminou, cerca de 25 000 americanos, aproximadamente 1% da população, tinham perdido a vida. Em percentagem de mortes, foi a guerra mais pesada na história da América, à excepção da Guerra Civil.

O ano de 1776, celebrado como o do nascimento da nação e da assinatura da Declaração da Independência, foi, para aqueles que lutaram por essa independência, um ano de muito poucas vitórias, de sofrimento, doença, fome, deserção, cobardia, desilusão, derrota, desencorajamento terrível e medo, que nunca esqueceriam, mas também de coragem fenomenal e devoção basilar ao país, o que igualmente não olvidariam.

Especialmente para aqueles que tinham estado com Washington e que sabiam que o início fora quase um desastre – com que frequência as circunstâncias, as tempestades, os ventos contrários, as excentricidades ou as forças do carácter individual haviam feito a diferença –, o resultado parecia quase um milagre.

Agradecimentos

Os materiais para este livro foram recolhidos em mais de 25 bibliotecas, arquivos, colecções especiais e *sites* históricos, nos Estados Unidos e no Reino Unido, na Biblioteca Britânica e nos Arquivos Nacionais. Devo bastante aos colaboradores de todos estes locais e quero agradecer, em particular, por toda a sua gentileza e ajuda, a:

William Fowler, Peter Drummey, Brenda Lawson e Anne Bentley, da Massachusetts Historical Society; Philander Chase, Frank Grizzard, Júnior e Edward Lengel, editores de *The Papers of George Washington*, na Universidade da Virgínia; James C. Rees, Carol Borchert Cadou, Linda Ayres e Barbara McMillan, de Mount Vernon; Gerard Gawalt, Jeffrey Flannery, James Hutson, Edward Redmond e Michael Klein, da Biblioteca do Congresso; Richard Peuser, dos Arquivos Nacionais; John C. Dann, Brian Leigh Dunnigan, Barbara DeWolfe e Clayton Lewis, da Biblioteca William L. Clements, Ann Arbor, Michigan; Jack Bales, Roy Strohl e Tim Newman, da Biblioteca Simpson, da Universidade Mary Washington; Ellen McCallister Clark, Jack D. Warren, Sandra L. Powers, Lauren Gish e Emily Schulz, da Society of Cincinnati, Washington, D.C.; Andrea Ashby-Leraris, do Independence National Historic Park, Filadélfia; Roy Goodman e Robert Cox, da American Philosophical Society, Filadélfia; Davi Fowler, Greg Johnson e Kathy Ludwig, da David Library of the American Revolution, Washington Crossing, Pensilvânia; Michael Bertheaud, do Washington Crossing Historic Park; Cathy Hellier e John Hill, de Colonial Williamsburg; James Shea e Anita Israel da Henry Wadsworth Longfellow House, Cambridge, Massachusetts; Vincent Golden, da American Antiquarian

1776

Society, Worcester, Massachusetts; Jan Hilley e Ted O'Reilly, da New-York Historical Society; Leslie Fields, da Biblioteca Pierpont Morgan, Nova Iorque; Rick Statler, da Rhode Island; Greg e Mary Mierka, da Herdade de Nathanael Greene, Coventry, Rhode Island Historical Society; Martin Clayton, a King's Map Collection; Sr. e Sra. Oliver Russell, Castelo de Ballindalloch, Banffshire, Escócia; Bryson Clevenger Júnior, da Biblioteca Alderman, da Universidade da Virgínia; Helen Cooper, da Galeria de Arte da Universidade de Yale; e Eric P. Frazier, da Biblioteca Pública de Boston.

Peter Drummey, um bibliotecário se saber incomparável da Massachusetts Historical Society, e o major-general Josiah Bunting III, soldado, erudito, autor e amigo generoso, foram suficientemente bondosos para ler o manuscrito e dar valiosas sugestões. O mesmo aconteceu com Philander Chase, editor sénior de *The Papers of George Washington*, cujos conhecimentos da vida e carácter de George Washington, leitura concentrada e comentários sobre o manuscrito ajudaram incomensuravelmente.

Sean P. Hennessey e os seus associados, ao National Park Service, em Charlestown, Massachusetts, deram-me uma visão soberba de Bunker Hill e Dorchester Heights; Martin Maher, do New York City Parks Department, mostrou-me toda a extensão de Brooklyn, num memorável levantamento dos acontecimentos que ali tiveram lugar, a 27 de Agosto de 1776; e, numa outra expedição, John Mills, director do Princeton Battlefield State Park, guiou-me ao longo da estrada onde se efectuou a famosa marcha nocturna para Trenton, começando no ponto onde Washington e o exército atravessaram o Delaware, depois pelas batalhas de Trenton e Princeton. Agradeço a todos o tempo dispensado, os comentários esclarecedores e o contagioso entusiasmo pelos temas.

Pelo privilégio de visitar o local de nascimento de Nathanael Greene, em East Greenwhich, em Rhode Island, ficarei eternamente grato ao seu actual proprietário, Thomas Casey Greene, que, como descendente directo, sabe muitas coisas sobre o general que não se encontram nos textos habituais.

Ao longo dos anos, beneficiei, repetidamente, da amizade e do conhecimento dos historiadores Richard Ketchum, Thomas Fleming, Don Higginbotham e David Hackett Fischer, autores de trabalhos marcantes sobre a Guerra Revolucionária.

Agradecimentos

Pelo seu interesse e grande variedade de sugestões e zelosos favores, agradeço a William Paul Deary, Philip A. Forbes, Wendell Garrett, Richard Gilder, J. Craig Huff, Júnior, Padre Michael Greene, Tim Greene, Daniel P. Jordan, Michael Kammen, Ravi Khanna, William Martin, Sally O'Brien, Doug Smith, Matthew Stackpole, Renny A. Stackpole, Clarence Wolf e John Zentay.

Thomas J. McGuire leu tanto sobre o ofício de soldado, na Revolução, que o seu conhecimento é tão vasto como se ele próprio tivesse lutado. Foi uma enorme ajuda desde o início dos meus esforços, fornecendo uma grande quantidade de material das suas amplas vias de investigação e conhecimentos abundantes.

Gayle Mone ajudou na correspondência, redigiu o manuscrito no computador e o seu incansável auxílio foi soberbo na redacção da Bibliografia e das Notas.

Mike Hill, o meu assistente de investigação neste e em livros anteriores, foi um pilar. A sua perícia e o seu espírito empreendedor, a sua surpreendente resistência e inabalável boa disposição são incomparáveis.

Mais uma vez, reconheço, com orgulho, o papel do meu editor Michael Korda e do meu agente literário, Morton L. Janklow. Ficarei eternamente grato pelo apoio e conselho, já para não falar no prazer da companhia de ambos. E, uma vez mais, agradeço à minha estrela da sorte pelos meus revisores Gypsy da Silva e Fred Wiemer, por Amy Hill, que fez o *design* do livro, e Wendell Minor, que concebeu a capa. Acho que não exagero se disser que são os melhores neste ramo.

Como sempre, agradeço à minha família, que sabe o quanto me ajudou e apoiou e o quanto aprecio tudo o que fez.

À minha esposa, Rosalee, a quem o livro é dedicado, devo mais, de longe. Ela é a principal editora. O seu entusiasmo nunca diminui. Ela mantém um rumo constante, em todas as ocasiões.

David McCullough
West Tisbury, Massachusetts
29 de Novembro de 2004

Abreviaturas

LC   Library of Congress

MHS   Massachusetts Historical Society, Boston, Mass.

NYHS New York Historical Society, Nova Iorque, N.I.

PGW   *The Papers of George Washington, Revolutionary War Series*, Vols. I-VIII, W. W. Abbot, Philander Chase e Dorothy Twohig, eds. (Charlottesville: University Press of Virginia, 1985-1998).

PNG   *The Papers of Nathanael Greene*, Vols. I, II, X, Richard K. Showman e Dennis Conrad, eds. (Chapel Hill: University of North Carolina Press, 1976, 1980, 1998).

Notas

1. DEVER DO SOBERANO

1. *London Public Advertiser*, 27 de Outubro de 1775.
2. Oliver Andrew, ed., *The Journal of Samuel Curwen, Loyalist*, I (Cambridge, Mass.: Harvard University Press, 1972), 82.
3. Ibid., 42.
4. *London Public Advertiser*, 27 de Outubro de 1775.
5. Royal Mews, em Londres, Inglaterra, onde o mesmo coche está guardado.
6. Fact Sheet, «Gold State Coach», Golden Jubilee Media Centre, Londres, Ingl.
7. Kirstin Olsen, *Daily Life in 18th-Century England* (Westport, Conn.: Greenwood Press, 1999), 57.
8. Christopher Hibbert, *George III: A Personal History* (Nova Iorque: Basic Books, 1998), 53.
9. Ibid., 18-19, 80.
10. Ibid., 197.
11. Ibid., 75.
12. Ibid., 178.
13. Ibid., 79.
14. Ibid., 61.
15. Ibid., 267.
16. Barbara W. Tuchman, *March of Folly: From Troy to Vietnam* (Nova Iorque: Ballantine Books, 1984), 138.
17. Jorge III a Lorde North, 5 de Julho de 1775, em John Fortescue, ed., *Correspondence of King George the Third*, III (Londres: Macmillan, 1927--1928), 233.
18. Peter Force, *American Archives*, 4.ª série, Vol. I (Washington, D.C., 1846), 1682-1683.

[19] Paul Langford, ed. *Writings and Speeches of Edmund Burke*, III (Oxford, Ingl.: Clarendon Press, 1996), 102-169.
[20] Bellamy Partridge, *Sir Billy Howe* (Londres: Longmans, Green & Co., 1932), 7.
[21] Mark M. Boatner, III, ed., *Encyclopedia of the American Revolution* (Nova Iorque: David McKay, 1966), 1167.
[22] John Rhodehamel, ed. *The American Revolution: Writings from the War of Independence* (Nova Iorque: Library of America, 2001), 123.
[23] Jorge III a Lorde North, 26 de Julho de 1775, em John Fortescue, ed., *Correspondence of King George the Third*, III (Londres: Macmillan, 1927--1928), 235.
[24] Lorde North a Jorge III, 26 de Julho de 1775, em John Fortescue, ed., *Correspondence of King George the Third*, III (Londres: Macmillan, 1927--1928), 234.
[25] Howard H. Peckham, ed. *Toll of Independence* (Chicago: University of Chicago Press, 1994), 4.
[26] *New England Essex and Gazette*, 14 de Dezembro de 1775.
[27] Margaret Wheeler Willard, ed., *Letters on the American Revolution: 1774--1776* (Boston: Houghton Mifflin, 1925), 190.
[28] Ibid., 200.
[29] Henry Pelham a John Singleton Copley, 15 de Maio de 1775, *Letters and Papers of John Singleton Copley and Henry Pelham, 1739-1776* (Boston: Massachusetts Historical Society, 1914), 324.
[30] Tobias Smollett, *Adventures of Roderick Random* (Londres: Hutchinson & Company, 1904), 119.
[31] Sir George Otto Trevelyan, *The American Revoluton*, I (Nova Iorque: Longmans, Green & Co., 1926), 21, n. 1.
[32] Solomon Lutnick, *The American Revolution and the British Press, 1775-1783* (Columbia: University of Missouri Press, 1967), 59.
[33] *The Crisis*, 1775, n.ºs 4, 6.
[34] Margaret Wheeler Willard, ed., *Letters on the American Revolution: 1774--1776* (Boston: Houghton Mifflin, 1925), 205.
[35] Allen French, *The First Year of the American Revolution* (Boston: Houghton, Mifflin, 1934), 319-320.
[36] Jorge III a Lorde North, 15 de Outubro de 1775, em John Fortescue, ed., *Correspondence of King George the Third*, III (Londres: Macmillan, 1928), 269.
[37] *London Gazetteer and News Daily Advertiser*, 27 de Outubro de 1775.
[38] *London Public Advertiser*, 27 de Outubro de 1775.
[39] William Cobbett, *The Parliamentary History of England from the Earliest Period to the Year 1803*, XVIII (Londres: T. C. Hansard, 1813), 695.

Notas

40 Ibid., 696.
41 Ibid., 696-697.
42 *London Public Advertiser*, 27 de Outubro de 1775.
43 William Cobbett, *The Parliamentary History of England from the Earliest Period to the Year 1803*, XVIII (Londres: T. C. Hansard, 1813), 706.
44 Ibid., 708-709.
45 Ibid., 709.
46 Ibid., 714.
47 Peter Force, *American Archives*, 4.ª série (Washington, D.C.: M. St. Clair e Peter Force, 1837-1846), 12.
48 William Cobbett, *The Parliamentary History of England from the Earliest Period to the Year 1803*, XVIII (Londres: T. C. Hansard, 1813), 710.
49 Ibid., 730.
50 Ibid., 730-731.
51 Ibid., 735.
52 Ibid., 739.
53 Ibid. 734-750.
54 Ibid., 752.
55 26 de Outubro de 1775, Peter Force, *American Archives*, 4.ª série (Washington, D.C.: M. St. Clair e Peter Force, 1837-1846), 41.
56 Peter D. G. Thomas, *Lord North* (Nova Iorque: St. Martin, 1976), 1.
57 Peter Force, *American Archives*, 4.ª série (Washington, D.C.: M. St. Clair e Peter Force, 1837-1846), 41.
58 Mark M. Boatner, III, ed., *Encyclopedia of the American Revolution* (Nova Iorque: David McKay, 1966), 1017.
59 William Cobbett, *The Parliamentary History of England from the Earliest Period to the Year 1803*, XVIII (Londres: T. C. Hansard, 1813), 767.
60 *London Gazetteer and News Daily Advertiser*, 28 de Outubro de 1775; *London Chronicle*, 26-28 de Outubro de 1775.
61 L. G. Mitchell, *Charles J. Fox* (Oxford, Ingl.: Oxford University Press, 1992), 13.
62 William Cobbet, *The Parliamentary History of England from the Earliest Period to the Year 1803*, XVIII (Londres: T. C. Hansard, 1813), 769.
63 John Drinkwater, *Charles James Fox* (Nova Iorque: Cosmopolitan Book Corp., 1928), 130.
64 William Cobbett, *The Parliamentary History of England from the Earliest Period to the Year 1803*, XVIII (Londres: T. C. Hansard, 1813), 770.
65 F. J. Huddleston, *Gentleman Johnny Burgoyne* (Garden City, N.I.: Garden City Publishing, 1927), 71.
66 Peter D. G. Thomas, *Lord North* (Nova Iorque: St. Martin, 1976), 89.

67 William Cobbett, *The Parliamentary History of England from the Earliest Period to the Year 1803*, XVIII (Londres: T. C. Hansard, 1813), 771.
68 Ibid, 726.
69 Ibid., 772.
70 Edward Gibbon a J. B. Holroyd, 1 de Agosto de 1775, em *The Letters of Edward Gibbon*, II, J. E. Norton, ed. (Nova Iorque: Macmillan, 1956), 82.
71 Ibid., 91.
72 Piers Mackesy, *The War for América: 1775-1783* (Londres: Longmans, Green & Co., 1964), 46.

2. POPULAÇA ARMADA

1 Nathanael Greene a Samuel Ward, 23 de Outubro de 1775, em *PNG*, I, 139-140.
2 Theodore Thayer, *Nathanael Greene: Strategists of the American Revolution* (Nova Iorque: Twayne Publishers, 1960), 26.
3 Visita do autor à herdade de Nathanael Greene.
4 George Washington Greene, *Life of Nathanael Greene*, I (Freeport, N.I.: Books for Libraries, 1962), 5.
5 Nathanael Greene a Samuel Ward, 9 de Outubro de 1775, em *PNG*, I, 49.
6 Theodore Thayer, *Nathanael Greene* (Nova Iorque: Twayne Publishers, 1960), 21.
7 Ibid., 24.
8 George Washington Greene, *The Life of Nathanael Greene*, I (Freeport, N.I.: Books for Libraries, 1962), 47.
9 Ibid., 25.
10 Theodore Thayer, *Nathanael Greene* (Nova Iorque: Twayne Publishers, 1960), 24.
11 George Washington Greene, *The Life of Nathanael Greene*, I (Freeport, N.I.: Books for Libraries, 1962), 27.
12 Theodore Thayer, *Nathanael Greene* (Nova Iorque: Twayne Publishers, 1960), 26.
13 Marechal Maurice de Saxe, *Reveries on the Art of War*, General de Brigada Thomas R. Phillips, ed. (Harrisburg, Pa.: The Military Service Publishing Co., 1944), 117.
14 Nathanael Greene a James Varnum, 31 de Outubro de 1774, em *PNG*, I, 75-76.
15 Nathanael Greene a John Adams, 14 de Julho de 1776, em *PNG*, I, 254.
16 George Washington Greene, *Life of Nathanael Greene*, I (Freeport, N.I.: Books for Libraries, 1962), 79.

Notas

[17] Nathanael Greene a Samuel Ward, 23 de Outubro de 1775, em *PNG*, I, 140.
[18] Congresso a George Washington, 19 de Junho de 1775, em *PGW*, I, 7.
[19] John Hancock a George Washington, 5 de Julho de 1775, em *PGW*, I, 64.
[20] George Washington a Philip Schuyler, 28 de Julho de 1775, em *PGW*, I, 189.
[21] Sir George Otto Trevelyan, *The American Revolution*, I (Nova Iorque: Longmans, Green & Co., 1926), 298.
[22] Allen French, *The First Year of the American Revolution* (Boston: Houghton Mifflin, 1934), 77.
[23] Registo Diário de Simeon Lyman, *Collections of the Connecticut Historical Society*, VIII, 131.
[24] Lois K. Stabler, ed., *Very Poor and of a Lo Make: The Journal of Abner Sanger* (Portsmouth N.H.: Historical Society of Cheshire County, 1986), 37.
[25] Congresso Provincial de Massachusetts a George Washington, 3 de Julho de 1775, em *PGW*, I, 52-53.
[26] Ibid., 53.
[27] Mapa de G. Washington da área de Boston, em *PGW*, I, 186-187.
[28] George Washington a Samuel Washington, 20 de Julho de 1775, em *PGW*, I, 135.
[29] Allen French, *The First Year of the American Revolution* (Boston: Houghton Mifflin, 1934), 164.
[30] Theodore Sizer, ed., *The Autobiography of Colonel John Trumbull* (New Haven, Conn.: Yale University Press, 1953), 21-22.
[31] Mapa desenhado pelo Tenente Richard Williams, Boston, Outubro de 1775, MHS.
[32] Walter Muir Whitehill, Boston: *A Topographical History* (Cambridge, Mass.: Belknap Press, 1968), 7-8.
[33] Registo Diário do Tenente Richard Williams, MHS.
[34] Amelia Forbes Emerson, ed., *Diaries and Letters of William Emerson, 1743-1776* (Boston: Thomas Todd, 1972), 79.
[35] Ibid.
[36] David Hackett Fischer, *Paul Revere's Ride* (Nova Iorque: Oxford University Press, 1994), 204.
[37] John Rhodehamel, ed., *The American Revolution: Writings from the War of Independence* (Nova Iorque: Library of America, 2001), 51.
[38] John C. Fitzpatrick, ed., *George Washington Accounts of Expenses* (Boston; Houghton Mifflin, 1917), 6.
[39] Thomas G. Frothingham, *History of the Siege of Boston, and of the Battles of Lexington, Concord, and Bunker Hill* (Nova Iorque: Da Capo Press, 1970), 23.

1776

40 Amelia Forbes Emerson, ed., *Diaries and Letters of William Emerson, 1743-1776* (Boston: Thomas Todd, 1972), 80.
41 Ibid.
42 Joseph Hodgkins a Sarah Hodgkins, 20 de Setembro de 1775, em Herbert T. Wade e Robert A. Lively, eds., *This Glorious Cause: The Adventures of Two Company Officers in Washington's Army* (Princeton, N.J.: Princeton University Press, 1958), 174.
43 Ibid., 8.
44 Ibid., 174.
45 Henry Steele Commager e Richard B. Morris, eds., *The Spirit of 'Seventy-Six: The Story of the American Revolution as Told by Participants*, I (Indianapolis: Bobbs-Merrill, 1958), 152.
46 «Diary of Jabez Fitch, Jr.», *Proceedings of the MHS*, 2.ª série, IX (1894-1895), 47.
47 Ibid., 55.
48 Ibid., 62.
49 Ibid., 76.
50 Ibid., 52.
51 Ibid., 45.
52 Ibid., 57.
53 Ibid., 59.
54 Abigail Adams a John Adams, 10 de Agosto de 1775, em *Adams Family Correspondence*, I (Cambridge, Mass.: Belknap Press, 1963), 272.
55 Kenneth F. Kiple, ed., *Cambridge World History of Human Disease* (Cambridge, Ingl.: Cambridge University Press, 1992), 1071-1076; Anton Sebastian, *Dictionary of the History of Medicine* (Nova Iorque: Parthenon Publishers, 1999), 268.
56 Registo Diário de Simeon Lyman, *Collections of the Connecticut Historical Society*, VIII, 123.
57 Charles Royster, *A Revolutionary People at War: The Continental Army and American Character, 1775-1783* (Chapel Hill: University of North Carolina Press, 1979), 132.
58 George H. Guttridge, ed., *The Correspondence of Edmund Burke*, III (Cambridge, Ingl.: Cambridge University Press, 1961), 293.
59 Herbert T. Wade e Robert A. Lively, eds., *This Glorious Cause (Princeton*, N.J.: Princeton University Press, 1958), 33.
60 Theodore Sizer, ed., *The Autobiography of Colonel John Trumbull* (New Haven, Conn.: Yale University Press, 1953), 18.
61 William Emerson à sua esposa, 17 de Julho de 1775, em George F. Scheer e Hugh F. Rankin, eds., *Rebels and Redcoats* (Nova Iorque: Da Capo Press, 1957), 83.

Notas

⁶² Noth Callahan, Henry Knox: *George Washington's General* (South Brunswick, Maine: A. S. Barnes, 1958), 37.
⁶³ Henry Steele Commager e Richard B. Morris, eds., *The Spirit of 'Seventy-Six*, I (Indianapolis: Bobbs-Merrill, 1958), 153-154.
⁶⁴ *New England Chronicle and Essex Gazette*, 14 de Setembro de 1775.
⁶⁵ «Uniforms of the Revolutionary Army» *Proceedings of the MHS*, IV (1858-1860), 152-163.
⁶⁶ Joseph Hodgkins a Sarah Hodgkins, 3 de Setembro de 1775, em Herbert T. Wade e Robert A. Lively, eds. *This Glorious Cause* (Princeton, N.J.: Princeton University Press, 1958), 171.
⁶⁷ James Thacher, M.D., *Military Journal During the American Revolutionary War, July 1775 to February 17, 1777* (Boston: Richardson & Lord, 1823), 37.
⁶⁸ Sir George Otto Trevelyan, *The Amerian Revolution*, II (Nova Iorque: Longmans, Green & Co., 1899), 187.
⁶⁹ Allen French, *The First Year of the American Revolution* (Boston: Houghton, Mifflin, 1934), 83.
⁷⁰ Isaac J. Greenwood, ed., *Revolutionary Services of John Greenwood of Boston and New York, 1775-1783* (Nova Iorque: De Vinne Press, 1922), 3.
⁷¹ Ibid., 4.
⁷² Ibid., 6.
⁷³ Ibid., 12.
⁷⁴ Ibid., 12-13.
⁷⁵ Willam Heath a John Adams, 23 de Outubro de 1775, em *Papers of John Adams*, III, Robert J. Taylor, ed. (Cambridge, Mass.: Belknap Press, 1979), 230.
⁷⁶ John Thomas a John Adams, 24 de Outubro de 1775, em *Papers of John Adams*, III, Robert J. Taylor, ed. (Cambridge, Mass.: Belknap Press, 1979), 329.
⁷⁷ Ordens Gerais de George Washington, 12 de Novembro de 1775, em *PGW*, II, 354.
⁷⁸ *New England Chronicle and Essex Gazette*, Julho-Setembro de 1775.
⁷⁹ Ibid., 2 de Novembro de 1775.
⁸⁰ James Thacher, M.D., *Military Journal During the American Revolutionary War, July 1775 to February 17, 1777* (Boston: Richardson & Lord, 1823), 37-38.
⁸¹ Joseph Whitehorne, «Shepardstown and the Morgan-Stevenson Companies», *Magazine of the Jefferson County Historical Society*, LVIII (Dezembro de 1992), 16-19.
⁸² George F. Scheer e Hugh F. Rankin, *Rebels and Redcoats* (Nova Iorque: Da Capo Press, 1957), 86.

1776

83 Thomas G. Frothingham, *History of the Siege of Boston, and of the Battles of Lexington, Concord, and Bunker Hill* (Nova Iorque: Da Capo Press, 1970), 274.
84 «Diary of Samuel Bixby», 2 de Agosto de 1775, *Proceedings of the MHS*, Vol. XIV (1875-1876), 291.
85 John Greenwood, *The Revolutionary Services of John Greenwood of Boston*, Isaac J. Greenwood, ed. (Nova Iorque: De Vinne Press, 1922), 21.
86 «Diary of Samuel Bixby», 3-12 de Agosto de 1775, *Proceedings of the MHS*, Vol. XIV (1875-1876), 293.
87 Stephen Kemble, *Journals of Lieutenant-Colonel Stephen Kemble, 1773-1789, and British Army Orders: General Sir William Howe, 1775-1778; General Sir Henry Clinton, 1778; and General Daniel Jones, 1778* (Boston: Gregg Press, 1972), 55-60.
88 Lund Washington a George Washington, 20 de Agosto de 1775, em *PGW*, I, 336.
89 George Washington a Richard H. Lee, 29 de Agosto de 1775, em *PGW*, I, 372.
90 George Washington a Philip Schuyler, 20 de Agosto de 1775, em PGW, I, 331.
91 Investigação e debate com curadores e colaboradores do Serviço do Parque do Local Histórico Nacional da Casa Longfellow, Mass.
92 Ver «George Washington's Revolutionary War Expenses and Accounts, 1775-1776, kept by Ebenezer Austin», BC.
93 James Thomas Flexner, *George Washington in the American Revolution, 1775-1783*, II (Boston: Little Brown, 1967), 60.
94 George Washington a William Woodford, 10 de Novembro de 1775, em *PGW*, II, 347.
95 John C. Dann, ed., *The Revolution Remembered* (Chicago: University of Chicago Press, 1980), 392.
96 Benjamin Rush a Thomas Rushton, 29 de Outubro de 1777, em L. H. Butterfield, ed., *Letters of Benjamin Rush*, I (Princeton N.J.: American Philosophical Society, 1951), 92.
97 Paul H. Smith, ed., *Letters of Delegates to Congress, 1774-1789*, I (Washington, D.C.: Library of Congress, 1976), 499-500.
98 John Adams a Abigail Adams, 11 de Junho de 1775, em *Adams Family Correspondence*, I (Cambridge, Mass.: Belknap Press, 1963), 215.
99 Ibid., 17 de Junho de 1775, 216.
100 Abigail Adams a John Adams, 16 de Julho de 1775, em *Adams Family Correspondence*, I (Cambridge, Mass.: Belknap Press, 1963), 246.
101 Nathanael Greene a Samuel Ward, 14 de Julho de 1775, em *PNG*, I, 99.
102 John F. Roche, *Joseph Reed: A Moderate in the American Revolution* (Nova Iorque: Columbia University Press, 1957), 66.

103 Frank Grizzard, Júnior, *George Washington: Biographical Companion* (Santa Barbara, Calif.: ABC-Clio, 2002), 326.
104 Richard Brookhiser, ed., *George Washington's Rules of Civility* (Nova Iorque: Free Press, 1997), 27.
105 Bellamy Partridge, *Sir Billy Howe* (Londres: Longmans, Green & Co., 1932), 34.
106 George Washington a John Washington, 31 de Maio de 1754, em *Papers of George Washington*, Colonial Series, I, W. W. Abbot, ed. (Charlottesville: University Press of Virginia, 1983), 118.
107 Conversa do autor com Carol Borchert Cadou, curadora da Propriedade e dos Jardins de Monte Vernon, Monte Vernon, Va.
108 George Washington a Lund Washington, 20 de Agosto de 1775, em *PGW*, I, 337.
109 Paul Leicester Ford, *Washington and the Theater* (Nova Iorque: Dunlap Society, 1899), 7.
110 Ibid., 2-21; James Thomas Flexner, *George Washington in the American Revolution, 1775-1783* (Boston: Little Brown, 1968), 30.
111 Informação sobre a posse de terras de George Washington, fornecida por Frank Grizzard, editor associado, *Papers of George Washignton*.
112 Tobias Smollett, The expedition of Humphrey Clinker (Oxford, Ingl.: Oxford University Press, 1966), 321.
113 Thomas Jefferson a Dr. Walter Jones, 21 de Janeiro de 1814, BC.
114 Donald Jackson, ed., *Diaries of George Washington*, III (Charlottesville: University Press of Virginia, 1978), 160-191.
115 R. S. Surtees, *Mr. Sponge's Sporting Tour* (Londres, The Folio Society, 1950), 10.
116 Charles Coleman Sellers, *Charles Willson Peale: Early Life*, I (Filadélfia: American Philosophical Society, 1947), 109.
117 George Washington ao Congresso Continental, 16 de Junho de 1775, em *PGW*, I, 1.
118 George Washington a Martha Washington, 18 de Junho de 1775, em *PGW*, I, 3-4.
119 Instruções a Nathaniel Tracy, 2 de Setembro de 1775, em *PGW*, I, 405.
120 George Washington a John Washington, 10 de Setembro de 1775, em *PGW*, I, 447.
121 George Washington aos Oficiais Generais, 8 de Setembro de 1775, em *PGW*, I, 432.
122 George Washington a Nicholas Cooke, 4 de Agosto de 1775, em *PGW*, I, 221.
123 George Washington aos Oficiais Generais, 8 de Setembro de 1775, em *PGW*, I, 432.

[124] John Richard Alden, *General Charles Lee: Traitor or Patriot?* (Baton Rouge: Louisiana State University Press, 1951), 9.
[125] Ibid., 83.
[126] John Shy, *A People Numerous and Armed: Reflections on the Military Struggle for American Independence* (Ann Arbor: University of Michigan Press, 1990), 137.
[127] George Washington a John Washington, 31 de Março de 1776, em *PGW*, III, 570.
[128] William Cooper a John Adams, 22 de Abril de 1776, em *Naval Documents of the American Revolution*, IV, William Bell Clark, ed. (Washington, D.C.: U.S Department of the Navy, 1969), 1192.
[129] Christopher Hibbert, *Redcoats and Rebels: The American Revolution Through British Eyes* (Nova Iorque: Avon, 1990), 70.
[130] William Heath, *Heath's Memoirs of the American War* (Nova Iorque: A. Wessels Co., 1904), 15.
[131] George Washington a John Thomas, 23 de Julho de 1775, em *PGW*, I, 160.
[132] George Washington, Conselho de Guerra, 11 de Setembro de 1775, em *PGW*, I, 450.
[133] Ibid., 451.
[134] George Washington a John Hancock, 21 de Setembro de 1775, em *PGW*, II, 28-29.
[135] Joseph Hodgkins a Sarah Hodgkins, 6 de Outubro de 1775, Herbert T. Wade e Robert A. Lively, eds., *This Glorious Cause* (Princeton, N.J.: Princeton University Press, 1958), 178.
[136] Nathanael Greene a Catharine Greene, 2 de Junho de 1775, em *PNG*, I, 83.
[137] Nathanael Greene a Samuel Ward, 4 de Julho de 1776, em *PNG*, I, 98.
[138] George Washington a John Thomas, 23 de Julho de 1775, em *PGW*, I, 160.
[139] George Washington ao Congresso Provincial de Nova Iorque, 26 de Junho de 1775, em *PGW*, I, 41.
[140] Nathanael Greene a Samuel Ward, 23 de Outubro de 1775, em *PNG*, I, 140.
[141] Clifford K. Shipton, ed., *Sibley's Harvard Graduates*, XIII (Boston: Massachusetts Historical Society, 1965), 380-398.
[142] James Warren a Samuel Adams, 23 de Outubro de 1775, em *Warren-Adams Letters*, II, Compilação da Massachusetts Historical Society (Boston: Massachusetts Historical Society, 1925), 422.
[143] George Washington a William Ramsay, 10-16 de Novembro de 1775, em *PGW*, II, 345.

Notas

[144] George Washington a Joseph Reed, 20 de Novembro de 1775, em *PGW*, II, 407.
[145] Ibid., 28 de Novembro de 1775, 448.
[146] L. H. Butterfield, ed., *Diary and Autobiography of John Adams*, II (Cambridge, Mass.: Harvard University Press, 1961), 131.
[147] «Diary of Jabez Fitch, Jr.», 12 de Novembro de 1775, *Proceedings of the MHS*, 2.ª série, IX (1894-1895), 79.
[148] James Warren a John Adams, 14 de Novembro de 1775, em *Papers of John Adams*, III, Robert J. Taylor, ed. (Cambridge, Mass.: Belknap Press, 1983), 306.
[149] John Adams a Joseph Hawley, 25 de Novembro de 1775, em *Papers of John Adams*, III, Robert J. Taylor, ed. (Cambridge, Mass.: Belknap Press, 1979), 316.
[150] Nathanael Greene a Samuel Ward, 18 de Dezembro de 1775, em *PNG*, I, 163.
[151] George F. Scheer e Hugh R. Rankin, eds., *Rebels and Redcoats* (Nova Iorque: Da Capo Press, 1957), 79-104.
[152] Marquis de Chastellux, *Travels in North America in the Years 1780, 1781, and 1782*, I, Howard C. Rice, ed. (Chapel Hill: University of North Carolina Press, 1963), 112.
[153] North Callahan, *Henry Knox: George Washington's General* (South Brunswick, Maine: A. S. Barnes, 1958), 16.
[154] Ibid., 21.
[155] L. H. Butterfield, ed., *Diary and Autobiography of John Adams*, III (Cambridge, Mass.: Harvard University Press, 1961), 446.
[156] North Callahan, *Henry Knox: George Washington's General* (South Brunswick, Maine: A. S. Barnes, 1958), 29-30.
[157] Ibid., 35.
[158] Ibid., 26.
[159] Ibid.
[160] Henry Knox a Lucy Knox, 17 de Dezembro de 1775, NYHS.
[161] Ibid., 7 de Julho de 1775.
[162] Ibid., 9 de Julho de 1775.
[163] Ibid., 18 de Novembro de 1775.
[164] Ordens de Nathanael Greene, 7 de Novembro de 1775, em *PNG*, I, 149.
[165] Ordens de Nathanael Greene, 15 de Novembro de 1775, em *PNG*, I, 151.
[166] Allen Bowman, *The Morale of the American Revolutionary Army* (Washington, D.C.: American Council of Public Affairs, 1943), 21.
[167] John C. Dann, ed., *The Revolution Remembered: Eyewitness Accounts of the War for Independence* (Chicago: Chicago University Press, 1980), 409.

1776

[168] George Washington a Joseph Reed, 27 de Novembro de 1775, em *PGW*, II, 442.
[169] George Washington a John Hancock, 4 de Dezembro de 1775, em *PGW*, II, 486.
[170] Ibid., 14 de Dezembro de 1775, 548.
[171] Frank Moore, *Diary of the American Revolution*, I (Nova Iorque: Scribner, 1860), 171-173.
[172] George Washington a John Hancock, 28 de Novembro de 1775, em *PGW*, II, 446.
[173] George Washington a Joseph Reed, 28 de Novembro de 1775, em *PGW*, II, 449-450.
[174] Ibid., 30 de Novembro de 1775, 463.
[175] Ibid.
[176] Joseph Hodgkins a Sarah Hodgkins, 6 de Outubro de 1775, em Herbert T. Wade e Robert A. Lively, eds., *This Glorious Cause* (Princeton, N.J.: Princeton University Press, 1958), 178.
[177] Ibid., 25 de Novembro de 1775, 185.
[178] Sarah Hodgkins a Joseph Hodgkins, 10 de Dezembro de 1775, em Herbert T. Wade e Robert A. Lively, eds., *This Glorious Cause* (Princeton, N.J.: Princeton University Press, 1958), 187.
[179] Ibid., 23 de Maio de 1775, 203, e 2 de Junho de 1775, 204.
[180] Ibid., 19 de Novembro de 1775, 184.
[181] George F. Scheer e Hugh F. Rankin, eds., *Rebels and Redcoats* (Nova Iorque: Da Capo Press, 1957), 102.
[182] Registo Diário de Simeon Lyman of Sharon, 10 de Agosto a 28 de Dezembro de 1775, *Collections of Connecticut Historical Society*, VII, 131.
[183] George F. Scheer e Hugh F. Rankin, eds., *Rebels and Redcoats* (Nova Iorque: Da Capo Press, 1957), 103.
[184] George Washington a Philip Schuyler, 24 de Dezembro de 1775, em *PGW*, II, 599-600.
[185] George F. Scheer e Hugh F. Rankin, eds., *Rebels and Redcoats* (Nova Iorque: Da Capo Press, 1957), 103.
[186] Martha Washington a Elizabeth Ramsay, 30 de Dezembro de 1775, em Joseph E. Fields, ed., *Worthy Partner: The Papers of Martha Washington* (Westport, Conn.: Greenwood Press, 1994), 164.
[187] Diário de Richard Smith, 22 de Dezembro de 1775, em *Letters of Delegates to Congress, 1774-1789*, Paul Smith, ed., II (Washington, D.C.: Library of Congress, 1977), 513.
[188] *Providence Gazette*, 23 de Dezembro de 1775.
[189] Nathanael Greene a Samuel Ward, 31 de Dezembro de 1775, em *PNG*, I, 173-174.

¹⁹⁰ Allen French, *The First Year of the American Revolution* (Boston: Houghton Mifflin, 1934), 630.
¹⁹¹ Nathanael Greene a Samuel Ward, 4 de Janeiro de 1776, em PNG, I, 176-177.
¹⁹² George Washington a Joseph Reed, 10 de Fevereiro de 1776, em *PGW*, III, 288.
¹⁹³ William Heath, *Heath's Memoirs of the American War* (Nova Iorque: A. Wessels Co., 1904), 43-44.
¹⁹⁴ Ordens Gerais de George Washington, 1 de Janeiro de 1776, em *PGW*, III; 1.
¹⁹⁵ Allen French, *The First Year of the American Revolution* (Boston: Houghton Mifflin, 1934), 630.

3. DORCHESTER HEIGHTS

1. Sir Henry Clinton, *The American Rebellion: Sir Henry Clinton's Narrative of His Campaigns, 1775-1782*. William B. Willcox, ed. (New Haven, Conn.: Yale University Press, 1954), 20.
2. John Rhodehamel, ed., *The American Revolution: Writings from the War of Independence* (Nova Iorque: Library of America, 2001), 120.
3. James Grant a Edward Harvey, 11 de Agosto de 1775, Documentos de James Grant, BC.
4. Ibid.
5. K. G. Davies, ed., *Documents of the American Revolution, 1770-1783*, Colonial Office Series, XI (Dublin: Irish University Press, 1976), 99.
6. Ibid., 191.
7. Memorando de Sir Henry Clinton, 3 de Dezembro de 1775, em *The American Rebellion: Sir Henry Clinton's Narrative of His Campaigns*, William B. Willcox, ed. (New Haven, Conn.: Yale University Press, 1954), 23n.
8. David Hackett Fisher, Washington's Crossing (Nova Iorque: Oxford University Press, 2004), 36.
9. Francis, Lorde Rawdon, a Francis, 10.º Conde de Huntingdon, 13 de Dezembro de 1775, em *Report on the Manuscripts of the late Reginald Rawdon Hastings*, III (Londres: Her Majesty's Stationery Office, 1930-1947), 161.
10. Ibid., 5 de Outubro de 1775, 160.
11. Margaret Wheeler Willard, ed., *Letters on the American Revolution: 1774-1776* (Boston: Houghton Mifflin, 1925), 259.
12. Allen French, *The First Year of the American Revolution* (Boston: Houghton Mifflin, 1934), 650.

13. George Washington a John Washington, 13 de Outubro de 1775, em *PGW*, II, 161.
14. Henry Steele Commager e Richard B. Morris, eds., *The Spirit of 'Seventy-Six*, I (Indianapolis: Bobbs-Merrill, 1958), 148-149.
15. Allen French, *The First Year of the American Revolution* (Boston: Houghton Mifflin, 1934), 651.
16. Margaret Wheeler Willard, ed., *Letters on the American Revolution: 1774-1776* (Boston: Houghton Mifflin, 1925), 255.
17. James Grant a Edward Harvey, 29 de Novembro de 1775, Documentos de James Grant, BC.
18. Margaret Wheeler Willard, ed., *Letters on the American Revolution: 1774-1776* (Boston: Houghton Mifflin, 1925), 255.
19. Allen French, *The First Year of the American Revolution* (Boston: Houghton Mifflin, 1934), 634.
20. George F. Scheer e Hugh F. Rankin, eds., *Rebels and Redcoats: The American Revolution Through the Eyes of Those Who Fought and Lived It* (Nova Iorque: Da Capo Press, 1957), 97.
21. Henry Steele Commager e Richard B. Morris, eds., *The Spirit of 'Seventy-Six: The Story of the American Revolution as Told by Participants*, I (Indianapolis: Bobbs-Merrill, 1958), 166.
22. Thomas Fleming, *1776: Year of Illusions* (Nova Iorque: Norton, 1975), 63.
23. Thomas Jones, *History of New York During the Revolutionary War*, I (Nova Iorque: New-York Historical Society, 1879), 351.
24. Richard M. Ketchum, The Winter Soldiers (Garden City, N.I.: Doubleday, 1973), 94.
25. Sir George Otto Trevelyan, *The American Revolution*, I (Nova Iorque: Longmans, Green & Co., 1899), 306.
26. Thomas J. Fleming, *Now We Are Eenmies: The Story of Bunker Hill* (Nova Iorque: St. Martin, 1960), 330.
27. Ibid., 235.
28. Troyer Anderson, *Command of the Howe Brothers During the American Revolution* (Nova Iorque: Oxford University Press, 1936), 116.
29. George Washington a Joseph Reed, 14 de Janeiro de 1776, em *PGW*, III, 89.
30. Ibid.
31. George Washington a Joseph Reed, 14 de Janeiro de 1776, em *PGW*, III, 89-90.
32. George Washington a Jonathan Trumbull, 7 de Janeiro de 1776, em *PGW*, III, 51.
33. Nathanael Greene a Samuel Ward, 4 de Janeiro de 1776, em *PNG*, I, 177.

34 George Washington a Joseph Reed, 26 de Fevereiro / 9 de Março de 1776, em *PGW*, III, 372.
35 John Adams a George Washington, 6 de Janeiro de 1776, em *PGW*, III; 37.
36 George Washington a Charles Lee, 8 de Janeiro de 1776, em *PGW*, III, 53.
37 George Washington, Conselho de Guerra, 16 de Janeiro de 1776, em *PGW*, III, 103.
38 George Washington a John Hancock, 18-21 de Fevereiro de 1776, em *PGW*, III, 336.
39 George Washington, Conselho de Guerra, 18 de Janeiro de 1776, em *PGW*, III, 133.
40 Allen French, *The First Year of the American Revolution* (Boston: Houghton Mifflin, 1934), 655; North Callahan, *Henry Knox: George Washington's General* (South Brunswick, Maine: A. S. Barnes, 1958), 40-41.
41 «Ticonderonga Diary of Henry Knox», *New England Historical and Genealogical Register*, XXX (1876), 323.
42 Ibid.
43 William Knox a Henry Knox, 14 de Dezembro de 1775, NYHS.
44 Henry Knox a George Washington, 17 de Dezembro de 1775, em *PGW*, II, 563.
45 Henry Knox ao Capitão Palmer, 12 de Dezembro de 1775, NYHS.
46 Henry Knox a George Washington, 17 de Dezembro de 1775, em *PGW*, II, 564.
47 Henry Knox a Lucy Knox, 17 de Dezembro de 1775, NYHS.
48 Allen French, *The First Year of the American Revolution* (Boston: Houghton Mifflin, 1934), 655.
49 John Becker, *The Sexagenary; or, Reminiscences of the American Revolution* (Albany, N.I.: J. Munsell, 1866), 30.
50 Henry Knox a Lucy Knox, 5 de Janeiro de 1776, NYHS.
51 Philip Schuyler a George Washington, 5-7 de Janeiro de 1776, em *PGW*, III, 34.
52 Diário de Henry Knox, 8 de Janeiro de 1776, MHS.
53 Ibid., 10 de Janeiro de 1776.
54 Ibid.
55 John Becker, *The Sexagenary; or Reminescences of the American Revolution* (Albany, N.I.: J. Munsell, 1866), 34.
56 Henry Knox a George Washington, 17 de Dezembro de 1775, em *PGW*, II, 564.
57 George Washington a Joseph Reed, 23 de Janeiro de 1776, em *PGW*, II, 172-173.

[58] Ibid., 10 de Fevereiro de 1776, 287.
[59] James Thacher, M. D., 22 de Janeiro de 1776, *Military Journal During the American Revolutionary War, July 1775 to February 17, 1777* (Boston: Richardson & Lord, 1823), 45-46.
[60] Allen French, *The First Year of the American Revolution* (Boston: Houghton Mifflin, 1934), 648.
[61] George Washington, Conselho de Guerra, 16 de Fevereiro de 1776, em *PGW*, III, 321.
[62] Conselho de Guerra, 16 de Fevereiro de 1776, em *PGW*, III, 323, n. 5.
[63] Sir George Otto Trevelyan, *The American Revolution*, I (Nova Iorque: Longmans, Green & Co., 1926), 358.
[64] Nathanael Greene a Jacob Greene, 8 de Fevereiro de 1776, em *PNG*, I, 193.
[65] Ibid., 15 de Fevereiro de 1776, 194.
[66] George Washington a Joseph Reed, 26 de Fevereiro / 9 de Março de 1776, em *PGW*, III, 370.
[67] Ibid.
[68] George Washington a John Washington, 31 de Março de 1776, em *PGW*, III, 567.
[69] Allen French, *The First Year of the American Revolution* (Boston: Houghton Mifflin, 1934), 656-657.
[70] George Washington a Joseph Reed, 26 de Fevereiro / 9 de Março de 1776, em *PGW*, III, 371.
[71] George Washington a Artemus Ward, 3 de Março de 1776, em *PGW*, III, 409.
[72] Sarah Hodgkins a Joseph Hodgkins, em Herbert T. Wade e Robert A. Lively, eds., *This Glorious Cause: The Adventures of Two Company Officers in Washngton's Army* (Princeton, N.J.: Princeton University Press, 1958), 193-194.
[73] Abigail Adams a John Adams, 21 de Fevereiro de 1776, em L. H. Butterfield, ed., Adams Family Correspondence, I (Cambridge, Mass.: Belknap Press, 1963), 350.
[74] Ibid., 2 de Março de 1776, 352-353.
[75] *PGW*, II, 243.
[76] George Washington a Phyllis Wheatley, 28 de Fevereiro de 1776, em *PGW*, III, 387.
[77] George Washington a Burwell Bassett, 28 de Fevereiro de 1776, em *PGW*, III, 386.
[78] Lachlan Campbell, «*British Journal from Aboard Ship in Boston Commencing January 1776 and Then Moving to New York*», NYHS.
[79] Ordens Gerais de George Washington, 27 de Fevereiro de 1776, em *PGW*, III, 379.

80 George Washington a Artemus Ward, 2 de Março de 1776, em *PGW*, III, 401.
81 Abigail Adams a John Adams, 2 de Março de 1776, em L. H. Buterfield, ed., *Adams Family Correspondence*, I (Cambridge, Mass.: Belknap Press, 1963), 353.
82 Henry Steele Commager e Richard B. Morris, eds., *The Spirit of 'Seventy-Six*, I (Indianapolis: Bobbs-Merrill, 1958), 182.
83 Worthington Chauncey Ford, ed., *Correspondence and Journals of Samuel Blachley Webb*, 1772-1775, I (Lancaster, Pa.: Wickersham Press, 1893), 134.
84 William Gordon a Samuel Wilcon, 6 de Abril de 1776, *Proceedings of the MHS*, LX (Outubro de 1926 / Junho de 1927), 362.
85 James Thacher, M. D., 4 de Março de 1776, em *Military Journal During the American Revolutionary War, July 1775 to February 17, 1777* (Boston: Richardson & Lord, 1823), 46.
86 Ibid., 5 de Março de 1776, 46-47.
87 William Gordon a Samuel Wilcon, 6 de Abril de 1776, *Proceedings of the MHS*, LX (Outubro de 1926 / Junho de 1927), 363.
88 Allen French, *The First Year of the American Revolution* (Boston: Houghton Mifflin, 1934), 659.
89 William Heath, *Heath's Memoirs of the American War* (Nova Iorque: A. Wessels Co., 1904), 49.
90 Allen French, *The First Year of the American Revolution* (Boston: Houghton Mifflin, 1934), 660.
91 Archibald Robertson, 4 de Março de 1776, em *Archibald Robertson: His Diaries and Sketches in America, 1762-1780* (Nova Iorque: New York Public Library, 1930), 74.
92 Allen French, *The First Year of the American Revolution* (Boston: Houghton Mifflin, 1934), 660.
93 *London Chronicle*, 15 de Maio de 1776.
94 George Washington a Charles Lee, 14 de Março de 1776, em *PGW*, III, 467.
95 Archibald Robertson, 5 de Março de 1776, em *Archibald Robertson* (Nova Iorque: New York Public Library, 1930), 74.
96 Theodore Sizer, ed., *The Autobiography of Colonel John Trumbull* (New Haven, Conn.: Yale University Press, 1953), 23.
97 James Thacher, M. D., 5 de Março de 1776, em *Military Journal During the American Revolutionary War, July 1775 to February 17, 1777* (Boston: Richardson & Lord, 1823), 47.
98 William Gordon a Samuel Wilcon, 6 de Abril de 1776, *Proceedings of the MHS*, LX (Outubro de 1926 / Junho de 1927), 363.

99 George Washington a Joseph Reed, 26 de Fevereiro / 9 de Março de 1776, em *PGW*, III, 374.
100 William Gordon a Samuel Wilcon, 6 de Abril de 1776, *Proceedings of the MHS*, LX (Outubro de 1926 / Junho de 1927), 364.
101 Isaac Bangs, 1 de Abril de 1776, em *Journal of Lieutenant Isaac Bangs, April 1 / July 29, 1776*, Edward Bangs, ed. (Cambridge, Mass.: John Wilson & Son, 1890), 12.
102 William Heath, *Heath's Memoirs of the American War* (Nova Iorque: A. Wessels Co., 1904), 50.
103 Archibald Robertson, 5 de Março de 1776, em *Archibald Robertson* (Nova Iorque: New York Public Library, 1930), 74.
104 Isaac Bangs, 1 de Abril de 1776, em *Journal of Lieutenant Isaac Bangs, April 1 / July 29, 1776*, Edward Bangs, ed. (Cambridge, Mass.: John Wilson & Son, 1890), 12.
105 James Grant ao General Harvey, 26 de Março de 1776, Documentos de James Grant, BC.
106 K. G. Davies, ed., *Documents of the American Revoluton, 1770-1783*, Colonial Office Series, XII (Dublin: Irish University Press, 1976), 82.
107 Ibid.
108 *London Chronicle*, 15 de Maio de 1776.
109 Anne Rowe Cunningham, ed., *Letters and Diary of John Rowe, Boston Merchant, 1759-1762, 1764-1779* (Boston: W. B. Clarke Co., 1903), 301.
110 Josef and Dorothy Berger, eds., *Diary of America* (Nova Iorque: Simon & Schuster, 1957), 112.
111 James Grant ao General Harvey, 26 de Março de 1776, Documentos de James Grant, BC.
112 Thomas G. Frothingham, *History of the Siege of Boston, and of the Battles of Lexington, Concord, and Bunker Hill* (Nova Iorque, Da Capo Press, 1970), 302.
113 Ibid., 303.
114 Isaac Bangs, 1 de Abril de 1776, em *Journal of Lieutenant Isaac Bangs, April 1 / July 29, 1776*, Edward Bangs, ed. (Cambridge, Mass.: John Wilson & Son, 1890), 13.
115 John Rhodehamel, ed., *The American Revolution* (Nova Iorque: Library of America, 2001), 122.
116 George Washington a John Hancock, 7-9 de Março de 1776, em *PGW*, III, 424.
117 James H. Stark, *The Loyalists of Massachusetts and the Other Side of the American Revolution* (Boston: W. B. Clarke Co., 1910), 348.
118 Queixas de Lealistas, Departamento dos Registos Públicos, Jardins de Kew, Londres, Ingl.

119 Henry Steele Commager e Richard B. Morris, eds., *The Spirit of 'Seventy--Six*, I (Indianapolis: Bobbs-Merrill, 1958), 350.
120 James H. Stark, *The Loyalists of Massachusetts and the Other Side of the American Revolution* (Boston: W. B. Clarke Company, 1910), 311.
121 Catherine S. Crary, *The Price of Loyalty: Tory Writings from the Revolutionary Era* (Nova Iorque: McGraw-Hill, 1973), 125.
122 Memória de William MacAlpine, Queixas Lealistas, Departamento dos Registos Públicos, Jardins de Kew, Londres, Inglaterra
123 Lorenzo Sabine, *Biographical Sketches of Loyalists of the American Revolution*, I (Port Washington, N.I.: Kennicat Press, 1966), 387.
124 Alfred E. Jones, *The Loyalists of Massachusetts* (Londres: St. Catherine, 1930), xvii.
125 Allen French, *The First Year of the American Revolution* (Boston: Houghton Mifflin, 1934), 665.
126 Thomas G. Frothingham, *History of the Siege of Boston, and of the Battles of Lexington, Concord, and Bunker Hill* (Nova Iorque, Da Capo Press, 1970), 306.
127 Ibid., 307.
128 Anne Rowe Cunningham, ed., *Letters and Diary of John Rowe, Boston Merchant, 1759-1762, 1764-1779* (Boston: W. B. Clarke Co., 1903), 302.
129 Joseph Berger e Dorothy Berger, eds., *Diary of America* (Nova Iorque: Simon & Schuster, 1957), 112.
130 *Journal of Lieutenant Colonel Stephen Kemble, 1783-1789* (Boston: Gregg Press, 1972), 73.
131 Archibald Robertson, 17 de Março de 1776, em *Archibald Robertson: Diaries and Sketches in America, 1762-1780* (Nova Iorque: New York Public Library, 1930), 80.
132 James Thacher, M. D., 8 de Março de 1776, em *Military Journal During the American Revolutionary War, July 1775 to February 17, 1777* (Boston: Richardson & Lord, 1823), 49.
133 Abigail Adams a John Adams, 16 de Março de 1776, em *Adams Family Correspondence*, I (Cambridge, Mass.: Belknap Press, 1963), 360.
134 William Cooper a John Adams, 22 de Abril de 1776, em *Naval Documents of the American Revolution*, IV, William Bell Clark, ed. (Washington, D.C.: U.S Department of the Navy, 1969), 1192.
135 George Washington a John Hancock, 19 de Março de 1776, em *PGW*, III, 490.
136 John Sullivan a John Adams, 15-19 de Março de 1776, em *Papers of John Adams*, IV, Robert J. Taylor, ed. (Cambridge, Mass.: Belknap Press, 1979), 55.

[137] James Thacher, M.D., 22 de Março de 1776, *Military Journal During the American Revolutionary War, July 1775 to February 17, 1777* (Boston: Richardson & Lord, 1823), 50.
[138] George Washington a Joseph Reed, 19 de Março de 1776, em *PGW*, III, 494.
[139] *London Chronicle*, 4-6 de Maio de 1776.
[140] Ibid.
[141] Clifford K. Shipton, ed., *Sibley's Harvard Graduates: 1756-1760*, XIV (Boston: Massachusetts Historical Society, 1968), 153-154.
[142] *New Haven Journal*, 2 de Março de 1776.
[143] *Constitutional Gazette*, 30 de Março de 1776.
[144] *Philadelphia Evening Post*, 30 de Março de 1776.
[145] John Hancock a George Washington, 2 de Abril de 1776, em *PGW*, IV, 16.
[146] Paul H. Smith, ed., *Letters of the Delegates to Congress*, III (Washington, D.C.: Library of Congress, 1976-1979), 440.
[147] Thomas G. Frothingham, *History of the Siege of Boston, and of the Battles of Lexington, Concord, and Bunker Hill* (Nova Iorque, Da Capo Press, 1970), 323.
[148] Discurso dos Membros do Conselho Municipal de Boston, Março de 1776, em *PGW*, III, 571.
[149] George Washington a John Washington, 31 de Março de 1776, em PGW, III, 569.
[150] Ibid., 566.
[151] Ibid., 569.
[152] Ibid., 567.
[153] George Washington a Joseph Reed, 26 de Fevereiro / 9 de Março de 1776, em *PGW*, III, 373.
[154] George Washington a Joseph Reed, 1 de Abril de 1776, em *PGW*, IV, 12.
[155] Ibid., 11.
[156] Ibid., 9.
[157] John Hancock a George Washington, 25 de Março de 1776, em *PGW*, III, 532.
[158] George Washington a Joseph Reed, 1 de Abril de 1776, em *PGW*, IV, 11.
[159] Thomas Paine, «Rights of Man» e «Common Sense» (Nova Iorque: Knopf, 1994), 265.
[160] John Lapham os seus pais, 17 de Março de 1776, publicado no *Boston Transcript*, 17 de Março de 1928, Documentos de Allen French, MHS.

Notas

4. AS LINHAS ESTÃO TRAÇADAS

1 William Heath, *Heath's Memoirs of the American War* (Nova Iorque: A. Wessels Co., 1904), 53.
2 George Washington a John Hancock, 1 de Abril de 1776, em *PGW*, IV, 7.
3 Ordens e Instruções de George Washington a Henry Knox, 3 de Abril de 1776, em *PGW*, IV, 23-24.
4 Ver, por exemplo, George Washington a Joseph Reed, 23 de Abril de 1776, em *PGW*, IV, 115.
5 John Greenwood, *Revolutionary Services of John Greenwood of Boston and New York, 1775 / 1783*, Isaac J. Greenwood, ed. (Nova Iorque: De Vinne Press, 1922), 25.
6 Diário de Solomon Nash, 31 de Março / / de Abril de 1776, NYHS.
7 Joseph Hodgkins a Sarah Hodgkins, 20 de Março de 1776, em Herbert T. Wade e Robert A. Lively, eds., *This Glorious Cause: The Adventures of Two Company Officers in Washington's Army* (Princeton, N.J.: Princeton University Press, 1958), 195.
8 Ibid., 10 de Abril de 1776, 198.
9 Ibid., 4 de Abril de 1776, 197.
10 Joseph Plumb Martin, *A Narrative of a Revolutionary Soldier* (Nova Iorque: Penguin, 2001), 16.
11 John Adlum, *Memoirs of the Life of John Adlum in the Revolutionary War*, Howard H. Peckham, ed. (Chicago: Caxton Club, 1968), 12.
12 Charles Lee a George Washington, 19 de Fevereiro de 1776, em PGW, III, 340.
13 John Adams a George Washington, 6 de Janeiro de 1776, em *PGW*, III, 37.
14 George Washington a John Hancock, 1 de Abril de 1776, em *PGW*, IV, 7.
15 George Washington a Philip Schuyler, 27 de Janeiro de 1776, em *PGW*, III, 203.
16 «Sermon of Rev. John Rodgers, 14 de Janeiro de 1776», *New York Times*, 16 de Março de 2003.
17 George Washington a John Adams, 15 de Abril de 1776, em *PGW*, IV, 67.
18 Sir George Otto Trevelyan, *The American Revolution*, II (Nova Iorque: Longmans, Green & Co., 1899), 184.
19 Alexander Graydon, *Memoirs of His Own Time*, John Stockton Littell, ed. (Filadélfia: Lindsay & Blakiston, 1846), 147.
20 Ibid., 156.
21 Ibid., 140.

22. Ibid., 149.
23. Alan Valentine, *Lord Stirling* (Nova Iorque: Oxford University Press, 1969), 170.
24. Henry P. Johnston, *The Campaign of 1776 Around New York and Brooklyn* (Brooklyn: Long Island Historical Society, 1878), Parte 1, 36.
25. I. N. Phelps Stokes, *The Iconography of Manhattan Island 1498-1909*, I (Nova Iorque: Arno Press, 1967), 862.
26. Henry Knox a Lucy Knox, 5 de Janeiro de 1776, NYHS.
27. Ibid.
28. Joseph Hodgkins a Sarah Hodgkins, 24 de Abril de 1776, em Herbert T. Wade e Robert A. Lively, eds., *This Glorious Cause* (Princeton, N.J.: Princeton University Press, 1958), 199.
29. Ibid., 9 de Maio de 1776, 201.
30. Henry P. Johnston, *The Campaign of 1776 Around New York and Brooklyn* (Brooklyn: Long Island Historical Society, 1878), Parte II, 132.
31. I. N. Phelps Stokes, *The Iconography of Manhattan Island 1498-1909*, I (Nova Iorque: Arno Press, 1967), 926-927.
32. Philip Vickers Fithian, 24 de Julho de 1776, em *Philip Vickers Fithian: Journal 1775-1776, Written on the Virginia-Pennsylvania Frontier and in the Army Around New York*, Robert Greenhalgh Albion e Leonidas Dodson, eds., (Princeton, N.J.: Princeton University Press, 1934), 194.
33. Isaac Bangs, 19 de Abril de 1776, em *Journal of Lieutenant Isaac Bangs, April 1 / July 29, 1776*, Edward Bangs, ed. (Cambridge, Mass.: John Wilson & Son, 1890), 25.
34. Ibid., 21 de Abril, 28 de Abril e 8 de Junho de 1776, 28, 30, 31, 41.
35. Ibid., 28 de Abril de 1776, 31.
36. Ibid., 30 de Junho de 1776, 54.
37. Ibid, 25 de Abril de 1776, 29.
38. I. N. Phelps Stokes, *The Iconography of Manhattan Island 1498-1909*, I (Nova Iorque: Arno Press, 1967), 862.
39. Isaac Bangs, 19 de Abril de 1776, em *Journal of Lieutenant Isaac Bangs, April 1 / July 29, 1776*, Edward Bangs, ed. (Cambridge, Mass.: John Wilson & Son, 1890), 29.
40. Ibid., 30.
41. Ibid., 31.
42. Ordens Gerais de George Washington, 27 de Abril de 1776, em *PGW*, IV, 140.
43. George F. Scheer e Hugh F. Rankin, eds., Rebels and Redcoats: *The American Revolution Through the Eyes of Those Who Fought and Lived It* (Nova Iorque: Da Capo Press, 1957), 147.

44 Loammi Baldwin a May Baldwin, 12 de Junho de 1776, Documentos de Baldwin, Biblioteca Houghton, Universidade de Harvard; Henry Steele Commager e Richard B. Morris, eds., *The Spirit of 'Seventy-Six*, I (Indianapolis: Bobbs-Merrill, 1958), 420-421.
45 William Heath, *Heath's Memoirs of the American War* (Nova Iorque: A. Wessels Co., 1904), 56.
46 Henry P. Johnston, *The Campaign of 1776 Around New York and Brooklyn* (Brooklyn: Long Island Historical Society, 1878), Parte I, 57.
47 I. N. Phelps Stokes, *The Iconography of Manhattan Island 1498-1909*, I (Nova Iorque: Arno Press, 1967), 846.
48 Charles Lee a George Washington, 19 de Fevereiro de 1776, em *PGW*, III, 339-340.
49 Henry P. Johnston, *The Campaign of 1776 Around New York and Brooklyn* (Brooklyn: Long Island Historical Society, 1878), Parte I, 78.
50 Ordens Gerais de Nathanael Greene, 5 de Maio de 1776, em *PNG*, I, 212.
51 Henry P. Johnston, *The Campaign of 1776 Around New York and Brooklyn* (Brooklyn: Long Island Historical Society, 1878), Parte I, 79.
52 George Washington a Charles Lee, 9 de Maio de 1776, em *PGW*, IV, 245.
53 I. N. Phelps Stokes, *The Iconography of Manhattan Island 1498-1909*, I (Nova Iorque: Arno Press, 1967), 923.
54 Diário de Solomon Nash, NYHS.
55 Nathanael Greene a John Adams, 24 de Maio de 1776, em *PNG*, I, 219.
56 Ibid., 2 de Junho de 1776, 224.
57 Ibid., 226.
58 Henry Knox a John Adams, 16 de Maio de 1776, em *Papers of John Adams*, IV, Robert J. Taylor, ed. (Cambridge, Mass.: Belknap Press, 1979), 190.
59 Nathanael e Catharine Greene a Henry e Lucy Knox, Junho de 1776, em *PNG*, I, 245.
60 Ordens Gerais de George Washington, 20 de Maio de 1776, em *PGW*, IV, 343.
61 Ibid., 7 de Maio de 1776, 224.
62 George Washington a Israel Putnam, 21 de Maio de 1776, em *PGW*, IV, 355.
63 Isaac Bangs, 6 de Junho de 1776, em *Journal of Lieutenant Isaac Bangs, April 1 / July 29, 1776*, Edward Bangs, ed. (Cambridge, Mass.: John Wilson & Son, 1890), 40.
64 Joseph Reed a Esther Reed, 21 de Junho de 1776, NYHS.
65 Henry P. Johnston, *The Campaign of 1776 Around New York and Brooklyn* (Brooklyn: Long Island Historical Society, 1878), Parte I, 92, n. 2.
66 George F. Scheer e Hugh F. Rankin, eds., *Rebels and Redcoats* (Nova Iorque: Da Capo Press, 1957), 146.

1776

67 Diário de Ewald Shewkirk, em Henry P. Johnston, *The Campaign of 1776 Around New York and Brooklyn* (Brooklyn: Long Island Historical Society, 1878), Parte II, 108.
68 Herbert T. Wade e Robert A. Lively, eds., *This Glorious Cause* (Princeton, N.J.: Princeton University Press, 1958), 210.
69 George F. Scheer e Hugh F. Rankin, eds., *Rebels and Redcoats* (Nova Iorque: Da Capo Press, 1957), 148.
70 Henry Knox a William Knox, 11 de Julho de 1776, NYHS.
71 Ibid.
72 Henry Knox a Lucy Knox, 11 de Julho de 1776, NYHS
73 Nathanael Greene a George Washington, 5 de Julho de 1776, em *PNG*, I, 248.
74 Chauncey Ford Worthington, ed., *Correspondence and Journals of Samuel Blachley Webb, 1772-1775*, I (Lancaster, Pa.: Wickersham Press, 1893), 152.
75 Diário de Ewald Shewkirk, em Henry P. Johnston, *The Campaign of 1776 Around New York and Brooklyn* (Brooklyn: Long Island Historical Society, 1878), Parte II, 109.
76 Moses Little ao seu Filho, 6 de Julho de 1776, em Henry P. Johnston, *The Campaign of 1776 Around New York and Brooklyn* (Brooklyn: Long Island Historical Society, 1878), Parte II, 42.
77 Isaac Bangs, 6 de Julho de 1776, em *Journal of Lieutenant Isaac Bangs, April 1 / July 29, 1776*, Edward Bangs, ed. (Cambridge, Mass.: John Wilson & Son, 1890), 56.
78 John Hancock a George Washington, 6 de Julho de 1776, em *PGW*, V, 219.
79 Henry Knox a Lucy Knox, 8 de Julho de 1776, NYHS.
80 Charles Francis Adams, ed., *The Works of John Adams*, IX (Boston: Little, Brown, 1856), 391.
81 John Dickinson, 1 de Julho de 1776, em *Letters of Delegates to Congress, 1774-1789*, Paul H. Smith, ed., IV (Washington, D.C.: Library of Congress, 1979), 352.
82 Frank Bowditch Dexter, ed., *Literary Diary of Ezra Stiles*, II (Nova Iorque: Scribner, 1901), 21.
83 Ordens Gerais de George Washington, 9 de Julho de 1776, em *PGW*, V, 246.
84 Ibid.
85 *New York Gazette*, 22 de Julho de 1776.
86 Frank Moore, *Diary of the American Revolution*, I (Nova Iorque: Scribner, 1860), 271.
87 Joseph Plumb Martin, *A Narrative of a Revolutionary Soldier* (Nova Iorque: Penguin, 2001), 18.

88 William James Morgan, ed., *Naval Documents of the American Revolution*, V (Washington, D.C.: U.S. Department of the Navy, 1970), 1038.
89 Ordens Gerais de George Washington, 13 de Julho de 1776, em *PGW*, V, 290.
90 Henry Knox a Lucy Knox, 13 de Julho de 1776, NYHS.
91 Margaret Wheeler Willard, ed., *Letters on the American Revolution: 1774-1776* (Boston: Houghton Mifflin, 1925), 341; e William Carter *A Genuine Detail of the Several Engagements, Positions and Movements of Royal and American Armies During the Years 1775 and 1776* (Londres: Ed. Autor, 1784), 32.
92 Margaret Wheeler Willard, ed., *Letters on the American Revolution: 1774-1776* (Boston: Houghton Mifflin, 1925), 345.
93 Ambrose Serle, 23 de Julho de 1776, em *The American Journal of Ambrose Serle, 1776-1778*, Edward H. Tatum, Junior, ed. (San Marino, Calif.: Huntington Library, 1940), 40.
94 Charles Stuart a Lord Bute, 9 de Julho de 1776, em *A Prime Minister and His Son: From the Correspondence of the Third Earl of Bute and of Lieutenant General the Honorable Sir Charles Stuart*, E. Stuart Wortley, ed. (Londres: John Murray, 1925), 83.
95 James Grant a Edward Harvey, 9 de Julho de 1776, Documentos de James Grant, BC.
96 Henry P. Johnston, *The Campaign of 1776 Around New York and Brooklyn* (Brooklyn: Long Island Historical Society, 1878), Parte I, 139, n. 1.
97 Ambrose Serle, 12 de Julho de 1776, em *The American Journal of Ambrose Serle, 1776-1778*, Edward H. Tatum, Junior, ed. (San Marino, Calif.: Huntington Library, 1940), 30.
98 Ibid., 13 de Julho de 1776, 31.
99 Ambrose Serle, 13 de Julho de 1776, em *The American Journal of Ambrose Serle, 1776-1778*, Edward H. Tatum, Júnior, ed. (San Marino, Calif.: Huntington Library, 1940), 30.
100 Francis, Lorde Rawdon, a Francis, 10.º Conde de Huntingdon, 5 de Agosto de 1776, em *Report on the Manuscripts of the late Reginald Rawdon Hastings*, III (Londres: Her Majesty's Stationery Office, 1930-1947), 179-180.
101 Ibid., 13 de Janeiro de 1776, 167.
102 Margaret Wheeler Willard, ed., *Letters on the American Revolution: 1774-1776* (Boston: Houghton Mifflin, 1925), 344-45.
103 Troyer Steele Anderson, *The Command of the Howe Brothers During the American Revolution* (Nova Iorque: Oxford University Press, 1936), 121.
104 George F. Scheer e Hugh F. Rankin, eds., *Rebels and Redcoats* (Nova Iorque: Da Capo Press, 1957), 156.

1776

[105] Ambrose Serle, 13 de Julho de 1776, em *The American Journal of Ambrose Serle, 1776-1778*, Edward H. Tatum, ed. (San Marino, Calif.: Huntington Library, 1940), 31.

[106] Henry Knox a Lucy Knox, 15 de Julho de 1776 e 22 de Julho de 1776, MHS; Henry P. Johnston, *The Campaign of 1776 Around New York and Brooklyn* (Brooklyn: Long Island Historical Society, 1878), Parte 1, 97-98.

[107] Ambrose Serle, 14 de Julho de 1776, em *The American Journal of Ambrose Serle, 1776-1778*, Edward H. Tatum, Júnior, ed. (San Marino, Calif.: Huntington Library, 1940), 33.

[108] Henry Knox a Lucy Knox, 22 de Julho de 1776, NYHS.

[109] Joseph Reed a Charles Pettit, 15 de Julho de 1776, em *Life and Correspondence of Joseph Reed*, I (Filadélfia: Lindsay & Blakiston, 1847), 207.

[110] Henry Knox a Lucy Knox, 22 de Julho de 1776, NYHS.

[111] David McCullough, John Adams (Nova Iorque: Simon & Schuster, 2001), 593.

[112] K. G. Davies, ed., *Documents of the American Revolution, 1770-1783*, Colonial Office Series, XII (Dublin: Irish University Press, 1976), 179.

[113] Ambrose Serle, 28 de Julho de 1776, em *The American Journal of Ambrose Serle, 1776-1778*, Edward H. Tatum, Júnior, ed. (San Marino, Calif.: Huntington Library, 1940), 49.

[114] Henry Knox a Lucy Knox, 2 de Agosto de 1776, NYHS.

[115] Edward H. Tatum, Júnior, ed., *The American Journal of Ambrose Serle, 1776-1778* (San Marino, Calif.: Huntington Library, 1940), 52.

[116] Ibid., 54.

[117] Joseph Reed a Charles Pettit, 4 de Agosto de 1776, NYHS.

[118] Ibid.

[119] Henry Knox a William Knox, 5 de Agosto de 1776, NYHS.

[120] Edward H. Tatum, Júnior, ed., *The American Journal of Ambrose Serle, 1776-1778* (San Marino, Calif.: Huntington Library, 1940), 62.

[121] Joseph Reed a Esther Reed, 9 de Agosto de 1776, NYHS.

[122] Joseph Hodgkins a Sarah Hodgkins, 17 de Julho de 1776, em Herbert T. Wade e Robert A. Lively, eds., *This Glorious Cause* (Princeton, N.J.: Princeton University Press, 1958), 209.

[123] Charles M. Lefferts, *Uniforms of the Amercan, British, French, and German Armies of the War of the American Revolution* (Nova Iorque: New-York Historical Society, 1926), 26.

[124] Sir George Otto Trevelyan, *The American Revolution*, II (Nova Iorque: Longmans, Green & Co., 1926), 190-191.

[125] Joseph Hodgkins a Sarah Hodgkins, 11 de Agosto de 1776, em Herbert T. Wade e Robert A. Lively, eds., *This Glorious Cause* (Princeton, N.J.: Princeton University Press, 1958), 212.

126 John Waldo a seus pais, 3 de Agosto de 1775, em *The New York Diary of Lieutenant Jabez Fitch of the 17th (Connecticut) Regiment from August 2, 1776, to December 15, 1777*, W. H. Sabine, ed. (Nova Iorque: Colburn & Tegg, 1954), 12.

127 Philip Vickers Fithian, 19 de Julho de 1776, em *Philip Vickers Fithian: Journal 1775-1776, Written on the Virginia-Pennsylvania Frontier and in the Army Around New York*, Robert Greenhalgh Albion and Leonidas Dodson, eds., (Princeton, N.J.: Princeton University Press, 1934), 190.

128 Ibid., 22 de Julho de 1776, 193.

129 Ordens Gerais de Nathanael Greene, 28 de Julho de 1776, em *PNG*, I, 268.

130 I. N. Phelps Stokes, *The Iconography of Manhattan Island*, I (Nova Iorque: Arno Press, 1967), 1002.

131 William Heath, *Heath's Memoirs of the American War* (Nova Iorque: A. Wessels Co., 1904), 61.

132 George Washington a John Hancock, 8-9 de Agosto de 1776, em *PGW*, V, 627.

133 George Washington a John Hancock, 8 de Setembro de 1776, em *PGW*, VI, 252.

134 Nathanael Greene a George Washington, 15 de Agosto de 1776, em *PGW*, VI, 29.

135 Ibid., 30.

136 William James Morgan, ed., *Naval Documents of the American Revolution*, VI (Washington, D.C.: U.S Department of the Navy, 1972), 224-225.

137 Willam Tudor a John Adams, 18 de Agosto de 1776, em *Papers of John Adams*, IV (Cambridge, Mass.: Belknap Press, 1979), 473.

138 Henry Knox a Lucy Knox, 26 de Agosto de 1776, NYHS.

139 George Washington a John Hancock, 17 de Junho de 1776, em PGW, V, 21.

140 George Washington a John Hancock, 21 de Agosto de 1776, em *PGW*, VI, 97.

141 William Livingston a George Washington, 21 de Agosto de 1776, em *PGW*, VI, 99.

142 George Washington a William Livingston, 21 de Agosto de 1776, em *PGW*, VI, 100.

5. CAMPO DE BATALHA

1 Diário de Ewald Shewkirk, 21 de Agosto de 1776, em Henry P. Johnston, *The Campaign of 1776 Around New York and Brooklyn* (Brooklyn: Long Island Historical Society, 1878), Parte II, 113.

1776

2. Philip Vickers Fithian, 22 de Agosto de 1776, em *Philip Vickers Fithian: Journal 1775-1776, Written on the Virginia-Pennsylvania Frontier and in the Army Around New York*, Robert Greenhalgh Albion e Leonidas Dodson, eds., (Princeton, N.J.: Princeton University Press, 1934), 214.
3. Ambrose Serle, 21 de Agosto de 1776, em *The American Journal of Ambrose Serle, 1776-1778*, Edward H. Tatum, Júnior, ed. (San Marino, Calif.: Huntington Library, 1940), 71.
4. Diário de Ewald Shewkirk, 21 de Agosto de 1776, em Henry P. Johnston, *The Campaign of 1776 Around New York and Brooklyn* (Brooklyn: Long Island Historical Society, 1878), Parte II, 113.
5. Thomas W. Field, *Battle of Long Island* (Brooklyn: Long Island Historical Society, 1869), 349.
6. Ibid., 351.
7. Ibid., 350.
8. William James Morgan, ed., *Naval Documents of the American Revolution*, VI (Washington, D. C.: U.S Department of the Navy, 1972), 267.
9. Ambrose Serle, 22 de Agosto de 1776, em *The American Journal of Ambrose Serle, 1776-1778*, Edward H. Tatum, Júnior, ed. (San Marino, Calif.: Huntington Library, 1940), 71-73.
10. Ibid.
11. Bruce Burgoyne, *An Anonymous Hessian Diary, Probably the Diary of Lieutenant Johann Heinrich von Bardeleben of the Hesse-Cassel von Donop Regiment* (Bowie, Md.: Heritage Books, 1998), 54-55.
12. Jabez Fitch, 22 de Agosto de 1776, em *The New York Diary of Lieutenant Jabez Fitch*, W. H. Sabine, ed. (Nova Iorque: Colburn & Tegg, 1954), 25.
13. Moses Little ao seu filho, 22 de Agosto de 1776, em Henry P. Johnston, *The Campaign of 1776 Around New York and Brooklyn* (Brooklyn: Long Island Historical Society, 1878), Parte II, 43.
14. Ordens Gerais de George Washington, 23 de Agosto de 1776, em *PGW*, VI, 109-110.
15. Ibid.
16. William Heath a George Washington, 23 de Agosto de 1776, em *PGW*, VI, 114.
17. Joseph Reed a Esther Reed, 23 de Agosto de 1776, NYHS.
18. Thomas W. Field, *Battle of Long Island* (Brooklyn: Long Island Historical Society, 1869), 351.
19. Philip Vickers Fithian, 25 de Agosto de 1776, em *Philip Vickers Fithian: Journal 1775-1776, Written on the Virginia-Pennsylvania Frontier and in the Army Around New York*, Robert Greenhalgh Albion e Leonidas Dodson, eds., (Princeton, N.J.: Princeton University Press, 1934), 218.

Notas

20 George Washington a Israel Putnam, 25 de Agosto de 1776, em *PGW*, VI, 126-127.
21 Ibid.
22 William Douglas à esposa, 23 de Agosto de 1776, em Henry P. Johnston, *The Campaign of 1776 Around New York and Brooklyn* (Brooklyn: Long Island Historical Society, 1878), Parte II, 68.
23 Henry P. Johnston, *The Campaign of 1776 Around New York and Brooklyn* (Brooklyn: Long Island Historical Society, 1878), Parte II, 58.
24 Joseph Reed a Esther Reed, 24 de Agosto de 1776, NYHS.
25 George Washington a Israel Putnam, 25 de Agosto de 1776, em *PGW*, VI, 128.
26 George Washington a John Hancock, 26 de Agosto de 1776, em *PGW*, VI, 129.
27 George Washington a William Heath, 26 de Agosto de 1776, em *PGW*, VI, 131.
28 George Washington a Lund Washington, 26 de Agosto de 1776, em *PGW*, VI, 137.
29 George Washington a Lund Washington, 26 de Agosto de 1776, em *PGW*, VI, 136.
30 Ibid., 137.
31 Sir Henry Clinton, *The American Rebellion: Sir Henry Clinton's Narrative of His Campaigns, 1775-1782*. William B. Willcox, ed. (New Haven, Conn.: Yale University Press, 1954), 20.
32 Sir Henry Clinton a William Phillips, 12 de Dezembro de 1775, em *The American Rebellion*, William B. Willcox, ed. (New Haven, Conn.: Yale University Press, 1954), xviii n.
33 Sir Henry Clinton, 24 de Setembro de 1776, Documentos de Henry Clinton, Biblioteca Clements.
34 Sir Henry Clinton, *The American Rebellion*, William B. Willcox, ed. (New Haven, Conn.: Yale University Press, 1954), 41.
35 Ibid.
36 Ver Richard Holmes, Redcoat: *The British Soldier in the Age of the Horse and the Musket* (Nova Iorque: Norton, 2001); J. A. Houlding, *Fit for Service: The Training of the British Army, 1715-1795* (Oxford, Ingl.: Clarendon Press, 1981); e Sylvia R. Frey, *The British Soldier in America* (Austin: University of Texas, 1981).
37 *London Chronicle*, 12-15 de Outubro de 176.
38 Eric Robson, ed., *Letters from América, 1773-1780* (Manchester, Ingl.: Manchester University Press, 1951), 33.
39 Henry P. Johnston, *The Campaign of 1776 Around New York and Brooklyn* (Brooklyn: Long Island Historical Society, 1878), Parte I, 178.

1776

40 Sir Henry Clinton, *The American Rebellion*, William B. Willcox, ed. (New Haven, Conn.: Yale University Press, 1954), 42.
41 Henry P. Johnston, *The Campaign of 1776 Around New York and Brooklyn* (Brooklyn: Long Island Historical Society, 1878), Parte II, 235.
42 *Personal Recollections of Captain Enoch Anderson: An Officer of the Delaware Regiments in the Revolutionary War*, XVI (Wilmington, Del.: Delaware Historical Society, 1896), 21.
43 Moses Little ao filho, 1 de Setembro de 1776, em Henry P. Johnston, *The Campaign of 1776 Around New York and Brooklyn* (Brooklyn: Long Island Historical Society), Parte II, 43.
44 George F. Scheer e Hugh F. Rankin, eds., *Rebels and Redcoats* (Nova Iorque: Da Capo Press, 1957), 165.
45 Henry P. Johnston, *The Campaign of 1776 Around New York and Brooklyn* (Brooklyn: Long Island Historical Society, 1878), Parte I, 168.
46 *Personal Recollections of Captain Enoch Anderson*, XVI (Wilmington, Del.: Delaware Historical Society, 1896), 21.
47 James Grant ao General Harvey, 2 de Setembro de 1776, Documentos de James Grant, BC.
48 Carta do Capitão William Dancey à mãe, Senhora Dancey. Dancey, 30 de Agosto de 1776, Delaware Historical Society.
49 Rodney Atwood, *The Hessians: Mercenaries from Hessen: Kissel in the American Revolution* (Cambridge, Ingl.: Cambridge University Press, 1980), 68.
50 George F. Scheer e Hugh F. Rankin, eds., *Rebels and Redcoats* (Nova Iorque: Da Capo Press, 1957), 167.
51 Joseph Plumb Martin, *A Narrative of a Revolutionary Soldier* (Nova Iorque: Penguin, 2001), 22.
52 Ibid., 23.
53 George F. Scheer e Hugh F. Rankin, eds., *Rebels and Redcoats* (Nova Iorque: Da Capo Press, 1957), 166.
54 Thomas W. Field, *Battle of Long Island* (Brooklyn: Long Island Historical Society, 1869), 365.
55 Henry P. Johnston, *The Campaign of 1776 Around New York and Brooklyn* (Brooklyn: Long Island Historical Society, 1878), Parte I, 168.
56 Thomas W. Field, *Battle of Long Island* (Brooklyn: Long Island Historical Society, 1869), 396.
57 Charles G.Stevenson e Irene Wilson, *The Battle of Long Island* (Brooklyn: Brooklyn Bicentennial Commission, 1975), 14.
58 George F. Scheer e Hugh F. Rankin, eds., *Rebels and Redcoats* (Nova Iorque: Da Capo Press, 1957), 168.
59 John C. Dann, ed., *The Revolution Remembered; Eyewitness Accounts of the War for Independence* (Chicago: University of Chicago Press, 1980), 50.

Notas

60 Thomas W. Field, *Battle of Long Island* (Brooklyn: Long Island Historical Society, 1869), 396-397.
61 Sir Henry Clinton, *The American Rebellion*, William B. Willcox, ed. (New Haven, Conn.: Yale University Press, 1954), 41n.
62 Ibid., 43.
63 Philip Vickers Fithian, 27 de Agosto de 1776, em *Philip Vickers Fithian Journal*, Robert Greenhalgh Albion e Leonidas Dodson, eds., (Princeton, N.J.: Princeton University Press, 1934), 218.
64 James Grant a Edward Harvey, 2 de Setembro de 1776, Documentos de James Grant, BC
65 Charles Knowles Bolton, ed., *Letters of Hugh Earl Percy from Boston and New York 1774-1776* (Boston: Gregg Press, 1972), 68.
66 Eric Robson, ed., *Letters from America 1773-1780* (Manchester, Ingl.: Manchester University Press, 1951), 33.
67 Ambrose Serle, 27 de Agosto de 1776, em *The American Journal of Ambrose Serle, 1776-1778*, Edward H. Tatum, Junior, ed. (San Marino, Calif.: Huntington Library, 1940), 79.
68 K. G. Davies, ed., *Documents of the American Revolution*, 1770-1783, Colonial Office Series, XII (Dublin: Irish University Press, 1976), 218.
69 Henry P. Johnston, *The Campaign of 1776 Around New York and Brooklyn* (Brooklyn: Long Island Historical Society, 1878), Parte II, 34.
70 Thomas W. Field, *Battle of Long Island* (Brooklyn: Long Island Historical Society, 1869), 360.
71 Jabez Fitch, 27 de Agosto de 1776, *The New York Diary of Lieutenant Jabez Fitch*, W. H. Sabine, ed. (Nova Iorque: Colburn & Tegg, 1954), 31.
72 Ibid., 28 de Agosto de 1776, 34.
73 Henry P. Johnston, *The Campaign of 1776 Around New York and Brooklyn* (Brooklyn: Long Island Historical Society, 1878), Parte I, 186, 206.
74 Jabez Fitch, 28 de Agosto de 1776, *The New York Diary of Lieutenant Jabez Fitch*, W. H. Sabine, ed. (Nova Iorque: Colburn & Tegg, 1954), 34.
75 Bruce E. Burgoyne, ed., *The Hesse-Cassel Mirbach Regiment in the American Revoltion* (Bowie, Md.: Heritage Books, 1998), 54.
76 Philip Vickers Fithian, 27 de Agosto de 1776, em *Philip Vickers Fithian Journal*, Robert Greenhalgh Albion e Leonidas Dodson, eds., (Princeton, N.J.: Princeton University Press, 1934), 219.
77 Alexander Graydon, *Memoirs of His Own Time*, John Stockton Littell, ed. (Filadélfia, Lindsay & Blakiston, 1846), 164.
78 Joseph Hodgkins a Sarah Hodgkins, 28 de Agosto de 1776, em Herbert T. Wade e Robert A. Lively, eds., *This Glorious Cause: The Adventures of Two Company Officers in Washington's Army* (Princeton, N.J.: Princeton University Press, 1958), 215.

1776

79 Philip Vickers Fithian, 28 de Agosto de 1776, *Philip Vickers Fithian Journal*, Robert Greenhalgh Albion e Leonidas Dodson, eds., (Princeton, N.J.: Princeton University Press, 1934), 220.
80 Diário de Ewald Shewkirk, em Henry P. Johnston, *The Campaign of 1776 Around New York and Brooklyn* (Brooklyn: Long Island Historical Society, 1878), Parte II, 114.
81 Joseph Plumb Martin, *A Narrative of a Revolutionary Soldier* (Nova Iorque: Penguin, 2001), 22.
82 George Washington a John Hancock, 29 de Agosto de 1776, em *PGW*, VI, 156.
83 George Washington a John Hancock, 29 de Agosto de 1776, em *PGW*, VI, 155.
84 Thomas W. Field, *Battle of Long Island* (Brooklyn: Long Island Historical Society, 1869), 396.
85 Henry P. Johnston, *The Campaign of 1776 Around New York and Brooklyn* (Brooklyn: Long Island Historical Society, 1878), Parte I, 218.
86 Ibid., 219, n. 1.
87 Conselho de Guerra, 29 de Agosto de 1776, em *PGW*, VI, 153.
88 John Morin Scott a John Jay, 6 de Setembro de 1776, em Henry P. Johnston, *The Campaign of 1776 Around New York and Brooklyn* (Brooklyn: Long Island Historical Society, 1878), Parte II, 37.
89 Thomas W. Field, *Battle of Long Island* (Brooklyn: Long Island Historical Society, 1869), 398.
90 Joseph Hodgkins a Sarah Hodgkins, 31 de Agosto de 1776, em *This Glorious Cause*, Herbert T. Wade e Robert A. Lively, eds. (Princeton, N.J.: Princeton University Press, 1958), 216.
91 Alexander Graydon, *Memoirs of His Own Time*, John Stockton Littell, ed. (Filadélfia, Lindsay & Blakiston, 1846), 166.
92 Tench Tilghman ao seu pai, 3 de Setembro de 1776, em Henry P. Johnston, *The Campaign of 1776 Around New York and Brooklyn* (Brooklyn: Long Island Historical Society, 1878), Parte II, 85.
93 Alexander Graydon, *Memoirs of His Own Time*, John Stockton Littell, ed. (Filadélfia, Lindsay & Blakiston, 1846), 166-167.
94 «Major Tallmadge's Account of the Battles of Long Island and White Plains», em Henry P. Johnston, *The Campaign of 1776 Around New York and Brooklyn* (Brooklyn: Long Island Historical Society, 1878), Parte II, 78.
95 Thomas W. Field, *Battle of Long Island* (Brooklyn: Long Island Historical Society, 1869), 519.
96 Joseph Plumb Martin, *A Narrative of a Revolutionary Soldier* (Nova Iorque: Penguin, 2001), 26.

97 «Major Tallmadge's Account of the Battles of Long Island and White Plains», em Henry P. Johnston, *The Campaign of 1776 Around New York and Brooklyn* (Brooklyn: Long Island Historical Society, 1878), Parte II, 78.
98 Alexander Graydon, *Memoirs of His Own Time*, John Stockton Littell, ed. (Filadélfia, Lindsay & Blakiston, 1846), 167.
99 Ibid.
100 George F. Scheer e Hugh F. Rankin, *Rebels and Redcoats* (Nova Iorque: Da Capo Press, 1957), 170-171.
101 Alexander Graydon, *Memoirs of His Own Time*, John Stockton Littell, ed. (Filadélfia, Lindsay & Blakiston, 1846), 167.
102 George F. Scheer e Hugh F. Rankin, *Rebels and Redcoats* (Nova Iorque: Da Capo Press, 1957), 171.
103 Alexander Graydon, *Memoirs of His Own Time*, John Stockton Littell, ed. (Filadélfia, Lindsay & Blakiston, 1846), 168.
104 George F. Scheer e Hugh F. Rankin, *Rebels and Redcoats* (Nova Iorque: Da Capo Press, 1957), 171.
105 «Major Tallmadge's Account of the Battles of Long Island and White Plains», em Henry P. Johnston, *The Campaign of 1776 Around New York and Brooklyn* (Brooklyn: Long Island Historical Society, 1878), Parte II, 78.
106 Alexander Graydon, *Memoirs of His Own Time*, John Stockton Littell, ed. (Filadélfia, Lindsay & Blakiston, 1846), 168.
107 «Major Tallmadge's Account of the Battles of Long Island and White Plains», em Henry P. Johnston, *The Campaign of 1776 Around New York and Brooklyn* (Brooklyn: Long Island Historical Society, 1878), Parte II, 79.
108 Alexander Graydon, *Memoirs of His Own Time*, John Stockton Littell, ed. (Filadélfia, Lindsay & Blakiston, 1846), 168.
109 Journals of Lieutenant-Colonel Stephen Kemble, 1773-1789», *Collections of the New-York Historical Society* (1883), 86.
110 James Grant a Edward Harvey, 2 de Setembro de 1776, Documentos de James Grant, BC
111 Lorde Percy ao pai, 1 de Setembro de 1776, em Charles Knowles Bolton, ed., *Letters of Hugh Earl Percy from Boston and New York 1774-1776* (Boston: Gregg Press, 1972), 69.
112 Ibid., 71.
113 Ambrose Serle, 1 de Setembro de 1776, em *The American Journal of Ambrose Serle, 1776-1778*, Edward H. Tatum, Júnior, ed. (San Marino, Calif.: Huntington Library, 1940), 86.
114 Ibid., 30 de Agosto de 1776, 84.
115 Sir Henry Clinton, *The American Rebellion*, William B. Willcox, ed. (New Haven, Conn.: Yale University Press, 1954), 44.

[116] Charles Stedman, *The History of the Origin, Progress, and Termination of the American Wa*r, I (Nova Iorque: Arno Press, 1969), 197.
[117] Ibid., 198.
[118] «Journals of Captain John Montesor», *Collections of the New-York Historical Society* (1881), 310.
[119] Sir Henry Clinton, *The American Rebellion*, William B. Willcox, ed. (New Haven, Conn.: Yale University Press, 1954), 43.
[120] Ibid., 44.
[121] Troyer Steele Anderson, *The Command of the Howe Brothers During the American Revolution* (Nova Iorque: Oxford University Press, 1936), 134.
[122] *London Morning Chronicle*, 14 de Outubro de 1776.
[123] Edward Gibbon a Dorothea Gibbon, 24 de Outubro de 1776, em *The Letters of Edward Gibbon*, II, (Nova Iorque: Macmillan, 1956), 117.
[124] *London Morning Chronicle*, 15 de Outubro de 1776.
[125] Josiah Bartlett a Nathaniel Folsom, 2 de Setembro de 1776, em *Letters of Delegates to Congress*, V, Paul H. Smith, ed. (Washington, D.C.: Library of Congress, 1979), 91.
[126] John Adams a Abigail Adams, 4 de Setembro de 1776, em *Adams Family Correspondence*, II, L. H. Butterfield, ed. (Cambridge, Mass.: Harvard University Press, 1963), 118.
[127] *The Literay Diary of Ezra Stiles: President of Yale College*, II Franklin Bowditch Dexter, ed. (Nova Iorque: Scribner, 1901), 51.
[128] *New England Chronicle*, 19 de Setembro de 1776.
[129] *Virginiza Gazette*, 14 de Setembro de 1776.
[130] *New England Chronicle*, 19 de Setembro de 1776.
[131] *Massachusetts Spy*, 23 de Outubro de 1776.
[132] Diário de Ewald Shewkirk, em Henry P. Johnston, *The Campaign of 1776 Around New York and Brooklyn* (Brooklyn: Long Island Historical Society), Parte II, 115.
[133] *Personal Recollections of Captain Enoch Anderson* (Wilmington, Del.: Delaware Historical Society, 1896), 22.
[134] George Washington a John Hancock, 31 de Agosto de 1776, em *PGW*, VI, 177.
[135] Ibid., 178.

6. OS RIGORES DA SORTE

[1] Joseph Reed a Esther Reed, 2 de Setembro de 1776, NYHS.
[2] Joseph Reed a Charles Pettit, 4 de Agosto de 1776, em *Life and Correspondence of Joseph Reed*, I, William B. Reed, ed. (Filadélfia: Lindsay & Blakiston, 1847), 212.

Notas

3   Joseph Reed a Esther Reed, 2 de Setembro de 1776, NYHS.
4   Joseph Hodgkins a Sarah Hodgkins, 5 de Setembro de 1776, *This Glorious Cause: The Adventures of Two Company Officers in Washington's Army*, Herbert T. Wade e Robert A. Lively, eds. (Princeton, N.J.: Princeton University Press, 1958), 217.
5   Ibid., 219.
6   Henry P. Johnston, *The Campaign of 1776 Around New York and Brooklyn* (Brooklyn: Long Island Historical Society, 1878), Parte I, 227-228.
7   Henry Knox a Lucy Knox, 5 de Setembro de 1776, NYHS.
8   Ordens Gerais de George Washington, 2 de Setembro de 1776, em *PGW*, VI; 199.
9   George Washington a John Hancock, 2 de Setembro de 1776, em *PGW*, VI, 199.
10 Ibid., 200.
11 Josiah Bartlett a William Whipple, 3 de Setembro de 1776, em Paul H. Smith, ed., *Letters of Delegates to Congress, 1774-1789*, V (Washington, D.C.: Library of Congress, 1979), 94.
12 John Hancock a George Washington, 3 de Setembro de 1776, em *PGW*, VI, 207.
13 Ibid.
14 George Washington a William Heath, 5 de Setembro de 1776, em *PGW*, VI, 224.
15 Joseph Reed a Esther Reed, 6 de Setembro de 1776, em William B. Reed, ed., *Life and Correspondence of Joseph Reed*, I (Filadélfia: Lindsay & Blakiston, 1847), I, 230-231.
16 Ibid.
17 Nathanael Greene a George Washington, 5 de Setembro de 1776, em *PGW*, VI, 222.
18 Ibid., 223.
19 Ibid.
20 George Washington a John Hancock, 8 de Setembro de 1776, em *PGW*, VI, 251.
21 George Washington a Lund Washington, 6 de Outubro de 1776, em *PGW*, VI, 494.
22 George Washington a John Hancock, 8 de Setembro de 1776, em *PGW*, VI, 248-251.
23 Ibid.
24 Ibid.
25 Ambrose Serle, 6 de Setembro de 1776, em *The American Journal of Ambrose Serle, 1776-1778*, Edward H. Tatum, Junior, ed. (San Marino, Calif.: Huntington Library, 1940), 94.

1776

26   Oficiais a George Washington, 11 de Setembro de 1776, em *PGW*, VI, 279.
27   Henry Steele Commager e Richard B. Morris, eds., *The Spirit of 'Seventy-Six*, I (Indianapolis: Bobbs-Merrill, 1958), 453.
28   Joseph Reed a Esther Reed, 14 de Setembro de 1776, em *Life and Correspondence of Joseph Reed*, William B. Reed, ed. (Filadélfia: Lindsay & Blakiston, 1847), I, 235.
29   Paul H. Smith, ed., *Letters of Delegates to Congress*, V, 97, n. 1.
30   George Washington a John Hancock, 14 de Setembro de 1776, em *PGW*, VI, 308-309.
31   Sir Henry Clinton, *The American Rebellion: Sir Henry Clinton's Narrative of His Campaigns, 1775-1782*. William B. Willcox, ed. (New Haven, Conn.: Yale University Press, 1954), 45.
32   *Diary of Frederick Mackenzie*, I (Cambridge, Mass.: Harvard University Press, 1930), 45.
33   Joseph Plumb Martin, *A Narrative of a Revolutionary Soldier* (Nova Iorque: Penguin, 2001), 30.
34   Henry P. Johnston, *The Campaign of 1776 Around New York and Brooklyn* (Brooklyn: Long Island Historical Society, 1878), Parte II, 70-71.
35   Joseph Plumb Martin, *A Narrative of a Revolutionary Soldier* (Nova Iorque: Penguin, 2001), 30.
36   Ibid., 31.
37   Ibid., 30.
38   Francis, Lorde Rawdon, a Francis, Conde de Huntingdon, 23 de Setembro de 1776, em *Report on the Manuscripts of the late Reginald Rawdon Hastings*, III (Londres: Her Majesty's Stationery Office, 1930-1947), 183.
39   Ambrose Serle, 15 de Setembro de 1776, em *The American Journal of Ambrose Serle, 1776-1778*, Edward H. Tatum, Junior, ed. (San Marino, Calif.: Huntington Library, 1940), 104.
40   Joseph Plumb Martin, *A Narrative of a Revolutionary Soldier* (Nova Iorque: Penguin, 2001), 31.
41   Henry P. Johnston, *The Campaign of 1776 Around New York and Brooklyn* (Brooklyn: Long Island Historical Society, 1878), Parte II, 71-72.
42   Francis, Lorde Rawdon, a Francis, Conde de Huntingdon, 23 de Setembro de 1776, em *Report on the Manuscripts of the late Reginald Rawdon Hastings*, III (Londres: Her Majesty's Stationery Office, 1930-1947), 184.
43   Registo Diário de Bartholomew James, 15 de Setembro de 1776, em *Naval Documents of the American Revolution*, William James Morgan, ed., VI (Washington, D.C.: U.S Department of the Navy, 1972), 841.
44   George Washington a John Hancock, 16 de Setembro de 1776, em *PGW*, VI, 313.

⁴⁵ George F. Scheer e Hugh F. Rankin, eds., *Rebels and Redcoats* (Nova Iorque: Da Capo Press, 1957), 182.
⁴⁶ William Heath, *Heath's Memoirs of the American War* (Nova Iorque: A. Wessels Co., 1904), 70.
⁴⁷ Joseph Plumb Martin, *A Narrative of a Revolutionary Soldier* (Nova Iorque: Penguin, 2001), 32.
⁴⁸ Ambrose Serle, 15 de Setembro de 1776, em *The American Journal of Ambrose Serle, 1776-1778*, Edward H. Tatum, Júnior, ed. (San Marino, Calif.: Huntington Library, 1940), 104.
⁴⁹ Ibid., 105.
⁵⁰ Henry P. Johnston, *The Campaign of 1776 Around New York and Brooklyn* (Brooklyn: Long Island Historical Society, 1878), Parte I, 89.
⁵¹ George Washington a John Hancock, 6 de Setembro de 1776, em *PGW*, VI, 314.
⁵² Nathanael Greene a Nicholas Cooke, 17 de Setembro de 1776, em *PNG*, I, 300.
⁵³ William Heath, *Heath's Memoirs of the American War* (Nova Iorque: A. Wessels Co., 1904), 70.
⁵⁴ Benjamin Trumbull, «Journal of the Campaign at New York, 1776-1777», *Collections of the Connecticut Historical Society,* VII (1899), 195.
⁵⁵ Henry Knox a William Knox, 23 de Setembro de 1776, NYHS.
⁵⁶ Henry P. Johnston, *The Campaign of 1776 Around New York and Brooklyn* (Brooklyn: Long Island Historical Society, 1878), Parte I, 239.
⁵⁷ Ibid.
⁵⁸ Joseph Reed a Esther Reed, 17 de Setembro de 1776, NYHS.
⁵⁹ George Washington a John Hancock, 16 de Setembro de 1776, em *PGW*, VI, 314.
⁶⁰ Joseph Reed a Esther Reed, 17 de Setembro de 1776, NYHS.
⁶¹ Ibid.
⁶² George Washington a Patrick Henry, 5 de Outubro de 1776, em *PGW*, VI, 479.
⁶³ George Washington a John Hancock, 18 de Setembro de 1776, em *PGW*, VI, 331.
⁶⁴ Joseph Hodgkins a Sarah Hodgkins, 30 de Setembro de 1776, em *This Glorious Cause*, Herbert T. Wade e Robert A. Lively, eds. (Princeton, N.J.: Princeton University Press, 1958), 222.
⁶⁵ George Washington a John Hancock, 18 de Setembro de 1776, em *PGW*, VI, 331.
⁶⁶ Henry Phelps Johnston, *The Battle of Harlem Heights, September 16, 1776* (Nova Iorque: Macmillan, 1897), 155.
⁶⁷ Joseph Reed a Esther Reed, Setembro de 1776, em *Life and Correspondence of Joseph Reed*, William B. Reed, ed. (Filadélfia: Lindsay & Blakiston, 1847), 238.

1776

68 Joseph Hodgkins a Sarah Hodgkins, 30 de Setembro de 1776, em *This Glorious Cause*, Herbert T. Wade e Robert A. Lively, eds. (Princeton, N.J.: Princeton University Press, 1958), 222.
69 Joseph Reed a Esther Reed, 17 de Setembro de 1776, NYHS; George Washington a John Washington, 22 de Setembro de 1776, em *PGW*, VI, 374.
70 George Washington a Philip Schuyler, 20 de Setembro de 1776, em *PGW*, VI, 357.
71 Henry Knox a William Knox, 23 de Dezembro de 1776, NYHS.
72 Nathanael Greene a William Ellery, 4 de Outubro de 1776, em *PNG*, I, 307.
73 Sir Henry Clinton, *The American Rebellion*: William B. Willcox, ed. (New Haven, Conn.: Yale University Press, 1954), 46.
74 Tench Tilghman, *Memoir of Lieutenant Colonel Tench Tilghman* (Nova Iorque: Arno Press, 1971), 143.
75 Joseph Reed a Esther Reed, 11 de Outubro de 1776, em *Life and Correspondence of Joseph Reed*, I, William B. Reed, ed., (Filadélfia: Lindsay & Blakiston, 1847), 244.
76 Ambrose Serle, 19 de Setembro de 1776, em *The American Journal of Ambrose Serle, 1776-1778*, Edward H. Tatum, Junior, ed. (San Marino, Calif.: Huntington Library, 1940), 109.
77 Frederick Mackenzie, *Diary of Frederick Mackenzie*, I (Cambridge, Mass.: Harvard University Press, 1930), 66.
78 Ambrose Serle, 19 de Setembro de 1776, em *The American Journal of Ambrose Serle, 1776-1778*, Edward H. Tatum, Junior, ed. (San Marino, Calif.: Huntington Library, 1940), 109.
79 Troyer Steele Anderson, *The Command of the Howe Brothers During the American Revolution* (Nova Iorque: Oxford University Press, 1936), 160.
80 Frederick Mackenzie, *Diary of Frederick Mackenzie*, I (Cambridge, Mass.: Harvard University Press, 1930), 60.
81 Ibid.
82 Ibid., 59.
83 Ibid., 59-60.
84 Henry Steele Commager e Richard B. Morris, eds., *The Spirit of 'Seventy-Six*, I (Indianapolis: Bobbs-Merrill, 1958), 475.
85 James Grant a Richard Rigby, 24 de Setembro de 1776, Documentos de James Grant, BC.
86 George Washington a John Hancock, 22 de Setembro de 1776, em *PGW*, VI, 369.
87 George Washington a Lund Washington, 6 de Outubro de 1776, em *PGW*, VI, 495.

88 *New York Gazette*, 30 de Setembro de 1776.
89 Frederick Mackenzie, *Diary of Frederick Mackenzie*, I (Cambridge, Mass.: Harvard University Press, 1930), 61.
90 Henry Phelps Johnston, *Nathan Hale*, 1776 (New Haven, Conn.: Yale University Press, 1914), 106.
91 Ibid., 107.
92 Henry Steele Commager e Richard B. Morris, eds., *The Spirit of 'Seventy-Six*, I (Indianapolis: Bobbs-Merrill, 1958), 476.
93 I. N. Phelps Stokes, *The Iconography of Manhattan Island, 1498-1909* (Nova Iorque: Arno Press, 1967), 1025.
94 Joseph Reed ao Congresso, em William B. Reed, ed., *Life and Correspondence of Joseph Reed*, I (Filadélfia: Lindsay & Blakiston, 1847), 240.
95 Joseph Reed a Esther Reed, em William B. Reed, ed., *Life and Correspondence of Joseph Reed*, I (Filadélfia: Lindsay & Blakiston, 1847), I, 238.
96 *PGW*, VI, 367, n. 3.
97 Ordens Gerais de George Washington, 22 de Setembro de 1776, em *PGW*, VI; 366.
98 Ordens Gerais de George Washington, 23 de Setembro de 1776, em *PGW*, VI, 375.
99 Joseph Reed a Esther Reed, 11 de Outubro de 1776, em William B. Reed, ed., *Life and Correspondence of Joseph Reed*, I (Filadélfia: Lindsay & Blakiston, 1847), 243.
100 George Washington a John Hancock, 23 de Setembro de 1776, em *PGW*, VI, 394.
101 Ibid.
102 Ibid., 396.
103 Ibid., 399.
104 Ibid., 398.
105 George Washington a Lund Washington, 30 de Setembro de 1776, em *PGW*, VI, 441-442.
106 Ibid., 442.
107 George Washington a John Hancock, 8-9 de Outubro de 1776, em *PGW*, VI, 507.
108 Nathanael Greene a Nicholas Cooke, 11 de Outubro de 1776, em *PNG*, I, 315.
109 Sir Henry Clinton, 6 de Julho de 1777, *The American Rebellion*: William B. Willcox, ed. (New Haven, Conn.: Yale University Press, 1954), 49, n. 23.
110 George Washington a Nicholas Cooke, 12-13 de Outubro de 1776, em *PGW*, VI, 546.

1776

[111] John R. Alden, *General Charles Lee: Traitor or Patriot?* (Baton Rouge: Louisiana State University Press, 1951), 142.
[112] George Washington, Conselho de Guerra, 16 de Outubro de 1776, em *PGW*, VI, 576.
[113] William James Morgan, ed., *Naval Documents of the American Revolution*, VI (Washington, D.C.: U.S Department of the Navy, 1972), 1221.
[114] Ordens Gerais de George Washington, 17 de Outubro de 1776, em *PGW*, VI, 582.
[115] Joseph Plumb Martin, *A Narrative of a Revolutionary Soldier* (Nova Iorque: Penguin, 2001), 46.
[116] Henry Steele Commager e Richard B. Morris, eds., *The Spirit of 'Seventy-Six*, I (Indianapolis: Bobbs-Merrill, 1958), 487.
[117] George Athan Billias, *General John Glover and His Marblehead Mariners* (Nova Iorque: Holt, 1960), 121.
[118] William Heath, *Heath's Memoirs of the American War* (Nova Iorque: A. Wessels Co., 1904), 88.
[119] George F. Scheer e Hugh F. Rankin, eds., *Rebels and Redcoats* (Nova Iorque: Da Capo Press, 1957), 194.
[120] Peter Force, *American Archives*, III (Washington, D.C.: M. St. Clair e Peter Force, 1837-1853), 474.
[121] *PGW*, VII, fn. 3, 52-53.
[122] Joseph Reed a Esther Reed, 6 de Novembro de 1776, em William B. Reed, ed., *Life and Correspondence of Joseph Reed*, I (Filadélfia: Lindsay & Blakiston, 1847), 248.
[123] Ibid.
[124] George Washington a John Hancock, 6 de Novembro de 1776, em *PGW*, VII, 97.
[125] George Washington a Nathanael Greene, 8 de Novembro de 1776, em *PGW*, VII, 115-116.
[126] Nathanael Greene a Henry Knox, [17] de Novembro de 1776, em *PNG*, I, 351.
[127] George Washington a John Hancock, 14 de Novembro de 1776, em *PGW*, VII, 154.
[128] Frederick Mackenzie, *Diary of Frederick Mackenzie*, I (Cambridge, Mass.: Harvard University Press, 1930), 99.
[129] Ibid.
[130] Ibid., 95.
[131] Ibid.
[132] Ambrose Serle, 8 de Dezembro de 1776, *The American Journal of Ambrose Serle, 1776-1778*, Edward H. Tatum, ed. (San Marino, Calif.: Huntington Library, 1940), 156.

[133] Ibid., 10 de Novembro de 1776, 138-139.
[134] Frederick Mackenzie, *Diary of Frederick Mackenzie*, I (Cambridge, Mass.: Harvard University Press, 1930), 97.
[135] Ibid., 105.
[136] *PGW*, VII, n. 1, 162.
[137] George Washington a John Hancock, 16 de Novembro de 1776, em *PGW*, VII, 163.
[138] Nathanael Greene a Henry Knox, [17] de Novembro de 1776, em *PNG*, I, 352.
[139] Ibid.
[140] «The Capture of Fort Washington, New York. Described by Cpt. Andreas Wiederhold», *Pennsylvania Magazine of History and Biography*, XXIII (1899), 96.
[141] Henry P. Johnston, *The Battle of Harlem Heights, September 16, 1776* (Nova Iorque: Macmillan, 1897), 230.
[142] James Grant a Richard Rigby, 22 de Novembro de 1776, Documentos de James Grant, BC.
[143] John Adlum, *Memoirs of the Life of John Adlum in the Revolutionary War*, Howard H. Peckham, ed. (Chicago: Caxton Club, 1968), 69-70.
[144] Frederick Mackenzie, *Diary of Frederick Mackenzie*, I (Cambridge, Mass.: Harvard University Press, 1930), 111-112.
[145] James Grant a Richard Rigby, 22 de Novembro de 1776, Documentos de James Grant, BC.
[146] Frederick Mackenzie, *Diary of Frederick Mackenzie*, I (Cambridge, Mass.: Harvard University Press, 1930), 110.
[147] George Washington a John Washington, 16 de Novembro de 1776, em *PGW*, VII, 105.
[148] Nathanael Greene a Henry Knox, [17] de Novembro de 1776, em *PNG*, I, 352.
[149] George H. Moore, *The Treason of Charles Lee* (Port Washington, N.I.: Kennikat Press, 1970), 42.
[150] Ibid.
[151] Ibid.
[152] Charles Lee a George Washington, 19 de Novembro de 1776, em *PGW*, VII, 187.

7. A HORA MAIS NEGRA

[1] George Washington a Charles Lee, 21 de Novembro de 1776, em *PGW*, VII, 193.

1776

2. Arthur S. Lefkowitz, *The Long Retreat: The Calamitous American Defense of New Jersey, 1776* (Metuchen, N.J.: Upland Press, 1998), 82.
3. Ibid.
4. George Washington a Charles Lee, em *PGW*, VII, 193.
5. Ibid., 195.
6. George Washington a Joseph Reed, 30 de Novembro de 1776, em *PGW*, VII, 238, n. 1.
7. William S. Stryker, *Battles of Trenton and Princeton* (Trenton: Old Barracks Association, 2001), 5.
8. John Hancock a George Washington, 24 de Novembro de 1776, em *PGW*, VII, 203.
9. Thomas Mifflin a George Washington, 26 de Novembro de 1776, em *PGW*, VII, 219.
10. William M. Dwyer, *The Day is Ours: November 1776 / January 1977* (Nova Iorque: Viking Press, 1983), 41.
11. Worthington Chauncey Ford, ed., *Correspondence and Journals of Samuel Blachley Webb, 1772-1775*, I (Lancaster, Pa.: Wickersham Press, 1893), 172.
12. *PNG*, I, 330.
13. David Freeman Hawke, *Paine* (Nova Iorque: Harper & Row, 1974), 59.
14. Ibid.
15. George Washington a Charles Lee, 24 de Novembro de 1776, em *PGW*, VII, 210.
16. Henry Steele Commager e Richard B. Morris, eds., *The Spirit of 'Seventy-Six*, I (Indianapolis: Bobbs-Merrill, 1958), 497.
17. Sir Henry Clinton, *The American Rebellion: Sir Henry Clinton's Narrative of His Campaigns, 1775-1782*, William B. Willcox, ed. (New Haven, Conn.: Yale University Press, 1954), 55.
18. Franklin Wickwire e Mary Wickwire, *Cornwallis: The American Adventure* (Boston: Houghton Mifflin, 1970), 8.
19. Ibid., 7.
20. Ibid., 75.
21. Archibald Robertson, *Archibald Robertson: Diaries and Sketches in America, 1762-1780* (Nova Iorque: New York Public Library, 1930), 114.
22. George Washington a William Heath, 29 de Novembro de 1776, em *PGW*, VII, 227-228.
23. George Washington a Charles Lee, 27 de Novembro de 1776, em *PGW*, VII, 224.
24. Charles Lee a Joseph Reed, 24 de Novembro de 1776, em *PGW*, VII, 237, n. 1.
25. George Washington a Joseph Reed, 30 de Novembro de 1776, em *PGW*, VII, 237.

Notas

26 George Washington a Joseph Reed, 14 de Junho de 1777, *The Writings of George Washington, From the Original Manuscript Sources 1745-1799*, VIII, John C. Fitzpatrick, ed. (Washington, D.C.: U.S. Government Printing Office, 1933), 60.
27 *Pennsylvania Journal*, 27 de Novembro de 1776.
28 Paul H. Smith, ed., *Letters of Delegates to Congress: 1774-1789*, V (Washington, D.C.: Library of Congress, 1979), 543.
29 Ibid., 553.
30 Ibid., 558.
31 George Washington a William Livingston, 30 de Novembro de 1776, em *PGW*, VII, 236.
32 *PNG*, I, 362.
33 George Washington a Charles Lee, 1 de Dezembro de 1776, em *PGW*, VII, 249.
34 George Washington a John Hancock, 1 de Dezembro de 1776, em *PGW*, VII, 244.
35 Ibid.
36 George Washington a John Hancock, 1 de Dezembro de 1776, em *PGW*, VII, 245.
37 *PNG*, I, 362.
38 Paul H. Smith, ed., *Letters of Delegates to Congress, 1774-1789*, V (Washington, D.C.: Library of Congress, 1979), 581.
39 George Washington a John Hancock, 3 de Dezembro de 1776, em *PGW*, VII, 256.
40 Peter Force, *American Archives*, 4.ª Série, V (Washington, D.C.: M. St. Clair e Peter Force, 1837-1853), 927-28.
41 William M. Dwyer, *The Day is Ours: November 1776 / January 1977, An Inside View of the Battles of Trenton and Princeton* (Nova Iorque: Viking Press, 1983), 77.
42 Charles Stedman, *The History of the Origin, Progress, and Termination of the American War*, I (Nova Iorque: Arno Press, 1969), 243.
43 Capitão Johann Ewald, *Diary of the American War: A Hessian Journal*, Joseph P. Tustin, ed. (New Haven, Conn: Yale University Press, 1979), 18.
44 Ibid.,
45 Ibid., 25.
46 I. N. Phelps Stokes, *The Iconography of Manhattan Island, 1498-1929*, I (Nova Iorque: Arno Press, 1969), 1040.
47 Stephen Kemble, *Journals of Lieutenant-Colonel Stephen Kemble, 1783-1789, and British Army Orders: General Sir William Howe, 1775-1778; General Sir Henry Clinton, 1778; and General Daniel Jones, 1778* (Boston: Gregg Press, 1972), 98.

48 Ibid.
49 Capitão Johann Ewald, *Diary of the American War,* Joseph P. Tustin, ed. (New Haven, Conn: Yale University Press, 1979), 18.
50 Ibid., 22.
51 Ambrose Serle, *The American Journal of Ambrose Serle, Secretary to Lord Howe, 1776-1778,* Edward H. Tatum, Júnior, ed. (San Marino, Calif.: Huntington Library, 1940), 246.
52 Charles Stedman, *History of the Origin, Progress, and Termination of the American Wa*r, I (Nova Iorque: Arno Press, 1969), 242.
53 *PNG,* I, 368.
54 Nathanael Greene a Nicholas Cooke, 10 de Janeiro de 1777, em *PNG,* II, 4.
55 *PNG,* I, 365.
56 Robert J. Taylor, ed., *Papers of John Adams,* V (Cambridge, Mass.: Belknap Press, 1979), 95.
57 Troyer Steele Anderson, *The Command of the Howe Brothers During the American Revolution* (Nova Iorque: Oxford University Press, 1936), 206.
58 *PNG,* I, 269.
59 Lillian Miller, ed., *The Selected Papers of Charles Willson Peale and His Family,* V (New Haven, Conn.: Yale University Press, 2000), 50.
60 Moncure Daniel Conway, *Writings of Thomas Paine,* I (Nova Iorque: Putnam, 1894), 178.
61 Henry Knox a Lucy Knox, 8 de Dezembro de 1776, NYHS.
62 Lillian B. Miller, ed., *The Selected Papers of Charles Willson Peale and His Family* (New Haven, Conn.: Yale University Press, 2000), 50.
63 George Washington a John Hancock, 9 de Dezembro de 1776, em *PGW,* VII, 283.
64 George Washington a Charles Lee, 11 de Dezembro de 1776, em *PGW,* VII, 301.
65 George Washington a Jonathan Trumbull, Sr. 12 de Dezembro de 1776, em *PGW,* VII, 321.
66 Ibid.
67 Henry Steele Commager e Richard B. Morris, The *Spirit of 'Seventy-Six,* I (Indianapolis: Bobbs-Merrill, 1958), 500.
68 Ibid., 502.
69 General James Wilkinson, *Memoirs of My Own Times,* I (Filadélfia: Abraham Small, 1816), 106.
70 William M. Dwyer, *The Day is Ours: November 1776 / January 1777* (Nova Iorque: Viking Press, 1983), 150.
71 Henry Steele Commager e Richard B. Morris, eds., *The Spirit of 'Seventy-Six,* I (Indianapolis: Bobbs-Merrill, 1958), 503.

Notas

72 *PNG*, I, 368.
73 George Washington a James Bowdoin, 18 de Dezembro de 1776, em *PGW*, VII, 365.
74 George Washington a Lund Washington, 10-17 de Dezembro de 1776, em *PGW*, VII, 290.
75 William S. Stryker, *Battles of Trenton and Princeton* (Trenton: Old Barracks Association, 2001), 38.
76 John R. Alden, *A History of the American Revolution* (Nova Iorque: Knopf, 1969), 303.
77 George Washington a James Bowdoin, 18 de Dezembro de 1776, em *PGW*, VII, 365.
78 George Washington a Israel Putnam, 21 de Dezembro de 1776, em *PGW*, VII, 405.
79 George Washington aos Generais de Brigada James Ewing, Hugh Mercer, Adam Stephen e Lorde Stirling, 14 de Dezembro de 1776, em *PGW*, VII, 332.
80 George Washington a Lorde Stirling, 14 de Dezembro de 1776, em *PGW*, VII, 339.
81 John Cadwalader a George Washington, 15 de Dezembro de 1776, em *PGW*, VII, 342.
82 George Washington a Lund Washington, 10-17 de Dezembro de 1776, em *PGW*, VII, 291.
83 William Heath, *Heath's Memoirs of the American War* (Nova Iorque: A. Wessels Co., 1904), 107.
84 Joseph Hodgkins a Sarah Hodgkins, 20 de Dezembro de 1776, em *This Glorious Cause: The Adventures of Two Company Officers in Washington's Army*, Herbert T. Wade e Robert A. Lively, eds. (Princeton, N.J.: Princeton University Press, 1958), 227.
85 Ibid., 228.
86 George Washington a Robert Morris, 22 de Dezembro de 1776, em *PGW*, VII, 412.
87 Nathanael Greene a Catharine Greene, 20 de Janeiro de 1777, em *PNG*, II, 7.
88 Nathanael Greene a Christopher Greene, 20 de Janeiro de 1777, em *PNG*, II, 8.
89 William Tudor a Delia Jarvis, 24 de Dezembro de 1776, MHS.
90 Joseph Reed a George Washington, 22 de Dezembro de 1776, em *PGW*, VII, 415.
91 George Washington a Jonathan Trumbull, Sr., 14 de Dezembro de 1776, em *PGW*, VII, 340.
92 Robert Morris a George Washington, 21 de Dezembro de 1776, em *PGW*, VII, 404.

1776

93 George Washington a Joseph Reed, 23 de Dezembro de 1776, em *PGW*, VII, 423.
94 George Johnston a Leven Powel, 29 de Dezembro de 1776, em *PGW*, VII, 437, nota editorial.
95 George W. Corner, ed., *The Autobiography of Benjamin Rush* (Westport, Conn.: Greenwood Press, 1970), 124.
96 Ibid.
97 Ibid., 125.
98 George Washington a John Cadwalader, 25 de Dezembro de 1776, em *PGW*, VII, 439.
99 George Washington a Robert Morris, 25 de Dezembro de 1776, em *PGW*, VII, 439.
100 General James Wilkinson, *Memoirs of My Own Times*, I (Filadélfia: Abraham Small, 1816), 128.
101 Henry Knox a Lucy Knox, 28 de Dezembro de 1776, NYHS.
102 John Greenwood, *The Revolutionary Services of John Greenwood*, Isaac J. Greenwood, ed. (Nova Iorque: De Vinne Press, 1922), 38-39.
103 George Washington a John Hancock, 27 de Dezembro de 1776, em *PGW*, VII, 454.
104 Ibid.
105 William B. Reed, ed., *Life and Correspondence of Joseph Reed*, I (Filadélfia: Lindsay & Blakiston, 1847), 276.
106 Henry Knox a Lucy Knox, 28 de Dezembro de 1776, NYHS.
107 John Greenwood, *The Revolutionary Services of John Greenwood*, Isaac J. Greenwood, ed. (Nova Iorque: De Vinne Press, 1922), 39.
108 William S. Powell, «A Connecticut Soldier Writing Home: Elisha Bostwick's Memoirs of the First Years of the Revolution», William and Mary Quarterly, 3.ª série, VI (1949), 102.
109 William S. Stryker, *Battles of Trenton and Princeton* (Trenton: Old Barracks Association, 2001), 190.
110 John Greenwood, *The Revolutionary Services of John Greenwood*, Isaac J. Greenwood, ed. (Nova Iorque: De Vinne Press, 1922), 40.
111 Rodney Atwood, *The Hessians: Mercenaries from Hessian-Kassel in the American Revolution* (Cambridge, Ingl.: Cambridge University Press, 1980), 89.
112 William S. Stryker, *Battles of Trenton and Princeton* (Trenton: Old Barracks Association, 2001), 484.
113 James Grant ao General Harvey, 26-27 de Dezembro de 1776, BC.
114 Ibid.
115 Henry Knox a Lucy Knox, 28 de Dezembro de 1776, NYHS.
116 George Washington a John Hancock, 27 de Dezembro de 1776, em *PGW*, VII, 456.

117 Henry Knox a Lucy Knox, 28 de Dezembro de 1776, NYHS.
118 Nathanael Greene a Catharine Greene, 30 de Dezembro de 1776, em *PNG*, I, 377.
119 Henry Knox a Lucy Knox, 28 de Dezembro de 1776, NYHS.
120 Ordens Gerais de George Washington, 27 de Dezembro de 1776, em *PGW*, VII, 448.
121 John Greenwood, *The Revolutionary Services of John Greenwood*, Isaac J. Greenwood, ed. (Nova Iorque: De Vinne Press, 1922), 40.
122 General James Wilkinson, *Memoirs of My Own Times*, I (Filadélfia: Abraham Small, 1816), 131.
123 Henry Knox a Lucy Knox, 28 de Dezembro de 1776, NYHS.
124 John Adlum, *Memoirs of the Life of John Adlum in the Revolutionary War*, Howard H. Peckham, ed. (Chicago: Caxton Club, 1968), 102.
125 Ibid., 102-103.
126 Comité Executivo do Congresso Continental a George Washington, 28 de Dezembro de 1776, em *PGW*, VII, 465.
127 John Hancock a George Washington, 1 de Janeiro de 1777, em *PGW*, VII, 505.
128 James Grant ao General Harvey, 26 de Dezembro de 1776, BC.
129 Ibid.
130 Franklin Wickwire e Mary Wickwire, *Cornwallis: The American Adventure* (Boston: Houghton Mifflin, 1970), 95.
131 George Washington a John Hancock, 1 de Janeiro de 1777, em *PGW*, VII, 504.
132 George Washington ao Comité Executivo do Congresso Continental, 1 de Janeiro de 1777, em *PGW*, VII, 500.
133 Sargento R——, «Battle of Princeton», *Pennsylvania Magazine of History and Biography*, XX (1896), 515-516.
134 Ibid.
135 Nathanael Greene a Nicholas Cooke, 10 de Janeiro de 1777, em *PNG*, II, 4.
136 John Hancock a George Washington, 27 de Dezembro de 1776, em *PGW*, VII, 462, n. 1.
137 William S. Stryker, *Battles of Trenton and Princeton* (Trenton: Old Barracks Association, 2001), 244.
138 George Washington ao Comité Executivo do Congresso Continental, 1 de Janeiro de 1777, em *PGW*, VII, 500.
139 Robert Morris a George Washington, 1 de Janeiro de 1777, em *PGW*, VII, 508.
140 Henry Knox a Lucy Knox, 7 de Janeiro de 1777, NYHS.
141 George W. Corner, ed., *The Autobiography of Benjamin Rush* (Westport, Conn.: Greenwood Press, 1970), 128.

142 William S. Stryker, *Battles of Trenton and Princeton* (Trenton: Old Barracks Association, 2001), 268.
143 Franklin Wickwire e Mary Wickwire, *Cornwallis: The American Adventure* (Boston: Houghton Mifflin, 1970), 96.
144 Archibald Robertson, *Archibald Robertson*, Harry Miller Lydenberg, ed. (Nova Iorque: New York Public Library, 1930), 119.
145 Henry Knox a Lucy Knox, 7 de Janeiro de 1777, NYHS.
146 George F. Scheer e Hugh F. Rankin, eds., *Rebels and Redcoats: The American Revolution Through the Eyes of Those Who Fought and Lived It* (Nova Iorque: Da Capo Press, 1957), 219.
147 Alfred Hoyt Bill, *The Campaign of Princeton: 1776-1777* (Princeton, N.J.: Princeton University Press, 1948), 108.
148 David Hackett Fisher, *Washington's Crossing* (Nova Iorque: Oxford University Press, 2004), 336.
149 Alfred Hoyt Bill, *The Campaign of Princeton* (Princeton, N.J.: Princeton University Press, 1948), 110.
150 George Washington a John Hancock, 5 de Janeiro de 1777, em *PGW*, VII, 523.
151 Douglass Southall Freeman, *George Washington: A Biography*, IV (Nova Iorque: Scribner, 1951), 359.
152 Nathanael Greene a Thomas Paine, 9 de Janeiro de 1777, em *PNG*, II, 3.
153 Henry Steele Commager e Richard B. Morris, eds., *The Spirit of 'Seventy-Six*, I (Indianapolis: Bobbs-Merrill, 1958), 524.
154 L. H. Butterfield, *Adams Family Correspondence*, II, (Cambridge, Mass.: Harvard University Press, 1963), 151.
155 Mercy Otis Waren, *History of the Rise, Progress, and Termination of the American Revolution*, I (Indianapolis: Liberty Fund, 1989), 195.
156 William Cobbett, *The Parliamentary History of England from the Earliest Period to the Year 1803*, XVIII (Londres: T. C. Hansard, 1813), 1366-1368.
157 *London General Evening Post*, 4 de Março de 1777.
158 K. G. Davies, ed., *Documents of the American Revolution, 1770-1783*, XIV (Dublin: Irish University Press, 1976), 46-47.
159 George Washington a Lorde Stirling, 19 de Janeiro de 1777, em *PGW*, VIII, 110.
160 Nathanael Greene a James Varnum, 7 de Setembro de 1781, em *PNG*, X, 36.

Bibliografia

Uma nota sobre as fontes de informação

Num ano de acontecimentos tão importantes e de tantas consequências históricas, como foi o de 1776, as fontes da altura são, apropriadamente, volumosas. As principais que utilizei – cartas, diários, memórias, mapas, livros de ordenanças, notícias de jornais e similares – encontram-se mencionadas na bibliografia. Mas as mais importantes foram as cartas de George Washington, Nathanael Greene, Henry Knox, Joseph Reed e Joseph Hodgkins. Que estes homens tenham arranjado tempo e energia para escrever tudo aquilo que escreveram, dadas as circunstâncias, é prodigioso e deve ser reconhecido como outro dos seus grandes serviços ao seu país. Washington, no período de tempo coberto por esta narrativa, de Julho de 1775 à primeira semana de 1777, escreveu, nada mais nada menos, do que 947 cartas!

Do lado britânico, as cartas do irreprimivelmente opinioso James Grant foram também uma fonte particularmente rica e acolhida. Mantidas, em privado, no Castelo de Ballindalloch, na Escócia, a ancestral casa dos Grant, os documentos estão agora disponíveis em microfilme, na Library of Congress.

Dos mais de 70 diários que consultei, os mais valiosos foram os de Jabez Fitch, James Thacher, Philip V. Fithian, Ambrose Serle, Archibald Robertson, Frederick Mackenzie e Johann Ewald. Das memórias, são marcantes as de Alexander Graydon, Joseph Plumb Martin e John Greenwood.

Também retirei muita informação de três das mais antigas histórias da Guerra Revolucionária, todas publicadas na última década do século XVIII, quando as lembranças eram, ainda, relativamente frescas, e muitos dos mais importantes se encontravam vivos. *The History of the American Revolution*, de David Ramsay, e *The History of the Rise, Progress, and Establishment of the Independence of the United States*, de William Gordon, são ambos trabalhos de americanos (Ramsay era um médico da Carolina do Sul; Gordon, um sacerdote de Massachusetts). A terceira é o primeiro relato completo de um inglês, alguém que, efectivamente, lutou na guerra: *The History of the Rise, Progress, and Termination of the American War* de Charles Stedman.

Além destes, confiei em alguns excepcionais trabalhos secundários sobre a guerra em geral: *Angel in the Whirlwind*, de Benson Bobrick; *The War for America, 1775-1783*, de Piers Mackesy; *The Glourious Cause*, de Robert Middlekauff; *A Revolutionary People at War*, de Charles Royster; e *A People Numerous and Armed*, de John Shy.

Os dois volumes de Christopher Ward, *The War of Revolution*, publicados há mais de 50 anos, continuam a ser um excelente estudo militar. *The War of American Independence*, de Don Higginbotham, é magistral, claro e equilibrado (o seu ensaio bibliográfico é particularmente valioso). E o grande clássico, com vários volumes, *The American Revolution*, de Sir George Otto Trevelyan, publicado pela primeira vez em 1899, é um prazer só pela prosa, mas também com muitas observações esclarecedoras e detalhes que não se encontram em qualquer outro.

Dos livros da guerra em 1776, quatro são de primeira qualidade e essenciais: *The Washington's Crossing*, de David Hackett Fischer; *1776: Year of Illusions*, de Thomas Fleming; *The Year That Tried Men's Souls*, de Merritt Ierly; e *The Winter Soldiers*, de Richard M. Ketchum. Serviram-me de pilar quatro antologias, habilmente editadas, das cartas e recordações de muitos dos que tiveram um papel na guerra, tanto americanos como britânicos: *The Spirit of 'Seventy-Six*, em dois volumes, editado por Henry Steele Commager e Richard B. Morris; *The Revolution Remembered*, editado por John C. Dann; *Rebels and Redcoats*, editado por George F. Scheer e Hugh F. Rankin; e *Letters on the American Revolution, 1774-1776*, editado por Margaret Wheeler Williard.

Uma das surpresas iniciais da minha investigação foi descobrir a quantidade de material que existe sobre o Cerco de Boston (poderia, prontamente, ter focado apenas esse tema). No entanto, por alguma razão que desconheço, é um assunto que os historiadores, ao longo dos anos, não têm focado. O único livro de importância, *The First Year of the American Revolution*, de Allen French, foi publicado em 1934. Mas é um estudo conhecedor e, em conjugação com as extensas notas de French, arquivadas na Massachusetts Historical Society, foi de valor incalculável.

Sobre a guerra em Nova Iorque, as melhores narrativas são *Under the Guns* e *Battle for Manhattan*, ambas de Bruce Bliven, Júnior; *The Battle of Long Island*, de Eric I. Manders; *The Battle of Brooklyn, 1776*, de John J. Gallagher; e *The Battle for New Iorque*, de Barnet Schecter. O mais antigo trabalho erudito, *The Campaign of 1776 Around New York and Brooklyn*, escrito por Henry P. Johnston e publicado pela Long Island Historical Society, em 1878, foi indispensável.

Bibliografia

O melhor estudo do Cerco do Forte Washington é «Toward Disaster at Fort Washington», de William Paul Deary, uma dissertação não publicada, apresentada à Escola de Artes e Ciências Columbinas, Universidade de George Washington, em 1996.

Dos livros dedicados à campanha em Nova Jérsia, consultei o primeiro verdadeiro trabalho sobre o assunto, *Battles of Trenton and Princeton*, de William S. Stryker, publicado em 1898, assim como o mais conciso, *The Long Retreat*, de Arthur S. Lefkowitz, publicado em 1998; *The Campaign of Princeton, 1776-1777*, de Alfred Hoyt Bill; e *The Day is Ours*, de William M. Dwyer.

As biografias, de contínuo valor em todo o meu trabalho, incluem, em primeiro lugar, *George Washington*, de Douglas Southall Freeman, em especial os volumes III e IV. Embora antiquado na forma, *Washington*, de Freeman, apenas é ultrapassado por *The Papers of George Washington*, no tratamento abrangente que faz do seu papel de líder na guerra, e na plenitude de excepcionais notas de rodapé.

Outras biografias, repetidamente consultadas, foram: *George IIIA Personal History*, de Christopher Hibbert; *Nathanael Greene*, de Theodore Thayer; *The Life of Nathanael Greene*, de George Washington Greene; *Henry Knox*, de North Callahan; *General Charles Lee*, de John Richard Alden; *General John Glover and His Marblehead Mariners*, de George Athan Billias; o estudo perspicaz de Sir Henry Clinton, escrito por William B. Willcox, *Portrait of a General*; *The Howe Brothers and the Âmerican Revolution*, de Ira D. Gruber; *The Command of th Howe Brothers During the American Revolution*, de Troyer Steele Anderson; e *Cornwallis: The American Adventure*, de Franklin e Mary Wickwire.

The American Rebellion, outro pilar, é a narrativa de Sir Henry Clinton das suas próprias campanhas, editado por William B. Willcox.

E, como todos os que escrevem sobre a Guerra Revolucionária, ficarei eternamente em dívida para com *The Iconography of Manhattan Island, 1498-1909*, de I. N. Phelps Stokes; *American Archives*, de Peter Force; e a *Encyclopedia of the American Revolution*, de Mark Mayo Boatner III.

Também referi, repetidamente, os retratos por John Trumbull, a maior parte dos quais se encontram na Galeria de Arte da Universidade de Yale, e de Charles Willson Peale, particularmente os do Parque da Independência Nacional, em Filadélfia. Nos trabalhos destes dois grandes pintores, que serviram na guerra, vemos não só as faces dos protagonistas do lado americano, mas também um esboço do seu carácter.

Finalmente, tenho de incluir cinco casas históricas, que surgem nesta narrativa:

A velha herdade de portadas brancas, em East Greenwhich, em Rhode Island, onde Nathanael Greene nasceu e foi criado, ainda existe e pertence à família Greene. Os seus tesouros incluem o berço onde Nathanael Greene foi embalado, alguns dos seus livros e mesmo o mosquete que comprou a um desertor britânico, antes de marchar para a guerra. A bela e quadrada casa Greene, construída pouco antes de se casar, também ainda está de pé, em Covington, em Rhode Island, perto do local da sua fundição de ferro.

Monte Vernon, a casa de Washington na Virgínia, é, de muitas formas, a autobiografia que Washington nunca escreveu, por tudo o que nos diz sobre o seu antigo morador. Depois, há duas que serviram de quartel-general, no decurso de 1776: a magnífica Longfellow House, como é há muito conhecida, na Brattle Street, em Cambridge; e a Morris-Jumel Mansion, em Jumel Terrace, na Cidade de Nova Iorque, na 160th Street. À excepção da quinta de Greene, em East Greenwhich, todas estas magníficas casas estão abertas ao público e, à sua maneira, as paredes podem, verdadeiramente, falar.

COMPILAÇÃO DE MANUSCRITOS

American Antiquarian Society, Worcester, Mass.
    Jornal, manuscrito e compilação de panfletos
American Philosophical Society, Filadélfia
    Registo Diário de Nathan Sellers
Boston Public Library
Clements Library, Ann Arbor, Mich.
    Documentos de Loftus Cliffe
    Documentos de Henry Clinton
    Colecção da Guerra Revolucionária de James S. Schoff
Colonial Williamsburg Reference Library, Williamsburg Reference Library, Va.
Harvard University Library, Cambridge, Mass.
    Documentos de John Winthrop
Historical Society of Delaware, Wilmington
Historical Society of Pennsylvania, Filadélfia
    Documentos de Edward Hand
Library of Congress, Washington, D.C.
    Arquivos de Peter Force
    Geografia e Secção de Mapas
    Documentos de James Grant
    Documentos de Consider Tiffany
    Documentos de George Washington
Longfellow House National Historic Site, Cambridge, Mass.
    Documentos de George Washington e Arquivos do Serviço do Parque
Massachusetts Historical Society, Boston
    Documentos de John Adams

Diário do Reverendo Samuel Cooper
Documentos de Allen French
Documentos de Richard Frothingham
Diário de Henry Knox
Documentos de Timothy Pickering
Documentos de Samuel Shaw
Documentos de William Tudor
Documentos do Tenente Richard Williams
Correspondência de Hannah Winthrop e Mercy Warren
Monte Vernon Department of Collections, Monte Vernon, Va.
Museum of the City of New York Archives
National Archives, Washington, D.C.
Registos das Compensações Revolucionárias
New-York Historical Society, Cidade de Nova Iorque
Correspondência de William Alexander, Lorde Stiling
Registo Diário de Lachlan Campbell
Documentos de William Duer
Documentos de Nathan Eells
Documentos de Henry Knox (Colecção de Gilder-Lehrman)
Documentos de Alexander McDougall
Registo Diário de Solomon Nash
Documentos de Joseph Reed
Pierpont Morgan Library, Nova Iorque
Documentos de John Trumbull
Public Records Office, Kew Gardens, Londres
Documentos de Lorde William Howe
Registos das Queixas Lealistas
Documentos de Sir George Osborn
Rhode Island Historical Society, Providence
Documentos de Thomas Foster
Documentos de Nathanael Greene
Documentos do Capitão Stephen Olney
Society of Cincinnati, Washington, D.C.
Manuscritos, Mapas e Compilação de Material Gráfico
Yale University Art Gallery, New Haven, Conn.

Livros

ABBOTT, W. W., ed. *The Papers of George Washington*, Colonial Series. Vol. I. Charlottesville: University Press of Virginia, 1983.

ADAIR, Douglass e John A. Schutz, eds. Peter Oliver's «*Origin and Progress of the American Rebellion: A Tory View*». San Marino, Calif.: Huntington Library, 1961.

ADAMS, Charles Francis, ed. *The Works of John Adams*. Vols. III, IX. Boston: Little, Brown, 1856.

ADAMS, Hannah. *A Summary History of New-England: From the First Settlement at Plymouth to the Acceptance of the Federal Constitution, Comprehending a General Sketch of the American War*. Dedham, Mass.: H. Mann & J. H. Adams, 1799.

ADAMS, Randolph G. *Sir Henry Clinton Maps: British Headquarters Maps and Sketches*. Ann Arbor, Mich.: William L. Clements Library, 1928.

ALDEN, John R. *General Charles Lee: Traitor or Patriot?* Baton Rouge: Louisiana State University Press, 1951.

_____ *A History of the American Revolution*. Nova Iorque: Knopf, 1969.

The American Revolution in New York: Its Political, Social, and Economic Significance. (Preparado pela Divisão de Arquivos e História) Albany: University of the State of New York, 1926.

ANDERSON, Fred. *Crucible of War: The Seven Years' War and the Fate of Empire in British North America, 1754-1766*. Nova Iorque: Knopf, 2000.

ANDERSON, Troyer Steele. *The Command of the Howe Brothers During the American Revolution*. Nova Iorque e Londres; Oxford University Press, 1936.

ANDREWS, John. *History of the War with America, France, Spain, and Holland*. Vol. II. Londres: John Fielding, 1785-1786.

The Annual Register; or, A View of the History, Politics, and Literature for the Year 1775. Londres: Impresso para J. Dodsley, 1776.

ARCH, Nigel e Joanna Marschner. *Splendour at Court: Dressing for Royal Occasions Since 1700*. Londres e Sidney: Unwin Hyman, 1987.

ATWOOD, Rodney. *The Hessians: Mercenaries from Hessen-Kassel in the American Revolution*. Cambridge, Eng.: Cambridge University Press, 1980.

BAILYN, Bernard. *Faces of Revolution: Personalities and Themes in the Struggle for American Independence*. Nova Iorque: Knopf, 1990.

BAKELESS, John. *Turncoats, Traitors, and Heroes*. Filadélfia: J. B. Lippincott, 1959.

BALCH, Thomas, ed. *Papers Relating Chiefly to the Maryland Line During the Revolution*. Filadélfia: Impresso para a Seventy Six Society, 1857.

BANCROFT, George. *History of the United States*. Vol. IX. Boston: Little, Brown, 1866.

BARCK, Oscar Theodore, Junior. *New York City During the War for Independence*. Nova Iorque: Columbia University Press, 1931.

BARNUM, H. L. *The Spy Unmasked; or, Memoirs of Enoch Crosby*. Harrison, N.I.: Harbor Hill Books, 1975.

BEATSON, Robert. *Naval and Military Memoirs of Great Britain from 1727 to 1783*. Vol. VI. Boston: Gregg Press, 1972.
BECKER, John. *The Sexagenary; or, Reminiscences of the American Revolution*. Albany, N.I.: J. Munsell, 1866.
BERGER, Joseph and Dorothy Berger, eds. *Diary of America*. Nova Iorque: Simon & Schuster, 1957.
BILL, Alfred Hoyt. *The Campaign of Princeton: 1776-1777*. Princeton, N.J.: Princeton University Press, 1948.
BILLIAS, George Athan. *General John Glover and His Marblehead Mariners*. Nova Iorque: Henry Holt, 1960.
_____. *George Washington's Generals*, Nova Iorque: Morrow, 1964.
BLACK, Jeremy. *Pitt the Elder: The Great Commoner*. Gloucestershire, Ing.: Sutton Publishing, 1999.
BLAKESLEE, Katherine Walton. *Mordecai Gist and His American Progenitors*. Baltimore: Daughters of the American Revolution, 1923.
BLIVEN, Bruce, Junior. *Battle for Manhattan*. Nova Iorque: Holt, 1955.
_____. *Under the Guns: New York, 1775-1776*. Nova Iorque: Harper & Row, 1972.
BLUMENTHAL, Walter Hart. *Women Camp Followers of the American Revolution*. Filadélfia: George S. MacManus Co., 1952.
BOBRICK, Benson. *Angel in the Whirlwind: The Triumph of the American Revolution*. Nova Iorque: Simon & Schuster, 1997.
BOLTON, Charles Knowles, ed. *Letters of Hugh Earl Percy from Boston and New York: 1774-1776*. Boston: Gregg Press, 1972.
_____. *The Private Soldier Under Washington*. Port Washington, N.I.: Kennikat Press, 1964.
BOWMAN, Allen. *The Morale of the American Revolutionary Army*. Washington, D.C.: American Council on Public Affairs, 1943.
BOWNE, William L. *Ye Cohorn Caravan: The Knox Expedition in the Winter of 1775-76*. Schuylerville, N.I.: NaPaul Publishers, 1975.
BRIDENBAUGH, Carl. *Cities in Revolt: Urban Life in America, 1743-1776*. Nova Iorque: Knopf, 1955.
BROOKE, John. *King George III*. Londres: Constable, 1972.
BROOKHISER, Richard. *Founding Father*. Nova Iorque: Free Press, 1996.
BROOKS, Noah. *Henry Knox: A Soldier of the Revolution: 1750-1806*. Nova Iorque e Londres: Putnam, 1900.
BROOKS, Victor: *The Boston Campaign: April 1775 / March 1776*. Conshohocken, Pa.: Combined Publishing, 1999.
BUCKLEY, Gail. *American Patriots: The Story of Blacks in the Military from the Revolution to Desert Storm*. Nova Iorque: Random House, 2001.
BUEL, Joy Day e Richard Buel, Junior. *The Way of Duty: A Woman and Her Family in Revolutionary America*. Nova Iorque: Norton, 1984.

BURGOYNE, Bruce E., ed. *Enemy Views: The American Revolutionary War as Recorded by the Hessian Participants.* Bowie, Md.: Heritage Books, 1996.

_____. *The Hesse-Cassel Mirbach Regiment in the American Revolution.* Bowie, Md.: Heritage Books, 1998.

BURKE, Edmund, *The Correspondence.* Vol. III. *July 1774 / June 1778.* Cambridge, Ing.: Cambridge University Press, 1961.

BURNABY, Rev. Andrew. *Travels Through the Middle Settlements in North America in the Years 1759 and 1760.* 3.ª ed. Londres: T. Payne, 1798.

BURROWS, Edwin G. e Mike Wallace. *A History of New York City to 1898.* Nova Iorque e Oxford: Oxford University Press, 1999.

BUTTERFIELD, L. H., ed. *Adams Family Correspondence.* Vols. I-II. Cambridge, Mass.: Harvard University Press, 1963.

_____. *Letters of Benjamin Rush.* Vols. I-II. Princeton, N.J.: American Philosophical Society, 1951.

CALLAHAN, North. *Henry Knox: General Washington's General.* South Brunswick, Maine: A. S. Barnes & Co., 1958.

CHASE, Philander; W. W. Abbott; e Dorothy Twohig, eds. *The Papers of George Washington.* Vols, I-VIII. Charlottesville: University Press of Virginia, 1985-1998.

CHIDSEY, Donald Barr. *The Tide Turns: An Informal History of the Campaign of 1776 in the American Revolution.* Nova Iorque: Crown Publishers, 1966.

CHURCHILL, Sir Winston. *The Great Republic: A History of America.* Nova Iorque: Biblioteca Moderna, 2001.

CLARK, William Bell, ed. *Naval Documents of the American Revolution.* Vols. III-VII. Washington, D.C.: U.S. Department of the Navy, 1968-1976.

COBBETT, William. *The Parliamentary History of England from the Earliest Period to the Year 1803.* Vol. XVIII. Londres: T.C.Hansard, 1813.

COFFIN, Charles, ed. *The Lives and Services of Maj. Gen. John Thomas, Col. Thomas Knowlton, Col. Alexander Scammell, Maj. Gen. Henry Dearborn.* Nova Iorque: Egbert, Hovey & King, 1845.

COLLEY, Linda. *Britons Forging the Nation, 1707-1837.* New Haven, Conn.: Yale University Press, 1992.

COLLINS, Varnum Lansing, ed. *A Brief Narrative of the Ravages of the British and Hessians at Princeton, 1776-1777.* Princeton, N.J.: University Library, 1999.

COMMAGER, Henry Steele e Richard B. Morris, eds. *The Spirit of Seventy-Six: The Story of the American Revolution as Told by Participants.* Vols. I-II. Indianapolis: Bobbs-Merrill, 1958.

CONWAY, Moncure Daniel. *Writings of Thomas Paine.* Vol. I. Nova Iorque: Putnam, 1894.

Bibliografia

Cook, Don. *The Long Fuse: How England Lost the American Colonies, 1760-1785*. Nova Iorque: Atlantic Monthly Press, 1995.
Copley, John Singleton, *Letters and Papers of John Singleton Copley and Henry Pelham, 1739-1776*. Boston: Massachusetts Historical Society, 1914.
Corner, George W., ed. *The Autobiography of Benjamin Rush: His Travels Through Life, Together with His "Commonplace Book" for 1789-1813*. Westport, Conn.: Greenwood Press, 1970.
Coupland, R. *The American Revolution and the British Empire*. Nova Iorque: Russell & Russell, 1965.
Crary, Catherine S. *The Price of Loyalty: Tory Writings from the Revolutionary Era*. Nova Iorque: McGraw-Hill, 1973.
Cumming, W. P. e Hugh Rankin. *The Fate of a Nation: The American Revolution Through Contemporary Eyes*. Londres: Phaidon Press, 1975.
Cunliffe, Marcus. *George Washington: Man and Monument*. Nova Iorque: New American Library, 1958.
Custis, George Washington Parke. *Recollections and Private Memoirs of Washington*. Nova Iorque: Derby & Jackson, 1860.
Cutter, William. *The Life of Israel Putnam, Major General in the Army of the American Revolution*. Boston: Sanborn, Carter, Bazin &Co., 1846.
Dalzell, Robert F., Junior e Lee Baldwin Dalzell. *George Washington's Monte Vernon*. Nova Iorque: Oxford University Press, 1998.
Dann, John C., ed. *The Revolution Remembered: Eyewitness Accounts of the War for Independence*. Chicago: University of Chicago Press, 1980.
Davies, K. G., ed. *Documents of the American Revolution, 1770-1783*. Colonial Office Series. Vols. XI, XIV. Dublin: Irish University Press, 1976.
Dawson, Henry B., ed. *New York City During the American Revolution: Being a Collection of Original Papers from the Manuscripts of the Mercantile Library Association of New York City*. Nova Iorque: Impresso a título particular para a Associação, 1861.
Deary, William Paul. «*Toward Disaster at Fort Washington, November 1776*». Dissertação, George Washington University, 1996.
Decker, Malcolm. *Brink of Revolution: New York in Crisis, 1765-1776*. Nova Iorque: Argosy, 1964.
Defoe, Daniel. *A Tour Thro' Great Britain, 1742*. Vol. II. Nova Iorque & Londres: Garland Publishing, 1975.
Diamant, Lincoln. *Chaining the Hudson: The Fight for the River in the American Revolution*. Carol Publishing Group, 1994.
_____. *Revolutionary Women in the War for American Independence*. Edição revista, com um volume, Landmark Series, de 1848, de Elizabeth Ellet's. Westport, Conn.: Praeger, 1998.

DRAKE, Francis S. *Life and Correspondence of Henry Knox.* Boston: Samuel G. Drake, 1873.
DRAKE, Samuel Adams. *General Israel Putnam: The Commander at Bunker Hill.* Boston: Nichols & Hall, 1875.
_____. *Old Landmarks and Historic Personages of Boston.* Boston: James R. Osgood & Co., 1873.
DRAPER, Theodore. *A Struggle for Power: The American Revolution.* Nova Iorque: Times Books, 1996.
DRINKWATER, John. *Charles James Fox.* Nova Iorque: Cosmopolitan Book Corp., 1928.
DUER, William Alexander. *The Life of William Alexander, Earl of Stirling, with Selections from His Correspondence.* Publicado para a New Jersey Historical Society. Nova Iorque: Wiley & Putnam, 1847.
DUNCAN, Louis C *Medical Men in the American Revolution.* Jefferson, N.C. e Londres: McFarland & Co., 1998.
DWYER, William M. *The Day Is Ours: November 1776-January 1777, An Inside View of Battles of Trenton and Princeton.* Nova Iorque: Viking Press, 1983.
ELIOT, Ellsworth, Junior. *The Patriotism of Joseph Reed.* New Haven, Conn.: Yale University Library, 1943.
ELLET, Elizabeth F. *The Women of the American Revolution.* Vol. III. Filadélfia: George W. Jacobs & Co., 1900.
ENGLISH, Frederick. *General Hugh Mercer: Forgotten Hero of the American Revolution.* Lawrenceville, N.J.: Princeton Academic Press, 1975.
FENN, Elizabeth A. *Pox Americana: The Great Smallpox Epidemic of 1775-82.* Nova Iorque: Hill & Wang, 2001.
FERRIS, Robert G. e Richard E. Morris. The *Signers of the Declaration of Independence.* Flagstaff, Ariz.: Interpretive Publications, 1982.
FIELD, Thomas W. *Battle of Long Island.* Brooklyn: Long Island Historical Society, 1869.
FIELDS, Joseph E. Worthy Partner: The Papers of Martha Washington. Westport, Conn.: Greenwood Press, 1994.
FISCHER, David Hackett. *Paul Revere's Ride.* Nova Iorque: Oxford University Press, 1994.
_____. *Washington's Crossing.* Nova Iorque: Oxford University Press, 2004.
FISHER, Sydney George. *The True History of the American Revolution.* Filadélfia: J. B. Lippincott, 1902.
FISKE, John. *The American Revolution.* Vols. I-II. Boston: Houghton Mifflin, 1891.
FITZPATRICK, John c., ed. *George Washington Accounts of Expenses.* Boston: Houghton Mifflin, 1917.

_____. *George Washington Himself*, Indianapolis: Bobbs-Merrill, 1933.

_____. *The Writings of George Washington from the Original Manuscript Sources, 1745-1799*. Vols. I-VIII. Washington, D.C.: U.S. Government Printing Office, 1931-1933.

FLEMING, Thomas. *Now We Are Enemies: The Story of Bunker Hill*. Nova Iorque: St. Martin Press, 1960.

_____. *1776: Year of Illusions*. Nova Iorque: Norton, 1975.

FLEXNER, James Thomas. *George Washington: The Forge of Experience, 1732-1775*. Vol. I. Boston: Little, Brown, 1965.

_____. *George Washington in the American Revolution, 1775-1783*. Vol. II. Boston: Little, Brown, 1967.

_____. *The Young Hamilton: A Biography*. Boston e Toronto: Little, Brown, 1978.

FLOOD, Charles Bracelen. *Rise, and Fight Again: Perilous Times Along the Road to Independence*. Nova Iorque: Dodd, Mead, 1976.

FONER, Philip S., ed. *The Complete Writings of Thomas Paine*. 2 vols. Nova Iorque: Citadel Press, 1945.

FORBES, Esther. *Paul Revere and the World He Lived In*. Boston: Houghton Mifflin, 1942.

FORCE, Peter. *American Archives: Consisting of a Collection of Authentick Records, State Papers, Debates, and Letters and Other Notices of Public Affairs*. 4.ª série. 9 vols. Washington, D.C.: M. St. Clair e Peter Force, 1837-1853.

FORD, Paul Leicester. *Washington and the Theatre*. Nova Iorque: Dunlap Society, 1899.

FORTESCUE, Sir John, ed. *The Correspondence of King George the Third from 1760 to December 1783*. Vol. III. Londres: Macmillan, 1927-1928.

_____. *The War of Independence: The British Army in North America, 1775-1783*. Londres: Greenhill Books, 2001.

FOWLER, William, Jr. *The Baron of Beacon Hill: A Biography of John Hancock*. Boston: Houghton Mifflin, 1980.

_____. *Rebels Under Sail: The American Navy During the Revolution*. Nova Iorque: Scribner, 1976.

FREEMAN, Douglas Southall. *George Washington*. Vols. I-II. Young Washington. Nova Iorque: Scribner, 1948-1949.

_____. *George Washington*. Vol. III. *Planter and Patriot*. Nova Iorque: Scribner, 1951.

_____. *George Washington*. Vol. IV. *Leader of the Revolution*. Nova Iorque: Scribner, 1951.

FRENCH, Allen. *The First Year of the American Revolution*. Boston: Houghton Mifflin, 1934.

_____. *The Siege of Boston*. Nova Iorque: Macmillan, 1911.
FREY, Sylvia R. *The British Soldier in America: A Social History of Military Life in the Revolutionary Period*. Austin: University of Texas, 1981.
FROTHINGHAM, Thomas G. *History of the Siege of Boston, and of the Battles of Lexington, Concord, and Bunker Hill*. Nova Iorque: Da Capo Press, 1970.
_____. *Washington: Commander in Chief*. Boston: Houghton Mifflin, 1930.
FRUCHTMAN, Jack, Junior. *Thomas Paine, Apostle of Freedom*. Nova Iorque: Four Walls Eight Windows, 1994.
GALLAGHER, John J. *The Battle of Brooklyn, 1776*. Nova Iorque: Sarpedon, 1995.
GARRETT, Wendell. *George Washington's Monte Vernon*. Nova Iorque: Monacelli Press, 1998.
GERLACH, Larry R., ed. *New Jersey in the American Revolution: 1763-1783*. Trenton, N.J.: New Jersey Historical Comission, 1975.
GILLETT, Mary C. *The Army Medical Department, 1775-1818*. Washington, D.C.: U.S. State Press Department, 1995.
GORDON, William. *The History of the Rise, Progress, and Establishment of the Independence of the United States of America*. Vols. I-II. Londres, 1788.
GREENE, Albert. *Recollections of the Jersey Prison Ship*. Bedford, Mass.: Applewood Books, 1961.
GREENE, George Washington. *The Life of Nathanael Greene*. Vol. I. Freeport, N.I.: Books for Libraries Press, 1962.
_____. *Nathanael Greene: An Examination of Some Statements Concerning Major General Greene in the Ninth Volume of Bancroft's «History of the United States»*. Boston: Ticknor & Fields, 1866.
GRIFFITHS, Thomas Morgan. *Major General Henry Knox and the Last Heirs to Montpelier*. Monmouth, Maine: Monmouth Press, 1965.
GRUBER, Ira D. *The Howe Brothers and the American Revolution*. Nova Iorque: Atheneum, 1972.
HAMILTON, John C. *The Life of Alexander Hamilton*. Vol. I. Nova Iorque: Halsted & Voorhies, 1834.
HAMMOND, Otis G., ed. *Letters and Papers of Major-General John Sullivan*. Vols. I-III. Concord: New Hampshire Historical Society, 1930-1939.
HARCOURT, Edward William, ed. *The Harcourt Papers*. Vol. XI. Oxford, Ing.: James Parke & Co., 1884.
HARRISON, Peleg. *The Stars and Stripes and Other American Flags*. Boston: Little, Brown, 1914.
HAWKE, David Freeman. *Paine*. Nova Iorque: Harper & Row, 1974.
HELLER, Charles E. e William A. Stofft, eds. *America's First Battle, 1776-1965*. Lawrence: Kansas University Press, 1986.
HIBBERT, Christopher. *George III: A Personal History*. Nova Iorque: Viking Press, 1998.

_____. *Redcoats and Rebels*. Nova Iorque: Avon Books, 1990.
HIGGINBOTHAM, Don. *George Washington and the American Military Tradition*. Atenas: Georgia University Press, 1985.
_____. ed. *George Washington Reconsidered*. Charlottesville: University Press of Virginia, 2001.
_____. *George Washington: Uniting a Nation*. Lanham, Md.: Rowman & Littlefield Publishers, 2002.
_____. *The War of American Independence: Military Attitudes, Policies, and Practice, 1763-1789*. Nova Iorque: Macmillan. 1971.
HILL, George Canning. *Gen. Israel Putnam: «Old Put», a Biography*. Boston: E. O. Libby & Co., 1858.
HIRSCHFIELD, Fritz. *George Washington and Slavery*. Columbia: University of Missouri Press, 1997.
HOFSTRA, Warren R., ed. *George Washington and the Virginia Backcountry*. Madison, Wis.: Madison House Publishers, 1998.
HOLMES, Richard. *Redcoat: The British Soldier in the Age of Horse and Musket*. Nova Iorque: Norton, 2001.
HOULDING, J. A. Fit for Service: *The Training of the British Army, 1715-1795*. Oxford, Ing.: Clarendon Press, 1981.
HUDDLESTON, F. J. *Gentleman Johnny Burgoyne*. Garden City, N.I.: Garden City Publishing, 1927.
HUMPHREYS, David. *An Essay on the life of the Honourable Major-General Isaac Putnam*. Indianapolis: Liberty Fund, 2000.
_____. *The Life, Anecdotes, and Heroic Exploits of Israel Putnam*. Cleveland: M. C. Younglove & Co., 1849.
_____. *Life of General Washington*. Atenas: Georgia University Press, 1991.
IERLEY, Merritt. *The Year That Tried Men's Souls: A Journalistic Reconstruction of the World of 1776*. South Brunswick, N.J.: A. S. Barnes & Co., 1976.
JESSE, J. Heneage. *Memoirs of the Life and Reign of King George the Third*. Vol. II. 2.ª ed. Londres: Tinsley Bros., 1867.
JOHNSTON, Elizabeth Bryant. *George Washington Day by Day*. Nova Iorque: Baker & Taylor Co., 1895.
JOHNSTON, Henry Phelps. *The Battle of Harlem Heights, September 16, 1776*. Nova Iorque: Macmillan, 1897.
_____. *The Campaign of 1776 Around New York and Brooklyn*. Brooklyn: Long Island Historical Society, 1878.
_____. *Nathan Hale, 1776*. New Haven, Conn.: Yale University Press, 1914.
_____. *Yale and Her Honor Roll in the American Revolution, 1775-1783*, Nova Iorque: Impresso a título particular, 1888.
JONES, E. Alfred. *The Loyalists of Massachusetts*. Londres: St. Catherine, 1930.
JONES, Michael Wynn. *Cartoon History of the American Revolution*. Nova Iorque: Putnam, 1975.

JONES, Thomas. *History of New York During the Revolutionary War.* Vols. I-II. Nova Iorque: New-York Historical Society, 1879.

KAMMEN, Michael. *Colonial New York: A History.* Nova Iorque: Scribner, 1975.

_____. *A Season of Youth: The American Revolution and the Historical Imagination.* Nova Iorque: Knopf, 1978.

KETCHUM, Richard M. *Decisive Day: The Battle for Bunker Hill.* Nova Iorque: Doubleday, 1962.

_____. *Divided Loyalties: How the American Revolution came to New York.* Nova Iorque: Holt, 2002.

_____. *The Winter Soldiers.* Garden City, N.I.: Doubleday, 1973.

_____. *The World of George Washington.* Nova Iorque: American Heritage, 1974.

KIDDER, Frederic. *History of the First New Hampshire Regiment in the War of the Revolution.* Albany, N.I.: Joel Munsell, 1968.

LANCASTER, Bruce. *From Lexington to Liberty: The Story of the American Revolution.* Garden City, N.I.: Doubleday, 1955.

LANGFORD, Paul, ed. *The Writings and Speeches of Edmund Burke.* Oxford, Ing.: Clarendon Press, 1996.

LAWRENCE, Vera Brodsky. *Music for Patriots, Politicians, and Presidents.* Nova Iorque: Macmillan, 1975.

LEFFERTS, Lt. Charles M. *Uniforms of the American, British, French, and German Armies in the War of the American Revolution.* Nova Iorque: New-York Historical Society, 1926.

LEFKOWITZ, Arthur S., *The Long Retreat: The Calamitous American Defense of New Jersey, 1776.* Metuchen, N.J: Upland Press, 1998.

LEWIS, W. S. e John Riely, eds. *Horace Walpole's Miscellaneous Correspondence.* Vol. II. New Haven, Conn.: Yale University Press, 1980.

LEWIS, Wilmouth Sheldon. *Three Tours Through Londres in the Years 1748, 1776, 1797.* New Haven, Conn.: Yale University Press, 1941.

LONGMORE, Paul K. *The Invention of George Washington.* Berkeley: California University Press, 1988.

LUNDIN, Leonard. *Cockpit of the Revolution: The War for Independence in New Jersey.* Princeton, N.J.: Princeton University Press, 1940.

LUSHINGTON, S. R. *The Life and Services of General Lord Harris.* 2.ª ed. Londres: John W. Parker, 1845.

LUTNICK, Solomon. *The American Revolution and the British Press, 1775-1783.* Columbia: University of Missouri Press, 1967.

MACKESY, Piers. *The War for America: 1775-1783.* Londres: Longmans, Green & Co., 1964.

MAIER, Pauline. *American Scripture: Making the Declaration of Independence.* Nova Iorque: Knopf, 1997.

MANDERS, Eric I. *The Battle of Long Island*. Monmouth Beach, N.J.: Philip Freneau Press, 1978.

MARSHALL, John. *The Life of George Washington, Commander-in-Chief of the American Forces*. Vol. II. Filadélfia: C. P. Wayne, 1804.

MARTYN, Charles. *The Life of Artemas Ward, the First Commander-in-Chief of the American Revolution*. Nova Iorque: Artemas Ward, 1921.

MASON, George C. The Life and Works of Gilbert Stuart. Nova Iorque: Scribner, 1879.

McCULLOUGH, David. *John Adams*. Nova Iorque: Simon & Schuster, 2001.

McKENZIE, Matthew G. *Barefooted, Bare Leg'd, Bare Breech'd: The Revolutionary War Service of the Massachusetts Continental Line*. Boston: Massachusetts Society of the Cincinnati, 1995.

MIDDLEKAUFF, Robert. *The Glorious Cause: The American Revolution, 1763-1789*. Nova Iorque: Oxford University Press, 1982.

MIDDLETON, Richard. *Colonial America: A History, 1585-1776*. 3.ª ed. Oxford, Ing.: Blackwell Publishers, 2002.

MILLER, Lillian B., ed. *Selected Papers of Charles Willson Peale and His Family*. Vols. I,V. New Haven, Conn.: Yale University Press, 1983, 2000.

MITCHELL, L. G. *Charles J. Fox*. Oxford, Ing.: Oxford University Press, 1992.

MONTROSS, Lynn. *The Reluctant Rebels: The Story of the Continental Congress, 1774-1789*. Nova Iorque: Barnes & Noble, 1950.

_____. *The Story of the Continental Army, 1775-1783*. Nova Iorque: Barnes & Noble, 1967.

MOORE, Frank. *Diary of the American Revolution*. Vols. I-II. Nova Iorque: Charles Scribner, 1860.

MOORE, George H. *The Treason of Charles Lee*. Port Washington, N.I.: Kennikat Press, 1970.

MORGAN, Edmund S. *The Genius of George Washington*. Nova Iorque: Norton 1977.

MORGAN, Edwin V. *Slavery in New York*. Half Moon Series. Vol. II, n.º 1. Nova Iorque: Putnam, 1898.

MORGAN, William James, ed. *Naval Documents of the American Revolution*. Vols. IV-VI. Washington, D.C.: U.S. Department of the Navy, 1969--1972.

MORRISSEY, Brendan. *Boston, 1775: The Shot Heard Around the World*. Londres: Osprey, 1995.

MURRAY, Rev. James. *An Impartial History of the War in America*. Vol. II. Newcastle, Ing.: Impresso para T. Robson, 1780.

NORTON, J. E., ed. *The Letters of Edward Gibbon*. Vol. II. *1774-1784*. Nova Iorque: Macmillan, 1956.

NORTON, Mary Beth. *Liberty's Daughters*. Boston: Little, Brown, 1980.
OLSEN, Kirstin. *Daily Life in 18th-Century England*. Westport, Conn.: Greenwood Press, 1999.
ONDERDONK, Henry, Junior. *Revolutionary Incidents of Suffolk and Kings Counties*. Nova Iorque: Leavitt & Co., 1849.
OTTEN, Robert M. *Joseph Addison*. Boston: Twayne Publishers, 1982.
PAIN, Nesta. *George III at Home*. Londres: Eyre Methuen, 1975.
PAINE, Thomas. *The American Crisis*. Londres: T. W. Shaw, 1775.
_____. «Rights of Man» e «Common Sense». Nova Iorque: Knopf, 1994.
PALMER, Dave Richard. *The Way of the Fox: American Strategy in the War for America 1775-1783*. Westport, Conn.: Greenwood Press, 1975.
PARTRIDGE, Bellamy. *Sir Billy Howe*. Londres: Longmans, Green & Co., 1932.
PEARSON, Michael. *Those Damned Rebels*. Nova Iorque: Da Capo Press, 1971.
PECKHAM, Howard H., ed. *The Toll of Independence*. Chicago: University of Chicago Press, 1974.
PETERSON, Harold L. *The Book of the Continental Soldier*. Harrisburg, Pa.: Stackpole Co., 1968.
PHILLIPS, Brig. Gen. Thomas R., ed. *Reveries on the Art of War: Marshal Maurice de Saxe*. Harrisburg, Pa.: Military Service Publishing Co., 1944.
PLUMB, J. H. *The First Four Georges*. Londres: Fontana/Collins, 1956.
PREBLE, George Henry. *Origin and History of the American Flag*. Filadélfia: Nicholas L. Brown, 1917.
PUTNAM, Alfred P. *A Sketch of General Israel Putnam*. Salem, Mass.: Eben Putnam, 1893.
QUARLES, Benjamin. *The Negro in the American Revolution*. Chapel Hill: University of North Carolina Press, 1961.
RAMSAY, David. *The History of the American Revolution*. Vols. l-ll. Londres: Impresso para John Stockdale, 1793.
_____. *Life of George Washington*. Ithaca, N.I.: Mack, Andrus & Woodruff, 1840.
RAPHAEL, Ray. *A People's History of the American Revolution: How Common People Shaped the Fight for Independence*. Nova Iorque: New Press, 2001.
RASMUSSEN, William M. S. e Robert S. Tilton. *George Washington: The Man Behind the Myths*. Charlottesville: University Press of Virginia, 1999.
RAWSON, Jonathan. *1776: A Day-by-Day Story*. Nova Iorque: Frederick A. Stokes Co., 1927.
REED, William B., ed. *Life and Correspondence of Joseph Reed*. Vol. I. Filadélfia: Lindsay & Blakiston, 1847.
REICH, Jerome R. *British Friends of the American Revolution*. Armonk, N.I.: M. E. Sharpe, 1998.

REID, Stuart. *Wolfe: The Career of General James Wolfe from Culloden to Quebec*. Staplehurst, Ing.: Spellmount, 2000.

REILLY, Robin. *Wolfe of Quebec*. Londres: Cassell & Co., 2001.

RHODEHAMEL, John, ed. *The American Revolution: Writings from the War of Independence*. Nova Iorque: Library of America, 2001,

_____. *George Washington: Writings*. Nova Iorque: Library of America, 1997.

RHODEN, Nancy L. e Ian K. Steele, eds. *The Human Tradition in the American Revolution*. Wilmington, Del.: Recursos Ilustrados, 2000.

RIDING, Christine e Jacqueline Riding. *The Houses of Parliament: History, Art, Architecture*. Londres: Merrell, 2000.

RITCHESON, Charles R. *British Politics and the American Revolution*. Westport, Conn.: Greenwood Press, 1981.

ROBERTS, Jane, ed. *George III and Queen Charlotte: Patronage, Collecting, and Court Taste*. Londres: Royal Collection, 2004.

ROBSON, Eric, ed. *Letters from America, 1773-1780*. Manchester, Ing.: Manchester University Press, 1951.

ROCHE, John F. *Joseph Reed: A Moderate in the American Revolution*. Nova Iorque: Columbia University Press, 1957.

ROSSMAN, Kenneth R. *Thomas Mifflin and the Politics of the American Revolution*. Chapel Hill: University of North Carolina Press, 1952.

ROYSTER, Charles. *A Revolutionary People at War: The Continental Army and American Character, 1775-1783*. Chapel Hill: University of North Carolina Press, 1979.

SABINE, Lorenzo. *Biographical Sketches of Loyalists of the American Revolution*. 2 vols. Port Washington, N.I.: Kennikat Press, 1966.

SABINE, William H. W. *Murder, 1776 and Washington's Policy of Silence*. Nova Iorque: Theo. Gaus' Sons, Inc., 1973.

SAYEN, William Guthrie. «A Compleat Gentleman: The Making of George Washington, 1732-1775». Dissertação, Universidade de Connecticut, 1998.

SCHECTER, Barnet. *The Battle for New York: The City at the Heart of the American Revolution*. Nova Iorque: Walker & Co., 2002.

SCHEER, George F. e Hugh F. Rankin. *Rebels and Redcoats: The American Revoluion Through the Eyes of Those Who Fought and Lived It*. Nova Iorque: Da Capo Press, 1957.

SCHROEDER, John Frederick, ed. *Maxims of George Washington*. Monte Vernon, Va.: Mount Vernon Ladies Association, 1989.

SCHWARZ, Philip J. ed. *Slavery at the Home of George Washington*. Monte Vernon, Va.: Monte Vernon Ladies Association, 2001.

SCOTT, John Anthony. *Trumpet of a Prophecy: Revolutionary America, 1763-1783*. Nova Iorque: Knopf, 1969.

SELLERS, Charles Coleman. *Charles Willson Peale*. Vol. I. *Early Life*. Filadélfia: American Philosophical Society, 1947.

SEYMOUR, William. *The Price of Folly: British Blunders in the War of American Independence*. Londres: Brassey's, 1995.

SHEPPARD, Edgar. *Memorials of St. James's Palace*. Vol. l. Londres: Longmans, Green & Co., 1894.

SHOWMAN, Richard K., ed. *The Papers of Nathanael Greene*. Vols. I, II, X. Chapel Hill: University of North Carolina Press, 1976, 1980, 1998.

SHY, John. *A People Numerous and Armed: Reflections on the Military Struggle for American Independence*. Ann Arbor: University of Michigan Press, 1990.

SIMMS, W. Gilmore, ed. *The Life of Nathanael Greene*. Nova Iorque: George F. Cooledge e Bro., 1849.

SIZER, Theodore, ed. *The Autobiography of Colonel John Trumbull*. Library of American Art. Nova Iorque: Da Capo Press, 1970.

SMITH, Paul H., ed. *Letters of Delegates to Congress, 1774-1789*. Vols. I-V. Washington, D.C.: Library of Congress, 1976-1979.

SMOLLETT, Tobias. *Adventures of Roderick Random*. Londres: Hutchinson & Co., 1904.

———. *The Expedition of Humphrey Clinker*. Oxford, Ing.: Oxford University Press, 1966.

STARK, James H. *The Loyalists of Massachusetts and the Other Side of the American Revolution*. Boston: W. B. Clarke Co., 1910.

STEDMAN, Charles. *The History of the Origin, Progress, and Termination of the American War*. Vol. I. Londres: Murray 1794; re-impresso, Nova Iorque: Arno Press, 1969.

STILES, Henry R. *History of the City of Brooklyn*. Vol. l. Albany, N.I.: J. Munsell, 1869.

STILL, Bayrd. *Mirror for Gotham New York as Seen by Contemporaries from Dutch Days to the Present*. Nova Iorque: University Press, 1956.

STOKES, I. N. Phelps. *The Iconography of Manhattan Island, 1498-1909*. Vols. I, IV, V. Nova Iorque: Arno Press, 1967.

STRYKER, William S. *Battles of Trenton and Princeton*. Trenton, N.J.: Old Barracks Association, 2001.

SURTEES, R. S. *Mr. Sponge's Sporting Tour*. Londres: Folio Society, 1950.

TAYLOR, Maureen Alice e John Wood Sweet. *Runaways, Deserters, and Notorious Villains*. Vol. II. Rockport, Maine: Picton Press, 2001.

TAYLOR, Robert J., ed. *Papers of John Adams*. Vols. III-V. Cambridge, Mass.: Belknap Press, 1979, 1983.

THAYER, Theodore. *Nathanael Greene: Strategist of the American Revolution*. Nova Iorque: Twayne Publishers, 1960.

THOMAS, Peter D. G. *Lord North*. Nova Iorque: St. Martin's, 1976.
THOMPSON, Eben Francis. *A Brief Chronicle of Rufus Putnam and His Rutland Home*. Worcester, Mass.: Impresso a título particular, 1930.
TREVELYAN, Sir George Otto. *The American Revolution*. Vols. I-IV. Nova Iorque: Longmans, Green & Co., 1899.
TUCHMAN, Barbara W. *The March of Folly: From Troy to Vietnam*. Nova Iorque: Ballantine Books 1984.
TUBERVILLE, A. S., ed. *Johnson's England: An Account of the Life and Manners of His Age*. Oxford, Ing.: Clarendon Press, 1933.
TYLER, Moses Coit. *The Literary History of the American Revolution*. Vols. I-II. Nova Iorque: Frederick Ungar Publishing Co., 1957.
VALENTINE, Alan. *Lord Stirling: Colonial Gentleman and General in Washington's Army*. Nova Iorque: Oxford University Press, 1969.
VAN DOREN, Carl. *Secret History of the American Revolution*. Garden City, N.I.: Garden City Publishing Co., 1941.
VAN TYNE, Claude Halstead. *Loyalists in the American Revolution*. Gansevoort, N.I.: Corner House, 1999.
WADE, Herbert T., e Robert A. Lively, eds. *This Glorious Cause: The Adventures of Two Company Officers in Washington's Army*. Princeton, N.J.: Princeton University Press, 1958.
WARD, Christopher. *The War of the Revolution*. Editado por John Richard Alden. Vols. I-II. Nova Iorque: Macmillan, 1952.
WARDEN, G. B. *Boston: 1689-1776*. Boston: Little, Brown, 1970.
WARREN, Mercy Otis. *History of the Rise, Progress, and Termination of the American Revolution*. Editado por Lester H. Cohen. Vols. I-IV. Indianapolis: Liberty Fund, 1989 (orig., 1805).
Warren-Adams Letters. Vol. I. *1743-1777*. Nova Iorque: AMS Press, 1972.
WASHINGTON, George. *Rules of Civility and Decent Behavior in Company and Conversation*. Mt. Vernon, Va.: Mount Vernon Ladies Association, 1989.
WEIGLEY, Russell F. *History of the United States Army*. Nova Iorque: Macmillan, 1967.
WHEELER, Richard. *Voices of 1776: The Story of the American Revolution in the Words of Those Who Were There*. Nova Iorque: Thomas Y. Crowell Co., 1972.
WHITEHILL, Walter Muir. *Boston: A Topographical History*. Cambridge, Mass.: Belknap Press, 1968.
WHITEHILL, William G. *The Revolutionary Soldiers of Delaware*. Wilmington, Del.: James & Webb Printers, 1875.
WICK, Wendy C. *George Washington, an American Icon: The Eighteenth-Century Graphic Portraits*. Washington, D. C.: Smithsonian, 1982.
WICKWIRE, Franklin e Mary Wickwire. *Cornwallis: The American Adventure*. Boston: Houghton Mifflin, 1970.

WILLARD, Margaret Wheeler, ed. *Letters on the American Revolution, 1774-1776.* Boston: Houghton Mifflin, 1925.
Willcox, William B. *Portrait of a General: Sir Henry Clinton in the War of Independence.* Nova Iorque: Knopf, 1962.
WINSOR, Justin, ed, *The Memorial History of Boston.* Vol. III Boston: James Osgood & Co., 1881.
WOOD, Gordon S. *The Creation of the American Republic, 1776-1787.* Chapel Hill: University of North Carolina Press, 1969.
WOOD, W. J. *Battles of the Revolutionary War: 1775-1781.* Nova Iorque: Da Capo Press, 1995.
WORTLEY, The Honorable Mrs. E. Stuart, ed. *A Prime Minister and His Son: From the Correspondence of the Third Earl of Bute and of Lieutenant General the Honorable Sir Charles Stuart.* Londres: John Murray, 1925.
WRIGHT, Esmond. *Fabric of Freedom: 1763-1800.* Nova Iorque: Hill & Wang, 1961.

Obras de referência

BLACK, Jeremy, and Roy Porter, eds. *The Penguin Dictionary of Eighteenth--Century History.* Londres: Penguin Books, 1994.
BOATNER, Mark M., III, ed. *Encyclopedia of the American Revolution*, Nova Iorque: David McKay Co., 1966.
_____. *Landmarks of the American Revolution.* Harrisburg, Pa.: Stackpole Books, 1973.
CAPPON, Lester J., ed. Th*e Atlas of Early American History: The Revolutionary Era, 1760-1790.* Princeton, N.J.: Princeton University Press, 1976.
CARNES, Mark C. e John A. Garraty. *Mapping America's Past: A Historical Atlas.* Nova Iorque: Holt, 1996.
DEXTER, Franklin Bowditch. *Biographical Sketches of the Graduates of Yale College.* Vol. III. *1763-1778.* Nova Iorque: Holt, 1903.
FONER, Eric e John A. Garraty, eds. *Reader's Companion to American History.* Boston: Houghton Mifflin, 1991.
GRIZZARD, Frank E., Junior. *George Washington: A Biographical Companion.* Santa Barbara, Calif.: ABC-Clio, 2002.
HOMBERGER, Eric. *Historical Atlas of New York City.* Nova Iorque: Hole, 1944.
JOHNSON, Allen, ed. *Dictionary of American Biography.* II vols. Nova Iorque: Scribner, 1936-1964.
KETCHUM, Richard M., ed. *The American Heritage Book of the Revolution.* Nova Iorque: American Heritage, 1958.
KIPLE, Kenneth F. *Cambridge World History of Human Disease.* Cambridge, Ing.: Cambridge University Press, 1992.

MARSHALL, P. J., ed. *The Oxford History of the British Empire: The Eighteenth Century*. Vol. II. Oxford, Ing.: Oxford University Press, 1998.

MOLLO, John e Malcolm McGregor. *Uniforms of the American Revolution in Color*. Nova Iorque: Macmillan, 1975.

NEBENZAHL, Kenneth, ed. *Atlas of the American Revolution*. Chicago: Rand McNally, 1974.

PURCELL, L. Edward e David F. Burg, eds. *World Almanac of the American Revolution*. Nova Iorque: World Almanac, 1992.

SEBASTIAN, Anton. *Dictionary of the History of Medicine*. Nova Iorque: Parthenon Publishers, 1999.

SHIPTON, Clifford K., ed. *Sibley's Harvard Graduates*. Vols. XIII, XVII. Boston: Massachusetts Historical Society, 1965, 1975.

STEMBER, Sol. *The Bicentennial Guide to the American Revolution*. Vol. II. Nova Iorque: Saturday Review, 1974.

STEPHEN, Sir Leslie e Sir Sidney Lee, eds. *Dictionary of National Biography*. Vols. I-LX. Oxford, Ing.: Oxford University Press, 2004.

SYMONDS, Craig L. *A Battlefield Atlas of the American Revolution*. Baltimore: Nautical & Aviation Publishing, 1986.

Diários e manuscritos

ADLUM, John. *Memoirs of the Life of John Adlum in the Revolutionary War*. Editado por Howard H. Peckham. Chicago: Caxton Club, 1968.

AMORY, Thomas C. «Memoir of General Sullivan». *Pennsylvania Magazine of History and Biography*. Vol. II. Filadélfia: Publicado para a Sociedade, 1878.

ANDERSON, Enoch. *Personal Recollections of Captain Enoch Anderson*. Vol. XVI de *Papers of the Historical Society of Delaware*. Wilmington: Delaware Historical Society, 1896.

BALDWIN, Jeduthan. *The Revolutionary Journal of Col. Jeduthan Baldwin, 1775-1778*. Editado por Thomas Williams Baldwin, Bangor, Maine: Impresso para DeBurians, 1906.

BANGS, Isaac. *Journal of Lieutenant Isaac Bangs: April 1, 1776-July 29, 1776*. Editado por Edward Bangs. Cambridge, Mass.: John Wilson & Son, 1890.

BARKER, John. *The British in Boston: The Diary of Lieutenant John Barker*. Editado por Elizabeth Ellery Dana. Nova Iorque: Arno Press, 1969.

BIXBY, Samuel. «Diary of Samuel Bixby, August 3-12, 1775». *Proceedings of the Massachusetts Historical Society*. Vol. XIV (1875-1876).

BLACK, Jeannette D. e William Greene Roelker, eds. *A Rhode Island Chaplain in the Revolution: Letters of Ebenezer David to Nicholas Brown, 1775-1778*. Clements Library, Ann Arbor, Mich.

1776

BOYLE, Joseph Lee, ed. *From Redcoat to Rebel: The Thomas Sullivan Journal*. Bowie, Md.: Heritage Books, 1997.

BRADFORD, S. Sidney, ed. «A British Officer's Revolutionary War Journal, 1776-1778». *Maryland History Magazine*. Vol. LVI (Junho 1961).

BRAY, Robert e Paul Bushnell, eds. *Diary of Common Soldier in the American Revolution: 1775-1783*. DeKalb: Northern Illinois University Press, 1978.

BURGOYNE, Bruce E. *An Anonymous Hessian Diary, Probably the Diary of Lieutenant Johann Heinrich von Bardeleben of the Hesse-Cassel von Donop Regiment*. Bowie, Md.: Heritage Books, 1998.

_____. ed. *Defeat, Disaster, and Dedication: The Diaries of the Hessian Officers Jakob Piel and Andreas Wiederhold*. Traduzido de manuscritos da New York Public Library. Bowie, Md.: Heritage Books, Inc., 1997.

CAMPBELL, Lachlan. «British Journal from Aboard Ship in Boston Commencing January 1776 and Then Moving to New York». New-York Historical Society.

CARTER, Ten. William. *A Genuine Detail of the Several Engagements, Positions, and Movements of Royal and American Armies During the Years 1775 and 1776*. Londres: Impresso para o Autor, 1784.

CHASTELLUX, Marquês de. *Travels in North America in the Years 1780, 1781, and 1782*. Vols. l-ll. Editado por Howard C. Rice. Chapel Hill: University of North Carolina Press, 1963.

CHEEVER, William. «William Cheever's Diary, 1775-1776». *Proceedings of the Massachusetts Historical Society*. Vol. LX (Outubro 1926 – Junho 1927).

CLINTON, Sir Henry. *The American Rebellion: Sir Henry Clinton's Narrative of His Campaigns, 1775-1782*. Editado por William B. Willcox. New Haven, Conn.: Yale University Press, 1954.

CRESSWELL, Nicholas. *The Journal of Nicholas Cresswell, 1774-1777*. Nova Iorque: Dial Press, 1924.

CURWEN, Samuel. *The Journal of Samuel Curwen, Loyalist*. Vols. I-II. Editado por Andrew Oliver. Cambridge, Mass.: Harvard University Press, 1972.

«Diary of Reverend Benjamin Boardman» (31 de Julho de 1775 – 12 de Novembro de 1775). *Proceedings of the Massachusetts Historical Society*. 2.ª série. Vol. VII (1891-1892).

«Diary of Obadiah Brown». *Quarterly Bulletin of the Westchester County Historical Society*. n.º 4-5 (1928-1929).

Diary of Reverend Samuel Cooper. Massachusetts Historical Society.

Diary of John Kettel. Massachusetts Historical Society.

Diary of Loyalist Thomas Moffatt. Documentos de Peter Force. Library of Congress.

«Diary of Nathan Sellers, 1776». American Philosophical Society.

«A Diary of Trifling Occurrences: Sarah Fisher Logan». *Pennsylvania Magazine of History and Biography.* Vol. LXXXII (1958).

«Diary of Ebenezer Wild». *Proceedings of the Massachusetts Historical Society.* 2.ª série. Vol. VI (1891).

DUANE, William, ed. *Diary of Christopher Marshall, 1774-1781.* Albany, N.I.: Joel Munsell, 1877.

EMERSON, William. *Diaries and Letters of William Emerson, 1743-1776.* Editado por Amelia Forbes Emerson. Boston: Thomas Todd, 1972.

EWALD, Capitão Johann. *Diary of the American War: A Hessian Journal.* Editado por Joseph P. Tustin. New Haven, Conn.: Yale University Press, 1979.

FITCH, Jabez. «Boston Siege Diary of Jabez Fitch». *Proceedings of the Massachusetts Historical Society.* 2.ª série. Vol IX (1894-1895).

_____. *The New York Diary of Lieutenant Jabez Fitch of the 17th (Connecticut) Regiment from August 2, 1776, to December 15, 1777.* Editado por W. H. W. Sabine. Nova Iorque: Colburn & Tegg, 1954.

FITHIAN, Philip Vickers. *Philip Vickers Fithian: Journal, 1775-1776, Written on the Virginia-Pennsylvania Frontier and in the Army Around New York.* Editado por Robert Greenhalgh Albion e Leonidas Dodson. Princeton, N.J,: Princeton University Press, 1934.

GRAYDON, Alexander. *Memoirs of His Own Time: With Reminiscences of the Men and Events of the Revolution.* Editado por John Stockton Littell. Filadélfia: Lindsay & Blakiston, 1846.

GREENWOOD, John. *The Revolutionary Services of John Greenwood of Boston and New York, 1775-1783.* Editado por Isaac J. Greenwood. Nova Iorque: De Vinne Press 1922.

GRUBER, Ira D., ed. *John Peeble's American War: The Diary of a Scottish Grenadier, 1776-1782.* Mechanicsburg, Pa.: Stackpole Books, 1998.

HANSON, Robert Brand, ed. The Diary of Dr. Nathaniel Ames of Dedham, Massachusetts, 1758-1822. Camden, Maine: Picton Press, 1998.

HEATH, Major General William. Heath's Memoirs of the American War. Editado por Rufus Rockwell Wilson. Nova Iorque: A. Wessels Co., 1904.

HUTCHINSON, Thomas, *The Diary and Letters of His Excellency Thomas Hutchinson Esq.* Editado por Peter Orlando Hutchinson. Boston: Houghton Mifflin, 1884.

INMAN, George. «George Inman's Narrative of the American Revolution». *Pennsylvania Magazine of History and Biography.* Vol. VII (1883).

«Journal of Samuel Correy, New Jersey Militia». Clements Library.

«A Journal Kept by John Leach, During His Confinement by the British, in Boston "Gaol" in 1775». *New England Hisloric and Genealogical Register.* Vol. XIX (1865).

«Journal of Ensign Nathaniel Morgan, April 21 to December 11, 1775». *Collections of the Connecticut Historical Society.* Vol. VII (1889).
«Journal of Nathaniel Ober». Massachusetts Historical Society.
«Journal of Lieutenant Williams». New-York Historical Society.
«Journal of Captain James Wood, Third British Battalion, Royal Artillery, 1775». New-York Historical Society.
«Journal of Sergeant William Young». *Pennsylvania Magazine of History and Biography.* Vol. VIII (1884).
KEMBLE, Stephen. *Journals of Lieutenant-Colonel Stephen Kemble, 1773-1789, and British Army Orders: General Sir William Howe, 1775-1778; General Sir Henry Clinton, 1778; and General Daniel Jones, 1778.* Boston: Gregg Press, 1972.
KIPPING, Ernst, ed. *At General Howe's Side, 1776-1778: The Diary of General William Howe's Aide de Camp, Captain Friedrich von Muenchhausen.* Monmouth Beach, N.J.: Philip Freneau Press, 1974.
KNOX, Henry. «Knox's Diary During His Ticonderoga Expedition». *New England Historic and Genealogical Register.* Vol. XXX (1876).
LEGGETT, Abraham, *The Narrative of Major Abraham Leggett.* Nova Iorque: Arno Press, 1971.
LENDER, Mark E. e James Kirby Martin, eds. *Citizen Soldier: The Revolutionary War Journal of Joseph Bloomfield.* Newark: New Jersey Historical Society, 1982.
LYMAN, Simeon. *Journal of Simeon Lyman of Sharon, August 10 to December 28, 1775. Collections of the Connecticut Historical Society.* Vol. VII (1899).
LYNN, Mary C., ed. A*n Eyewitness Account of the American Revolution and New England Life: The Journal of J. F. Wasmus, German Company Surgeon, 1776-1783.* Nova Iorque: Greenwood Press, 1990.
MARTIN, Joseph Plumb. *A Narrative of a Revolutionary Soldier: Some of the Adventures, Dangers, and Sufferings of Joseph Plumb Martin.* Nova Iorque: Penguin Putnam, 2001.
MCKENZIE, Frederick. *Diary of Frederick Mackenzie*, Vol. I. Cambridge, Mass.: Harvard University Press, 1930.
MONTRESOR, John. *«Journals of Captain John Montresor».* Editado por G. D. Scull. Compilação da New-York Historical Society, 1881.
MORRIS, Margaret. *Private Journal Kept During the Revolutionary War.* Nova Iorque: Arno Press, 1969.
MURRAY, James. *Letters from America, 1773 to 1780: Being the Letters of a Scots Officer, Sir James Murray.* Editado por Eric Robson. Nova Iorque: Barnes & Noble, 1874.
NASH, Solomon. *Journal of Solomon Nash, a Soldier of the Revolution, 1776-1777.* Editado por Charles I. Bushnell. Nova Iorque: Impresso a título particular, 1861.

«The Papers of General Samuel Smith». *Historical Magazine*. 2.ª série. Vol. VII (Fevereiro 1870).
RAU, Louise, ed. «Sergeant John Smith's Diary of 1776». *Mississippi Valley Historical Review*. Vol. XX (1933-1934).
RAWDON, Reginald Lord. *Report on the Manuscripts of the Late Reginald Rawdon Hastings*. 4 vols. Londres: Her Majesty's Stationery Office, 1930-1947.
«Recollections of Incidents of the Revolution: General Jeremiah Johnson». *Journal of Long Island History*. Vol. XII, n.º 2 (Primavera 1976).
ROBERTSON, Archibald. *Archibald Robertson: His Diaries and Sketches in America, 1762-1780*. Editado por Harris Miller Lydenberg. Nova Iorque: New York Public Library, 1930.
ROWE, John. *Letters and Diary of John Rowe, Boston Merchant, 1759-1762, 1764-1779*. Editado por Anne Rowe Cunningham. Boston: W. B. Clarke Co., 1903.
SARGENT, Winthrop, ed. «Letters of John Andrews, Esq. of Boston: 1772--1776». Cambridge, Ing.: J. Wilson & Sons Press, 1866.
SCULL, G. D., ed. *Memoir and Letters of Captain W. Glanville Evelyn, 1747-1776*. Oxford, Ing.: James Parker & Co., 1879.
SERLE, Ambrose. *The American Journal of Ambrose Serle, Secretary to Lord Howe, 1776-1778*. Editado por Edward H. Tatum, Junior. San Marino, Calif.: Huntington Library, 1940.
SLEEPER, Moses. *Diary of a Soldier, June 1775-September 1776*. Longfellow House, Cambridge, Mass.
STABLER, Lois K., ed. *Very Poor and of a Lo Make: The Journal of Abner Sanger*. Portsmouth, N.H.: Cheshire County Historical Society, 1986.
STARK, John. *Memoir and Official Correspondence of General John Stark*. Editado por Caleb Stark. Boston: Gregg Press, 1972.
STILES, Ezra. *The Literary Diary of Ezra Stiles: President of Yale College*. Editado por Franklin Bowditch Dexter. Vols. I-II. Nova Iorque: Scribner, 1901.
TALLMADGE, Benjamin. *Memoir of Colonel Benjamin Tallmadge*. Nova Iorque: Arno Press, 1968.
THACHER, James, M.D. *Military Journal During the American Revolution, 1775-1783*. Boston: Richardson & Lord, 1823.
TRUMBULL, Benjamin. «Journal of the Campaign at New York, 1776-1777». *Collections of the Connecticut Historical Society*. Vol. VII (1899).
TUDOR, John. *Deacon Tudor's Diary*. Boston: W. Spooner Press, 1896.
WASHINGTON, George. *The Diaries of George Washington, 1780-1781*. Vol. III. Editado por Donald Jackson. Charlottesville: Virginia University Press, 1978.
WEBB, Samuel Blachley. *Correspondence and Journals of Samuel Blachley Webb: 1772-1777*. Vol. I. Editado por Worthington Chauncey Ford. Lancaster, Pa.: Wickersham Press, 1893.

_____. *Family Letters of Samuel Blachley Webb, 1764-1807*. Editado por Worthington Chauncey Ford. Nova Iorque: Cambridge University Press, 1912.

WILKINSON, General James. *Memoirs of My Own Times*. Vol. 1. Filadélfia: Abraham Small, 1816.

WILLIAMS, Elisha. «Elisha Williams' Diary of 1776». *Pennsylvania Magazine of History and Biography*. Vol. XLVIII (1924).

Artigos

ANDERSON, Fred W. «The Hinge of the Revolution: George Washington Confronts a People's Army, July 3, 1775». *Massachusetts Historical Review*. Vol. I (1999).

BAKER, William S. «Itinerary of General Washington from June 15, 1775, to December 23, 1783». *Pennsylvania Magazine of History and Biography*. Vol. XIV, n.º 2 (1890).

«British Officer in Boston 1775». *Atlantic Monthly*. Abril 1877.

BROOKHISER, Richard. «A Man on Horseback». *Atlantic Monthly*. Janeiro 1996.

BROWN, Wallace. «An Englishman Views the American Revolution: The Letters of Henry Hulton, 1769-1776». *Huntington Library Quarterly*. Vol. XXXVI (1972-1973).

«The Capture of Fort Washington, New York. Described by Cpt. Andreas Wiederhold». *Pennsylvania Magazine of History and Biography*. Vol. XXIII (1899).

«Contemporaneous Account of the Battle of Trenton, *Pennsylvania Evening Post*, December 28, 1776». *Pennsylvania Magazine of History and Biography*. Vol. IV (1880).

CONWAY, Stephen. «From Fellow-Nationals to Foreigners: British Perceptions of the Americans, circa 1739-1783». *William and Mary Quarterly*, 3.ª série. Vol. LIX, n.º 1 (Janeiro 2002).

DAVIS, General W. W. H. «Washington on the West Bank of the Delaware 1776». *Pennsylvania Magazine of History and Biography*. Vol. IV, n.º 2 (1980).

DELANCY, E. F. «Mount Washington and Its Capture on the 16th of November, 1776». *Magazine of American History*. Vol. I (Fevereiro 1877).

GELB, Norman. «Winter of Discontent». *Smithsonian Magazine*. Maio 2003.

GORDON, Reverend William. Letters, *Proceedings of the Massachusetts Historical Society*. Vol. LX (Outubro 1926 – Junho 1927).

GREENE, George Washington. «Major-General Nathanael Greene». *Pennsylvania Magazine of History and Biography*. Vol. II (1878).

Bibliografia

GRUBER, Ira. D. «Lord Howe and Lord George Germain: British Politics and the Wining of American Independence». *William and Mary Quarterly*. 3.ª série. Vol. XXII, n.º 2 (Abril de 1965).

HEATHCOTE, Charles William. «General Israel Putnam», *Picket Post* (Sociedade Histórica de Valley Forge). Fevereiro de 1963.

«House of Lords and the House of Commons». *Mirror of Literature, Amusement, and Instruction*. n.º 688 (1 de Novembro de 1834).

KETCHUM, Richard M. «Men of the Revolution: Israel Putnam». *American Heritage*. Vol. XXIV (Junho de 1973).

KOKE, Richard J. «Forcing the Hudson River Passing». *New-York Historical Society Quarterly*. Vol. XXXVI (Outubro de 1952).

KRANISH, Michael. «Washington Reconstructed». *Boston Globe*, 17 de Fevereiro de 2002.

KURTZ, Henry I. «Victory on Dorchester Heights». *American History Illustrated*. Vol. IV (Dezembro de 1969).

«Late House of Commons and Antiquities of St. Stephen's Chapel». *Mirror of Literature, Amusement, and Instruction*. n.º 690 (8 de Novembro de 1834).

«Letter of Reverend William Gordon to Samuel Wilcon, 6 de Abril de 1776». *Proceedings of Massachusetts Historical Society*. Vol. LX (1926-1927).

«Letters from a Hessian Mercenary». *Pennsylvania Magazine of History and Biography*. Vol. LXII, n.º 4 (Outubro 1938).

«Letters Written During the Revolutionary War by Colonel William Douglas to His Wife Covering the Period July 19, 1775, to December 5, 1775». *New-York Historical Society Bulletin*. Vols. XII-XIII (Janeiro de 1929 / / Janeiro de 1930).

LUTHER, F. S, «General Israel Putnam». *Proceedings of the Worcester Society of Antiquity for the Year 1904*. Vol. XX, n.º 4 (1905).

«Major General John Thomas». *Proceedings of the Massachusetts Historical Society*, 2.ª série. Vol. XVIII (1903-1904).

«Occupation of New York City by the British». *Pennsylvania Magazine of History and Biography*. Vol. IV (1980).

Paltsits, Victor Hugo. «The Jeopardy of Washington, September 15, 1776». *New-York Historical Society Quarterly*. Vol. XXXII (Outubro de 1948).

POGUE, Dennis J. «General Washington: One of the Wealthiest Men in American History?» Monte Vernon Library (2002).

POWELL, William S. «A Connecticut Soldier Writing Home: Elisha Bostwick's Memoirs of the First Years of the Revolution». *William and Mary Quarterly*. 3.ª série. Vol. VI (1949).

R———. Sergeant, «Battle of Princeton», *Pennsylvania Magazine of History and Biography*. Vol. XX (1896).

«Sermon of Rev. John Rodgers, Jan. 14, 1776». *New York Times*, 16 de Março de 2003.
SHELTON, William Henry. «Nathan Hale Execution». *New York Times*, 22 de Setembro de 1929.
VERNON-JACKSON, H. O. H. «A Loyalist's Wife: Letters of Mrs. Philip Van Cortlandt, 1776-1777». *History Today*. Vol. XIV (Agosto de 1964).
WAKIN, Daniel J. «Pastor's Call to Arms in 1776 Has Echoes in 2003». Relatório de Nova Iorque no *New York Times*, 16 de Março de 2003.
WARREN, ———. «Uniform of the Revolutionary Army». *Proceedings of the Massachusetts Historical Society*. Vol. IV (1858-1860).
«Washington's Headquarters in New York». *National Historical Magazine*. Julho de 1944.
WERTENBAKER, Thomas Jefferson. «The Battle of Princeton», Em *The Princeton Battle Monument*. Princeton, N.J.: Princeton University Press, 1922.
WHITEHORNE, Joseph. «Shepardstown and the Morgan-Stevenson Companies». *Magazine of the Jefferson County Historical Society*. Vol. LVIII (Dezembro de 1992).

Jornais e Revistas

Boston Gazette
Boston Newsletter
Boston Transcript
Connecticut Gazette and Universal Intelligencer (New London)
Connecticut Journal (New Haven)
Essex Gazette (Salem, Mass.)
Essex Journal (Newburyport, Mass.)
Freeman's Journal (Filadélfia)
Gentleman's Magazine (Londres)
Hartford (Connecticut) *Courant and Weekly Intelligencer*
Lloyd's Evening Post and British Chronicle (Londres)
London Chronicle
London Gazette
London Gazette and New Daily Advertiser
London General Evening Post
London Public Advertiser
Massachusetts Gazette and Boston Weekly Newsletter
Massachusetts Spy (Boston)
Mirror of Literature, Amusement, and Instruction (Londres)
Morning Chronicle and London Advertiser

New England Chronicle and Essex Gazette (Cambridge, Mass,)
New Haven Journal
Newport (Rhode Island) *Mercury*
New York Constitutional Gazette
New York Gazette
New-York Packet
New York Sun
Pennsylvania Evening Post (Filadélfia)
Pennsylvania Gazette (Filadélfia)
Pennsylvania Journal and Weekly Advertiser (Filadélfia)
Pennsylvania Packet (Filadélfia)
Providence Gazette
St. James's Chronicle (Londres)
Universal Magazine (Londres)
Virginia Gazette (Williamsburg)

Imagens

Os mapas, no final da inserção a cores, são cortesia da Library of Congress.

As outras ilustrações são cortesia das seguintes instituições:

American Philosophical Society, Filadélfia, Pensilvânia: 28, p. 199. Colecção de autor: iv. Boston Gazette: 6. British Museum, Londres, Inglaterra: 19. The Brooklyn Historical Museum: 14. Clements Library, Michigan University: 1, 5, 18, 35, 36. Colecção Emmett, New York Public Library / Art Resources: 3. Frick Art Reference Library, Nova Iorque: 9. Independence National Historical Park: 10, 22, 24, 25, 27, 30. John Carter Brown Library, Providence, Rhode Island: 23. Mariner's Museum, Newport News, Virginia: 12. Massachusetts Historical Society: 7. The Metropolitan Museum of Art, Legado de Charles Allen Munn, 1924: 2. Morristown, Nova Jérsia, National Historical Park: 32. National Portrait Gallery, Londres, Inglaterra: 20, 38. Naval Academy Museum, Annapolis, Maryland: 33. Colecção da New-York Historical Society: 8. New York Public Library / Art Resource, NI: frente e verso das folhas intermédias, 4, 11, 15, 16, 34, 37, 39, 40, 41. Pennsylvania Academy of Fine Arts, Filadélfia, Pensilvânia, Legado de Sarah Harrison, Joseph Harrison, Junior, Colecção: 21; e Oferta de Maria McKean Allen e Phebe Warren Downes, através do legado da mãe, Elizabeth Wharton McKean: 44. Penn: 29. Pierpont Morgan Library, Nova Iorque: 45. Princeton University Library, Department of Old Books and Special Collections:

1776

43. R. W. Norton Art Gallery, Shreveport, Louisiana: 13. Royal Collection, © 2004, S.A.R. Rainha Isabel II: 17. Wadsworth Atheneum Museum of Art, Hartford, Connecticut, emprestado por Putnam Phalanx: 26. Winterthur Museum, p. I. Yale University Art Gallery: 16, 31, 42.

Índice

Parte I: O Cerco

Capítulo 1: Dever do Soberano 13
Capítulo 2: Populaça Armada 31
Capítulo 3: Dorchester Heights 85

Parte II: Verão Fatídico

Capítulo 4: As linhas estão traçadas 133
Capítulo 5: Campo de batalha 177

Parte III: A Longa Retirada

Capítulo 6: Os rigores da sorte 227
Capítulo 7: A hora mais negra 275

Agradecimentos 327
Notas 333
Bibliografia 381

TAMBÉM NESTA COLECÇÃO

RAINHAS TRÁGICAS

Através das páginas desta obra, percorremos quarenta séculos de história pelo fio do destino de dezoito rainhas, famosas tanto pela sua beleza como pelo seu destino trágico. A pena romanesca de Juliette Benzoni traz-nos a narrativa das vidas destas rainhas: acompanhamos as aventuras da rainha camponesa Kiang-Su, a loucura macabra de Joana, a Louca, ou o penoso destino de Carolina-Matilda da Dinamarca, a prisioneira de Kroenberg. Uma epopeia dramática que conjuga amor, ambição e ódio, a par do crime, da loucura e da razão de Estado.

PAPAS PERVERSOS

Um fresco histórico de seis séculos de infâmia papal, baseado no retrato de sete homens que em determinadas alturas cruciais conduziram os destinos da Igreja. Da época em que os papas eram também senhores temporais e se impunham a reis e imperadores, até às intrigas políticas e maquinações que iriam resultar no saque de Roma, em 1527, ao nepotismo e licenciosidade dos pontífices, bem como a corrupção da doutrina da Igreja que esteve na origem da contestação de Lutero.

A EXPEDIÇÃO DA INVENCÍVEL ARMADA

A viagem épica da Invencível Armada tem sido contada muitas vezes, mas sempre do ponto de vista dos Ingleses, os vencedores. Até David Howarth ter investigado os arquivos espanhóis de Filipe II, a verdadeira história desse impressionante confronto naval nunca nos havia sido revelada na plenitude. Eis uma narrativa de fôlego, muito bem documentada e repleta de pormenores surpreendentes, que nos dá a versão do «outro lado», o dos vencidos.

PRINCESAS INCAS

No dia 16 de Novembro de 1532, numa batalha na cidade inca de Cajamarca, nos Andes, em menos de uma hora e sem perder um único dos seus 160 homens, os conquistadores espanhóis chefiados por Francisco Pizarro mudaram para sempre o curso da História e estabeleceram as fundações do futuro Império espanhol na América do Sul.
Tendo como ponto de partida este episódio fundador, e recorrendo a muito material de arquivo nunca publicado, o livro conta a história das mulheres da realeza inca.

SENHORES DA NOITE

CASANOVA, CARTOUCHE, CAGLIOSTRO, três personagens lendárias do século XVIII, conheceram destinos paralelos em vários aspectos. Dois deles nasceram em Itália, e o terceiro, Cartouche, viu pela primeira vez a luz do dia em Paris, mas viria a ser conhecido em toda a França.
O Sedutor, o Salteador, e o Mago inscreveram os seus nomes na História, com vidas repletas de aventura, paradoxalmente naquele que viria a ser conhecido como o século das Luzes.
É sobre estas três figuras romanescas que Juliette Benzoni escreve, em narrativas biográficas plenas de mistério e aventuras.

HERÉTICOS

Estas onze histórias, verídicas e documentadas, povoadas por judeus, conversos e bruxas, são outros tantos exemplos das relações com o poder e a repressão: censura, processos, defesas, acusações. Tendo todas uma unidade de tempo – passam-se entre o século XIV e o século XVI – e de lugar, a Roma papal aquando da consolidação do Estado da Igreja e, depois, da Contra-Reforma, são ilustrativas da forma como o espírito e a cultura da época se relacionavam com a ortodoxia, e, em especial, a relação da Igreja com a minoria judaica que habitava Roma.